国家社科基金青年项目"伪善的道德形而上学研究"（11CZX066）最终成果

国家社科基金重大项目"现代伦理学诸理论形态研究"（10&ZD0072）中期成果

江苏省2011计划公民道德与社会风尚协同创新中心

上海青年拔尖人才项目资助

# 伪善的道德形而上学形态

王 强 著

中国社会科学出版社

**图书在版编目(CIP)数据**

伪善的道德形而上学形态/王强著. —北京：中国社会科学出版社，2016.6
ISBN 978 - 7 - 5161 - 8242 - 0

Ⅰ.①伪…　Ⅱ.①王…　Ⅲ.①伦理学—研究　Ⅳ.①B82

中国版本图书馆 CIP 数据核字(2016)第 116787 号

| | | |
|---|---|---|
| 出 版 人 | 赵剑英 | |
| 责任编辑 | 周晓慧 | |
| 责任校对 | 无 介 | |
| 责任印制 | 戴 宽 | |

| | | |
|---|---|---|
| 出　　版 | 中国社会科学出版社 | |
| 社　　址 | 北京鼓楼西大街甲 158 号 | |
| 邮　　编 | 100720 | |
| 网　　址 | http://www.csspw.cn | |
| 发 行 部 | 010 - 84083685 | |
| 门 市 部 | 010 - 84029450 | |
| 经　　销 | 新华书店及其他书店 | |

| | |
|---|---|
| 印刷装订 | 北京君升印刷有限公司 |
| 版　　次 | 2016 年 6 月第 1 版 |
| 印　　次 | 2016 年 6 月第 1 次印刷 |

| | |
|---|---|
| 开　　本 | 710×1000　1/16 |
| 印　　张 | 22 |
| 插　　页 | 2 |
| 字　　数 | 378 千字 |
| 定　　价 | 88.00 元 |

# 总　序

　　东南大学的伦理学科起步于 20 世纪 80 年代前期，由著名哲学家、伦理学家萧昆焘教授、王育殊教授创立，90 年代初开始组建一支由青年博士构成的年轻的学科梯队，至 90 年代中期，这个团队基本实现了博士化。在学界前辈和各界朋友的关爱与支持下，东南大学的伦理学科得到了较大的发展。自 20 世纪末以来，我本人和我们团队的同仁一直在思考和探索一个问题：我们这个团队应当和可能为中国伦理学事业的发展作出怎样的贡献？换言之，东南大学的伦理学科应当形成和建立什么样的特色？我们很明白，没有特色的学术，其贡献总是有限的。2005 年，我们的伦理学科被批准为"985 工程"国家哲学社会科学创新基地，这个历史性的跃进推动了我们对这个问题的思考。经过认真讨论并向学界前辈和同仁求教，我们将自己的学科特色和学术贡献点定位于三个方面：道德哲学；科技伦理；重大应用。

　　以道德哲学为第一建设方向的定位基于这样的认识：伦理学在一级学科上属于哲学，其研究及其成果必须具有充分的哲学基础和足够的哲学含量；当今中国伦理学和道德哲学的诸多理论和现实课题必须在道德哲学的层面探讨和解决。道德哲学研究立志并致力于道德哲学的一些重大乃至尖端性的理论课题的探讨。在这个被称为"后哲学"的时代，伦理学研究中这种对哲学的执著、眷念和回归，着实是一种"明知不可为而为之"之举，但我们坚信，它是我们这个时代稀缺的学术资源和学术努力。科技伦理的定位是依据我们这个团队的历史传统、东南大学的学科生态，以及对伦理道德发展的新前沿而作出的判断和谋划。东南大学最早的研究生培养方向就是"科学伦理学"，当年我本人就在这个方向下学习和研究；而东南大学以科学技术为主体、文管艺医综合发展的学科生态，也使我们这些 90 年代初成长起来的"新生代"再次认识到，选择科技伦理为学科生长点是明智之举。如果说道德哲学与科技伦理的定位与我们的学科传统有关，那么，重大应用的定位就是基于对伦理学的现实本性以及为中国伦理道德建设作出贡献的愿望和抱负而作出的选择。定位"重大应用"而不是一般的"应用伦理学"，昭明我们在这方面有所为也有所不为，只是试图在伦理学应用的某些重大方面和重大领域进行我们的努力。

基于以上定位，在"985 工程"建设中，我们决定进行系列研究并在长期积累的基础上严肃而审慎地推出以"东大伦理"为标识的学术成果。"东大伦理"取名于两种考虑：这些系列成果的作者主要是东南大学伦理学团队的成员，有的系列也包括东南大学培养的伦理学博士生的优秀博士论文；更深刻的原因是，我们希望并努力使这些成果具有某种特色，以为中国伦理学事业的发展作出自己的贡献。"东大伦理"由五个系列构成：道德哲学研究系列；科技伦理研究系列；重大应用研究系列；与以上三个结构相关的译著系列；还有以丛刊形式出现并在 20 世纪 90 年代已经创刊的《伦理研究》专辑系列，该丛刊同样围绕三大定位组稿和出版。

"道德哲学系列"的基本结构是"两史一论"。即道德哲学基本理论；中国道德哲学；西方道德哲学。道德哲学理论的研究基础，不仅在概念上将"伦理"与"道德"相区分，而且从一定意义上将伦理学、道德哲学、道德形而上学相区分。这些区分某种意义上回归到德国古典哲学的传统，但它更深刻地与中国道德哲学传统相契合。在这个被宣布"哲学终结"的时代，深入而细致、精致而宏大的哲学研究反倒是必须而稀缺的，虽然那个"致广大、尽精微、综罗百代"的"朱熹气象"在中国几乎已经一去不返，但这并不代表我们今天的学术已经不再需要深刻、精致和宏大气魄。中国道德哲学史、西方道德哲学史研究的理念基础，是将道德哲学史当作"哲学的历史"，而不只是道德哲学"原始的历史"、"反省的历史"，它致力探索和发现中西方道德哲学传统中那些具有"永远的现实性"的精神内涵，并在哲学的层面进行中西方道德传统的对话与互释。专门史与通史，将是道德哲学史研究的两个基本纬度，马克思主义的历史辩证法是其灵魂与方法。

"科技伦理系列"的学术风格与"道德哲学系列"相接并一致，它同样包括两个研究结构。第一个研究结构是科技道德哲学研究，它不是一般的科技伦理学，而是从哲学的层面、用哲学的方法进行科技伦理的理论建构和学术研究，故名之"科技道德哲学"而不是"科技伦理学"；第二个研究结构是当代科技前沿的伦理问题研究，如基因伦理研究、网络伦理研究、生命伦理研究等等。第一个结构的学术任务是理论建构，第二个结构的学术任务是问题探讨，由此形成理论研究与现实研究之间的互补与互动。

"重大应用系列"以目前我作为首席专家的国家哲学社会科学重大招标课题和江苏省哲学社会科学重大委托课题为起步，以调查研究和对策研究为重点。目前我们正组织四个方面的大调查，即当今中国社会的伦理关系大调查；道德生活大调查；伦理—道德素质大调查；伦理—道德发展状况及其趋向大调查。我们的目标和任务，是努力了解和把握当今中国伦理道德的真实状况，在此基础上进行理论推进和理论创新，为中国伦理道德建设提出具有战略意义和创新意义的对策思路。这就是我们对"重大应用"的诠释和理解，今后我们将沿着这个方向走下去，并贡献出团队和个人的研究成果。

"译著系列"、《伦理研究》丛刊，将围绕以上三个结构展开。我们试图进行的努力是：这两个系列将以学术交流，包括团队成员对国外著名大学、著名学术机构、著名学者的访问，以及高层次的国际国内学术会议为基础，以"我们正在做的事情"为主题和主线，由此凝聚自己的资源和努力。

马克思曾经说过，历史只能提出自己能够完成的任务，因为任务的提出表明完成任务的条件已经具备或正在具备。也许，我们提出的是一个自己难以完成或不能完成的任务，因为我们完成任务的条件尤其是我本人和我们这支团队的学术资质方面的条件还远没有具备。我们期图通过漫漫兮求索乃至几代人的努力，建立起以道德哲学、科技伦理、重大应用为三元色的"东大伦理"的学术标识。这个计划所展示的，与其说是某些学术成果，不如说是我们这个团队的成员为中国伦理学事业贡献自己努力的抱负和愿望。我们无法预测结果，因为哲人罗素早就告诫，没有发生的事情是无法预料的，我们甚至没有足够的信心展望未来，我们唯一可以昭告和承诺的是：

我们正在努力！

我们将永远努力！

**樊　浩**

谨识于东南大学"舌在谷"

2007 年 2 月 11 日

# 目　录

# 引　论

　　我们在对"伪善"的研究中，很难区分理论分析与历史经验的维度。因为道德生活中的经验感受驱动着我们对这一道德问题和现象的关注；而同时"伪善"在道德理论上的主观动机与客观目的之间的逻辑背反、道义追求与幸福生活之间的悖论关系又促使我们在形而上学层面寻求其发生的真正根由。因而，无论是生活层面还是精神层面的"伪善"问题，都是真实的问题领域。但是，我们不愿动摇于二者之间；或者说，无力把握或协调二者的和谐共存，而倾向于把伪善作为现代伦理学建制性的"元问题"，即道德形而上学层面的探讨。

　　所以，正如这一"形而上学"名称本身，在把"伪善"作为道德形而上学问题追思之前，我们先要追问"形上"形态的研究何以可能？这就是道德形而上学层面伪善研究的对象与形态界定：其一，现代语境中伪善的"问题域"从伦理概念、个体心理与德性问题转变为伦理学理论框架、形上结构（也区别于语言哲学的"言语行动"分析）；其二，研究形态上从"体系间"（如舍勒、尼采）批判转换为"体系内"反思，即伪善的道德形而上学形态研究。

　　伪善的道德形而上学研究及其形态的呈现，其最终目的并不是要建构一种"伪善"的道德形而上学体系，而是要透过现实生活中诸多伪善现象与问题追寻其观念意识、习俗文化、行为模式中的一般知识、概念的根据。康德早就提出："如果一个纯然出自概念的先天知识体系叫做形而上学，那么，一种不是以自然，而是以任性的自由为对象的实践哲学就将预设并且需要一种道德形而上学，也就是说，拥有这样一种道德形而上学甚至是义务。"[1]由于是一种实践知识，这一并非纯粹无所凭借就能产生的知

---

① 李秋零主编：《康德著作全集》第 6 卷，中国人民大学出版社 2007 年版，第 223 页。

识体系是依赖于道德经验的，即便这种经验是道德思维想象、反思的结果；在一定意义上，伪善就是道德主观性经验的产物。当然，道德思维的客体与经验客体之间的差异，也是伪善发生的重要根据之一。但是，正如严谨的形而上学不能生硬地扩展其研究视域一样，"道德形而上学也不能建立在人类学之上"，① 这里我们宁愿遵循形而上学的内在逻辑，古典哲学家们正是通过"伪善"这一特殊概念试图推动道德形而上学逻辑的发展，将道德的"主观性"内在困境向更高的"客观性"自由形态推进。

无疑，我们是以一种"康德式"的路径进行的，在现代性的道德形而上学逻辑中揭示伪善，同时又揭示现代性的经济、政治的规范，制度乃至一种现代性文化又是如何导致、陷入"伪善"之中的。这其中一以贯之的是对道德行动的价值辩护的反思，这种"反思"是对伦理道德自身的哲学合理性的反思。"伪善"问题本身深入了道德行动理由的辩护中，楔入道德行动价值的"形而上学"论证的方方面面。因而，从"伪善"视角重新审视现代伦理学学科建制的哲学基础，是一次有益的尝试。

# 一　伪善问题的学术综述

## （一）词源学层面的"伪善问题"

在中西文化的源头中，"伪"并不是以现代意义的罪恶形态出现的，也并不具有真假、善恶的价值批判功能，但是，它在一定意义上开辟、拓展了先民思维认识的自觉形态与新空间。

"伪"字在中国古汉语中即"从人从为"，简单来说就是"人为"的意思。徐锴在《说文》中说："伪者，人为之，非天真也。"实际上，从伪字的源头来看，"伪善"就面临着善恶不一、针锋相对两个层面的解释。这当然与中国古代对"伪善"的认识天然地与"人""人的行为"以及"人性"的认识联系在一起而造成的；问题的纠结在于"人为"之为在伦理道德上的价值判断。其中有代表性的，一方面表现在《论语》中对"乡愿"的描述上，孔子说"乡愿德之贼也"②，孟子也作了具体描

---

① 李秋零主编：《康德著作全集》第 6 卷，第 224 页。
② 《论语·阳货》。

述："言不顾行，行不顾言……阉然媚于世也者，是乡愿也。"① 意思是说，乡里的那些好好先生打着道德的幌子实际上是无德的。这里，孔子首先是对道德行为的价值进行判断；其次，更为重要的是要对"何为真德"、"何为假善"进行理论上的区分，真善与伪善如果没有了根本的分别，世上的那些"乡愿之徒"岂不都成了道德君子。另一方面，荀子认为，"不可学，不可事而在人者，谓之性；可学而能，可事而成之在人者，谓之伪"。不仅如此，荀子又说："人之性恶，其善者伪也。"② 这里，荀子从道德意识来源的角度区分了"性"与"伪"之后，得出"本性为恶"而"伪者为善"的结论。然而，在中国传统文化中，荀子的这一道德意识来源论并没有得到传承和发展，相反，儒家对善的真伪区分、辨别与判断成为认识的主流。因为"伪善的危害，不仅体现在对道德性结构，同样作为怀疑论还威胁到道德知识的大厦；因为，伪善问题不仅是关涉社会良善生活的基本因素，而且还是对他人的道德判断能力的重要表征"③。但是，这也带来了理论上的自我反思与诘难，例如，道德自我如何判定他人的行为价值，道德自我的"反身而诚"是否具有彻底性等问题。同时，儒家传统在对待"伪善"的问题上是严肃的，正如"道德自我"虽然摆脱不了逻辑上的循环，但是在每个环节上都认真地努力着。

在古希腊，伪善的出现是在"戏剧"表演中，意为"表演""装扮""作假"或"掩饰"，例如一个演员演得好，就说明这个人善于伪装，是伪善的。④ 但是，这仅仅是在戏剧表演中，而没有被使用在公共政治领域。从词源来看，"伪善"一词来自于古希腊语"πόκρισι ς(hypokrisis)"，是由希腊语前缀"hypo-"和动词"krinein"组成的，前缀意为"假借（under）"，动词"krinein"意为"决定、判断（to sift or decide）"，二者联系起来构成了伪善的原初含义，即"暗示由于能力上的不足而作出的决断"，这种不足是特指一个人自身的信念或感觉上的。有一个例子，在前4世纪的雅典，著名的雄辩家、演说家德摩斯梯尼（Demosthenes）嘲笑他的竞争对手 Aeschines，说他在演艺事业上是成功的，因而

---

① 《孟子·尽心下》。
② 《荀子·性恶篇》。
③ Béla Szabados, Eldon Soifer, *Hypocrisy: Ethical Investigations* ( Broadview Press, 2004 ), p. 1.
④ Ibid. , p. 2.

作为一个善于伪装的伪善者（演员），在舞台上塑造人物的纯熟"技术"使得他是靠不住、不值得信赖的政治家。于是，日后罗马人对"演员"的轻蔑——"一个假冒的角色"，在一定程度上也决定了"伪善"一词含义的走向。① 但是不容忽视的是，"伪善"一词天生所具有的"内在否定和不足"的意蕴，这一点被尼采深刻挖掘而转化为一种"怨恨"的道德结构。

在基督宗教中犹太人与法利赛人的伪善现象，是探讨"伪善"重要的文化历史与学术资源。其中，法利赛人作为后世伪善的代名词的出现，是与"谁可以（道德）判断"问题联系在一起的；在由中世纪向现代转变的过程中，文艺复兴时期但丁在"地狱"（《神曲》）中对宗教的伪善有过批判。到了现代，伪善发生了改变，现代的伪善概念倾向于"自欺""是其所不是"的内容，这一转变从 18 世纪巴特勒的英国道德哲学中开始。伪善的后现代转变，尼采对道德自欺的揭示就展示出其力量，在具体生活的社会与道德矛盾中，"伪善"在于描述个体或者少数派反对社会规制与压力下的普遍价值观念。于是，在社会规制下，个体行为就产生了非自我的借口，这成为一种"弄巧成拙（Self-Defeating）"或"自欺"的伪善。② 因而，在现代的社会与道德生活中，伪善一直作为一种现象存留在我们的周围。

## （二）道德哲学、政治哲学层面的伪善问题

从理论层面上看，作为道德理论的伪善问题，是从康德道德哲学开始的，但这并不是说康德之前的人类生活中伪善作为一种道德生活现象就不存在，而是从康德道德哲学开始，道德主体的成熟，具备了把握伪善的道德认识能力。

当然，这种能力一方面是识别伪善本质的道德辨别能力，另一方面就是在道德心理的刺激下对不当道德动机的嫁接，从而故意掩饰真实的行为动机，或道貌岸然或曲意逢迎。康德最先在道德形而上学体系中论述了"伪善"问题，尤其是在《道德形而上学》中，通过对《圣经》

---

① From Wikipedia, http：//en. wikipedia. org/wiki/Hypocrisy.

② Béla Szabados, Eldon Soifer, *Hypocrisy*：*Ethical Investigations*（Broadview Press, 2004）, pp. 2 - 4.

中"人的堕落"的重新释义，认为"《圣经》记下的恶借以来到世间的第一次犯罪不是（该隐的）谋杀兄弟，而是第一次说谎（因为本性毕竟是反对谋杀的），并且把它当作一切恶的始作俑者，成为元始的说谎者和谎言之父"①。从而以"对纯然作为一个道德存在者的自己的义务"角度，确立作为道德主体的人在上帝面前所犯下的第一桩罪——"伪善"。《单纯理性限度内的宗教》一书从对人性论分析的角度对伪善的产生在理性基础上进行了研究。黑格尔青年时期在一篇神学作品《耶稣传》中，也曾在康德道德神学思想的影响下对"伪善"问题进行了深刻的揭露和批判。更为重要的是，在《精神现象学》和《法哲学原理》中，黑格尔分别从道德意识和道德意志两个角度对"伪善"的产生和克服进行了系统的论述。这成为研究伪善的道德辩证法最重要的资源。尼采在《论道德的谱系》以及《善恶之彼岸——未来的一个哲学序曲》中，提出高贵道德与教士道德的对立，现在欧洲占统治地位的是教士道德，他们翻转了高贵道德，即希腊罗马的高贵道德。基督教怨恨情结以及同情伦理情绪，造成了人性的倒退——虚无主义，这是人性的自我欺骗史在自身历史现实中的终点。于是，"反生命的基督教道德从源头起就具备虚伪的特征"，就在于"没有主体的人把如此之虚构当做维持自我生存的工具，习惯于把每一种谎言称作神圣"②。所以在一定意义上，尼采所为之斗争的正是由于伪善的自欺欺人所造成的虚假世界的存在，努力的方向在于重塑新人性——超人。舍勒在《伦理学的形式主义与质料的价值伦理学》中，甚至提出形式主义伦理学与功利主义伦理学是伪善的伦理学，并提出以人格主义和质料的价值伦理学克服这种伪善的伦理学。这一认识使伦理本身的定位——"伦理观念"③ 产生了转向。现代重要的基督教哲学家朋霍费尔在其代表作《伦理学》中，从基督教伦理学的角度对"伪善"问题进行了论述和剖析，而且对伦理、善恶

---

① 康德：《康德著作全集》第 6 卷，《道德形而上学》，张荣译，第 441 页。

② 戴晖：《从人道主义世界观到现代对世界的省思》，南京大学出版社 2006 年版，第 115—116 页。

③ ［德］马克斯·舍勒：《伦理学的形式主义与质料的价值伦理学》，倪梁康译，三联书店 2004 年版，第 5、138 页。这即是说"伦理是关于什么的"，对康德伦理学的批判，舍勒就认为是一种"超越"，是一种对"伦理观念"的（现代）转变（一般形式伦理学的观念）。因而，在对自身进行伦理学定位时，就认为："一门首先在其性质根据中寻找伦常价值的伦理学就已经完全不同于一门形式的伦理学。"

本身的思考也是卓越的。

政治哲学对"伪善"问题的关注，也是西方研究的主流方向之一。这种传统最早可以追溯到马基雅维里、霍布斯等人，正是他们明确地将政治与道德的价值判断区分开来；但是，从此政治的公正与道德的善的关系问题，以及道德主体人格与政治建制的关系问题，一直困扰着西方学者和历史发展。马基雅维里在《君主论》中认为："政治的特色就是充满了各种形式的阴谋诡计，包括伪善；……但他独树一帜地坚持认为：伪善不可消灭。在这个基础上，他建议有抱负的领导人就应该像狐狸一样狡猾。"① 卢梭对二者的关系给出了自己独特的判断和解释。他一方面将道德的基础立足于情感之上，让道德理性成为道德情感的附庸；另一方面，在人类道德发展史上，他又认为腐败的不平等的制度不断对人们的"人性"进行着破坏，而只有回复到"自然状态"，才能保证共同体存在所需要的有道德正义感的公民。而这种人性同时也是在共同体的保证下存在的。这样，在卢梭这里就存在着一种政治制度性的"伪善"：人们是以政治共同体这种方式保障着人性的"道德性"，同时又防止人性对共同体的败坏。

通过法国大革命，人们对此有了更加理性的认识；但是康德和黑格尔对"伪善"的认识都不同程度地有着卢梭的影子。现代对这一问题的发展，是在第二次世界大战所引发的一系列政治反思的基础上进行的，代表人物有阿伦特等。阿伦特在《论革命》《人的境况》《极权主义的起源》等中，把政治的和道德的两个角度分称为"世界的忧虑"和"心的忧虑"，而现时代人们更多地以"心的东西"来解决"世界的问题"，所以造成了"世界"的"灾难"，比如法国大革命、第二次世界大战等。她在《人的境况》中更是一针见血地指出："只有善不被人察觉，甚至不被行善的人自己察觉的情况下，善才能存在；任何看到他自己行善的人就不再是善的了。"② 所以，革命者向公众表白爱心、表白自己，也就已经堕落成为一种单纯的外观的形式，必须被看作伪善。

---

① ［美］地默尔·库兰：《偏好伪装的社会后果》，丁震寰、欧阳武译，长春出版社2005年版，第12页。

② ［美］阿伦特：《人的境况》，王寅丽译，上海人民出版社2009年版，第49页。

### （三）科学实验心理学层面的伪善问题

对伪善问题的一个重要的研究角度就是"科学心理学"，主要是道德心理学方面的实证研究。首先从心理学几个概念出发对伪善的认识：阴影，即先天倾向，人性中的阴暗面，它包括一切激情、欲望和行为、原始的本性。对待阴影，人要么完全被其笼罩，彻底疯狂；要么将其投射出来，表面上好像完全失去它，变得很伪善，然而阴影是有生命的，它总要自发地寻求表现。被阴影完全笼罩也好，将其完全投射也好，总难免痛苦。人格完整性的获得也就是彻底认识到人有向善的可能，也有向恶的可能（如果非要用善恶这样的词去区分人心的话），即不片面追求高、大、全的自我形象，又不完全受制于阴暗面，丑恶与过失对任何人来讲都必不可少，强行把这些从人格中除去容易导致某些神经症，表面上完全去掉它们则是伪善。弗洛伊德以"性"为基础的心理学分析，就是集中表现。弗洛伊德认为，社会反复对人们灌输道德原则，其实是通过使人们从道德行为中获得最大的个人利益，从而实现抑制其自私冲动的目的。然而，尽管道德规范会约束人们的行为，但人们仍然具有随心所欲的冲动，因而常常会进行道德伪装，表现出来的道德只是在对他人和自己"做秀"，这是个不错的两全方式。

例如，巴特森（Batson）用三个实验证明了道德伪善动机的存在；迈勒（Mele）指出自我欺骗有两种策略：（1）把自我服务的行为错看成是道德的；（2）避免将行为与道德标准相比较。究竟哪种是道德伪善的策略呢？巴特森（Batson）又通过三个实验，研究了道德伪善得以发生的自我欺骗策略，以此探明道德伪善的内在机制。通过系列实验研究，他们发现道德伪善有三种形式。（1）通常的形式。无论道德标准是否凸显，抛硬币的偏倚结果都表明，一部分被试者并没有让硬币来决定自己的任务分配，而是断定抛硬币的结果总是自己被分配到积极任务。（2）可怕的形式。当预先没有暗示道德标准时，高自我意识的被试者并没有支持道德原则，而是通过使道德标准与自我获益的行为相一致而减少了二者之间的矛盾，他们创造的新的道德标准能够解释甚至鼓励不道德行为。（3）难以发现的形式。当存在道德标准的预先暗示时，高自我意识的被试者会按照道德标准行事。通过这些实证性的心理学实验，我们不难发现研究者意欲提醒人们：道德表象具有很强的欺骗性，我们平时可能高估了道德正直对行为的影响力。①

### （四）民族伦理文化层面的"伪善问题"

在道德理论层面上，伪善还作为历史文化与民族文化问题被认识、被反思，因为伪善虽然是违背道德的，但毕竟是人类的一种"文化"，这就是伪善的文化层面。

康德在《世界公民观点下的普遍历史观念》中就曾承认："我们由于艺术和科学而有了高度的文化，在各式各样的社会礼貌和仪表方面，我们是文明得甚至于到了过分的地步，但是要认为我们已经是道德化了，则这里面还缺少很多的东西，因为道德这一观念也是属于文化的；但是我们使用这一观念却只限于虚荣与外表仪式方面表现得貌似德行的东西，所以它只不过是成其为文明化而已。"② 然而，这之后则有积极与消极、历史进步与时代反思两条不同道路：其一，历史进步主义强调，我们能够在历史的发展中不断地推进人类的道德意识以扬弃这种伪善的历史局限性，因为这是一种"可以允许的道德假象""无害的幻觉"，即使"大自然也是为了拯救道德，或者说正是为了引向道德，才明智地培养起人喜欢被哄骗的倾向"③。其二，这更是一种隐蔽的透明的社会文化氛围，因为只有"当谎言获得某种社会标志时，它总是被当作善"。这样，"生活的虚假的外围就如此地形成了，伪善出现了，这个伪善已经不被认为是恶，而被认为是义务。整个灾难不在于被认为是恶的谎言，而在于被认为是善的谎言"。这样就形成了"程式化的谎言"，即"国家、家庭就文明生活中，个性生活中都充满着这样的谎言，这样的伪善。君主政治、民主政治、贵族、官僚、资本主义和无产阶级都靠伪善和谎言生存"④。因而，揭露这种虚假的世界和对人们的欺骗，就要揭示这种伪善的文化氛围，东西方的文化启蒙和道德世界观的现代转变莫不如此。

尼采在《历史的用途与滥用》中就谈到，与"生活需要历史为之服

---

① Batson, C. D., Kobrynowicz, D., Dinnerstein, J. L., Kampf, H. C., Wilson, A. D., "In A Very Different Voice：Unmasking Moral Hypocrisy," *Journal of Personality and Social Psychology*, 1997, 72 (6).

② ［德］康德：《历史理性文集》，何兆武译，商务印书馆1991年版，第7—8页。

③ ［德］康德：《实用人类学》，邓晓芒译，上海人民出版社2005年版，第33、34页。

④ ［俄］别尔嘉耶夫：《论人的使命》，张百春译，学林出版社2000年版，第215、219—220页。

务"的这个事实相比,"过量的历史会伤害生活"甚至更甚更深。因而,"一个人必须通过'反思'自己真正的需要来整理好自己内心的那堆杂物,他需要用自己性格中所有的诚实、所有的坚定和真诚来帮助自己对付那些二手的思想、二手的知识、二手的行动。然后,他才会明白,文化不仅仅是'生活的装饰'——也就是对生活的掩饰和扭曲,因为所有的装饰都会掩盖被装饰的东西"。而希腊人在道德个性上的力量,是"将来所有文化民族的祖先和典范"①。当今时代在基督教同情道德的社会氛围中,虚无主义文化败坏了人性,而我们自身又是通向世界的途径,因此虚无主义文化在败坏人性的同时也扭曲了我们生活世界的基础。这种文化在历史中的可能就在于基督教的"建制""基督教作为一种奴隶道德的权利架构因苦行牧师的统治而建立了自己的王国"。因此,在这基督建制的世界中善恶价值不是世界性的,只有在生命的创造中才能打破那种虚假的生活假象,才能拥有我们自己的生活世界。所以,尼采认为,为了至善必须有一个恶的世界。因而,虚假的道德世界向有恶世界的转变是一种道德的世界观的现代转变,但是这种有恶的世界仍然是一种求善的"预设",并且有恶世界中"祈求创造",只是为我们提供了一个更为"高尚的谎言"②。但是,暂不论尼采的成果对与否,由尼采所揭示的道德伪善的虚无主义欧洲文化却是阴魂不散的。这股思想风潮在俄国的影响和反省尤甚,陀思妥耶夫斯基的《卡拉马佐夫兄弟》及其衍生物罗赞诺夫《论宗教大法官的传说》,别尔嘉耶夫从体验出发的悖论伦理的反思《论人的使命》,舍斯托夫的《雅典与耶路撒冷》《旷野的呼告》,等等,显示出作为一种虚无主义文化对整个欧洲民族的影响和回应。

中国在近代文化启蒙运动中,面对传统文化的阴霾也是从揭露乡愿的"伪善"开始的。"二千年来之政,秦政也,皆大盗也;二千年来之学,荀学也,皆乡愿也。惟大盗利用乡愿,惟乡愿工媚大盗。二者交相资,而罔不托之于孔。"(谭嗣同《仁学·二十九》)儒家的乡愿之所以受到如此激烈的抨击,在于乡愿之风在社会建制中的文化意义,也即是说儒家"道德为政治服务"这一政治实用主义使得乡愿成为一种建制性的文化形

① [德]尼采:《历史的用途与滥用》,陈涛、周辉荣译,刘北成校,上海人民出版社2005年版,第12、98页。

② [美]斯坦利·罗森:《启蒙的面具》,吴松江、陈卫斌译,辽宁教育出版社2003年版,第8页。

态。因而，近代的社会变革、思想解放二者是一体两面，无论进行哪一方面的革命都会涉及另一方，而二者共同的根源就是内在于社会建制中的伪善。① 因而，近代中国文化变革是与社会政治革命同步进行的，而西方则是把基督道德与政治社会二分，从而割裂了文化中的伪善对社会政治建制的依赖关系。

但是，这种道德与政治的二分，一方面割断了与传统文化的关系，另一方面也将个体身上的一切文化因素剥夺干净，个体成为一个孤零零的单子。现代"个体的人"在进入社会之前，先被净空了一切，在社会政治领域中是如此，波及道德文化生活也是如此。这样，传统伪善文化的基因就被彻底删除了，但同时也切断了个体的文化之根；与此同时，现代性更为高尚的谎言诞生了，个体可以在自由的政治制度中"挣回"想要的一切。于是"祈求创造""生活世界的政治化"成为新世界的"谎言"，而个体生命的生存之根的追求及其悖论性的个体生活，成为生活世界中的主题和反思的对象。

同时，不可忽视的是，在现代性逻辑发展中，对"伪善"的认识充斥着一种以历史主义替代或消解理性逻辑的倾向。这种认识普遍认为，伪善只是伦理道德自身历史发展过程中的一个环节，并且将这一环节与世界历史过程、阶级以及生产力发展联系起来，简单地将其定位为社会历史发展中的"衍生问题"，伴随着阶级的消失、历史的进步，社会中的伪善现象也必将随之消灭。这一认识在很大程度上影响、制约了中国学界对"伪善"问题的探讨，历史主义的逻辑倾向造成了伪善在现实生活以及理论层面研究的双重不足。

## 二  伪善问题伦理学研究的双重困境

从根源上讲，"伪善"问题在于其理论层面，"伪善的危害，不仅体现在对道德性结构，同样作为怀疑论还威胁到道德知识的大厦；因为，伪善问题不仅是关涉社会良善生活的基本因素，而且还是对他人的道德判断

① 邓晓芒先生在《从康德的道德哲学看儒家的"乡愿"》中把儒家的乡愿分为"结构性"和"体制性"的，前者在于伪善作为一种人性的自然倾向是内在于人性结构的，而后者就是一种社会政治文化体制设计的问题，因而是体制性的，这与文中所说的"建制性的伪善"相类似，但是我们更强调这种伪善的文化功能与政治建制的统一性。

能力的重要表征"①。因而，"伪善化"的道德结构一直如"幽灵"般出现在现代性伦理学话语中。仔细检视，不难发现，随着现代性道德问题发生而逐渐"消失"的伪善现象，以及伦理学学理层面的难以"把捉"，是造成"伪善"主题研究不足的双重困境之所在。

**（一）外部困境：一个"行将消失"的道德现象？**

1. 阶级、历史主义发展框架中的必然克服

20 世纪 80 年代，在苏联教科书伦理学思维的影响下，"伪善"被看作"是剥削阶级的基本品质之一""是剥削阶级本性的必然反映，是剥削阶级道德品质的典型表现"②"是阶级社会中的一种常见的现象，也是统治阶级对广大劳动者进行压迫、欺骗和奴役的一种手段"③。而在社会主义社会中，伪善被想当然地排除在外，因为社会主义社会不具有"伪善"赖以产生和生长的"阶级"条件和"宗教"土壤。

"在绝大多数人由于经济上、政治上和精神上受逼迫，而以形式上履行道德要求来代替对道德的自觉和有信念的态度的条件下，它得以发展。"在这种阶级社会条件下，就会自动有一批"对现存秩序的自愿维护者，他们在监督其他可信赖的人的时候表现出自己的忠心耿耿"。因而，"伪善往往包藏着对人的不信任，对人的个性持怀疑、嫉妒、轻蔑的态度"。但是，这种道德态度的"旧日遗毒"是生长于"固有着虚伪、教条主义和法利赛作风的宗教道德"土壤上的，从而产生着对道德的伪善态度。所以，就如同阶级斗争一样，保持纯洁、高尚的社会主义道德关系，就"必须同伪善进行坚决斗争"，毕竟"伪善同共产主义道德的本性是相对立的"。但可以肯定的是，在社会主义社会中，伪善的"阶级"和"宗教"的根基被铲除，所以，伪善的表现就从"整体性"的阶级恶转变为"个体性"的道德恶。于是，伪善在社会主义社会中，常常"是同官僚主义、名利思想和见风转舵的心理"或是"虚荣心、嫉妒"等结合在一起的。

所以，再往下推，就不难得出这样的结论，随着社会主义革命的完

①　Béla Szabados, Eldon Soifer, *Hypocrisy: Ethical Investigations* (Broadview Press, 2004), p. 1.

②　《伦理学名词解释》，人民出版社 1984 年版，第 124 页。

③　《简明伦理学辞典》，四川省社会科学院出版社 1985 年版，第 223 页。

成，伪善赖以产生的阶级、宗教社会环境已经消除，所以"伪善"的道德现象注定要消亡，至少也是会逐步消失的；而且即使在现阶段伪善的存在也只是"旧日遗毒"，存在于"个体"或"一小撮"群体的心理或行为中。这种将一种基本的道德概念和道德现象，统摄于"阶级斗争"的分析框架中来看待和分析的做法，并不是完全没有道理的，最起码在这种分析中我们清晰地看到，随着伪善的"道德世界"被揭示为"阶级"的"恶的世界"，伪善的道德世界观就解体了。

但是，"伪善"在现代道德世界中的消失，只能是作为道德基本概念或是道德生活现象，而非道德经验或感受，甚至说现代道德世界的塑形正是在对传统道德"伪善化"（善的欠缺）的"经验感"中进行的。如果简单梳理这一过程，就可以归结为三个阶段：第一阶段是在现代道德世界观中伪善发生条件的改变，伪善是一种道德自我确认的历史经验，伪善"无辜"；第二阶段是道德世界观被彻底扭转，伪善转移到"有恶世界中自我实现"的自由主义政治观和历史主义进步观中，在其中人（性）被恶"异化"，道德责任被消解，人（类）处于无恶无善的"真空状态"，伪善"无必要"；第三阶段，自由主义和历史进步观所造成的"大灾难"，使得人们认识到固持共同人性的重要性，提升在面对"他人"时的绝对道德责任，劫后余生，伪善"无地自容"。

这里，我们还要追踪近现代以来，伪善在学科学理以及道德经验感受意义上"消失""消亡"的过程和根据，以期还原这个现代性道德理论"黑洞"的原因所在，展现已被现代性道德观念涂抹下的"另一副"伪善的画面。

2. 现代公共世界中个体性"伪善"的消失

在现代性的历史时代与思维逻辑背景下探讨"伪善"，有一个重大的变化，这就是由"思"（thinking）向"行"（doing）①的转变，但是，这并不意味着"思与行"的统一，只不过是以"行"替代了"思"的位置。因而，在知行关系问题统领下的"伪善"仍是道德形而上学要面对的主要问题，只不过更为隐蔽而已。它以批判前现代伦理学中"知先行后"的道德认知模式，揭示出前现代伦理认识、观念与理论中的伪善倾向与表现形态，因而对传统伦理学的"伪善"揭示也标示着一般"伦理

---

① 　[美] 阿伦特：《人的境况》，王寅丽译，第 230—231 页。

观念"的转型。

这种"伪善"出现的首要原因在于人的"公共性""现实性"的生活领域的变化,这种现实的普遍性生活世界不再以"伦理世界"形态显现,而是"政治世界";这样就形成了"政治世界"作为生活世界的独特意义,而道德的人(本)性基础彻底摆脱了"伪"的面具而以(真)恶示人也正是发生在政治统领的"生活世界"里。① 在这样一个"非人性"的世界中,也会发展出一种"特殊"的人性;这种"特殊"的人性状态又维护着这一世界的存在,因而,现代世界中"伪善"的存在再也不是"单一"的形态,而是复合式的,这一"荒谬不在世界,亦不在人,而在这二者的关系"② 之中。

这就造成了两重层面上的伪善:其一,基于公共领域的"去私人化"(deprivatized)和"去个体化"(deindividualized)现实存在特征,就如"爱情如果被用于政治目的,例如用于改变或拯救世界,就变成虚假的或扭曲的了"③ 一样,个体的良心与道德情感的客观性呈现——或运用于社会革命或运用于政治行动中——也必然是"伪善"。因为,这其中有一个致命的"替代""所有人共同的要素不再是世界,而是某种类型的'人的本性'"。或如 18 世纪理性主义与情感主义一样,"他们只不过是同一事情的两个方面而已;……理性或情感都只是已经失去的、共同且可见的世界的心理替代物,而这些替代物又局限于不可见的领域之中"④。于是,"伪善以及揭露其真面目的激情,在法国大革命后期,扮演了举足轻重的角色"⑤。但是,这一状况是被作为哲学的"前现代"表现对待的;并且,其"哲学进入政治"的逻辑道路与现代模式格格不入。因而无论是在现代性的时代背景下,还是"政治进入哲学"的现代逻辑思路,都表明现代性逻辑结构的独特性,在伪善的表现方面也是如此。其二,在一个有恶

---

① 邓晓芒先生把儒家的乡愿分为"结构性"和"体制性"的,前者在于伪善作为一种人性的自然倾向是内在于人性结构的,而后者就是一种社会政治文化体制设计的问题,因而是体制性的。这一分法明显是在对"伪善"的传统与现代区分前提下作出的,但是又将其运用在理论逻辑结构中(参见邓晓芒《从康德的道德哲学看儒家的"乡愿"》,《浙江学刊》2005 年第 1 期)。

② 徐贲:《人以什么理由来记忆》,吉林出版集团 2008 年版,第 19 页。

③ [美] 阿伦特:《人的境况》,王寅丽译,第 34 页。

④ [美] 阿伦特:《黑暗时代的人们》,王凌云译,江苏教育出版社 2006 年版,第 14 页。

⑤ [美] 阿伦特:《论革命》,陈周旺译,译林出版社 2007 年版,第 83—84 页。

的世界中，如果社会性组织仅仅"教导人们去行善，而非'去抵制恶'，结果'邪恶的统治者可以为所欲为地作恶'"。在近代这种社会性组织就是指"改革后的教会"，而在现代这种社会组织就是"极权主义"的政权；因为"来自隐蔽处的恶不仅厚颜无耻，而且直接破坏着公共世界；来自隐蔽处并假扮一种公共角色的善不仅不再是善，而且会自行腐化堕落，走到哪里，就把它的腐败带到哪里"①。这种"隐蔽的腐败"就是伪善，因为这里的"伪善"不是一种自觉，而更多的是一种对"什么才是真正属于人的本真、源初的生活方式"的忧虑与对传统方式的颠覆。

这是"伪善"所能达到的登峰造极的地步，它不断地侵蚀着"人"的道德存在的象征，从道德动机到道德行为再到道德经验、道德世界，它不断替代着"人"的存在的确证，从主观性到客观性再到感受性，最终，道德动机被替换为"伪善"本身，道德行为成为纯粹的掩饰活动，道德世界也就不再是（道德）人的世界，道德人之所以能在世界中存在的根据被"铲除"了。因而，当尼采宣布上帝死了，他的意思实际上是"道德的"上帝死了；而当福柯宣布人死了的时候，他的意思实际上是"道德的人"死了，世界不再能够容纳有道德的人存在了。从此，"无德"也就无伪善，伪善在剥夺了人的道德存在的一切特征之后，本身也走向了"寿终正寝"，伪善在现代世界消失了，或者准确地说，伪善在现代世界已经变得没有必要了。这是　个方面，体现为人性与伦理世界互动情势下的人性的"自败"，而在伪善的发生机制上则表现为道德个体的"无行动"性：在盲目遵循道德的客观性行为的信条之下，相信社会和个体的道德状况会随着历史发展而必然进步，因而，在"不可逆"的社会历史条件下个体的行动美德就是"服从"，从而，无论是社会个体的故意"献媚"还是自我之"恶"的"检讨"与"表白"，道德个体仍然难逃"伪善"的命运，而成为无反思、平庸的个体存在。

这正是从个体人性的"可普遍化"角度揭示的"伪善"的消失，但是，"伪善"仍然在生活的外围层面存在着，由体制制度、技术所构筑的世界"底色"，已经完全与"世界"本身无关了，而由政治革命、媒介、资本所虚构出的世界图景，表征着人的本性的"统一性"、价值的"普世性"、感受的"同一性"，从而在虚假的"同一性"下进行着美好生活、

---

① ［美］阿伦特：《人的境况》，王寅丽译，第51—52页。

明日幸福的真切"欺骗"。在 20 世纪这种"体制性"的伪善所造成的最大灾难就是对犹太人的大屠杀。

在"大屠杀""难民营"之后的劫后余生里,伪善虽是"无地自容",但并不是说,对伪善的探讨就失去了意义;相反,我们可以从近现代的源头处梳理"伪善"的命运以反思道德的现代性历程。当然,我们并不否认,在道德意识来源的分裂中存在着伪善"不可避免"的根据,以及"人性的自然状态之不足"的历史经验,我们探讨伪善、识别伪善的意义到底何在呢?实际上,无论是人性论还是道德意识角度的探讨并没有推动"伪善"的探讨,但不同之处在于,道德主体的确立对于反思"原初道德经验的分裂"具有根本的意义和价值。更为重要的是,这种谦卑、不骄傲的道德态度正是健全的道德人格的必备因素和气质。通过对共同人性基础的认同和生活经验本质的还原,揭示出一种可能的意义创造和价值判断的模式,使其在人类共同的文化记忆中获得发展的可能和新动力。

### (二) 内部困境:一个难以"把捉"的理论对象

我们注意到,道德观念的发生变化史、伦理习俗的风化史以至伦理精神的民族演化史,一般都包含两个方面的内涵和功能。其一是对善恶绝对观念的传承,并往往以一种神话故事、文本符号、宗教象征的形式保留下来;其二是对变化了的、变迁的伦理道德秩序的调整和规划,并在这种转变中生成新的伦理道德经验,从而成为民族精神的历史形态和现象。

在这种变化中,新旧道德观念形态和道德秩序的变化是最为惊心动魄的。但无论如何要有一个精神动荡的时期来适应,这意味着传统世界中人"安身立命"的生存方式被颠覆了,而这种适应就是人们重新选择、调整、调适对道德新世界的经验把握方式的过程。这个时代的历史任务是需要对被剥夺了合法性的道德世界及其经验感受方式重新确立起可以被接受的"信其为真"的方式和根据。而对旧世界发起攻击并能勾起人们心理恐慌的就是,道德世界"善"的不在场,精神世界的价值抽离和无意义化。人们的一切行为表现、话语表达、身体感受,都处在一种价值"缺场"的状态,这不是一种真空状态,但比真空状态更可怕。因为在不知不觉中"魔鬼"已弥散在道德生活中,人心呈现出一种彻底的败坏,真实的生活经验被另一种模式所替代,真的变成假的,假的变成真的。这种道德历史现象的逻辑学理表达就是"伪善"。

因而伪善之成为一个"透明"的理论问题，具体来说，体现在其语词来源、认知方式以及与现代性多维关联的诸多难题上。

1. 伪善的"经验"发生与"抽象"反思之间的矛盾

伪善本身是一个颇具争议的问题领域，在对伪善的研究中更是如此，是道德价值的经验感受还是理性反思，无论是对于伪善的产生还是对伪善本身的观照都是必要的，但二者之间充满张力，以致是矛盾关系。

因为伪善所要面对的问题不仅是是非、善恶的价值问题，还要面对"人心"的执迷和败坏；不仅是与恶做近身肉搏，还是与魔鬼的争斗，一不小心就有死于非命的危险。[①] 在诸多的纷扰当中确立一个视角是重要的，但当然是个体的、个体经验感受和概念直观基础上的。而之所以是个体自我性的，是因为我们不能置身于生活世界之中而做个"隐形人"，仿佛只是黑幕上的一双眼睛，"客观公正"地审视着这个世界。因为没有"身体"的经验感受，所以能够毫无反思地回答说，自己是一个真诚的人，批评这个世界的不足是勇敢的"道义担当"。这对于我们来说，无疑是一种极高明的"作伪"方式，不用反思自身，也不能够反思"自身"，因为在世界中根本就是一个"无身"的存在。因此，我们不仅不排除自身道德经验的具体性和相对性，反而正是在个体的道德体验中获得反思"普遍性的经验（观念）"的机会和场合。所以，所谓价值中立、道德旁观者的说法只是另一种美丽的"说辞"乃至错误的引导；更为重要的是，这种做法仍然以一种善的知识论"面具"去解释"伪善"，而与伪善本身失之交臂，或者是无法切近伪善的本真面目。而不可否认的是，伪善问题又是极具诱惑性的，它不仅对个体施咒，就连整个世界也不例外，而作为一个研究者对此状况既兴奋又苦恼。

伪善的经验性体验和认识的"入口"，就是要摆脱传统的价值实在论和理性认识论对善的本真状态的"遮蔽"和"伪饰"。因此，这一价值论要寻找的就是"个体体验的真实"，这种个体道德经验的感受在理性主义视野中饱受批评，但也正是在相反意识层面上，它保存着更多的真实感。

---

① 托马斯·曼在谈到如何评价一个作家时说：对有些作家，你可以拿他开玩笑——比如歌德，有的却绝对不能——比如陀思耶夫斯基或尼采。为什么？因为他们的灵魂与魔鬼打交道（参见《论宗教大法官》中译本前言）。笔者也深感这种魔鬼——"哲学犯罪"的严肃性，但也可能一不小心就成了某种意义上的"哲学罪犯"，这也是本主题让人忧思的另一方面吧。

现象学为此提供了一种"个体道德经验"描述的科学方法论。同时，也为我们消除了自然科学与心理主义方法论的疑虑，因为"自然科学或心理主义的方法之所以不能运用于哲学，就在于它们直接指向事实，并使自己生活在一个有什么就是什么的知觉世界之中。而在哲学那里，知觉本身是被给予的，即被生造出来的"。① 另一方面，我们所要研究的对象不是单纯"回到"事实本身，而是要通过"事物本身"与其普遍经验、理性事物之间的对比，寻求反思的空间。因此，从个体性的经验描述必须要摆脱"个体局限的真实"，才能到达真实的"理念"。这种哲学意义上的道德真实感受所针对的对象是哲学意义上的"道德真实物"，因此它的普遍意义在于道德真实感受的"普遍感觉就超越自己本身而上升到了普遍性"②。在宏观的道德经验视域中，这是一种反观自身的真实，是自己对自己的真实，即"诚"。然而，这种哲学意义的道德经验感受的内容要找到合适的表达方式才能沟通和认识，因此，在这种感受的直观中道德语言和道德概念是固定这种感受形式的唯一"理性"方式，这也就是"伪善"的道德经验探讨所需要的理性基础。

在理性反思层面，作为道德理论的伪善问题，是从康德道德哲学开始的，但这并不是说康德之前的人类生活中伪善作为一种道德生活现象就不存在，而是从康德道德哲学开始，道德主体的成熟，具备了把握伪善的道德"反思"能力。当然，康德理性主义伦理思维主要是一种形上的反思形态，从道德法则的理性规定到先验的人性结构，无不如此。因为，在他看来，道德法则要绝对地摒弃感性质料的欲求，如果人们的决断不是"出于对法则的纯粹敬重而不要任何其它考虑"的话，那么"一切都将成为纯然的伪善（Gleisnerei），法则将会遭到厌恶乃至于轻视，然而却为了自己的好处而仍然被遵守着"③。这样，这种无上的道德律令在有限的理性存在者——"人"的现世生活中又是难以实现的，因为人可以伪装出自己行为动机与理性法则的一致性，哪怕他的真实行为动机是感性欲求。在康德看来，伪善是作为理性存在者的道德法则在"有限者"身上应用过程中所表现出来的"有限者"的一种"根本恶"（radical evil）；因而，

① 陈家琪：《浪漫与幽默》，江西人民出版社 1998 年版，第 138—139 页。

② ［德］伽达默尔：《真理与方法》，辽宁人民出版社 1987 年版，第 21 页。

③ ［德］康德：《实践理性批判》，邓晓芒译，杨祖陶校，人民出版社 2003 年版，第 206 页。

是"人性"的根本恶，是"一切人的先验的人性结构"①。因而，愈是如此，康德愈是要通过道德动机的纯化、道德法则的绝对化来净化道德世界，在对"否定性"的感性质料予以否定之后，道德法则的形式主义、空洞化又受到质疑。

以致在舍勒伦理学中，他甚至认为形式主义伦理学就是"伪善伦理学"。在"道德价值"上舍勒认为，康德否定了这一概念而代之以"形式律令"，而道德价值的确立是在其实事性上的，因而道德的经验性与实在性就是道德必然领域，而非康德形式主义所规定的道德存在的"纯粹理性事实"，舍勒反问："在一个'纯粹理性的事实'与一个单纯的心理学事实之间的区别是什么？"② 或者说，这种先天的无质料的"理性事实"就是一种心理的臆想。由此可以得出，仅仅为了成为善人，或者说，仅仅为了善本身来行"善"，就已经是"伪善"了。

2. "伪善"伦理表现与现代性问题的多维交织

对伪善问题的研究，最大的困难在于设立一个研究的起点、言说主题的方式和基础。对于伪善的伦理学主题研究，这种困难又是双重的。第一，如何把捉伪善这一"不在场"的善。在对伪善的言说或者反思等哲学形而上学进行"操作"时，大多数情况下"善"是不在场的，只留下一个"伪饰"的形式。因而，我们对伪善话语的再言说，对伪善行为的再追思，往往不能切中伪善本身，伪善在我们的视域之外；甚至说是对一种既定话语模式的再模式化，而主题仍在题外。第二，对去伪后存留下的"道德真"缺少确证的方式。因为每一次道德价值的转型和变化，实际上是一种人们体验世界而获得经验方式的变化，传统的道德世界图景的退场也就意味着传统的道德经验世界及其方式的合法性被剥夺了，直观的感觉是"这不是真的"。在这种直观的生活感受中，传统的经验感觉归纳方式不再被认可，不再被确信为真，这就是"道德真"之外"道德信"的难题。道德领域中道德经验和道德信靠的体验确证方式发生了根本的转变，就意味着传统世界中人"安身立命"的生存方式被颠覆了。

不难看出，这二者又是交织在一起的，道德信靠的无基础性进一步遮

---

①　邓晓芒：《康德黑格尔论伪善》，北京大学纪念《精神现象学》发表 200 周年学术会议论文集，第 53 页。

②　［德］舍勒：《伦理学中的形式主义与质料的价值伦理学》上册，倪梁康译，第 55 页。

蔽了"善",使得道德世界呈现出不在场的"在"(伪善的现象学形态);而新道德世界的经验把握方式不当,使得道德真重新湮没在"伪饰"之下。这样,伪善问题就与现代性道德问题深刻地联系在一起,甚至与现代性道德形而上学形态之间存在着微妙的关系。

首先,我们要改变的理论态度和确立的视角是,伪善是对现代性无意义世界基础的抵抗,一定意义上的"积极"抵抗。伪善视角在现代伦理学中所呈现的并不是"反思"的结果和逻辑重构的"前提",而是在现代性道德世界的经验感受中的直观表达,因而伪善与现代性,与道德形而上学的关系就不是挑战,而是对其形态结构、精神气质的"塑造"。马克斯·舍勒就曾认为,心态(体验结构)的现代转型比历史的社会政治经济制度的转型更为根本,尤其是对于个体的道德精神世界。

其次,伪善对现代道德形而上学的挑战是对道德真信基础的颠覆。这是一个二重性的关系,一方面,伪善"有意识"地抵制着无意义的世界基础,另一方面自身的不足又败坏着这种抵抗。这是一个巨大的悖论,是现代性的反讽。因为在这个无意义世界基础的转折时期,面临着巨大的弥赛亚精神和社会实证主义的精神压力。一个是现实世界之外的精神救赎,而现实本真的无意义使得世界之外的价值无法投入这个世界;另一个是"道德社会学的定量分析……随着这种实证定量分析的合理化,世界中的意义问题被排除了,对作为整体的世界以及人在这个世界中的意义作出解释,不再是理智的内在需要,世界的价值虚无状态几乎被科学的方法合理化了"。现代非自然、外部性的道德感受的变化,使得传统道德世界观变得破碎;而现代道德世界的历史观又反过来销蚀着道德基础,接受虚无主义。因此,在现代情境中"摆脱世界的虚无和无意义,必然推导出整个人生自绝的合理性。否则人就只有靠自我欺骗苟活,这又必然引导出人类的不真诚"①。因此,伪善在现代世界中的影响就表现在两个不同层次上:其一是与伪善式"抵抗"并行的道德自我的纯粹构成的解释学;其二是道德自我在自我外部寻求类本质的社会性实现。对于前者而言,尼采掀起了以伪善为借口的基督教形而上学"颠覆"革命,对于后者针对资本主义伪善的社会革命和奥斯维辛之后的责任与反思,都成为考察现代哲学伦理学的新视角。

---

① 刘小枫:《拯救与逍遥》,华东师范大学出版社 2007 年版,第 54、51 页。

最后，在伪善的伦理学研究中，我们也注意到一个问题，这就是对伪善问题的"去道德化"。伪善虽然作为一种另类的道德现象，但仍然是道德哲学、伦理学所应该积极探讨和面对的问题，而不能回避。因而，作为伦理基本概念和现象的伪善，在道德形而上学中具有特殊的必要性。

1. 伪善作为一种"非善恶"的"另类"道德价值的存在，显示出更多的道德本然、本质的东西和启示。伪善是对善的败坏，但不是对善的完全否定，完全否定即否定了伪善自身存在的基础，伪善自身也就消失了；伪善又不是恶，或者说不是现世的"恶"，现世的直接的"恶"是对伪善的否定。因而，伪善是一种"原恶"，又是一种善的保留，即"原善"的可能，但二者的共同之处在于，伪善揭示和保留了"善"本身的超越性维度。

2. 伪善作为现代性开端的一种独特的道德现象，或者说以伪善为标志的现代性伦理问题成为一种"症候"，一方面标志着与前现代伦理的重大转变；另一方面标志着现代性伦理问题开端的征兆和端倪。

现代性形而上学结构的"个体与实体""是与应当"的分裂，表现在伦理学的"建制"中，就是"经验与伦理""科学与人性"的分裂，综合为伦理学独特学科性的"理论结构"与"生活态度"的分裂，即现代性伦理的形而上学理论建构的努力及其生活态度的"异化"，这就是伦理性"伪善"的现代性起源。同时，伦理形而上学建构造成的"结构性伪善"，进一步危害到"真诚"的伦理生活态度，伦理生活态度的"伪善化"，从而伦理性"伪善"的现代性理论与生活结构一体化，并造成了现代性伦理道德内部根深蒂固的矛盾。因此，解蔽现代性伦理难题，不仅要面对现代性伦理的形而上学的"伪善"理论结构，而且还要面对其"伪善"的生活态度和经验。因此，剖析现代性伦理学建制之初的"伪善"症候就显得十分必要和紧迫了。

3. 伪善对传统善恶观的反叛及其对伦理学理的推进。这方面的价值表现为两个方面：其一是对伪善的伦理学哲学根源、伦理悖论以及克服等基本问题的梳理和解决。其二是以伪善为主题与现代伦理学发展变化的内在关系的研究。

启蒙以来的现代性伦理谋划中善恶观的基本问题尤其重要，但一直以来，受制于既定的哲学形而上学的伦理性结构以及传统的义务论、功利论、德性论等学派类别划法的影响，善恶甚或善恶观在现代性问题中被遮蔽了。而以伪善为主题的善恶悖论的研究有利于揭示出时代变迁中善恶问题，以及现时代中善恶观的复杂性，并且在时代变迁中对人们的生活态度、生活方式造成的可能影响。作为一个学科问题和重要范畴，我们对伪善的伦理学根源（区别于神学）、善恶悖论的伦理理论及其克服等问题的研究是深刻透析现代性伦理的一个前提性的工作。另外，不仅在现代性的开端，我们还尝试将这一主题深入、延展到现代性伦理理论的发展变化，以期从中找到某种变化、发展的规律。从中我们不难获得道德理性自我的"他者"的变化，以及伦理生活的精神同一性的"他在"化。

4. 善恶悖论的伪善激活了恶的存在，彰显了恶在伦理研究中的重要性。从伪善对人的善本性的肯定，到伪善的恶对历史发展的推动作用，再到作为自由的自我存在的他者的"恶"，恶对善的否定以及自身的否定性存在，使得人们对恶在道德主体、道德责任以及伦理生活中的作用有了深入探究的契机。从康德人性"根本恶"的判断和恶的道德责任的归属，到阿伦特政治哲学领域"平庸恶"和人类生存权利的审思，再到利科对"受恶者"的揭示，恶最终成为无视别人的存在而先于自我的他者的存在的又一前提，因此对他者的绝对责任成为不可追溯的恶的最终解决，而这一线索的主题就是恶。另外，恶对伦理世界的影响更为颠覆，伦理世界中的"价值欺罔"使得道德价值的理性确立的方式解体，这使得伦理世界的善的绝对性受到挑战。因此，伦理生活的悲剧性，伦理行为的道德运气，以至于伦理学元结构的"伦理性"也发生了变化。所以，善恶悖论的伪善研究激活了恶的存在，而恶的存在和恶的伦理学研究也必将成为现代性以至后现代性伦理生活关注的主题，在一定意义上，现时代的底线伦理、普世伦理的价值要求就表现出伦理从"求善"到"抑恶"的变化。

# 第一章　伪善的道德形而上学研究前提

在"引论"中，我们梳理了古今中西"伪善"的发源以及历史发展。但是，"伪善"的理论呈现是零乱的，并且在研究中也缺乏一种"一以贯之"的研究方法，从而造成一种显见的理论"近视"。当然，这种"视而不见"的原因在很大程度上是无法在方法论自觉之下形成一种统一的认识论路径的；更为重要的是，伪善渗入到现代伦理学理论建构的框架体系之中，对伪善问题的追究就必须深入学科建制性基础的形而上学层面。

道德形而上学，顾名思义，即是要在形而上学的方法推动下追问"伪善"在形上世界中的发生与表现。因而，本书不是道德领域中一般的伪善现象或概念的考证、论述，而是"伪善"与"形而上学"的联结，这里的形而上学就不是自然—形而上学，也不是认识论意义上的形而上学，而是"伦理性"的形而上学，即伦理世界的形而上学。所以，这一论题从大处着眼就是伦理学与形而上学的关系，当然这只是理论背景。但是，我们也并不是要为"伪善"构造一个"道德形而上学"体系，论证伪善在道德哲学中的合法性，或者是逻辑可能性。因而，伪善渗入现代伦理学理论建构的框架体系之中，是反思与重建现代性伦理学的关键。在理论层面对于伪善这个实践问题的反思，对实践、行动"价值辩护"的前提预设、理性根据、逻辑方法、思维方式也应重新审视和检验，即对行动现代性价值的道德辩护的"反思"成为当务之急。

后启蒙时代，在对伦理学理性形而上学的现代性谋划所进行的反思与批判基础之上，形成了历史主义的强势思路与当然逻辑；但是，历史主义在解析道德问题时容易陷入历史主义进步论的"陷阱"，这不仅忽视了伪善作为道德问题本身的存在，而且道德的"完善与进步"也成为历史发展中的当然逻辑。在对待"伪善"这个问题上尤其如此，与传统的历史主义研究不同，笔者提出作为道德形而上学问题的"伪善"这个命题，为伪善的形上逻辑解读进行"辩解"，以期证明其中的合理性与必要性，同时，为道德问题的形上形态的思考进行"辩护"。

当然，我们并不是要将理性主义与历史主义两条思路对立起来考察；而且"形而上学"形态上的探索也并非单纯理论上的玄思。我们秉承德国古典道德哲学的传统，因为这一最初的理论形态并没有将"伪善"的道德学领域与形而上学的基本形态分离开；相反，是利用了"伪善"作为实践哲学的特殊现象与问题，以此为形而上学的改造和道德理性的自我批判"服务"，从而形成探讨"伪善"独特的"道德形而上学"的理论机制。

## 第一节　历史类型

"伪善"与"形而上学"的关联始于启蒙运动中的自由、理性，无论是伪善的"道德形而上学"界定，还是启蒙精神气质熏染下自我否定、自我反思的道德实践，都说明"伪善"的对象领域是在道德实践的自由领域，而非自然法则下的自然世界；伪善的发生和存在的价值意义更多地在于道德主体的自我反思和否定，而不是一种简单的道德评价。更为重要的是，这种谦卑不骄傲的道德态度正是健全的道德人格的必备因素和气质。在此，也可以说明关注"伪善"的社会实践意义和价值，是从道德基本概念和基本现象的"伪善"出发所作的研究。但是，这不是单一的学理剖析，也不是伪善的道德社会学现象的考察，而是要使人们认识到自身道德不完善的现实，甚至是"天生"的不完善。而且，正是在这种不完善性不断完善的认识和体认中，道德人格的伟大挺立才是可能的。

但我们也应清醒地看到，这种"共契"的机遇并不是直接的，而是在对"人"的关注中作为中介进行的，并且承负着实践理性"自由"根基的非宗教神性的转移，这就是在人身上发现的"自然理性"成为拯救"形而上学"的有效因素。同时，作为人格标志的"伪善"也成为一种形而上学反对另一种形而上学的"工具"与"口实"，在伪善的指责下形而上学奠基与形态之间的交替，也具有天然的合法性。伪善在道德形而上学形态上的"颠倒"表现，不仅作用在伦理框架中，而且构成以"伪善"之名的形而上学变革的动力。其中，更为引起我们关注的是：一种道德的人格性因素成为20世纪初期欧洲形而上学"未来"形态的关键词，并在一定程度上决定了形而上学的结构。

因此，伪善的形而上学研究对于重新梳理伦理学与形而上学之间的基本问题颇具激发性意义。传统意义上作为应用形态的"道德形而上学"反客为主，揭示了生存世界所要面对的"人"本身的问题。

## 一　道德理性主义

在形而上学的理论传统中，形而上学与道德人学之间的关联，一般是指人的自身价值的形而上学归宿与形而上学在人的意义世界的作用，二者共同形成了终极性、实体性的善或至善形态。但是，作为"拯救"形而上学意义上道德人学的再次出现，二者的关系及其关联的意义就发生了巨大的变化。因而，这里我们重点考察的是作为自我拯救意义上的"形而上学"与道德人学之间的际遇，而非传统上伦理学与形而上学之间的关联意义。同时也意在说明本书所言说的"形而上学"是何种意义上的，以及这种形而上学视角下"伪善"研究的可能作为。

传统的伪善形态标示的是一种道德的哲学思维与认识的问题和现象，而现代形态标示的是一种道德自我的伦理认同的问题与表现。但是，二者不同的表现并不具有形态的对等性，传统的伪善道德形态表现可以归置在道德形而上学体系中，并且做一个一般意义上的道德形而上学的分析；而现代意义上的伪善形态表现就不是如此，因为在现代性哲学语境和个体性思维下，作为整全的伦理实体与单子式的道德个体之间的伦理张力已经断裂，伦理世界的"祛魅"使之回归到现实的生活世界之中，因而传统的道德形而上学形态意义上善恶分析的框架已无意义，或者说，在现代缺魅的伦理生活世界中，伪善发生的场景不存在了，如我们仍要追问"伦理实体如何进入个体的道德生活"这一问题，那就成了"伪命题""假命题"。但在现代性伦理场域中，伦理世界的祛魅、伦理实体的消亡，是否意味着"伪善"的消亡？我们认为伪善并没有消亡，即使在现代性的个体道德生活中，作为一种观照生活态度和生活方式的伦理观念也应警惕和反思这种可能败坏生活的态度。因而即使在解除了形而上学伦理结构束缚之后的当下哲学语境和生活情境中，伪善仍潜伏在你我的周围。只不过，我们认为，伪善从传统古典的道德形而上学理论建构的"结构性"形态，转变为一种生活世界的伦理图景。这种伪善的生活性图景至少又包含着两个方面的意义：一方面是伪善的现代"有恶"的现实世界与个体性形态标志的"恶"的表现；另一方面是这种"伪善"的现代性理论与生活结构一体化所造成的现代个体道德生活"态度"（真诚）与"经验"（观念化）的败坏。因而，在这种认识的基础之上，我们虽然可以将伪善从历史形态上区分为传统的和现代的，但无论是在理论形态和生活经验上二者都不是一种"平衡"对立的结构，因而我们也没有必要在探讨"传统"的伪善道德形而上学的一般形态以后，再去构建一个"现代性"的形态体系。然而，作为一个统一的理论主题的研究，我们仍能把握伪善作为形而上学对象、结构和逻辑是具有一般意义的，作为一个普遍性的理论探讨是有必要的。如果说一般道德形而上学形态的研究是要说明伪善在人类身上发生的可能性以及人类的道德思维和理性能够把握到这种道德问题，并且通过不断的道德理论理性反思逐步杜绝伪善现象的话；那么伪善的现代性伦理图景在我们现时现世的道德生活世界中只是一种具体的检验和应用，只不过表现的形态发生了变化而已。

因而，我们所关注的"道德形而上学"世界有两个方面的界定：其一，道德形而上学不再是与"原理"与"应用"对应形态之上的形而上学，而是经历了现代哲学的现象学、存在主义、解构主义等思潮洗礼后的形而上学，甚至可以说是一种"后哲学"时代或文化情境中的"形而上学"；其二，在形而上学的形态结构及其逻辑展开上，我们宁愿认定在对"伪善"的研究上，显示出一种"应用"形态，而这种应用形态的道德形而上学揭示了形而上学自身结构的矛盾、悖论，并因最终败坏了自身存在的基础而导致自败。但是，在这种传统形而上学的应用形态上我们看到了另一种形而上学观念和态度的可能，因为它向我们揭示着生存世界所要面对的事实本身。

因而，对伪善的道德形而上学形态的研究，要界定的不是"伪善"，而是"道德形而上学"，因为相对于前者，后者更是一个模糊的概念；而且在我们这篇文章里，道德形而上学不仅仅是作为一个概念，更是一个研究领域，一种研究的维度与方法。因为道德形而上学角度的"伪善"切入，不仅深化了对伪善的认识，而且同样深化了我们对"道德形而上学"本身结构的认识。因而对"伪善"的道德形而上学的理解，不是一种纯粹抽象的形态，这当然不是相对于道德形而上学本身的意蕴而言的，而是作为一种主体性的认识、理解。所以，它的形态就是有"历史的"传统的道德形而上学研究。我们在书中所呈现的同样也是如此。

形而上学对伪善研究的角度最终可以确立为：伪善对道德选择的主观性根据的破坏，道德存在的人性基础的败坏。所以，对伪善的关注，可以是道德动机及其文化人类学角度的，也可以是区分人本性与人为性之间的道德分裂基础上的道德意识来源及其结构研究。① 但我们对这一研究角度的确定，不仅是伪善本身的道德哲学逻辑的要求，而且是在现代性的时代背景下将德性不确定状况立于"反思"之下。

在文化心理方面，面对传统伦理习俗、道德规范，我们明知其"在民族生活内部发生作用并且已经习以为常，然而却又不再发生直接作用的时候"②，我们该当如何面对？ 一方面作为一种民族文化生活习俗，我们在现实的道德生活中可能会牺牲道德真纯性而中规中矩地遵守共同的习俗规范；另一方面作为一个自认为有良知、有道义担当的个体，我们对这种敷衍的、表面化的道德生活深恶痛绝，"自我"好像要被二者的张力撕裂开、分裂掉。然而，当我们以一种"他者"的身份生活在这个伦理世界中时，这种或此或彼的道德行为正是自我真实的道德选择的结果，我们的痛苦正是来自于另一种价值的吸引，但是无论是什么样的选择，我们逃不脱的是分裂感，接下来就是"痛苦"。另外，当我们以一种"他人"的视角审视这种现象时，我们无论怎样的选择都会被一种"虚假"的真实所笼罩，我们都会被"评断"为"伪善"。因而，伪善的历史文化心理现象的发生，归结在道德形而上学层面就是"世界"与"个体"价值的分裂，以及"自我"与"他者"价值评判上的僭越。

在道德价值的来源与感受方面，"有分"的观念与现实之间的分裂与张力感成为有限追求无限、无序期盼有序的最原初的直观感受，道德价值感的哲学反思性获得同样也根源于此。于是，道德价值就根源于"分"的真实，这无甚大碍；但是，道德价值的实现或者完成才成为道德"后

---

① 在这一点上，通过道德"自我意识"结构的分析，揭示出其中的"自欺"本质，从黑格尔到萨特，通过对自我意识的前在设定的现象学分析，不断深入不可还原的自我存在的意识结构之中，揭示其自我确定与欺瞒的关系（参见邓晓芒《论"自我"的自欺本质》，载《世界哲学》2009 年第 4 期）。

② ［德］阿多诺：《道德哲学的问题》，王彤译，谢地坤校，人民出版社 2007 年版，第 18页。

发"问题的开端。因而，这使得对道德问题的关注，出现两个并置的问题出发点，义务论与目的论伦理学就是各执一端的代表。其中，强调"有分"的道德义务论就在清理、纯化真实的道德来源与根据的意义上，区分行为是否"出于"道德法则而得出德与不德的判断。

在道德形而上学的形态构成（道德的自我实现）上，康德使得"道德形而上学"得以可能。这一"道德形而上学"首先是在"形而上学"比照机制下的形成，"法"与"德性"的形上超越的可能；其次是在反对自然形而上学基础上的实现，这并不是说简单地在自然的或道德的形而上学形式上的，而是道德性的形而上学，而非道德意识的"自然"来源上的区别。因而，这就排除了道德意识来源区分意义上的道德形而上学形式构成；而另一形态，作为习俗传承的道德经验形式的道德人类学类型，也不在自由理性意义下的道德辩护范围之内，因而不是我们所要考察的范围。

从现代性伦理发展变化的内在逻辑来看，"伪善"理论和现实一直是一条隐晦的线索。因为，现代性的"道德原则的转变是现代结构中主观意识层面的重要因素……是指道德原则的奠基理念的重大变化"，也即是说现代性道德不再由"启示宗教"来证成，而是转换为"人本论"的基础。于是，在此岸的世俗世界中，多元性的道德观念冲突就是必然现象。伦理道德的"现代性问题"的核心也是根源或指涉于此，但是，这种"多元性"背后的伦理、道德内在的分裂、悖论以至伪善却被"遮掩"了，伪善在现代伦理学科内部被"遮掩"了。而之所以是"隐晦"的理论线索与现实存在，是因为一方面我们不可能寻求和论证一套"伪善"的"道德形而上学"体系，从正面构造一种"伪善的""反伦理"行为、过程及其规律的伦理理论是不成立的，在学科史中也是不存在的。因而，一种"反伦理学"①的设想和提法都是不恰当的。这就强化了另一方面，在否定了"反伦理"的理论可能的前提下，伦理的道德的即"善"的道德形而上学体系大行其道也就是必然的。但是，

---

① 早在 1989 年，一篇评论文章中提到：《恶论：反伦理学研究》一书是从"人的善恶行为"出发，认为既然"把传统的偏向善的伦理学叫作'伦理学'的话，那么研究恶的伦理学就可以称之为'反伦理学'"；而且，由此判定反伦理学"专门研究反伦理行为的产生、过程及其规律"。但是，笔者未检索到该书。后有张业清的博士论文《恶的伦理研究》（2001，中国人民大学）。参见忧文《应重视对恶的全方位研究》，载《道德与文明》1989 年第 3 期。

这种非宗教的形而上学体系，其"超验基础已丧失，不可避免出现多元道德或分离性道德"① 的现象；另外，即便此时形而上学的形态由"思辨哲学"转变为"实践哲学"。但是，这种"多元"与"分离"的真实仍被一个后设的"理性上帝"或本源的"绝对观念"所统摄，并按照理性历史的既定要求前进。因而，现代性伦理的形而上学逻辑仍掩盖了"道德"内在分裂的本质，或者说，在一定意义上现代性伦理学"彰显""扩张"了这一分离、分裂的事实，这构成"伪善"问题研究的第一个层面。

"伪善"本身展示了道德的分离、分裂的本质，揭示了理论与实践中的"悖论"现象，这本身是对道德实践理性的一种反思；进一步讲，对道德理性的理论与行为在人身上的现实来看，"伪善"这种"虚假之善"又进一步使得道德自我"异化"。因而，伪善的形而上学研究，就要从第二个层面着手：在揭示道德形而上学的内在悖论即在对道德理论体系进行"内观"与"反思"的基础上，对这一"欺人""自欺"的思想、观念影响下的道德现实行为与表现，道德观念、思想、认知中伪善"存在"的原因予以剖析，揭示这一现实现象、行为发生的根由，及其道德主体在其中受到的"异化"② 毒害。

因此，本书如果能通过伪善的形而上学追问，达到拓展或变革对"形而上学"的认识和理解作用的话，那么笔者认为，这对于重新梳理伦理学与形而上学之间的基本问题颇具激发性意义，因为在形而上学"拯救"与"颠覆"的现代命运之下，伪善在道德形而上学形态上的"颠倒"表现，不仅作用在伦理框架中，而且构成以"伪善"之名展开的形而上学变革的动力。因而伪善在形而上学上的颠倒形态，向我们展示了一种"根本的"颠倒：伦理学的结构形态决定着形而上学的内在发展，而不是相反；同时作为第一哲学的"伦理学"不是形而上学的逻辑发展结果，而是道德形而上学的"内在潜质"。

---

① 刘小枫：《现代性理论绪论》，三联书店1998年版，第165—168页。

② 对于这一道德主体的"异化"判断，西方基督神学家、哲学家们包括特洛尔奇、洛维特、卢卡奇在其著作《从黑格尔到尼采》《理性的覆灭》中认为，道德理性的主体由于"个人意志"的决断而最终走向了"非理性"。我们更为注重的是启蒙的口号及其自身的完成——"道德人格的成熟"，"伪善"问题不仅切中这一问题的核心，而且使得道德人格陷入"自败"的境地，因而伪善问题是对启蒙思想的延续，更是对启蒙思想的审视。无怪乎，福柯要作文《什么是启蒙》了，可见，成熟的"道德主体（人格）"的存在仍是问题。

　　因为一个简单的事实是，伪善的道德形而上学追问之所以成为可能，是因为"形而上学"自身形态的变革，如果"道德人学"在拯救"形而上学"，使得一种"伦理学"形态的"形而上学"成为可能的话，那么，"伪善"才第一次进入"形而上学"的视野，切实可靠地被形而上学"反思"和"追问"着。

## 二　道德精神的现象学

　　通过以上的论述，我们可以发现，随着形而上学的发展，深化对"伪善"认识的哲学方法和手段也越来越丰富了。同时，原有的认识途径随着形而上学的拓展也会有新的发展。从道德意识的角度对伪善进行分析，是"意识哲学"的重要部分，道德意识来源上的区分以及分离是"伪善"的起因，同时，道德意识对"自然"与"道德"以及"义务"与"现实"之间的和谐预定，也把道德自我置于"伪善"境地。但是，这种"伪善"是道德自我意识形态发展的一个必然的历史阶段，"伪善"被整合进人类自我意识的精神发展史中，"伪善"最终随着道德意识的历史发展而成为合法性的意识形态。但是，萨特的研究再次揭示了在人类意识的前反思阶段中仍然存在着"自欺"的意识结构，这就是第三种情形；这种道德意识上的"自欺"直接关系到人的本真性存在。

　　（一）道德意识源头的分离

　　伪善的揭露也说明道德不再被作为人的自然之物而存在，而是具有有理性、有意识的存在之物的属性。这一属性说明伪善是"属人"的存在，当然，这种存在又可分为认识到的自然存在以及理性道德实践中的存在，但是这种存在又是相互中介、交互结构中的关系。同时，问题的关键也正在于此，既然在道德意识来源的分裂中存在着伪善"不可避免"的根据，那么我们探讨伪善、识别伪善的意义何在呢？实际上，道德意识角度的探讨并没有推进伪善的探讨，或者这一角度的思考与康德之前将之归责为"人性的一种特殊弱点"的人类学观点相类似，对于这种伪善并不能对其加以谴责，要求其进行道德责任的承担。

　　但不同之处在于，在道德理性和道德意识之下，道德主体的确立对于反思"人性的自然状态之不足"和"原初道德经验的分裂"具有根本的意义和价值。因为正是在这种共同道德经验的感受中，伦理和道德才具有了文化意义和生活的可能。[1] 通过对共同人性基础的认同和生活经验本质的还原，从而揭示出一种可能的意义创造和价值判断的模式，在共同的文化记忆中获得发展的可能和新动力。所以归根结底，道德意识在推动"伪善"的实践性探索方面所具有的积极意义，其根本点仍在于"人"。因为对于一个人具体生活场景中的道德角色所要履行的道德规范，道德自我意识对这个道德角色的认同或不认同，以及在行为上的同一性等复杂关系，道德行为、行为的意识以及行为者的存在诸多因素之间，需要有道德意识的分析视角。

在中西道德史上，"道德意识"的认识以及对意识来源的主动区分，都是人类道德文明进步的重要标识。伪善就体现在"道德意识"来源分离及其不同形态的表现上。这对于"道德意识"来说，第一个层面，由于道德意识来源上的分离而给"伪善"提供了机会。这就是"人为"之意，或正如倪梁康先生所言："并非所有人为之善都是虚假之善，但所有虚假之善都是人为之善。"[2] 道德意识来源上的区分，是道德理论上的进步，依据道德意识进行的是"善恶之辨"，因而，在道德判断的意义上"道德意识"及其来源出现了分离。

于是孟子认为，道德是与生俱来的，是人的本性所固有的，因而是一种源自于内心的道德意识；并且强调人之四心四端，"恻隐之心，人皆有之；羞恶之心，人皆有之；恭敬之心，人皆有之；是非之心，人皆有之。恻隐之心，仁也；羞恶之心，义也；恭敬之心，礼也；是非之心，智也。仁义礼智，非由外铄我也，我固有之也，弗思耳矣"[3]。这就是人天生所具有的善性，同时也是道德行为的根据，做人的根本法则。因而，在面对"乡愿之人"的时候，孟子更是称其为"阉然媚于世也者"。不仅如此，这种人在道德上的混淆视听、颠倒黑白所造成的危害极大，但究其原因，正是这种人混淆了真正的道德意识来源，只认为大家说好就是好的，讨好别人的世俗之礼义并不是道德的真正源头。因而，乡愿也就成为中国历史

---

① 著名伦理哲学家马格利特在《记忆的伦理》（《The Ethics of Memory》）中认为，记忆是一种特别与伦理有关的责任。道德关乎所有的人或人类，特点是"地界宽而记忆短"；与此相反，伦理关乎个人或群体的关系，因此具有"地界窄而记忆长"的特点（参见徐贲《人以什么理由来记忆》，载《南方周末》2007 年 3 月 22 日）。

② 倪梁康：《论伪善：一个语言哲学的和现象学的分析》，载《哲学研究》2006 年第 7 期。

③ 《孟子·告子上》。

上"伪善"的代名词。

另外，在第二个层面上，道德自我意识发展的不成熟阶段，道德意识会通过"颠倒"或"欺骗"而证明自身即道德本质。

（二）道德意识的"颠倒"形态

作为道德自我意识形态发展的精神史，对于每一个主动思考道德的思维者来说，道德意识具有"先在性"。这种"先在性"以丰富的道德发展史为积淀，但又通过思维意识呈现为先在指导性的精神存在。

道德良知、道德意识的"优美灵魂"就具有这方面的特点，并且符合这一道德发展的意识形态。伪善在道德自我意识的发展历史中，自我颠倒、倒置就成为其历史性的道德意识形态。这是第二个层面的伪善，在此，"伪善"不再是道德意识源头上的冲突与不同，而是自我预设、预置一种"和谐""至善"的道德存在状态。

黑格尔在《精神现象学》的"道德世界观"一节中，诠释了作为自我意识的道德意识在自我的道德世界中迷离交织、复杂变化、颠倒错置之间转换、存在的现象。首先，道德自我意识在世界中的存在形态上表现出复杂的关系。一方面，在世界中"现实地存在着道德自我意识，或者说，的确有这样一样东西"。这是道德世界中道德意识对自我存在的确证性，即"设定这种本质是与现实的自我直接合为一体的，直接处于统一体中"①。但另一方面，又"没有道德上完成了的现实的自我意识——而且，由于道德的东西只在其完成了的时候才是道德的东西"，所以，没有道德上现实的东西。道德意识在世界中存在"一个"，又不存在"任何一个"，这看似矛盾的表达，却明确地显示出"道德"在道德意识世界中存在的真实状况。因为道德自我意识自在的就是一个"义务与现实"的统一，但是，这种统一是道德的完成状况，是在现实（道德）的"彼岸"（相对于有限的人的道德意识而言）才是可能的。

但是，这种"道德世界"的存在状况，还是有很大问题的。"存在着一个，但这一个只存在于表象或观念中；或者说，诚然是不存在任何一个，但另外一种意识却又证明和承认存在着这么一个道德意识"②。在这

---

① ［德］黑格尔：《精神现象学》下卷，贺麟、王玖兴译，商务印书馆1979年版，第134页。

② 同上书，第135页。

一关系中，把表象或观念中的道德意识作为真实的道德存在，就存在"欺骗性"的问题；所以，道德意识的存在又有"做作、假装、蒙混的意思"，这就是道德的颠倒而导致的"伪善"。

　　具体来看，在道德世界中出现了诸多的矛盾与颠倒，以致成了"整个的一窝无思想的矛盾"，这一时期，道德存在的意识形态特征就是："它先确立一个环节，然后立即转向另一环节，并把第一环节扬弃掉；但当它现在刚刚建立起第二个环节时，它又重新推翻或颠倒了这第二环节，反而以其对立面为本质。"① 在这一阶段，道德呈现出"无本质"的状态，只是不断地颠倒、颠覆前者而标立"自我"，因而，"伪善"也就表现为丢弃了道德本质的"做作、假装与蒙混"。但是，在其中黑格尔更为睿智和严格地回答了经验世界中"德、福不一"对"非道德"时代状态的思想冲击。现实生活中人们提出"不道德的人生活得很好"，似乎是发生了"不公正""不道德"的现象。黑格尔指出，这种意识并不是以"有德"为指向，而是指向了"与道德无关的自在而自为的幸福"。因而，德、福之间不再是统一的；相反，德、福应该完全分离。道德与幸福都是自在自为的存在本身，所以，将二者完全隔离开也就不会发生"披着道德外衣的嫉妒"②，或者是一些人打着道德旗号而实际上追求幸福的"伪善"发生了。

　　最后，道德意识是如何确证自我的伪善的呢？这一阶段的道德意识终于认识到把自我的表象、彼岸的本质以及相互颠倒的各个阶段"分别安置，乃是事情的一个颠倒混乱，如果它真是继续颠倒下去，那它就是伪善"。这时，道德意识就面临一个选择：其一，停留在这种颠倒、蒙混的状态，听之任之，这就是"伪善"；其二，道德意识良心不忍，就抱着"厌倦的心"返回到自身，从而成为"优美灵魂"。所以，"优美灵魂"是克服伪善的道德意识的必然命运。而这种命运的克服必须把主观性道德纳入客观伦理之中，这就是在《法哲学原理》中从"道德"向"伦理"转变过程中道德主观性所造成的"伪善"。

　　（三）道德意识的"自欺"形态

　　道德存在的先验结构问题。伪善问题的开显和揭示，是在人们的道德

---

① ［德］黑格尔：《精神现象学》下卷，贺麟、王玖兴译，第136页。
② 同上书，第141、142页。

理性和道德意识得到充分发展，道德主体得以自觉确立，道德责任得以回
归基础上的。"道德"作为人的自然属性和外在属性存在的事实，被容许
怀疑和反思之后，道德作为理性存在的属性和地位深入人心，同时，这就
把"伪善"的道德问题和现象更加突出地揭示出来。实际上，作为自然
科学时代的17—18世纪，伪善的认识和揭示是与理性的认识能力与意识
的历史功能相联系的。在道德理性和道德意识的分析中，伪善的真正面目
第一次展现在自身面前，具备自我认识的能力，同时理性也以自身的理性
特征规约"道德"，所以在以道德形而上学的深刻体系揭示"伪善"的构
成之时，伪善的道德形而上学形态自身也陷入"结构性"的伪善陷阱之
中。于是，这就造成了近现代道德哲学相互背反的两个方面：其一，近现
代道德哲学形态是在揭露伪善的论题上获得自身发展和理论完善的动力
的，但同时又陷于伪善的泥潭中而遭到后世理论的批判；其二，近现代伦
理学就是在揭示自身理论"自败"前提下发展的，而这一"自败"揭示
的深刻性与全面性又标识着"伦理观念"的发展和自我调校。

　　这种道德形而上学结构上的弊端，同时也是人类生存状态的真实写
照。如果以此从道德意识的角度，进一步分析人的道德存在，其直接表现
就是道德角色的"虚"与"实"。最早的哲学思考来自萨特，在《存在与
虚无》中他描述了一个初次赴约的"约会女子"和一个咖啡馆的"男侍
者"。这个女子"知道她或早或迟要作出决定"，但由于对方的恭维、甜
蜜的话语，使得她愿意将自己在一种异在的状态（他在）中生存，所以，
她宁愿"是其所不是"。而对于"男侍者"，他表面看起来对于他的工作
很在意，甚至是专心致志，但是他自己也很清楚这不是真实的自己，他同
样在一种异己的状态中生存，他"不是其所是"。因而，自欺就理所当然
地产生着，存在着。萨特只是总结道："对于自欺来说，关键在于以保存
它们的区别来肯定它们的同一"。①

　　萨特的这两种类型人（"约会女子"与"咖啡馆侍者"）的例证，就
在于说明人的实存与社会角色之间的冲突，归根结底，这些事实是要证明
给世人看，人试图"超越自我"的行为存在可能性。而"自欺"的发生
就说明，人类试图超越原初（本真）的存在形态——"是其所不是"或
"不是其所是"的存在计划是一种"臆想"，一种"自欺"。

① ［法］萨特：《存在与时间》，陈宣良译，三联书店2007年版，第89页。

　　"伪善"在这里就表现为道德意识的"自欺"。"自欺"的意识结构从"表面看来，似乎也有欺骗的结构，但它是意识对自己的谎言，也就是说我对自己掩盖了事实的真相"。自欺的"发生"挑战着意识的可理解性与可反思的范围，对于自欺的"意识"而言，"首先有一个最初的意愿，然后有一个自欺的计划，这个计划使我们能够理解被自欺掩盖着的本来面目，并引出对意识的先反思的把握，这个把握被萨特看作是自欺的过程"①。在此，不仅存在着一个意识"把握"的自欺过程，而且，这一自欺是在意识的最初意向指引下操作完成的，对这一整个过程的"行为意识"的把握是"先于"意识反思而获得的"自欺"性质的界定。这样，萨特就否定了黑格尔在伦理精神的历史性轨迹道路上"自我超越"，在这一前进道路上，伪善性自欺成为一种"超越性"的意识前反思结构，这样，在道德意识历史前进中的"伪善"克服就成为"泡影"。"伪善"进而从一种先天的人性结构，转变为一种先天的存在结构；"伪善"不仅深入人性本真的状态之中，而且根深蒂固于人类自我的存在结构之中。这是道德意识的"先在性"存在对"伪善"认识的深化，同时，也是"伪善"对于"人的道德性存在"的意识哲学分析的推进。

### 三　道德人格主义

　　在康德、黑格尔德国古典哲学之后，无论是以神学为基础的人的主观性的存在与释放，一种神性人格的光辉；还是对"形式主义"形而上学奠基形式的批判，以及对"奴隶型""教士型"的欧洲形而上学的彻底颠倒，都是面向人格性的存在本身。并且，在其中正是出于一种类型的人格对另一种的反对，人格的面具才成为"伪善"的舞台。人格主义对伪善与形而上学之间的关联就基于"人格"独特的道德价值关系，当然，彻底颠覆和反对一种形而上学最好的办法就是界定其否定性的人格文化传统。

　　（一）"道德的"形而上学的奠基

　　伪善的"道德形而上学"研究，作为一种形而上学的方法，它不是"自然形而上学的"而是"道德形而上学的"，而这一方法论的实现始自康德道德哲学。

---

　　①　杜小真：《一个绝望者的希望——萨特引论》，上海人民出版社 1988 年版，第 77 页。

伪善的道德现象的出现就在于故意掩盖或否定自己的行动目的，假装是行动法则走在了希冀的幸福前面，从而将其行动遵循的"自然秩序"伪装成遵循的"道德法则"。因而，这里就有两个问题需要解决：其一是"道德"的形而上学对"自然"的形而上学的替代；其二是道德是否需要一个"形而上学"的基础以及道德的形而上学初始根据何以可能？在康德之前的形而上学家们，"企图通过一种与自然科学同样的科学思维方式来解决哲学问题，于是哲学家们一往情深地缠绵于'科学情结'，陷入无限的对象与有限的方法之间的矛盾之中而不能自拔"。在康德看来，"形而上学本身是有意义的，它是基于人类理性要求超越感性限制达到自由境界的理想而产生的"，他的"哲学的目的乃是限制科学知识的范围，为形而上学保留存身之地，最终重建形而上学"。于是，即便是在自然科学时代中的康德，仍然能够将形而上学与人、自由联系起来，而将形而上学与自然科学的理性知识之间作一"划界"，从而把"科学思维方式限制在现象领域之内，主张形而上学唯有作为伦理学才是可能的"①。因而，康德对形而上学的这种变革是根本性的、"哥白尼式的革命"；同时，这也为人类理性在自然秩序之下的自由状态提供了可能的根据。奥特弗里德·赫费曾在《自然科学时代的道德——康德〈纯粹理性批判〉的一种异端的导读》一文中明确指出，康德认为"服务科学的实践性"的道德是人类福祉的一项重要工程，康德因而将他的伟大复兴限制在科学的一个小的分支上，即限制ᡠ哲学上，并把其基础的部分称为"形而上学"。因而，赫费认为："道德在此具有最终的决定作用：《纯粹理性批判》诚然探究知识，此外还有希望，但这两方面的研究都是为道德服务的"②。因为从根本的意义上讲，"伦理学是对精神的认识，而不是对自然的认识，属于伦理学的只是与精神自由相关的东西，而不是与自然的必然性相关的东西"③。并且，这种自由原则对自然原则具有绝对的"统辖"权，甚至将其推向了绝对化；因为，"如果我应当这样行动，我就不应当使自己完全依赖于某种外在和内在都是给定的东西，而是应当让自己依赖于自己理性

---

① 张志伟：《康德道德世界观》，中国人民大学出版社1995年版，第4—5页。

② ［德］奥特弗里德·赫费：《自然科学时代的道德——康德〈纯粹理性批判〉的一种异端的导读》，郭大为译，载《世界哲学》2006年第1期。

③ ［俄］别尔嘉耶夫：《论人的使命——悖论伦理学体验》，张百春译，学林出版社2000年版，第23页。

的普遍性，这样就会超越于统辖自然的总体，这就完全好像理性自身在事实上就是应用于外在的、统辖自然的抽象原则一样"①。

当然，这种道德形而上学的"自由"根据和前提，一方面为深刻地辨析嫁接在感性欲望之上的道德欺诈现象和人性的"特殊弱点"提供了可能；另一方面这种建基在个体理性基础上的"反伪善"的真诚，只能得到道德自我的确认，从而再次处在"伪善"的出发点上。但是，无论如何，伪善的道德现象的出现本身及其形而上学探讨的可能，都标志着生活在自然秩序中的人类仍然能够超越自然法则，有望生活在自由的目的王国之中。于是，伪善作为一种自觉的现象一经出现，就标识了人类试图从自然世界中挣脱的努力，而在"形而上学"的发展道路上，也出现了一条不同以往的道路，即"道德形而上学"。

同时这又说明，在"伪善"这种道德现象中，道德行为的发生、道德目的的实现以及道德价值的评价等环节都是"伪善何以可能"的根据，而这种根据和前提就是其"道德形而上学"层面的初始根据。所以，我们的研究对象不是"伪善"本身，而是伪善发生、现实经验及其价值评价整体环节上的形而上学根据。

因此更基础的是，我们还要简单地说明"道德是否需要一个形而上学的基础及其何以可能"。实际上，我们要说明的只是道德与这种"非自然"的形而上学的关系及其可能性，而无力进行整体论证，即便如此，我们的主要证据仍然建立在康德道德形而上学的基础之上。康德在其晚年（1797）的《道德形而上学》一书的第二部分德性论中，就是要论证"德性"的形而上学初始根据，因为"如果一个出自纯然概念的先天知识体系叫做形而上学，那么，一种不是以自然，而是以任性的自由为对象的实践哲学就将预设并需要一种道德形而上学"②。康德认为，为道德建立一个纯粹的形而上学的形式基础，就要将传统所认为的"精通实践哲学的人"与"一个实践哲学家"统一起来，因为"一种纯然的德性义务……不只是取决于知道做什么是义务（鉴于所有人自然拥有的目的而不难指明这一点），而是首先取决于意志的内在原则，亦即这种义务的意识同时

---

① ［德］T. W. 阿多诺：《道德哲学的问题》，谢地坤、王彤译，谢地坤校，人民出版社2007年版，第118页。

② ［德］康德：《康德著作全集》第6卷，《道德形而上学》，张荣译，中国人民大学出版社2007年版，第223页。

就是行动的动机，以便关于把这种智慧原则与其意志联结起来的人说：他就是一个实践哲学家"①。这样，道德的义务学说就可以作为一种纯然的知识学说（Doctrina Scientiae）来建构。但是，这种统一在现实生活中可能会出现相悖的现象，一方面是不懂得道德义务知识的人却依据道德法则来行动；另一方面是懂得道德义务知识的人反而依道德所带来的幸福来行动。康德一方面坚决斥责了这种出自自然的情感、幸福的道德质料的目的论，另一方面严厉地指出，即使是出自"道德情感"或是"道德上的幸福"的义务学说，也是仍然不被允许的。因为前者使"德性论……在其根源上堕落了"，而后者会出现"玄思"上的矛盾。所以说，建立道德形而上学的可能和根据就在于，道德义务的学说能否从根本上摆脱"自然""自然秩序"或"幸福原理"。正如康德所指出的："如果幸福（幸福原则）取代自由（内在立法的自由原则）被确立为原理，其后果便是一切道德的安乐死（和平的死亡）。"

（二）人格主义"质料"的形而上学奠基

这一"哥白尼式"的道德哲学革命所带来的影响并不彻底，或者说它使得一些思考成为可能，但并不意味着对问题解决的普世回答。尤其是对于"伪善"问题，舍勒就一针见血地指出：只具有形式主义伦理学的"伪善"结构特征。舍勒《伦理学中的形式主义与质料的价值伦理学》一书的副标题是，"为一门伦理学人格主义奠基的新尝试"，而这种人格主义奠基就是为了"取代康德式的前提的谬误性"，这一"前提的谬误性"就指向了"伪善"。但是，为什么在康德实践哲学中才得以真正反思的"伪善"问题，舍勒却进一步指出康德道德哲学的"伪善性"呢？

这就是对康德式伦理学的形式主义批判，而对一种质料伦理学奠基的可能，"伪善"成为康德伦理学理论中的"幽灵"。其一，康德"志向/意向""志向的意欲"的伦理学从根本上倒置了道德价值之间的关系，他认为："人格价值只有通过人格的意愿价值来规定，而不是人格的意愿价值通过人格价值来规定。"这样，不仅虚置了道德意愿作为价值的基础，而且，人格价值本身成为先验的无对象的道德意向存在。这在道德价值的存在形式与对象上，为伪善提供了机会。不仅如此，这一

---

① ［德］康德：《康德著作全集》第 6 卷《道德形而上学》，张荣译，第 387 页。

预设在方法论上还有其依据。其二，在道德方法论上，"这就是说，善与恶的概念必定不是先于道德法则（从表面上看来，前者甚至必定构成后者的基础）而被规定的，而只是（一如这里所发生的那样）后于道德法则并且通过道德法则被规定的"。① 于是，在道德价值的规定和道德方法的作用下，康德伦理学干脆就被称为"伪善的伦理学"。同样，对于"社群有效的道德"也可称之为"本质上'法利赛式的'"，因为"功利主义的失误就在于，它自以为提供了一门善与恶本身的理论，但它实际上只是提供了一门关于对好和坏的社群赞誉与责难的（真实）理论"。当然，舍勒并不把功利主义等同于法利赛式的伪善，因为"功利主义者本身的行为举止在最大程度上有别于法利赛人，后者说的是'好的'，指的却是'有用的'"②。

实际上，舍勒就是想通过对"质料"上善的直观性来否定理性形式主义或功利主义对"善"的质料性的偏见。对于人来说，情感以及感受性本身存在着价值层次，情感是人的道德价值存在的特殊"质料"。因而，"无论是伦常主体的感受意向还是它们的感受状态都与人格价值以及人格的行为、愿欲和行动的价值处在本质联系之中，通过对这些价值的认识，'幸福与伦常'的古老问题可以获得一个明显不同于康德（和其他以往的思想界）给予它的答案"③。尽管康德等人可能会给出不同的答案，但是康德伦理学对此种问题也有论述，康德在道德实践知识的"至善"扩展之后，提出"至善份额与道德人格相配"④ 的重要问题，而且，对此是通过《单纯理性限度内的宗教》整本书来回答的，在此问题上可以说已经敞开了思考的路向。当然，舍勒是通过这种情感质料的感受性来进一步证实人格主义对伦理学奠基的可能性的。

（三）尼采对欧洲"牧师型"形而上学的颠覆

早在《人性的，太人性的》中，尼采就开始独立地探索"道德的起源"问题，并且得出关于善与恶双重起源的阐述，即产生于贵族阶级的善与恶和产生于奴隶阶层的善与恶。这种探索的意义是重大的，以致

---

① ［德］舍勒：《伦理学中的形式主义与质料的价值伦理学》上册，倪梁康译，第32、34页。

② 同上书，第215页。

③ 同上书，第400页。

④ ［德］康德：《实践理性批判》，邓晓芒译，杨祖陶校，第202页。

《论道德的谱系》一开始就探讨"善与恶""好与坏"的问题，实际上，尼采的用心不仅在于重新梳理道德的起源问题，而且，他试图颠倒"道德价值"的基本关系，传统道德价值与人格类型之间是前者决定后者，道德行为标识着你是一个什么样的人；尼采颠覆了这一基本模式，他认为应当相反，一个什么样的人才决定了什么样的道德。这样，就揭示出"价值自体"等一些虚无的道德哲学概念与存在，从而追问构成价值背后的价值是什么？

　　"善恶"与人的两重关系。按照尼采的区分，善恶与人之间就出现了两重关系，即主动的或被动的。传统上，基督教道德①"是在错误的地方寻找和设定'善'的概念的原本起源地，对'善'的判断并非起源于那些受益于'善行'的人！"②在此，善是起源于受益于"善行"的人，还是"施行"善行的人是至关重要的。如果受益于善行的人而被称作善的源头，那么善就是"同情""苦难"与"虔诚"的人格特征；施行善行的人作为善的源头，善就是高贵、权势、骄傲与复仇的贵族特征。但是，无论是奴隶主义的善还是主人式的善，二者至为重要的一点还在于是不是有力的行动。前者受益于善行的善，可以说，这种"善"本身并没有行动，"无行动"的道德行动之所以能够具有道德价值就是因为"怨恨"，因为"他们不能用行动作出真正的反应，而只能通过幻象中的复仇获得补偿"③。于是，奴隶的行动就具有这种"非自我性""向外性"和"非主动性"的特征。而且，这种"怨恨"能够完全颠倒价值关系的存在，产生道德领域中的奴隶革命。

　　针对尼采对道德起源思考的历史成果，相较于"伪善"的主题，我们就能得到一些线索与启示：其一，起源于受益于善行的善，从道德本身的实践性来看，这种善具有天然的"伪善"倾向，"无行动"性的善是一种虚假的、幻想出来的善。它对人的精神健康具有很强的侵蚀作用，同时，"在行动、效用、变异背后没有'存在'；给行动附加一个'行动者'纯粹是臆造出来的，——行动就是一切"④。其二，对于"伪善"的探索

---

　　①　实际上，现代道德哲学对"基督教道德"的态度即定位了其理论形态与意义。康德认为基督教道德不是神学的，就决定其改造了的"道德神学"的理论定位。

　　②　[德]尼采：《论道德的谱系》，谢地坤译，漓江出版社2001年版，第11页。

　　③　同上书，第20页。

　　④　同上书，第27页。

不仅仅在于"行动"，伪善的"善"的价值之所以会被否定就在于这种"善"的源头受到了污染，而这种源头也可以归结为"人格性"的存在。实际上，从一定意义上讲，这也可以归结为"人的道德性"存在可能的追问。

奴隶道德、欧洲"牧师型"文化以及犹太人问题。尼采在分析了善恶、好坏、罪孽、良知等道德谱系之后，对奴隶道德、整个欧洲的"牧师型"道德文化以及犹太人这个反本性的民族，作了进一步的批判和否定。而这些东西之所以是坏的、是不好的，就在于它们与罗马贵族传统的相悖。而且，奴隶道德、犹太人及其宗教的传播，使得欧洲人的精神受到了毒害。"它使绝大多数垂死的人、各种各样的弱者和被压迫着能够相信那种极其精致的自我欺骗，能够让他们把软弱解释为自由，把软弱的种种表现形式解释为功绩。"① 而这种种状况之所以能够产生是因为道德价值的根本颠倒，这种颠倒又起于"道德行动"，而最终毒害的却是"人的精神""人的人格性"的存在。

不仅如此，对整个欧洲文化、形而上学的类型，尼采都以这种"人格化"的存在来称呼，从而"奴隶主义""牧师型""教士型""犹太人"形而上学的道德人格形态也成为颠覆、革命的对象指称。因而，哲学家、法律制定者也被赋予了"超道德"的功能，否则就有可能陷入"伪善"的处境。"在《善恶的彼岸》第 61 节中，尼采称，哲学家—法律给定者，拥有'关于人的全面发展的最综合的责任和良知'的人。"然而，他们提出的哲学方案往往失败于道德主义和浪漫主义，"对尼采来说，卢梭是道德伪君子的最好典范，因为，在企图暴露腐败社会的虚伪性时，他自己对真实的要求造成的是对托辞和欺骗的鼓吹"②。

同样，对于现代民主制度及其统治者，"对尼采来说，现代政治的特点是操纵权力者的道德伪善。他们并不是具备力量和勇气，以使自己特立独行并拥有命令和统治的意志，而是躲藏在诸如'人民的仆役'和'公共福利的工具'的口号后面，以掩盖他们的无能。这些领导者声称他们只是更高一级的命令（古人的，神圣之法的，上帝的，等等）的执法者，

---

① ［德］尼采：《论道德的谱系》，谢地坤译，第 28 页。
② 凯斯·安塞尔—皮尔逊：《尼采反卢梭——尼采的道德—政治思想研究》，宗成河等译，华夏出版社 2005 年版，第 220、238—239 页。

借以保护自己免受良心的谴责。然而，随着上帝的死亡，任何政治权力如果为了其统治而诉诸神的核准，都纯粹是虚假和不诚实的"。① 因而，在尼采的哲学认识中，一切善恶"此岸"的伦理学及其价值都被贴上了"伪善"的标签，而一种强力的、超人的、永恒轮回中的、使人更伟大的"人的改变"在于善恶"彼岸"的价值。

## 第二节　哲学认识论前提

在此，我们实际上是以"伪善"作为"善"之特例而与形而上学建立契合关系的，因而具有一定的时代历史性，这是本章内容的立足点。但是，作为一种特例的应用形态，"伪善"所表征的"颠倒的"道德形而上学形态的确是一个普遍问题，因而在书中的探讨是作为一个"整体"。所以，由"伪善"到"善"的一般，由认知上的"区分"到认知思维的一般，由道德人学的历史"判断"到道德行为上的一般实践，这是一种由"特殊"到"一般"的提升。实际上，这种"跃升"并不是传统"归纳"逻辑的方法论意义上的，在一定程度上道德"应用形态"中具有一般原理、原因的潜质，而在后哲学语境中则相反，应用形态中揭示着生存世界所要面对的事实本身。因而，在"伪善"的形而上学考察中揭示出世界中"颠倒性"的善的形而上学根据与原理；而我们的工作则要进一步审查这种"颠倒"是如何在形而上学自身体系中构成的。

### 一　至善的本体预设

从苏格拉底开始，哲学思辨意义上的"道德"便产生了。黑格尔认为，苏格拉底之所以是"道德的教师""道德的发明者"，是因为"他把识见和确信作为人类行事的决定者……同'国家''和'习俗'处在相对的地位，遂使他自己成为希腊人的'神谕'。……由于主观性的内在世界的升起，同'现实'的分离也就发生"②。克尔凯郭尔在针对黑格尔所界定的"苏格拉底是道德的创始人"为线索的探讨中解释道："旧希腊文化

---

① 凯斯·安塞尔—皮尔逊：《尼采反卢梭——尼采的道德—政治思想研究》，宗成河等译，第 222 页。

② 苏格拉底对"道德"的理解，造就了一个外在于现实世界的理想世界（参见 ［德］黑格尔《历史哲学》，王造时译，上海书店出版社 2006 年版，第 251 页）。

中的个体根本不是自由的，他还被囚禁于实质性的伦理之中，还没有把自己从这种直接境况中解放出来、分离出来，他还不认识他自己。"但是，到了苏格拉底，他"使个体达到了这一步，但不是像智者那样教个体把自己裹入自己的特殊利益之中，而是通过把主观性普遍化使个体达到这一步；在这种意义上，他是道德的创始人"。这里，个体不是通过诡辩而是通过"思辨"来坚持一种自在自为的东西的存在，同时，也达到了"知识性"的规定。

　　因而可以说，从苏格拉底开始，"道德"开始进入哲学，以哲学思辨的视角对"道德"的考察开始了。但是，这种个体性自我的角度，从一开始就具有了消极否定性，尤其是对于外在的客观存在。"既对于既存的东西是消极的，对于更深刻的肯定性也是消极的；这种更深刻的肯定性是思辨，并消极地进行制约。"① 于是，共相之善"所获得的约束是一种由主体随时、随意所设置的约束。只有在现实的总体体系中，共相的这种限制才可能是固定的、不偶然的，共相才可能在其确定形式中被认识"。② 因而，善就被确立为一种"现实""普遍的"、可被主体认识的存在，而这又是由两个方面构成的，"普遍概念以及实行的个体性、实在的精神"。所以，当我们意识到社会的习俗、礼法发生了动摇，道德的伦理实体性资源发生亏空的时候，道德个体就认信一种"现实性存在"作为共相之善，尽管这只是一种普遍性的抽象概念，这时"概念"的威力无疑是强大的，并且赋予自身一种超越礼法的直接的存在和校准，并扬弃了自在的礼法的神圣性，这就是在形而上学的"理念论"帮助下所实现的道德个体的哲学革命。于是，"共相之善"就在形而上学的概念操作下获得了确立和实现自我的可能；同时也是一种"知识论"的可能，即"美德即知识"。

　　但是，时代历史中的道德生活现象也并非与道德哲学问题完全隔离的，美德不能没有知识，但认为美德就是"知识"也是不对的。实际上，也正是在这一点上，道德形而上学在结构"连贯性"上遇到了"结构难题"。因为在"美德即知识"的论断中，人们止步于知识的规定，而且这一切一直是"抽象的消极规定"，尽管这是"无限绝对的"消极性。从而

---

① ［丹］克尔凯郭尔：《反讽的概念》，中国社会科学出版社 2005 年版，第 195—196 页。
② 同上书，第 200 页。

在这一形而上学中推论出"罪是无知和不一惯性"① 的命题。同时，罪的"不一惯性"也表明美德无时不被"实体性"的伦理所"钳制"，而脱离这种钳制的道德行为就是"罪恶"。

因而，在一定意义上，恶、伪善、堕落这些形而上学之"罪"破坏了"善"之形上知识的一贯可能性。因此可以说，形而上学从提升谈论"道德"的利益、意见层面，上升到"普遍性"层次之后，又在逻辑上制约着"道德"丰富的可能性。同时，"道德"在获得个体实践知识的形而上学的可能之后，个体行为的"罪恶"又在一定程度上消解着道德形而上学的知识。因为"真理或者概念本身，是在思维的世界里被发现的，而这种思维既是思想同时又是实践，或者说这种思维的真理之所以会显示出来，之所以会有实际的效力，是因为它与行动不可分割；真正的**概念**绝不只是一种理想，它有能力成为实践，或者说它已经将自己表现为实践性的，因而作为理念也是可以理解的，也就是说，它已经将自己表现为已经被思考和已经被实现的东西"②。

在这一过程中，有个体性、自我性的人的出现是以"人"与"外在于人的世界"的脱离为代价的，因而，"人"的产生首先是一个人、一个人的行为，之后才是对这种类属性、类特征归类为"人性"。从"一个人"到"人性"的转变，不仅仅意味着人获得了"规定性"，有了自身的"本质性"的存在形式，而且还意味着"人性"本身是承担起自身的责任与维护自身尊严和权利的基础。没有"一个人""一个人的行为"就没有"人性"；而没有人性，最初的那一个人（亚当）也就不会成为人类的始祖。因而，那一个人、那一个人的行为就代表了人性，而"人性"最初也是在那一个人的行为中表现出来的。更进一步讲，那一个人所犯下的"罪"就成为人类的"原罪"，成为人类世世代代"天生"秉有的人类的本质属性。而且，这种"本质属性"就成为人类一切文化认识及其价值诠释的源头；同时，这一"有罪"的人本性也为"伪善"的出现提供了前提可能。

在西方世界，"有恶之人"是随着宗教故事而诞生的；在中国，"有恶之人"则是纯粹文化意义上的"人性"预设。于是，人性或善或恶的

---

① ［丹］克尔凯郭尔：《反讽的概念》，第 197 页。
② 邱立波编译：《黑格尔与普世秩序》，华夏出版社 2009 年版，第 245 页。

不同主张者之间，对"伪善"的文化认识也是不同的。典型的是在春秋战国时期，孟子的性善论与荀子的性恶论主张之间的对立，而二者又统一在道家对儒家"伪智""伪善"的批评中。道家的出发点是要回归自然、无为的道德世界之中，而现世的道德纷扰就是由于人们懂得了礼仪、自以为有了智慧，这些人为的道德规范、义务相对于自然、无为之道就是道德之"伪"，是所谓"为学日增，为道日损"。因而，要回到道德本真的状态就要"弃智绝学"。这是道家对社会道德问题（伪善）所给出的文化设计方案。但是，儒家的道德教化方案中是不是就任由"伪善"的发展呢？儒家的文化设计中还有什么更深远的含义呢？

　　这一区别还交织在"道德真理"从一种自然世界及其存在状态逐渐转变为一种自由世界及其人文社会存在的状态。中国传统智慧中善的"为"与"伪"将这一区别、转变最为恰当地表现出来。从先秦儒道经典文献中可以看出，道家以"伪"所对应的概念是"真"，儒家"伪"所对应的概念是"诚"。同时，"诚者，天之道也；诚之者，人之道也"（《中庸·治国》）。这里，儒家在真—伪之间又加入了"人道"，可见，儒家对"伪"的认识就不仅仅是"真""伪"的二元截然对立，而是将"人道"剥离于自然之道以外，即怀疑"人道"的自然世界基础。这种认识在荀子思想中进一步明确化，"伪"不是"伪饰"的"伪"，而是"人为"的"为"，即"可学而能、可事而成之在人者，谓之伪"（《荀子·性恶》）。又比如"化性起伪""矫饰人之情性而正之"，所以荀子说："伪者，文礼隆盛也"（《礼论》）。实际上，这里已经摆脱了"善"的自然世界的根基，而在政治—社会中重新确立起"善"的基础了，而表征这一转变以及体现这一"道德形而上学"建立的核心概念就是"伪"善。① 因而，在古代中国，为与伪之善的区别就被自觉地由一种本体论引入民族社会文化的设计论中。

　　因而，"任何一个时代的生活主题，如果它是以理论的、哲学的方式对待的，它也就具有了理论的意义。希腊生活中的友爱问题就是一个重要

---

① 但是，这种"伪善"是否必然导致"合法化"的结论，此中争议，我们暂且不作判断。这里只是要表明这一概念的出现，显示出在道德文化论中客观上所起的作用。同时，如果这种文化设计本身出了问题，那么对传统文化的"虚假""奴性"本质的判断，无疑就成为一种"结构性"的伪善。另外，荀子对"伪善"归于"其善者"而使其"合法化"的观点，参见邓晓芒《从康德的道德哲学看儒家的"乡愿"》，载《浙江学刊》2005年第1期。

的例证"。在中世纪是"信仰"，到了启蒙时期，这一问题就演变成了"伪善"问题。因为"伦理学的重要主题既是时代生活的重大问题，也是具有经久性的理论的问题"①。实际上，尤其对于伦理学而言，这种时代性的生活主题之所以能够转变为"经久性"的理论问题，是因为它对善恶的根本原因的回答和善之为善的基本原理的重新考究。

这在理论层次上属于形而上学的范畴，亚里士多德早就对此进行了规定："凡能得知每一事物所必至的终结者，这些学术必然优于那些次级学术；这终极目的，个别而论就是一事物的'本善'，一般而论就是全宇宙的'至善'。这必是一门研究原理与原因的学术：所谓'善'亦即'终极'，本为诸因之一。"而其中"友爱为众善之因，斗憎乃众恶之因"。②因而，"友爱"作为根本性问题的诞生之处，就不可不考虑**"本善"**的形而上学根据上的原因了。而且，通过对"友爱"主题的阐发，亚里士多德在道德常识之上区分了"一事物的属于自身的那些性质与偶性之间"③的根本不同，即"本善"的存在是依据于被称赞的"事物的自身"，而不是实际实行的东西。因而，亚里士多德的道德形而上学构思中对善的言说与判断就指向了"善之本体"，无论与善有关的行为是什么样的，其行为所涉及的"本善"都是不在的，即不是德性。

在《本体论伦理学：重审亚里士多德主义的一个遗产》的"形而上学的伦理维度"一节中，作者就强调指出，"形而上学似乎是坚决要描绘生存（being）的必要原则；而伦理学则是聚焦于偶然的存在物（existence）"，但是，随后作者又强调，认定二者的这种严格对比、区别又是"误导性"的。因为，虽然形而上学与伦理学的区别在亚里士多德的著作中体现为"知识或科学"（episteme）与"实践智慧"（Phronesis）的不同；但是，亚里士多德本人并没有将二者决然对立的意思。④而且，在伦理学中亚里士多德也有意打开一片"伦理知识"的空间，从而确立作为"偶然知识"的道德观念的可能。

---

①　廖申白：《亚里士多德友爱论研究》，河南人民出版社 2000 年版，第 262 页。
②　［古希腊］亚里士多德：《形而上学》卷 1，吴寿彭译，商务印书馆 1997 年版，第二、四章。
③　［古希腊］亚里士多德：《形而上学》卷 5，吴寿彭译，第七章。
④　Christopher P. Long. *The Ethics of Ontology*: *Rethinking an Aristotelian Legacy*（State University of New York Press），2004，p. 122.

亚里士多德之后，对"善"的形上本质的规定就控制在基督神学的手中。但是，这一方式只是披上了"宗教外衣"的亚里士多德哲学，相反不是被改变，而是对神学的哲学化论证。直到近代启蒙时期，这才发生了根本的变化，即"是"（Is）与"应当"（Ought）的休谟难题。休谟的"IO"问题在后世的解读中，日益形成了两种方向：其一是"IO"问题中的逻辑考辨，即从是到应当的"推论""推导"到底是一种什么样的"逻辑关系"；其二是从形而上学、道德哲学的认识论取向的根本结构变化而言，"上帝"还是"人"的根本"本体论"依据的转变。

脱离这种正统解释之外的是，在一些中介（想要、需要、欲求、快乐、幸福、健康）之下，是与应当并不是必然"断裂"的存在。因为，即便认为是与应当的鸿沟并不能由于这些"中介"来抹平，但是，这些"中介"成为要特别关注的因素。这些诸多的中介名目之下，却掩盖不住这样一个事实，这就是"人（性）"的现身、出现。这一点在休谟简短的揭示"是与应当"问题的段落里也得到了明证："在我所遇到的每一个道德体系中，我一向注意到，作者在一个时期中是照平常的推理方式进行的，确定了上帝的存在……可是突然之间……没有一个命题不是由一个'应该'或一个'不应该'联系起来的。"① 因而，人们在对待休谟"是与应当"问题上长久而浓厚的兴趣在于对"是与应当"问题在休谟文本中的原本、真正的含义，但往往事与愿违，带来的却是多样的解读与争论。实际上，我们与其追问一个带有强烈的历史时代背景问题的哲学史、伦理学史上的意义，还不如让其作为一种全新思考的开端，并且在尽可能多的领域中理解和反思它所带来的影响和意义。同时这样或许更能接近对这一问题所能达到的理解、认识的真实层面。而我们想要拓展的一个层面就是，这一时期所理解和认识的道德真实根据，不再是由上帝之所是的"是"作为基础、依据；相反，在社会大众心理、社会意识层面上已经给出了"否定"的答案。实际上，何止是休谟，马基雅维里、霍布斯何尝不是如此。从霍布斯开始，"理性哲学与启示宗教的对立，就是哲人与圣经宗教的对立……所谓宗教批判，就是赋予只有少数人才有能力获得的自然理性以优先权，让它来裁决启示的真理；——启蒙，让我们身上的'自然理性的声音'发出来，就成了'理所当然'地批判宗教的'理'"。因而，刘小枫先生不无感

① ［英］休谟：《人性论》下卷，关文运译，郑之骧校，商务印书馆1996年版，第509页。

慨地说："现在我才明白，为什么自霍布斯以来，西方近代思想史上有那么多的哲人在谈'人性论'，也终于明白，何以后来的启蒙哲人在批判建制宗教时都是同一个基本论述模式。"① 在此，发生变化的哲学、宗教学作为基础，反映在伦理学的"应当"之"本善"的根基上也发生了变化。但是，变化只是具体的"内容"，而由"是"所决定"应当"的道德形而上学"形式"并没有发生变化，至少是在康德之前。

另外，我们也应看到，一旦否定了这种"规定"形态的善的存在，善的形而上学逻辑不能得到"连贯"的认识和贯彻，那么，善的形而上学结构形态就面临着危机。于是，道德形而上学通过设置"二元论"，并论证其中之一为"现实性"客观存在的"善"，另一方就被确立为无现实性而且不应当存在的"恶"。因而，在传统"求善"的伦理学体系中"伪善"就被设定为无现实性的恶，所以，伪善也无法在形而上学结构中显现出来。因而，面对道德形而上学的结构问题，我们就要考察"善（伪）"在"形而上学"上的"规定性"存在形态，以期寻求形上"本善"的真假形态。因而在一定程度上，道德形而上学上的善恶区分演变为"真假"之分。

## 二　一元论的求真思维

"伪善"在道德认知中被揭示出来，表明先民认知思维的进步，而不再是混沌、朦胧以及"整体为一"的思维结构。这种无自我意识的活动，是人们对精神世界的最初的意识和感知，而这种感知性就是精神世界的"自然性"形态。在伦理中的表现，黑格尔称为"自然性"的伦理世界，即家庭与民族；这两种自然的伦理实体是先民确证自身精神存在的依据。同时，在人类普遍性精神的"实体"性确证的同时，先民逐步通过"思维"的认知功能把"自我"同"世界"区分开来，个体性的"道德自我"从"世界"中剥离出来，就出现了"自我"与"世界"的"不和"。无论是哲学还是艺术，都产生于自我与混沌世界之间发生分离时的"惊诧"。先民在对这一状况的"惊诧"中发现了自我，发明了"世界"；而自我与世界之间"不和"状态的维持及其"道德化"的形态就是"伪

---

① 刘小枫：《〈利维坦〉附录、前言：霍布斯的"申辩"》，华夏出版社 2008 年版，第 12 页。

善"。同时，这也告诉我们认识伪善的基本条件、要素就是"有恶的自我"与"至善的世界"。

伪善的认识论逻辑，实际上就是要以不同的概念、因素、形式，确立、确证"伪善"自身的存在；当然，这是在道德认知领域，不仅有共同性的"人性"论的确证，同时也有个体良知论的确证。因而，如果说，人性、人本性是人们对道德及其悖论——伪善的当然的认识逻辑起点，那么，道德思维论就是这一认识逻辑推进的必要动力。因为，随着道德个体的成熟，接下来涉及的一个问题就是"伪善"在道德意识源头的根据和原初的确证性。

在宗教文化的设计中，对于伪善的认识还是基于一种"本体论"的思维模式，认定一种道德状态为"真"，与之相对的另一种状态就被认定为"伪"。因而，这种思维模式还处于"感性"确定性的阶段，只是简单地认定善的"这一个"或"那一个"存在形态，还没有达到对道德自身的认识，有自我意识的高度。而要达到这个高度，就必须有道德"对象物"，即道德的现实化形态，通过对道德"对象物"的反观，从而形成道德的"反思"认识，生成道德的自我意识。

道德思维的"反思"形态，是认识、揭示"伪善"的主要思维形态，同时，在这一阶段由于思维无法克服自身的"分裂"性，因而"伪善"的道德意识也是无法自我克服的。所以，黑格尔在描述与这一阶段的思维意识相应的状态时，称之为"苦恼意识"，具有天生的"悲怆情愫"，而其最终的命运则是"如同一缕烟雾……消逝得无影无踪"①，而它的现实形态就是"良心"。

在此，围绕对"伪善"的认识，一个重要的问题就是：个体的良心是不是可能，是不是存在的呢？如果回答是否定的，那么"宣称"依赖自我良心而行动的人，无疑就是伪善；如果回答是肯定的，那么良心必须"挣脱"道德主观世界的思维牢笼，主动将自身置于一种"客观的主观性"实体世界中。

在否定回答中，所要面临的问题是："良心"的形式普遍性与个体现实性之间的矛盾存在？在这一矛盾和对立中"伪善"就是必然现象。其一，在道德的主观世界中，道德与自然、道德的感性与理性要求都是分立

---

① ［德］黑格尔：《精神现象学》下卷，贺麟、王玖兴译，第 167 页。

存在的，因而，道德意识将自我的"对象"分别安置所造成的"颠倒混乱"，并且，"如果它真是继续颠倒下去，那它就是伪善"①。其二，在道德意识的行动中又会发生两种形式的伪善：一种是"宣称"的伪善，即"宣称它的行动是与它自己的本心一致的"，但实际上并不一致；另一种是"判断"的伪善，即"只以表述卓越心意的言词而不以行动来证明其正当性"②。

在肯定回答中，道德思维继续发展，黑格尔也认识到会有一种直观的思维，直接地现实地就把握到自身的本质，但是，它认为这就进入了宗教领域。因为，只有在宗教领域，"意识"才能直接的就是"绝对精神"本身。但是，这与"道德"形态无缘；同时，这一普遍意识的现实存在形态是伦理性的"国家"。这样，道德思维从主观性的泥潭中抽拔出来，又陷入了客观实体性的"同一"幻想之中。因而，这一道德经验的直观思维是在黑格尔之后"现象学"中被发现和应用的。直观性的道德思维，在于直面活生生的生活世界的道德经验，因而也是一种"伦理思维"（Ethic thought）。③ 在此，我们更倾向于将这种"直观思维"归结为"伦理性"（Ethical）思维，黑格尔所创制的"Sittlichkeit"一词最早暗含了此种含义。不仅如此，直观思维所把握的"伦理性"事实本身并不是最终的真理，无可"还原"的事实本身，④ 伦理性的"直观思维"的旨趣并不在此。即便如此，在日常生活世界中，直观思维仍要面对生活世界的"虚假外围"与个体"无判断"的异化。因而，在面对道德伦理经验时"直观"思维仍要面临"伪善"的陷阱，就是因为伦理经验仍是在一个具有价值张力的世界中生成的。

无论是在"伪善"认知的人性论三个领域，还是"伪善"确证道德自我的"良知"，伪善的产生与确立，都是与"道德价值"判断的"理性预设"紧密相连的，这一点在舍勒的批判中被进一步明确了。因此，我们认为，在伪善"道德认知"的最终形态上还有一层含义，这

---

① ［德］黑格尔：《精神现象学》下卷，贺麟、王玖兴译，第146页。

② 同上书，第168—170页。

③ 参见田海平《道德哲学的伦理思维进路》，载《哲学研究》2005年第11期。

④ 实际上，即便是在对伦理经验的现象还原中仍然面临着虚假的危险，舍勒在对时代性、民族性的伦理意识的结构进行还原时指出有具体的与超越的之别，以具体性取代超越性或从根本上否认超越性的伦理观念不正是"伪善"吗（参见舍勒《道德价值的颠覆》，三联书店1997年版，导言）。

就是在道德形而上学意义上道德、伦理的一元性与二元性、现实与实存、预设与生活等，学科秉性，甚至说"受基督教规定的近代以及迄今的……伦理学"① 在"形上性"与"伦理性"上的相同与区别，这在一定意义上规定着道德、伦理的结构属性，决定着本书"伪善"主题形而上学探讨的形态区分。

道德哲学受哲学构造影响下的"一元"与"二元"结构。从伪善问题存在的三个领域到研究伪善的主要资料来源的康德、黑格尔以及舍勒的相关道德哲学观点，我们不难发现，道德哲学的思考从来都是"从属于某种形而上学构造体系的需要"的。因而，"道德哲学在这一路向中只能哲学地呈现。一方面，一般的伦理旨趣被结合进了知识的、神学的、理性的、精神的本源；另一方面，道德意志在寻求理由或解释时必须拥有一些最基本的论证性预设或假定作为根据"②。所以，受制于哲学形而上学的一元论与二元论的结构影响，道德的哲学结构也呈现出这一特点。于是，相对于道德目的，道德的手段性就是伪善；相对于道德普遍性，道德的个体性就是伪善；相对于道德理性存在，道德的情感、感性动机就是伪善；相对于道德行动现实，语言对道德行为的中断就是伪善，等等。我们在研究中，一方面按照道德哲学的这一规律性梳理伪善的各种形态；另一方面自觉保持对这一探究形式的"距离感"，形成一种"法乎其上，得乎其中"的效果。

道德哲学的结构悖论。伪善的道德形而上学探究，不仅要运用道德哲学与形而上学的"同构性"关系，深入揭示伪善的道德形而上学的诸形态表现。但是，我们也要揭示造成伪善的道德分裂、道德悖论现象的道德哲学本身的"结构性"悖论。这是与伪善作为哲学认识论形态的"道德悖论"息息相关的一个环节，也是道德悖论的形而上学的根源、根本。在揭示道德哲学的悖论形态中。我们发现，道德是在"悖论"中前进的，道德哲学在悖论中发展；或者说，道德学说的存在就是悖论形态，道德悖论的存在有一定的合理性。实际上，无论是伪善还是道德悖论的探讨，实质上都试图"揭示事物的本来面貌"③。因而，这种道德哲学层面的道德

① ［德］海德格尔：《形而上学导论》，熊伟、王庆节译，商务印书馆 1996 年版，第 176 页。

② 田海平：《道德哲学的伦理思维进路》，载《哲学研究》2005 年第 11 期。

③ Saul Smilansky, *10 Moral Paradoxes* (Malden, Blackwell Publishing, 2007), p. 5.

本原逻辑、实存与意义的反思，就超越了道德行为价值的实现及其善恶悖论的范围，是对道德命令、道德规范乃至道德可能的哲学结构的构造。如果说，这对于在现实中凸显出的道德现象和问题具有意义的话，那就是基础性和本原性的，它是反思性的存在而不具有指导意义，反而揭示出其结构性不足。因此，这种善恶的哲学构造，意味着"理性在道德领域中的局限，这种局限性就是作为对道德哲学思维的限制而存在，甚至是作为对道德本身的限制而存在的"。① 因而，对于道德哲学自身结构悖论的揭示，其根本目的在于显示道德理性思维对于道德伦理"本真"状态把握的"限度"和不足。由此，限制道德理性手段的"界限"是为了凸显伦理道德"本真"状态的"伦理性"。

　　道德学的"形上性"与"伦理性"，在这里更为延展一步，在道德哲学领域中受到形而上学结构和构造方式——形上性——影响的道德学，在何种程度上具有自身的"伦理性"。② "伦理性"表示了道德学独特的价值张力，显示出道德语言与道德行动、道德目的与道德手段、道德形式与道德质料、道德先天经验与现实经验统一的动态性。并且，在运用中尝试以"伦理性"优先的原则开展组织相关主题的论证，以此形成伦理学科的独特品性。"伦理性"优先的操作原则，是颠覆了传统形而上学对道德哲学结构的规定基础上的先天结构，从伦理生活态度和生活经验揭示了道德存在，从而形成对生存必然性的认识与道德个体性的观照。这种认识方法、操作方式，我们将尝试在伪善"发生论"的探讨中加以使用。

### 三　伪善的道德语言

　　伪善作为道德实践的"异化"，表明其是一种"实践"的态度，只不过实际效果恰恰造成了对道德行为的现实性逻辑的"不一惯性"。伪善的道德实践逻辑，并不是说伪善的道德行为的发生（认识论发生学意义上的），而是作为道德主体的"自我"如何把这种非现实的"本善"显现出来（实践论现象学意义上的），是利用"语言的论断"还是道德动机的心理掩饰，抑或是道德意识的自我欺骗，这些形态构成了道德自我"伪善"

---

　　① ［德］T. W. 阿多诺：《道德哲学的问题》，谢地坤、王彤译，谢地坤校，第110—111页。

　　② 无论是相对于"本体思维"的"伦理思维"，还是相对于"形上性"的"伦理性"，实际上，都是与本体论、形而上学相对立、对应的形式。

的实践逻辑。同时，这些逻辑形态是随着道德自我的意识形态发展而不断出现的，因而，这在逻辑次序里也是有固定顺序的。

（一）伪善与"道德语言"

伪善在"世界"的显现表明，伪善"对象"的现实性存在与"世界"的不统一。道德的"语言"出现在世界之中，并且成为"不统一"的异化现实，于是，追问这种"语言"的产生对于揭示伪善在"世界"中的显现具有关键作用。

在黑格尔《精神现象学》一书"精神"的第二个环节，"语言"出现在"自身异化了的精神"世界中，即教化世界之中。然而，道德的"语言"与"道德语言"有何区别？道德"语言"为什么出现在教化世界中？"语言"为什么是教化（或异化）的现实？这些问题直接构成了伪善的实践论的逻辑开端。

在黑格尔的论述中，道德语言（说谎）的功能表示为"阿谀"或"分裂"语言，因而，语言本身（谎言）却是"异化的现实"①。首先，为什么要"说"，"说"本身是一种"行动"，因而其重点不在于"说什么"；然而，"说"的行动又意味着对行动本身的"中断"。人类的始祖为什么要"说"（话），因为上帝发问："你在哪里"，起因是由于偷吃智慧果之后，发现自己赤身露体，亚当与夏娃就躲了起来。在此，上帝不知就里，但是人类始祖已然知道自己犯了罪。但是，他还要"说"，明知自己犯罪，却还要说话，那"这话"就是"谎言"，其目的是"掩饰"自身所犯的罪，是一种"辩白"；从另一层面讲，则是中断了"改罪"的机会和行为。于是，"伪善"就在人类始祖的"说"中发生了。因为人类的始祖不仅作了恶、犯了罪，还试图去欺骗，这就是"恶中之恶""罪中之罪"，因此，说谎也就被当作"一切恶的始作俑者"②。

因而，这种"道德语言"并非是"道德性""价值性"的话语、语词，而是与"道德行为"相对立、相否定的一种"行为"，是对道德行为的"论断"和"评价"，因而，"论断他人始终意味着自身行为的中断"③。自身行为的中断、行为自我的否定，意味着道德自我处在"分裂"

---

① ［德］黑格尔：《精神现象学》下卷，贺麟、王玖兴译，第55页以下。
② ［德］康德：《康德著作全集》第6卷，张荣译，第441页。
③ ［德］朋霍费尔：《伦理学》，胡其鼎译，魏育青、徐卫翔校，上海人民出版社2007年版，第49页。

之中，即道德普遍性与个体性、道德理性与感性要求、自我与他人之间的"不和"。这种历史形象的体现就是"法利赛人"，因为"法利赛人的行为仅仅是他善恶之知的一种特定表达，因此也是他同其他人以及同自身不和的一种特定表达"。"在这种以不和的存在为根据的意义上——不是在心怀恶意的意义上——法利赛人的行为，亦即把善恶之知贯彻至极者的行为，乃是假的行为，乃是虚伪"①。

同时，这种道德行为的中断致使其"非现实性"的存在，并不是因为道德行为出自阴暗的动机，而是由于这种行为本身即是"脱离""分离"，与"本真之善"（上帝）的分裂。因而，这种情境（精神的异化、教化世界）中道德行为的判断就是道德"自我意识"的判断，于是出现了"善恶之分"。庄子也讲到，"是非之彰也，道之所以亏也"②。因而，人们知道"辨""是非"以后，道就"亏损"了。于是，在"道"不完整了、解体了之后，"世界"就是一个"无道"的状态。在这个无道的世界中，"伪"就是必然，是谓"大道废，有仁义；智慧出，有大伪……"③不难看出，以道德自我的非现实性而称谓的"伪善"，是"异化"世界中"道德行为"的必然性呈现。因为，在此境况中道德行为本身丧失了"现实性"的可能，正如法利赛人所为，"其善行，本欲医治内在的不和以及同他人的不和，却更加导致不和，导致坚持同本源脱离"。从而，最终使得这种道德自我认为的善行本身也发生了变化，成为"恶行"的土壤。当然，这是从道德主体的心理层面发生的，但这正是道德主体"对象化"中的非现实反映。

（二）说谎与道德动机的掩饰

人类始祖在偷吃了智慧果之后，不仅开口"说"了话，而且还试图掩饰自己所犯的"罪"，这恰恰是说谎所要达到的最后目的。实际上，在这之前，人类要完成远为复杂的心理变化和内心斗争，就要说服自己如何成功地掩饰真实的道德动机。因为，只有掩饰了道德动机，才能欺骗那位"知人心者"在人们内心的人格体现。因而，蛇在引诱始祖吃智慧果之时，就提出："你们不一定死，因为神知道，你们吃的日子眼

---

① ［德］朋霍费尔：《伦理学》，胡其鼎译，魏育青、徐卫翔校，第49页。
② 《庄子·齐物论》。
③ 《道德经》第十八章。

睛就明亮了，你们便如神能知道善恶。"这无疑给人的"谎言"注入了一针"强心剂"，因为"除了害怕惩罚的动机之外，他在自身毕竟没有感到别的动机"。因而，在此我们毕竟要问"要掩饰的是什么呢"？康德认为是"对法则的内心崇敬阿谀奉承"，这样，就不难得出，伪善是作为一种"道德动机"而先行存在的。而且，这种道德动机要有一个先行的掩饰、屏蔽行为，即"如果他撒谎说信仰一个未来的世界审判者的话，因为他在心中实际上并没有发现这种信仰，但他说服自己，在思想中向知人心者表白自己的信仰，以便在任何情况下都骗取他的恩惠，这毕竟不可能有坏处，但却有好处"①。所以，卢梭也认为，"不说真话和说假话，是很不相同的两码事……"因为，"只有为了欺骗的企图而去讲假话，才算是撒谎"②。因此，在这里，伪善是指对道德动机的掩饰，而欺骗是目的。

同时，我们要进一步总结的是，"伪善"在这里是"欺骗"的企图，因而，说谎是对道德的内在的败坏，是对道德价值的共同性的否定，是人的内在价值之间的分裂；但是，这又是人的"主动"行为。尼采认为，人类的这种行为在基督宗教中发了酵，结果就生成一种"奴隶道德"。在《道德的谱系》中，尼采就追溯了"奴隶道德"这一坏的、恶的道德根源于人的"无力量的回报""无法实践"甚至是"无力报复""无归属感"，因而，这种无法付诸实践、行为中断的"德行"，由于无法在行动中创造价值，所以就用"想象的复仇来自我补偿"。因而，它颠覆了道德价值的精神源头，从精神强健的"创造"到精神孱弱的"怨恨"；主人的报复是"诚实"的，而奴隶的报复则是"不诚实"的。因为，奴隶道德"鼓吹宽恕，但它的动机却是报复；它宣扬爱敌人，但它却是作为恶之化身的敌人所创造出来的"。这种道德动机上的掩饰和错位，"使得它不得不在自己和别人面前伪装成不同于它自己的东西"③，因而，在达到迷惑、欺骗他人的目的的同时，也是对真实自我、强健精神的毒化。

---

① ［德］康德：《康德著作全集》第6卷，张荣译，第440页。

② ［法］卢梭：《走向澄明之境——卢梭随笔与书信集》，何祚康等译，三联书店1990年版，第54、57页。

③ ［美］韦斯特法尔：《解释学、现象学与宗教哲学》，郝长樨选编，中国社会科学出版社2005年版，第298—305页。

康德就曾敏锐地区分了两种说谎，即"外在的说谎"（mendacium externum）和"内在的说谎"，而且得出结论："由于前者，他使自己在别人眼里成为蔑视的对象，但由于后者，他使自己更为严重地在他自己的眼里成了蔑视的对象，并且伤害了其人格中的人性的尊严"①。因而，这种"欺骗"不仅是针对外在物的，同时也是对"作为道德存在者的人"的败坏，仅仅是把道德可能性的存在者——"人"当作"纯然的手段"，因此，也是对其自我"人格性"的放弃。

（三）说谎与道德意识的欺骗

这种"外在性"的说谎是以欺骗别人而达到恩惠自己的效果，而"内在性"的说谎则是以"欺骗"的方式肯定自己"意愿"着的存在状态，则无须"行动"即保持着自我的道德人格的统一。因而，在这里通过道德意识的欺骗"完全"否定了道德行为，行为不仅被"中断"了，而且是被"否弃"了。所以，"伪善"在这里是道德意识的欺骗行为，而达到的目的是"自欺"。

道德意识的欺骗就是"道德自我"的"自欺"。道德意识的"欺骗"是道德意识的一种历史性显现的行为和现象，在黑格尔的《精神现象学》的"精神"的历史显现过程中就出现过两次"欺骗"：其一是在教化世界中表现为"教化的虚假性"；其二是在道德世界中道德意识以表象的、对象的存在作为自身真理的欺骗。不可避免的是，二者表现了"伪善"的欺骗性的不同形态。前者表示在一个"精神"颠倒、异化的世界中，语言代替了"行动"，服务的英雄主义变成了阿谀的英雄主义；分裂性的语言"乃是这整个教化世界的真的现实存在着的精神"②。于是，精神是通过"述说"（语言）来显现的，但是"其内容，是一切概念和一切实在的颠倒，是对它自己和对别人的普遍欺骗，而正因为内容是普遍的欺骗，所以述说这种自欺欺人的谎言骗语时那种恬不知耻，乃是最大的真理"。这表明"精神"通过语言的表达必然是一种欺骗；但是，在这样的教化世界中"精神"的欺骗性即是"真理"。这也是回答上文提出的"语言"问题出现在教化世界的原因。另外，在道德世界中，道德自我意识的颠倒、倒置表露了道德自我"自欺"的初步表现。因为，一旦道德自我意

---

① ［德］康德：《康德著作全集》第6卷，张荣译，第438—439页。

② ［德］黑格尔：《精神现象学》下卷，贺麟，王玖兴译，第64页。

识到自身的"不道德"的现实一面，那么，道德世界的"和谐"就是一个"欺骗"。这时道德自我应该如何做呢？似乎，问题的关键并不在于如何（做），而是对待这一状况的态度是继续维持还是拆穿，以行动加以超越？前者"在事实上就是伪善"了，即便是行动也只是自我良心上的"鄙视"，并"怀着厌恶逃回自身来了"①。黑格尔这里，似乎是对道德意识发展过程中自我欺骗的必然性的论述，这是意识自欺性的历史展现。

这里涉及两个问题：一个问题是"自我为什么能够自欺"？另一个问题是"自我为什么愿意自欺"？前者是一个哲学问题，而后者则是一个伦理学问题，但是以前一问题为基础。在萨特哲学中，"自欺"②（La mauvaise foi）是一个重要概念，但是，自欺同样显示了自我的"自在"与"自为"不稳定的统一关系。自欺，首先代表了一种人生态度，因为人生都是有烦恼的，不纯粹的存在形态，而一味追求自由、无扰的生活就是一种"自欺"，这是哲学回归生活世界的一种"觉悟"；其次，是返回自身的自我否定。因为他不能向外在性中超越，于是只能返回自身，但不是肯定而是"否定"。但殊不知，正是这种自欺的"逃避"，"乃是一种非人的自在存在状态，在这种状态中的人无异于丧失了自由和尊严的无意识的存在"③。在此，对比萨特存在主义论调的"自欺"与黑格尔的精神意识现象学中的"自欺"，不难发现，至少在这一主题上，对道德自我的自在与自为存在的不统一性的分析上，并没有太多的变化。只不过，返回自身的自我，从一个"优美灵魂"的肯定转变为自我的"否定"，而这意味着自我人格的彻底丧失。

中国哲学中的"不诚"，同样意味着对"人道"本身的败坏，是道德自我的"自败"，是道德自我"存在状态"的欺骗。也正因为如此，我们才追求"真诚"的生活，而在中国传统文化中"真诚"抑或"自欺"是一种先在性的生存态度，是价值的意向性，更是生命本然意义上最高价值的体现。儒家认为，"天道"与"人道"通于"诚"，正是在这种源始的分合统一中确定"人"的"生存性"统一（共在）。"故至诚无息。不息则久，久则徵。徵则

①　[德]黑格尔：《精神现象学》下卷，贺麟、王玖兴译，第142—146页。
②　法文"mauvaise foi"，英文为"bad faith"，翻译为"自欺""坏的信念"等，万俊人先生认为："萨特这一范畴是与诚（sincerity）相对应使用的，似译为'不诚'较为妥当。"（参见万俊人《萨特伦理思想研究》，北京大学出版社1988年版，第109页）
③　万俊人：《萨特伦理思想研究》，第102页。

悠远。悠远，则博厚。博厚，则高明。博厚，所以载物也。高明，所以覆物也。悠久，所以成物也。博厚，配地。高明，配天。悠久，无疆。如此者，不见而章，不动而变，无为而成。天地之道，可一言而尽也。其为物不贰，则其生物不测。"① 这一段话就集中揭示了"诚"的真实存在上的意义，天、地以及人的周遭的生存性的感受是统一的，可以"一言而尽""诚"。同时，能够"为物不贰""生物不测"说明，这种"诚"的"生存体验"又是独一无二的。当然，不可否认的是，传统文化缺少对"不诚"的心理分析和感觉描述，同时，"诚"的"乐观"性背后反而掩盖了"不诚"的"先在"事实性。

## 第三节　内在逻辑及其形态演进

这一纯粹概念的、思辨式的道德形而上学考查，在后形而上学、后哲学时代显得那么"不合时宜"或是"徒劳无功"，但是，不可否认的是，道德哲学如果不能解释伪善现象与思维认识之间的统一，不能在知识与思想维度上给予其自在的、逻辑自洽的说明，实践智慧就成为实用的伎俩，而与人的生存、安身立命无关。从这个意义上说，伪善的形而上学概念、知识体系的梳理就不是从事这一专门学问的学者的"私事"，它是作为整个个体共在经验的反思与"共知"，其客观性在于思维深沉处的认同。

### 一　主观性形而上学形态

在道德哲学史上，不同的哲学家及其道德理论最终也都要面对"伪善"的侵袭与检验；当然，如果把哲学看作是"把握在思想中的它的时代"② 的话，不同历史时代的道德文化与精神也要面临伪善的苛责。因而在一定意义上，一些学者把"伪善"而非"恶"作为伦理学的最大敌人，不是没有道理的。于是，在面临伪善的批判与检验中，"道德何以可能"的问题就成为先天的道德知识论建构的最初动力与动机。但是，即便如此，不同的道德理论大厦或体系建构起来之后仍要面对伪善的检验，或内在的或外在的或自我的或他人的。因而，作为时代精神的思想形式、知识

---

① 《中庸》第二十六章。

② ［德］黑格尔：《法哲学原理》，范扬、张企泰译，商务印书馆1996年版，序言第12页。

形态，道德形而上学成为一种深刻的、自我的、系统的反思维度、检验平台，并试图在这种内在的思维层面上推动道德意识的发展与成熟。

（一）逻辑的起点：道德主观性形态的转变

在康德道德哲学中实现了"哥白尼式"的革命，颠转了道德的"自然冲动与对象性的存在形态，并将它们统统作为他律的东西而排除掉；并且，它完全地自我规定，只听从理性自身颁布的形式的道德律。主体从外在的客观感性世界回到内在的主观理性世界，达到了自我规定和普遍性"①。无疑，这一转变的最初动机就是要克服伪善，颠覆道德的自然感受、经验世界基础，纯化道德的本源，尊重普通人的普遍理性。在第一部伦理学著作中体现得更为明显，"Grundlegung zur Metaphysik der Sitten"（道德形而上学奠基），"Grundlegung"一词"是由动词 Grundlegen 变成的名词，基本意思是奠基。"奠基"在康德一生的哲学活动中都是一种清扫地盘的工作，其重点在于清除蒙在本根上的种种迷雾，探寻到本根，让其显明自身。"② 其内容主要也是从三个层次，从通俗的道德哲学到道德形而上学再到实践理性批判，层层深入，把"日常理性中已经包含着的道德法则单纯地提取出来加以论证"。③

因而，一个道德行动需要两个方面的保证：其一是出发点，这就是"善良意志"；其二是行动准则的普遍化问题，即准则的立法。康德一再强调伦理学并不是为"行动立法"，因为那是法学的任务，而是为行为的准则立法。但是，"准则是主观的行动原则，主体自己使这原则成为自己的规则（也就是说，它想如何行动）"。因而，"按照一个同时能够被视为一条普遍法则的准则行动"④，就成为责任的绝对命令。

然而，这一普遍法则是不是客观有效的，又建基于意志自由的基础之上，理性的检验取决于自我是否成为合格的普遍立法者，不难发现，在此

① 丁三东：《主观自由及其限度——论黑格尔对康德道德哲学的重构与批判》，载《西南民族大学学报》2009 年第 5 期。

② 对"Grundlegung"一词的翻译有不同的版本，早先唐钺先生将其译为"探本"，而后苗力田先生将其译为"原理"，李秋零在《康德全集》的翻译中改为"奠基"，邓安庆则主张还以"探本"译之（参见邓安庆《康德伦理学体系的构成》，http：//www. aisixiang. com/data/21933. html）。

③ 邓晓芒：《康德道德哲学的三个层次——〈道德形而上学基础〉述评》，载《云南大学学报》第 3 卷第 4 期。

④ ［德］康德：《康德著作全集》第 6 卷，张荣译，第 232 页。

主观意志发挥着决定作用。而其客观普遍性的检验同样如此，"如果人们在对我们理性通过一个准则取得一条实践法则的普遍性的资格的纯然理念来规定任性的一种能力的惊赞中被教导说：正是这些实践法则（道德法则）最先表明任性的一种属性，思辨理性无论是出自先天的根据还是通过某种经验都猜测不到这种属性，而且即便它猜测到这种属性，也不能在理论上通过任何东西来阐明其可能性，但哪些实践法则却还是无可争议地阐明了这种属性，亦即自由；那么，发现这些法则象数学公式那样虽然不可证实但却无可置疑"①。以一定意义上讲，正是在这种道德主观性的转化中，伪善"道德形而上学"的发生及其在道德形而上学逻辑发生过程中的作用才显现出来。

（二）道德主观性的"伪善难题"

在康德道德哲学的主观性体系中，伪善难题表现在"内在的"与"外在的"双重方面。当然，这种区分是相对的，"内在"着重强调主观性自身道德要求以及可能性问题，"外在"强调人的感性欲求及其相互之间的道德影响。从内外两个方面的区分中，我们就不难发现，主观性道德哲学中普遍性道德法则先天建立以及感性世界中的落实都面临着伪善的侵袭。具体而言，前者导致了"谄媚逢迎式"的伪善，它"靠自轻自贱和奴颜婢膝来获得有权势者的宠爱和宽恕"；后者导致一种"道貌岸然式"的伪善，因为它"在纯粹道德原则里面偷运进感性的动机，从而颠倒纯粹理性和感性需要的关系"②。

在道德行为的外在化条件上，康德不得不扩展其道德对象的领域，通过"灵魂不朽""上帝存在"的道德公设来实现和完成；这在道德准则立法上的个体心理层面以及德福统一方面，保证了现实生活中道德行动的发生。不可否认的是，伦理共同体以及德性等方面也被黑格尔拿来作为自由意志在"伦理"阶段的发展因素与形态，但是，这并没有减少后者对前者的批判，其关键在于普遍性法则的"形式化"坚持。"内在性"难题更为突出：其一，面临个体道德行动意向的自我败坏，"恶的倾向"替代了"善的倾向"，正如黑格尔所言良心处在作恶的"待发点"上；其二，普遍性、绝对性道德法则的执行难题，反过来又不得不以个体的"德性"

①　[德]康德：《康德著作全集》第6卷，张荣译，第233页。
②　邓晓芒：《康德黑格尔论伪善》，载《德国哲学》（2007年卷），第45—46页。

作为保障，"德性就是人在遵循自己的义务时准则的力量"①。因而，道德人性中伪善倾向的克服以及现实世界中道德的客观发展，最终仍要通过主观化逻辑来解决，而在道德法则的形式主义掩护之下，伪善就侵入道德有机体，从而阻碍道德的自我革新与历史发展。

如果说在道德领域引入"上帝""灵魂"这一做法，虽然挑战康德道德理性主义的底线，但是无论对于整个实践哲学还是民族文化来说，或者是可以接受的。但是，对于只有个体自我的道德良知作为保证真善或伪善的理论根据，现实生活中的道德也只是停滞在"主观性"的良心之中、个体的德性之中。那么，无论对伪善的认识有多么深刻，人们都无法摆脱伪善的纠缠，伪善是良心"主观性"的必然逻辑产物。

（三）道德自我革新的"中断"：主观性逻辑的自败

当然，正如我们在本章开头提到的，即便伪善的产生成为道德主观性逻辑的必然产物，对于康德道德主观性的道德体系而言，伪善也是其道德逻辑的产物但并不在其道德体系之中。因为实践理性的先天知识以及道德法则的对象是"理性存在者"；然而，在世俗世界中道德法则的真正对象是"现实的人"，在《单纯理性限度内的宗教》中康德将其称为"有限的"理性存在者。正是由于这种有限性，纯粹道德理智世界中的自由意志便受到感性的"恶的倾向"的影响，又是作为有理性者，利用道德律为感性的欲求服务，便成为人性中的"根本恶"（radical evil）。这种恶之所以是根本的、彻底的，不仅因为这种恶"深入到人性的根子"，成为"先验的人性结构"；②而且更为重要的是，在道德生活中明知其存在还无法甚至是通过自欺而不愿克服。这样，道德自我发展的内在逻辑与力量就被阻断了，伪善的真正危害在于造成了道德自我革新的"中断"。

道德在于"为人"的存在，在"成为人"的过程中发挥教化、规范与引导的功能；但同时，在道德发展的主观性逻辑中人的感性欲求对道德产生了灾难性的影响。"良心"湮灭了一切外在性的规定，同时又创造了一切道德上的可能，但这一切又被封闭于自我的主观世界之中。因为，"这一主观性当它达到了在自身中被反思着的普遍性时，就是它内部的绝对自我确信（Gewissheit），是特殊性的设定者，规定者和决定者，也就是

① 邓晓芒：《康德黑格尔论伪善》，载《德国哲学》（2007 年卷），第 40 页。
② 同上书，第 42 页。

他的良心。"这样，"把任性即自己的特殊性提升到普遍物之上，而把这个作为它的原则，并通过行为来实现它，即有可能为非作歹"①。人的自我意识中的德行成了彻头彻尾的"作恶"，不仅行动者是伪善，批评者、判断者也是伪善。

　　而这一切都根源于道德的主观性逻辑，良心在最大程度上展示了这个"创造道德的天才"所制造的道德奇迹，它把表现在外在的、感性的意志过渡到自我内在的任性之上，从而真正把善在道德形而上学逻辑上实现出来。因而，正是在此意义上，"善就是作为意志概念和特殊意志的统一的理念"，并且，"只有通过主观意志，善才能得到这种实在性"②。黑格尔曾赤裸裸地批评康德主观性道德所处的逻辑阶段，"固执单纯的道德观点而不使之向伦理的概念过渡，就会把这种收获贬低为空虚的形式主义"③。因而，在此我有必要提醒大家认真审读黑格尔的判断，而不是从中简单地得出"形式主义"道德批判的罪名并加以论证或拓展。这其中的关键在于"过渡"二字，如果道德主观性逻辑不能实现这种过渡，"良心"这一主观性道德的成果就是空虚的、形式的。这一判断恰好与"伪善"的存在联系起来，主观性"道德自我"的革新，不仅仅是一种德性论意义上的道德行动者的良心忏悔，而且更是道德历史或者现实逻辑的客观发展，抑或二者本身就是统一的。那么，把"伪善"引入作为道德逻辑的发展动力与必要的中介，也进一步证实了人的道德发展与道德自身逻辑演进的一致性。伪善，如果作为一种道德现实世界的恶，那么，在先天的道德理性知识体系中也意味着与此相对的主观性逻辑的自败。

## 二　"主观性"向"客观性"的过渡形态

　　在道德主观性基础之上，黑格尔接过批判旗帜，并试图在一种绝对精神的自我实现中推进道德形而上学逻辑。在道德阶段上，善展现在自我意识的自我反思与规定之中，道德虽然克服了法的对象性实存，但是道德法则的普遍性规律就在自我主观性之中，而成为形式性与虚无性的实存。因而"无论法的东西和道德的东西都不能自为地实存，而必须以

① ［德］黑格尔:《法哲学原理》，范扬、张企泰译，第 139、142 页。
② 同上书，第 132—133 页。
③ 同上书，第 137 页。

伦理的东西为其承担者和基础，因为法欠缺主观性的环节，而道德则仅仅具有主观性的环节"。① 然而，在此意义上，从道德"主观性"向"客观性"的过渡能否实现，或者正如康德道德哲学的主观性体系一样，这一过渡本身也因面临着伪善的侵扰而成为又一难题？又或者这就是道德逻辑发展的契机。

值得肯定的是，被康德排除在道德逻辑之外的伪善，在黑格尔伦理体系中被吸收而且作为道德发展的逻辑环节之一，伪善在从"抽象的法"向"道德"，"道德"向"伦理"的过渡②中发挥了重要的推动作用。无疑，这在人类道德发展的明智及其历史性上都大大向前迈进了一步。

（一）"主观性"作为道德自我克服的环节

在这一逻辑进程中，"从否定的方面来说，黑格尔思辨唯心主义最重要的贡献和最有特色之处是它对主观思想所进行的批判。"③如果说这一批判贯穿于整个黑格尔哲学体系的话，那么在伦理道德思想中同样适用，更为重要的是，在伪善的道德自我克服的逻辑环节中体现得更为突出和明显。

在方法论上，"在黑格尔看来，主观思想的基本形态，即外在反思或形式推理，归根结底是以内容的阉割、以抽象的形式主义为其基本特征的。"这就是"外在反思——疏离与特定的内容但却把一般原则运用到任何内容之上的反思"④。于是，恩格斯也承认黑格尔关于伦理的学说，"（1）抽象的法，（2）道德，（3）伦理……在这里，形式是唯心主义的，内容是实在论的"⑤。在现代性的历史线索中，黑格尔"致力于消除康德的个人自主概念当中纯粹的应然要求特征，认为它在理论层面上早就是一个社会现实的历史有效因素"⑥。在伦理生活（Sittlichkeit）视域中，黑格尔不再将现代性新鲜事物或制度放进个体的、抽象的道德理性之中（去理解）；而是相反，把伦理道德重新放回它应当存在的场所——伦理生活

---

① ［德］黑格尔：《法哲学原理》，范扬、张企泰译，第162页。
② 严格说来，在黑格尔伦理体系中对伪善的论述只是存在于从"道德"向"伦理"阶段的过渡过程中，但是，考虑到康德主观性逻辑的转向中对感性的、对象物的道德批判也可以归入广义的这一过渡环节之中，因而将其放在一起予以整体的考虑。
③ 吴晓明：《论黑格尔对主观思想的批判》，载《求是学刊》2011年第1期。
④ 同上。
⑤ 《马克思恩格斯选集》第4卷，人民出版社1995年版，第236页。
⑥ ［德］霍耐特：《为承认而斗争》，胡继华译，上海人民出版社2005年版，第1页。

之中去观察与认识。这种伦理生活的认识论：一方面否定了原子式的个人，每个有理性的存在者孤立的自然状态的认识起点，本源的存在状态是民族、是世界、是在诸种关系的生活之中；另一方面对于道德行动而言，不应仅仅关注行动意志、准则的应然、未然状况，而且行动之实然、本真性的价值存在也应归诸其中。

于是，从一种更为远瞻的视角看，现代伦理生活对哲学的要求就在于从生活本身出发而又不断超越自身的自在存在，从而拯救现代主观性道德逻辑的危机与不足。因而，无论是在精神现象学的"道德世界观"中所指出的伪善、颠倒以及伦理精神的和解，还是自由意志从道德向伦理的过渡，都展现了这种主观性的道德形态——良心，必须在客观的伦理生活中真正实现自我。

（二）伦理生活更高环节的"过渡"难题

现代社会中，自然伦理的解体已经成为必然，而且，个体的自由行动成为对由社会整体、民族国家代表的伦理的"侵犯"与"犯罪"，因而，"把在个别的谋划和行为中失去的伦理性作为普遍的东西重建起来"就成为现代伦理学的首要任务。在此，黑格尔所面对的并非如古希腊城邦社会中，"人们把城邦的集体生命当做他们自己生命的本质和真谛，在其中找到自己的荣誉，并以在城市中获得的权力和声誉为自己的酬劳，而在城市的记忆中看到自己的不朽。他们践履他们的'伦理'、'仿佛出于本能'，并且以'伦理'为第二天性，因此，他们是自由的。"①因而，在现代与传统、普遍与个体、自然与理性的多元张力中，黑格尔重新确立了现代"伦理生活"的理念。现代伦理生活的兴起是一种比古希腊更高的形式；因为"不像旧希腊文化所具有的伦理；在这里伦理也可以指一种对朴素伦理的更高规定，即当它在道德之中对自己进行反思之后再次显现出来的形式"②。这就是在道德主观性基础之上，作为更高环节的伦理（生活）逻辑的统一，即"主观的善和客观的、自在自为地存在的善的统一"③。

伪善的出现正是在于道德的主观性逻辑向客观的、自在自为的伦理过

---

① ［加］查尔斯·泰勒：《黑格尔与现代社会》，徐文瑞译，吉林出版集团 2009 年版，第 7—8 页。

② ［德］黑格尔：《哲学史讲演录》第 2 卷，贺麟、王太庆译，商务印书馆 1996 年版，第 41—43 页。

③ ［德］黑格尔：《法哲学原理》，范扬、张企泰译，第 162 页。

渡过程中而出现的；同时，善也在自我主观性之中通过各种方法与途径，尝试善的"特殊性"向"普遍性"的直接飞跃。但是，这种从"个体性"出发的伦理现实性的探索，是没有精神的，"因为它只能做到集合并列，但是精神不是单一的东西，而是单一物和普遍物的统一"①。因而，黑格尔将这种过渡难题通过伪善的四种形态，从低到高地把"恶曲解为善"的逻辑呈现出来。当然，在逻辑地展开伪善的诸形态之前，黑格尔还专门阐述了一个伪善行为必须具备的基本要素和环节：

首先，要具有关于道德普遍性的知识，以及与这普遍性相冲突的"特殊意向"；不仅如此，将二者相比较，明白道德意识的特殊意向是被判断为恶。在此，黑格尔一再强调为恶的道德意识的"自知""无知"和"不知"的道德心灵并不能成为免于惩罚的理由。因为，随着近现代道德意识的发展，不同于古希腊时期，这里道德意志是经历了自我"反思"基础之上的客观性形态，个人对恶的主观特殊性形态的规定以及对于自我统一性的人格的尊重而言，对于恶的形态及其行为归责也意味着人的成熟。

其次，"伪善须加上虚伪的形式的规定，即首先对他人把恶主张为善，把自己在外表上一般地装成好像是善的、好心肠的、虔敬的等等"。或许我们会问，这些骗人的伎俩如何能蒙骗别人，关键是为这些恶行作辩护的理由存在于自我的"善行"或"虔敬"的态度中。但是，这些欺骗"可能性的根源在于主观性，作为抽象的否定，它知道一切规定都从属自己，而且源出于己"②。因而，这是彻头彻尾的伪善，并且，把德行的发展根据悄悄地替换掉，将伦理禁锢在道德主观性形态上。

（三）伪善作为过渡"节点"的两重性

这样，在从道德向伦理的过渡上，作为节点的"伪善"实际上发挥着不同方向的两重价值，这是伪善在推进道德发展逻辑上的真实状况：其一，对主观性的固持及其造成的相关问题。对于这一点的认识，我们可以从伪善这种德行骗术的"根据"中进一步展开，同时，这一根据的表现也是遵循自由意志的外在对象性、内在主观性以及二者相统一的逻辑关系，或者更彻底地说伪善在主观意志中找到了自我。

---

① ［德］黑格尔：《法哲学原理》，范扬、张企泰译，第 173 页。
② 同上书，第 148 页。

黑格尔分别把它们称为：（1）"概然论"，因为这时伪善行为人"能替某种行为找到任何一种好的理由……那么，这种行为就是许可的，行为人也可感到心安理得"①。（2）"主观论"，因为"对抽象的善的这种希求似乎已经足够——甚至是唯一要求——使行为成为善的"。这一点不难理解，根据在于对善的抽象性的主观规定以及对恶归责的"人格分裂"，黑格尔以"盗亦有道""为复仇杀人"为例加以说明。（3）"规则论"，这是前面两者的合题，客观理由与主观性规定的统一，即"主观意见终于被宣示为法和义务的规则"，这一伪善影响更为深刻，因为它渗透到个人的道德信念之中。"在行动中所抱的善良意图以及我对这一点的信念，就可使我的行为成为善的。"②这里，我对"我的信念"自负，彻底消除了道德信念的客观性、权威性，从而达到了主观性的"顶峰"——主观信念。

其二，对道德客观性"欠缺"的自觉以及伦常性、历史性伦理生活的进入口。在揭示伪善固守主观性的三种逻辑形态之后，黑格尔还进一步指出，主观性在其"最高形式"——讽刺中完成、克服自我。讽刺作为"主观性的主观性"，它一方面"把自己看作最终审的主观性顶峰"，并沉浸其中；但另一方面，在统一的人格中"它的确知道伦理性的客观东西"，而这种客观性东西同主观性的东西一起遭到毁灭。但是，我们也应该看到，这里"所毁灭的不是在我们内部最高的东西。我们并不是在最好的东西的毁灭中，而是相反地在真的东西的胜利中得到提高"③。这就是客观性的伦理生活、制度化的自由意志——国家以及这种客观伦理精神的历史发展，这样就打开了客观性伦理的入口。

在此，我们可以指责黑格尔客观唯心主义式的过渡方案及其哲学体系的制约，但是并不成功；而仅仅是为马克思主义的唯物史观提供了方法论的准备，植根于感性的伦常世界以及生生不息的历史生活中，活生生的个体才有可能克服伪善的侵扰。但是，我们不会忘记但往往会忽视，即便认可这一指责也并不能忽视伪善这一并不光彩的道德现象在道德发展过程中的客观作用。当然，这一作用是通过道德自我意识实现的，因而，我们这里的探讨仍然是停留在意识哲学之中的。"意识［das Bewuβtsein］在任何

---

① ［德］黑格尔：《法哲学原理》，范扬、张企泰译，第 148 页。

② 同上书，第 153—154 页。

③ 同上书，第 156 页注②。

时候都只能是被意识到了的存在［dasBewuβt Sein］，而人们的存在就是他们的现实生活过程。"①或许只有从现实的、感性世界出发的探讨，才能真正克服伪善，推动人类道德的进步。

### 三　客观性形而上学形态

（一）社会存在逻辑：道德王国的"上升"而非"下降"

在莱布尼兹、斯宾诺莎以来的理性主义哲学中，一种不同于经验世界的道德理智世界被设定和建立，尤其是在康德道德体系中，道德理智的"目的王国"对于道德的奠基以及一种类似于政治共同体的"伦理共同体"成为尘世世界中可能的道德生活的保证；而在黑格尔伦理思想中则把这种通过制度化的建构在现实世界中实现出来，家庭、市民社会以及国家就成为这种共同体的现实形态。但是，无论如何这种道德王国是从"天国"降到"人间"的，因而对于伪善的德性来说，道德的普遍真理是先验的，问题的关键在于人的道德理性、自由意志是不是有足够的觉悟。

然而，马克思恩格斯在《德意志意识形态》中曾决绝地指出，"德国哲学从天国降到人间；和它完全相反，这里我们是从人间升到天国。"②这里，正如道德逻辑从对象性向主观性过渡以及主观性向客观性过渡中出现的关注感性欲求、宗教要求或是以特殊性为规定的伪善一样，在道德逻辑从下降到上升的发展中，固执于现有的实在性，伪善就重新出现了。不同之处在于，伪善现象的认识及其克服不是直接的道德思维产物，而是社会现实及其关系调整的结果。因而，伪善在现实王国中的出现表现为固执于道德思维、理论世界中的转变，而把世界观的颠倒简化为"道德思维"的颠倒。这就扭转了道德王国的普遍真理的存在，不是从天国下降到人间，而是一种"上升"的运动。

这就是人的道德活动的真理性也要服从于感性的实践，因而，在《关于费尔巴哈的提纲》中，马克思指出："人的思维是否具有客观的真理性，这不是一个理论问题，而是一个实践的问题。人应该在实践中证明自己思维的真理性，即自己思维的现实性和力量，自己思维的此岸性。"③

---

① 《马克思恩格斯选集》第 1 卷，人民出版社 1995 年版，第 72 页。
② 同上书，第 73 页。
③ 同上书，第 55 页。

即便带有唯心主义的形式，黑格尔对伦理的实存仍有深刻的洞见，"它是活的善，这活的善在自我意识中具有它的知识和意志，通过自我意识的行动达到它的现实性；另一方面自我意识在伦理性的存在中具有它的绝对基础和起推动作用的目的。"①如果说这里的伦理内容具有实在性的话，那么，具体的具有感性内容的道德逻辑的发展，并不一般地否定现实中的伦理，根本之处是要"颠倒"这种唯心主义的表现形式。这又是对伪善的揭示与克服中展现出来的。

或者说，正如黑格尔对道德主观性逻辑"外部反思"的界定与批判一样，要彻底抛弃道德逻辑在现实生活中的"外在性""外部地位"，进入生活世界，甚至说就是生活的伦常日用。不是"现实王国"对"道德王国"的实现，如果有一个道德王国的话，毋宁是在现实的此岸世界中经过不断的实践而逐步"上升"到道德王国。

（二）承认"有恶"的现实社会起点

在此，伪善的"外在反思"恰好被颠倒了主观性与客观普遍性之间的关系，只不过伦理的客观普遍性并不是先验的实在，而是在对"现在"的批判性否定中不断地接近和成为现实的。因而，如果说康德对人性伪善——"根本恶"的先天结构的论断，是为了提醒世人只有在不断地自我克服中才能接近德，那么在伦理客观性逻辑的现实世界中，正是在人类的历史发展中每一个人不断用自身的道德实践践行，才使得所谓"上帝的国"在尘世中一步步建立起来。

现实的尘世世界中，人们的道德感受成为认识的起点与道德发展的动力。这颠倒了现代社会道德建构的善恶逻辑，这是对"无福的社会现实"的真实感受，是从实践上探寻克服"恶"的实践努力。因为传统形而上学的理念论与基督宗教的彼岸信仰共同维系了一个"无恶"的道德世界，并把求善的道德生活推到另外一个世界里。无恶的道德形态是由两种道德传统"合谋"的结果，最终形成神学—本体论的道德世界观。而现代哲学对传统形而上学的批判和虚无主义文化性情的渲染，宣告"上帝死了"，对于伦理学意味着彼岸的道德世界的瓦解，而受驱逐和诅咒的"恶"被招回世界。因而，为了至善，尼采说"至恶是必要的"，尼采的新伦理学为了完成"至善"的创造性革命，恶的力量被重新纳入形而上

---

① ［德］黑格尔：《法哲学原理》，范扬、张企泰译，第 164 页。

学之中。

但是，恶的力量必须在"人生活的世界"中得以展现，"恶是历史发展的动力的表现形式"，在黑格尔基础上恩格斯进一步指出："一方面，每一种新的进步都必然表现为对某一种神圣事物的亵渎，表现为对陈旧的、日渐衰亡的、但为习惯所崇奉的秩序的叛逆，另一方面，自从阶级对立产生以来，正是人的恶劣的情欲——贪欲和权势成了历史发展的杠杆。"① 在这里，恩格斯深刻地抓住了道德两个方面的东西：其一，对善恶的判断不是先验的，而应将其放在社会历史发展的一般逻辑之中；其二，道德归根结底是对人的考察，不是"抽象的人"而是"现实的、活生生的人"，并且把"人作为在历史中行动的人去考察"②。这表明，唯物史观视野中不再把伪善作为历史发展逻辑的动力，但是，在一定程度上，从"恶的抽象王国"过渡到"活生生的现实世界"的道德逻辑中，伪善仍在思维与现实手段的双重层面发挥着重要作用，虽然前者不再是主导。

（三）客观的上升逻辑：资产阶级道德伪善的批判

伪善不仅在一种革命化的社会变革中仍然存在，而且作为思辨传统的影响也反映在社会观念之中，这体现为人对世界以及人自身的认识与改造。当然，这不再是一种普遍逻辑中的观念批判，而是对改变客观现实的历史逻辑"中断"的自明。

1. 关于现实世界（国家）的伪善。马克思恩格斯在资本主义世界中发现了一种"根本性"的道德分裂："抽象的道德原则"与"现实的恶"之间和谐地共存着，而试图以道德原则克服社会之恶以期自我的实现，至于这些抽象的道德原则成为社会恶的现实的辩护工具，即便这是个人的无意识举动，但其根源却是历史的无意识。在唯物史观中抽象的爱、道德说教、绝对命令、超阶级的道德都是伪善，因为"本应把一切人都联合起来的爱，则表现在战争、争吵、诉讼、家庭纠纷、离婚以及一些人对另一些人的尽可能的剥削中"③。这里，对现实世界中伪善逻辑的揭示又表现在两个方面：

其一，对"国家的道德前提"批判，揭示这一客观伦理自我实现的

① 《马克思恩格斯选集》第 4 卷，人民出版社 1995 年版，第 236 页。
② 同上书，第 240—241 页。
③ 同上书，第 240 页。

虚假逻辑——伪善。"按照马克思的实践和思想发展过程，从林木盗窃法的批判，进一步关注点是其背后的力量——国家。从这里切入客观伦理领域，就摆脱了黑格尔唯心主义的从道德向伦理过渡的三段式。"①这一判断是精准和恰当的，在颠倒了存在与意识、经济基础与社会交往关系之后，"国家作为第一个支配人的意识形态力量出现在我们面前"②。因为黑格尔扭转了伦理世界中主观偶然性的作用，而认为以道德为前提的国家成为伦理生活的实在观念。即便认可了黑格尔"给现代道德指出了它的真正的地位"③思想，国家这一客观伦理世界"作为其自身是一种理性的东西来理解和叙述的尝试"，其认识内容虽是实在的但形式仍是唯心的。于是，国家作为客观伦理世界的理性要求与自我实现的逻辑，要得以纠正，代之以历史的逻辑。

其二，对这一国家的社会形态观念——"真正的"社会主义批判，试图以道德原则克服"现实之恶"的社会主义观念论成为科学社会主义最大的敌人。在这一客观伦理世界的实现方式上，作为小资产阶级的哲学家代言人，幻想用德国的特别是黑格尔哲学、费尔巴哈哲学思想为原则来阐述社会主义和共产主义。问题的关键在于，这些抽象的人性论、泛爱论、普遍的人道主义都试图采用"人的特性""人的自由的道德活动""爱的宗教""道德批判"等概念，或者采用纯粹的观念活动、抽象的道德原则来论述资本主义社会的诸多现实问题，消灭阶级剥削，推动社会发展，实现社会主义乃至共产主义。这种有意、无意的论断成为资产阶级"天然"的盟友，因为这一观念成为资产阶级国家的意识形态。恩格斯就曾指出："道德始终是阶级的道德；它或者为统治阶级和利益辩护，或者当被压迫阶级变得足够强大时，代表被压迫者对这个统治的反抗和他们的未来利益。"④因而，在历史的现实舞台上，从意识出发"把意识看作是有生命的个人"的伪善，阻断了"现实世界的革命化"，将历史永恒地停留在"现在"。⑤

2. 关于"活生生的人"的伪善。当然，以上两种形态在社会现实中

---

①　宋希仁：《马克思恩格斯道德哲学研究》，中国社会科学出版社 2012 年版，第 71 页。

②　《马克思恩格斯选集》第 4 卷，第 253 页。

③　《马克思恩格斯全集》第 3 卷，人民出版社 2002 年版，第 135 页。

④　《马克思恩格斯选集》第 3 卷，人民出版社 1995 年版，第 435 页。

⑤　黑格尔在《法哲学原理》序言中也曾批判这种所谓的"思维的自由"和"一般精神的自由"，在对待国家这个客观伦理世界的态度上，"现在——这个现在是永远继续下去的——似乎应该从头开始，而伦理世界正等待着这种现在的设计、探讨和提供理由。"

又是统一和具体化的存在，这就是对"资产阶级道德伪善"① 的批判。这一批判出现在马克思主义著作中给人以更直接、形象化的认识，然而，这作为对国家历史逻辑批判的表象，承载了更深沉的道义关怀。因而，我们似乎不能将其简单地归结为先进或落后阶级之间的德性比拼，以为"作为落后、腐朽阶级的道德属性"，也必然会随着阶级的消亡而自然消亡。

这里，对于资产阶级道德伪善的批判是建基于资产阶级对普遍历史以及"普遍的人"的自由存在的僭越之上的，而将资本社会的历史作为"终结"的历史，将资本社会剥削关系作为普遍的、自由的人的存在，虚假的共同体作为自由的共同体中的存在。

但是，我们也要看到资产阶级的伪善并不是一种普遍的现象，有时是赤裸裸地展现了历史性的"不道德"的一面。比如在对待封建社会关系及其传统时，"资产阶级在它已经取得了统治的地方把一切封建的、宗法的和田园诗般的关系都破坏了。……它把宗教虔诚、骑士热忱、小市民伤感这些情感的神圣发作，淹没在利己主义打算的冰水之中。……资产阶级撕下了罩在家庭关系上的温情脉脉的面纱，把这种关系变成了纯粹的金钱关系。"② 在殖民统治时期，"当我们把目光从资产阶级文明的故乡转向殖民地的时候，资产阶级文明的极端伪善和它的野蛮本性就赤裸裸地呈现在我们面前，它在故乡还装出一副体面的样子，而在殖民地它就丝毫不加掩饰了"③。

因而，最终资产阶级的伪善面纱也被自身历史发展中"恶"的动力所撕破，以其人之道还治其人之身，伪善的形而上学最终湮没在历史发展的有血有肉的个人需求之中。但是，伪善作为精神的"自然存在"与"主观存在"、"主观存在"与"客观存在"之间的中介、桥梁，推动人类道德认识的发展，这一作用同样存在于个人从"经验的、肉体的个人上升到人"的努力中，以及颠倒了形态的客观伦理世界中。人类社会的道德发展史离不开伪善。因而，在精神意识层面也不缺少纯粹概念、知识论的思考与设计，即便最终需要历史的克服，人类关于道德的有限认识与状况总是在多重的限度内缓慢地前进着。

---

① 这当然涉及更多的具体内容与方面，显见于马恩的许多著作文本之中；当然，这一点也渗透于资本主义社会的私有制、生产、交往、分配乃至整个社会体系之中。但这里，我们仅限于指出这一结构逻辑，具体的分析更适合在一新主题中展开。

② 《马克思恩格斯选集》第 3 卷，人民出版社 1995 年版，第 274—275 页。

③ 同上书，第 772 页。

# 第二章　主观性形态(一)：道德意识的分化与规定

　　"伪善"在道德实践领域的显现，意味着由"伪善"所标识的道德形而上学"颠倒"形态的完成。同时，这一"颠倒"的道德形而上学形态内涵显示为"以知立行"，即道德认知决定道德行为。这一"颠倒"对道德发生了两个方面的影响：其一，就是道德认知中的自我"悖论"，即道德理性在以"知识"形态把握道德行为动机及其结果时的矛盾性、不统一性而造成的逻辑上的"不周全"。其二，道德知行关系的"颠倒"又影响着道德行为的发生，而且以一种外在的先在的否定性，直接阻断了创造性"道德行为"的发生。在此，二者的整全视野就是一幅"颠倒"的道德形而上学形态结构图。这就是伪善道德形而上学的两种主观性形态的表现：道德意识的分化与道德意志行动逻辑的问题。

　　同时，在主观性形态的描述与表达中，道德意识与道德意志虽然二者一并被归入"主观性形而上学"之中，但是对伪善问题的关注重点并非相同，前者从道德思维本身出发，对善之思，而由于道德意识的分化而带来对"善"的形而上学规定的不同；后者从道德的实践—知识逻辑出发，侧重于道德意志在形而上学沉思世界中行动逻辑的局限。

## 第一节　伦理实体的知性意识

　　伪善在"伦理实体"中的发生，意味着一种"世界性"背景中的道德存在（实体世界），因而是一种道德自我的主观性与道德现象的客观性之间的关系。道德知性对伪善现象发生的把握，正如"知性"范畴仅仅适用于经验而没有超验的用途一样，它只是用来考察伪善发生的二元性世界的状况，即规定"本真之善"的主观自我与客观世界之间"非统一"

的经验关系。然而，一个完整的道德世界观是"本真之善"的主观与客观、自我与世界的统一，从而显现出道德应然的法则与道德实然的现实之间的统一。或正如黑格尔所认为的，"伦理的绝对观念包括自然的东西和精神的东西的同一"，因为伦理道德的发生就是"建立在活生生的民族生活的完整的全体性之上的"①。

作为对这种活生生的伦理生活的感知——"伦理知觉"（Wahrnehmung），本身"也是一个具有多重关系的现实"，因为"正如关于抽象存在、感性存在的意识之转化为知觉那样，关于实际的伦理存在的直接确定性也转化为知觉；而且正如对感性知觉而言简单的存在是一个具有多重属性的事物那样"②，"伦理知觉"也是如此。因此我们可以说，在一个已经堕落的世界中对伪善发生的感知认识，就是伦理的不同"世界性"存在形态的规定与"个体"的伦理认同"直接"同一，造成二者之间的二元性分裂所带来的"善之欺罔"，即道德本体论思维下"伪善"的发生。因而，此种状况下与"伪善"的发生所产生的关系，在于"本体论"思维对道德二元论的规定是"抽象的""单一性"的非此即彼，因而与形而上学的"一元论"相抵牾，所以，道德哲学中就出现了要么以"此一"形式掩饰"彼一"形式，要么以"彼一"统摄"此一"，具体地表现为善之根据的"自然"与"人为"之辨。

## 一　伦理的实体性世界

在这里"世界"的概念并不仅仅是对"自我"之外的外部世界的描述，而是对此概念的一种哲学描述和把握。作为一种历史形态，在西方伦理学传统中，就是在对"世界"形态不断变化的适应中确立"道德价值"的，因而，"世界"的堕落成为"新价值""新世界"的起点，而最终的新价值的确立标志就是"世界的伦理化"。在这新旧世界与价值的交替与辩证关系中，"伪善"的发生表现为两个方面：其一是作为新价值的主观性形态及其有待确立的客观性事实之间的不统一；其二是作为旧价值的客观实现性与主观上无效性之间的矛盾。

---

① 张颐：《张颐论黑格尔》，侯成亚、张桂权、张文达编译，四川大学出版社 2000 年版，第 18、21 页。

② ［德］黑格尔：《精神现象学》下卷，贺麟、王玖兴译，商务印书馆 1979 年版，第 6 页。

在此，我们首先关注的是"世界"伦理与世界的"伦理化"两种基本的道德现象及其变化过程，由此作为"伪善"认识的前提条件和因素。

（一）伦理学的"世界观"

在古希腊时期，"道德生活之结果只关乎今生的幸福，行为符合本性和理性的人获得幸福，行为违反本性和理性的人则失去幸福"①。但在中世纪，伦理学至少发生了两个方面的变化：一是道德、伦理不再只是纯粹人的本性或哲学层面上的，而具有了超越性，因为道德律则与上帝诫命合二为一；二是伦理学在天主教形而上学的支撑下，"圆善"得以实现，天主教道德学统一了普遍律则与经验幸福的对立。因而，一个天主的道德王国得以确立，天主是至高无上的唯一的道德立法者，这就是天主教道德学在其形而上学支配下所建立的"道德世界"。在这个世界中，"罪"的观念是人出现"在"这个世界的前提，"法律在各文明中的存在表明，罪是人的一种可能性存在，一种要去承担惩罚与谴责的可能性存在"。所以，在信仰的强大盾牌的保护下，天主基督的世界是一个至善全能的世界，这是不容怀疑的；而道德哲学、伦理学的任务就是要在"这样"的世界中探讨道德行为的根据和可能，从而造成了"在基督教成为希腊化世界的主流信仰之后，伦理学在不知不觉中发生了根本性变化：罪与罚、权利与责任成了伦理学最根本的问题，它的使命首先不再是如何使人幸福，而首先在于如何使人承担起自己的责任与维护自己的尊严、权利"②。因而，没有在上帝国的犯罪，就不会有"人"的在世；而"有人的在世"就是一个"堕落"的世界，在这个世界上只有真诚的赎罪才能保持"人"的尊严和权利。但是，人在"上帝的国"中为什么要犯罪呢？康德认为，这是人的理性所无法认识到的，但有一点可以确定，人在"上帝之国"的堕落是人的"伪善倾向"而导致的"说谎"。因而，人在此世的道德义务和责任就是要渐渐克服作为人本性的"伪善倾向"而生之"罪"。所以，无论是在"上帝之国"中的犯罪，还是在堕落世界中的赎罪，人的出现及其行为都是在"世界"中发生的，而人的罪行与德行也是在"世界"中获得意义的。这样就带来了一个重要的变化，"伦理"是在"世界"中成为可能的；这个"世界"是一种哲学的构造和文化说明。

① ［法］吉尔松：《中世纪哲学精神》，沈清松译，上海人民出版社 2008 年版，第 272 页。
② 黄裕生：《宗教与哲学的相遇》，江苏人民出版社 2008 年版，第 96 页。

　　近代形而上学的努力，就是要弥补这一"天主的世界"倒塌之后所留下的空缺。于是，现代性就以"主体"为核心建立起自身的世界；这一主体性和自我意识从"世界"中来又反思和批判"世界"的存在，现代性的伦理世界就处于二元的分裂状态中，这种二元分裂又造成了独特的道德张力感；伦理世界的二元分裂以及分裂与同一似乎成了现代性伦理世界的核心命题。在这种现代性的道德张力的世界中，人们依靠"主体"来思考问题，于是"天主的道德世界"成了我们所"设定"的东西，宗教信仰也变成了一种"反思"。所以康德的道德哲学，既要体现"理性批判意图"又要面对"形而上学的拯救意图"①，从而在平衡二者之间得到了表达。这对于前者就是"主体性"的现代性世界本质决定的，而后者就是抛弃了天主教道德的"形而上学"基础的结果。所以，"现代人的道德世界明显地不同于以往文明的道德世界"②。

　　在从中世纪到近现代"世界"的转变中，现代性道德世界中充斥着"善的缺失感"，从而极力要求对传统道德的批判与重建，在这种"缺失感"的促使下，对传统道德观念的怀疑与否定情绪一直支配着道德理论的发展和变化。在现代性伦理转型和奠基的过程中不无意外的是，伪善是作为一种现代性的道德经验背景存在的。因而，传统的经由道德经验的道德生活就无法进行下去，"道德经验"本身受到了质疑。但是，近代以来的哲学操作是将经验看作对象性的存在，正如"笛卡尔所号召我们做的，就是停止'在'经验中或经由经验而生活，要把经验本身视为客体，视为保持自身特点的东西，视为与其他人相同的经验。通过这样做，我暂停了经验的'意向性'维度，也就是说，什么东西使经验成为关于某物的经验"③。这样，"世界整体因此仅仅被把握为对象总体，而不是被把握为普遍境遇"；只有从现代性的"被给予方式和境遇之中"④，存在者才是真实的存在。

　　现代性意味着一种人们体验世界而获得经验感受方式的变化。在道

---

　　① ［德］T. W. 阿多诺：《道德哲学的问题》，谢地坤、王彤译，谢地坤校，人民出版社2007年版，第33页。

　　② 查尔斯·泰勒：《自我的根源：现代认同的形成》，韩震等译，译林出版社2001年版，第14页。

　　③ 同上书，第244页。

　　④ ［德］黑尔德：《世界现象学》，孙周兴编，倪梁康等译，三联书店2003年版，第147页。

德领域中,即是道德经验和道德信靠的体验确证方式发生了根本的转变,意味着传统世界中人的"安身立命"的生存方式被颠覆了。在这个转折点上,传统的本真的世界图景退场了,而新世界的秩序还有待确立。这个时代的历史任务,需要对被剥夺了合法性的道德世界及其经验感受方式重新确立起可以被接受的"信其为真"的方式和根据,而个体性、自然性、内在性的对世界的经验把握,为人们构筑了一幅现代性的世界新图景。

在康德的个人生活①和学术世界中,心灵内在的道德呼声与外部社会的伦理习俗或隐或显地纠缠在一起,使得这个时代巨人欲罢不能,或许这就是一种"现代性"的最初道德感受。因而,别尔嘉耶夫认定:"康德在自己的伦理学中否定道德体验,尽管在他身上有这个体验,如同在任何一个真正哲学家身上一样。"②康德看到在人的自然倾向之上是无法确立道德的,即便称为道德也只是"伪善";但他把这种在社会之中称作"义务"的伪善,归结为"个体的恶",在个体中揭示出来。更为重要的是,显示在个体身上的"根本恶"在说明了道德的自然领域的不可能性的同时,暗示了"理性领域"的可能性。康德道德哲学在先验王国的努力,就是要以实践理性的自由因果律以及理性信仰回答这个问题。同样,这种"感受性"一直蔓延在"现代性"的血脉中。黑格尔伦理学一方面认为现实世界的恶的现实性,另一方面又在活生生的伦理关系中实现着伦理应然的责任。而在舍勒的世界观中,一方面揭示着先验形式主义伦理学的伪善本质,另一方面又决定在先验质料中寻找价值的客观秩序与伦理新形式。这就是现代性开端的伦理生活态度与生活经验,"善"的缺失感以对传统伦理的伪善形式的揭露表现出来,但同时对"善"的真实存在与客观秩序也不懈地追求。

(二)　世界的"伦理化"

"世界"只有在"伦理化"之后,才能获得存在的"合法性",而"世界"图景也才能得到"人"的真正认同。这种"伦理世界"的形而

---

①　康德在中学时代就遇到了诸多的两难境地:有些事情自己内心认为善,而学校当局视为恶;有些事情则反过来。因而,康德在腓特烈中学的内心挣扎给他留下的是"恐惧和害怕"(参见谢文郁《哥尼斯堡的中国人》,《康德传》(代序),上海人民出版社2008年版,第7—8页)。

②　[俄]别尔嘉耶夫:《论人的使命——悖论伦理学体验》,张百春译,学林出版社2000年版,第21页。

上学原初形态就是柏拉图"至善"的理念论；但是，"这个普遍真理就必然会以压抑个性的方式再次成为个体生存的异化物"。同时，"作为理性的灵魂和作为世界本体、世界精神的宇宙灵魂（神）实质上是一个东西。如果说灵魂活动的目的是认识理念，以达到善的生活，那么神的目的则是实现那最高的理念——善的理念"①。作为个体、主体的人对"世界"的认同，也是善的真理显现的过程；简言之，"就是将个体生存完全化解为抽象普遍的关系，通过这种关系，人（哲学家）就沿着理性、智慧而达于最高美德，正义，善"。无疑，这样一种正义和善是无视个体的，或用黑格尔的话说，是以"实体性观点"为基础的。②　于是，这个实体性的"世界本身无非就是神的目的的实现，神（作为善）在世界中使善实现为幸福"③。

　　这就是"伦理世界"所必须具备的"伦理性"特征，或者说"伦理世界"与"伦理性"二者是"二而一，一而二"的存在。为了体现这一特征，黑格尔为伦理学构造了一个新词——"Sittlichkeit"。这个术语在英语中没有对等的词，但有着两种不同的解释倾向。在政治哲学、法哲学中较多地翻译为"ethical life"（伦理生活）、"ethical system"（伦理秩序）、"objective ethics"（客观伦理）、"concrete ethics"（具体伦理）等；而在伦理学领域一般翻译成与道德对比而存在的"ethics"（伦理）或"ethicality"（伦理性）。④　前者的根据在于，"Sittlichkeit（伦理）意指我们对于我们作为其一部分的一个现行社会所应担负起来的道德职责。这些职责是建立在现行规则和用法基础之上的"，同时，"Sittlichkeit（伦理）的重要特征是，它责成我们造就出本已存在的东西"⑤。后者的根据在于，Sittlichkeit"是活生生的伦理精神，当它实现于社会秩序中时，它仍然处于

---

　　①　邓晓芒：《思辨的张力》，湖南教育出版社 1992 年版，第 50、52 页。

　　②　［德］黑格尔：《哲学史讲演录》第 2 卷，贺麟、王太庆译，商务印书馆 1960 年版，第251 页。

　　③　邓晓芒：《思辨的张力》，第 54 页。

　　④　据张颐先生考证 ethicality（伦理性）一词是由斯特林（Stirling）博士创造的，出现在其《黑格尔的伦理学说》著作中，以及泰勒对"Sittlichkeit"一词的考查（参见张颐《张颐论黑格尔》，侯成亚、张桂权、张文达编译）。

　　⑤　［加］查尔斯·泰勒：《黑格尔》，张国清、朱进东译，译林出版社 2002 年版，第 575页。

活生生的和不断实现的过程中，而决不会完全具体化"①。因而，这种二元性的张力是在道德生活中的真实发生，是不同于形而上学的二元论预设。

于是，现代世界的"伦理化"途径就有两条道路：其一是至善世界的先验"预设"；其二是道德意识的经验发展所造就的自我与世界的"和解"。康德道德形而上学体系的建构，就在于证明"先验王国"中"自由"的可能，而自由是整个哲学体系的"拱顶石"。在自由的前提下，一个至善的道德世界才是可能的。这个世界的设立又是理性的必然要求，分为三个步骤：（1）按照康德的道德原则，行为准则与道德法则应保持同一，而且二者是"综合的"同一而非"分析"的同一，而人是有限的理性存在而非无限者，这种综合同一本身存在逻辑悖论。（2）至善的作为最完满的善，是纯粹实践理性的全部对象，而要达到这种完满性就必须把"感性对象"也包括进来，于是实践理性本身出现二律背反。由（1）和（2）进一步引申出下一步。（3）纯粹实践理性在实现之前似乎就已经建立了一个"超感性"的道德世界，而这个道德世界是独立于感性世界的先验存在。但是，康德的道德哲学体系是反思，要翻转过来才能建立起来。所以，一个自由的道德世界的预设，也就成了"意志自由"的第一个公设；而且只有在一个先验的至善世界之中才能克服道德法则与准则、善的至上与完满之间的矛盾。

黑格尔抱怨这种道德是空洞的，认为"伦理的绝对观念包括自然的东西和精神的东西的同一"，因而"黑格尔的兴趣在于对伦理生活作详细说明，由此发展成为一个具体的道德律体系"，而在"绝对的伦理生活中，理想或道德的主观环节与实在或时代精神的客观环节是一个东西"②。所以黑格尔伦理学的关键在于，如何把"个体的伦理精神"引导到与"绝对伦理"的和谐之中？在黑格尔早期神学著作中，我们就可以发现黑格尔就已经捕捉到区别于康德的理性"和解"结构。黑格尔认为："对基督的信仰作为对一个历史的个人的信仰并不是以实践理性需要为根据的一种信仰，而是一种基于他人证明的信仰。"③ 在此，黑格尔虽然将"基督

---

① 张颐：《张颐论黑格尔》，侯成亚、张桂权、张文达编译，第14—15页。
② 同上书，第18—21页。
③ ［德］黑格尔：《黑格尔早期神学著作》上卷，贺麟译，商务印书馆1997年版，第71页。

的信仰"作为"基于他人证明的信仰",但业已说明是"一个历史个人的信仰"。这样,伦理世界的两个基本元素——(历史)个体和(信仰的基督)实体——就具备了。在面对康德实践理性目的——善的存在①时,黑格尔认为:"这种善是一个理念,是我的思想;但是这里又存在着一个绝对的要求,要求这个善也能够在世界中得到实现,要求自然的必然性能符合于自由的规律、思想的规律,但不是作为外在自然的必然性,而是通过世界一般,通过法权的、伦理的生活,通过人群的生活,通过国家的生活〔所表现的必然性〕,换句话说,要求世界是善的。"② 也即是说,通过伦理世界的形态发展而展现"伦理性"的实存。

于是,传统形而上学的理念论与基督宗教的彼岸信仰共同维系了一个"无恶"的道德世界,并把求善的道德生活推到另外一个世界。舍勒、尼采、海德格尔对传统形而上学、基督教道德的批判就鲜明地体现出这一点,"无恶"的道德形态是由这两种道德传统"合谋"的结果,最终形成神学—本体论的"道德世界观"。

## 二 善的本体规定

善的本真性"伦理性"要求,恰好是在伦理学的角度上反映出受形而上学一元论的影响。因而,这种"本真性"就是一种哲学体现和要求,是在哲学的基本操作之上建立起来的。

实际上,在古希腊一切所谓的科学分析都是在"本体论导向"的基础上的,"科学分析的目标乃是要认识存在之秩序、存在之等级层次及其相互关系、存在王国之基本结构,尤其是人的本性以及人在存在之总体之中的地位"③。而且,在本体论导向的基础之上,这种事实的分析才具有

---

① 康德在论述纯粹实践理性的对象——善的"世界"中存在时,这一世界无不是内在关系的世界。如在《单纯理性限度内的宗教》中为了克服"道德自然状态"的"恶"的侵袭,康德认为:"一个伦理共同体的概念是关于遵循伦理法则的上帝子民的概念。"又如在《道德形而上学》中谈到"对他人的德性义务"时,康德认为,道德的(理知)世界是在人们彼此间的外在关系上谈论的。这就截然区别于黑格尔的伦理世界观(参见康德《单纯理性限度内的宗教》,李秋零译,中国人民大学出版社 2003 年版,第 92—94 页;《康德著作全集》第 6 卷,《道德形而上学》,张荣译,中国人民大学出版社 2007 年版,第 458—459 页)。

② 〔德〕黑格尔:《哲学史讲演录》第 4 卷,贺麟、王太庆译,商务印书馆 1996 年版,第 303 页。

③ 〔美〕沃格林:《没有约束的现代性》,张新樟、刘景联译,谢华育校,华东师范大学出版社 2007 年版,第 23 页。

了"科学性"。伦理学也是如此，因为"伦理学关涉人的行为与道德理想，它必须以对人的本性的认识为前提，显然，对人之本性的认识有赖于形而上学对宇宙万物之本体的解释"①。这样，我们就不难理解，伦理学意义上的"本真"之善本质上要受到形而上学形式上的"本体"形式与"真理"形态的影响。以致在谈到希腊时代"伦理学"一词的根源时，海德格尔认为："存在为人类原初真理，人作为存在者进行思考，早期伦理学亦为存在的一部分。但对伦理学的这种思考并非是伦理学的，而是本体论的。本体论永远只思考在其本身存在中的存在者。"② 在形而上学的意义上，对传统存在逻辑的反思和反叛，其伦理意义就被称为"伪善"，而且这一趋势一直延续在现代形而上学思想发展的过程中。舍勒称康德形式主义伦理学为伪善的伦理学；尼采以"伪善"批判了整个基督教形而上学思想；而海德格尔干脆以"非—本真性"反叛了西方整个形而上学体系。德里达将其指责为"逻各斯中心主义"（Logocentrism），"从柏拉图到卢梭，从笛卡尔到胡塞尔，整个西方哲学都设定先有善尔后有恶，先有肯定尔后有否定，先有本质尔后有非本质……这并非是形而上学态度的一面，而是其基本要求，是其最永恒、最深刻、最内在的程序"③。因而不难看出，一方面，近现代伦理学与形而上学之间的关系仍是主宰与被主宰的，伦理学的独立仍被束缚在形而上学发展的命运之中；另一方面，即便是"伪善"一词，仍不是独立作为伦理学意义的含义被使用。这在一定程度上说明了，为什么作为伦理学的基本概念和道德现象的"伪善"没有得到伦理学语境的充分探讨的原因所在了。

所以，我们也可以同样总结道："在西方哲学史上，一位伦理学家必须首先是一位形而上学家，或者严格地讲，并没有伦理学家而只有形而上学家，并没有独立的道德理论而只有源于形而上学的伦理观点"。因而，在形而上学的统摄下对"善的本真性"的追问，就是对善的本真性"根据"的探索及其本真性的不同"形态"的认识。

从古希腊开始，"善的本真性"的宇宙论形态向人学美德形态的转变，第一次凸显出"善的本真性"的形而上学根据的存在。这一思路的

---

① 张志伟：《康德道德世界观》，中国人民大学出版社1995年版，第41页。

② 转引自李幼蒸《形上逻辑与本体虚无》，商务印书馆2000年版，第70页。

③ ［法］德里达：《有限公司》，转引自王岳川《后现代主义文化研究》，北京大学出版社1992年版，第81页。

完成，是"作为希腊启蒙运动的发起者与苏格拉底一道完成了希腊伦理思想从一种宇宙论构思的伦理思维向一种人学构思的伦理思维的转向，从而使得美德伦理学能够以一种独立学科的形式出现"。这也就意味着对本真的善的存在从宇宙论的自然领域否定之后进入社会领域，"但是，智者认为凡属社会领域的规范性问题都是可变的、偶然的，由此取消了道德的真理性，因此，智者派的社会道德批判主义最后转向了有害的个人主义、相对主义和虚无主义"。① 这一转变不是完全无意义的，至少表明了道德真理是根本"不同于"自然领域的自然真理，但是，在这里"善"的真理仍然从属于形而上学之列。于是，苏格拉底在对生活的反思中回答"人之为人的根本"，善的目的、善的生活就是要追问"怎样正正当当的生活"？最终对此问题的回答还要归结到"人之为人"的根本性上，因而"美德即知识"的命题，"重要的不是向外求取关于自然事物的知识，而是向内求取灵魂本身具有的知识"。当然，如果行为只是一味地适应外在社会风俗而忽视了内在的灵魂，这就是"伪善"。这里的"伪"是对另一种角色的扮演，但是扮演的角色与自我的角色之间仍然会有分离。这种戏剧中的分裂性，同样也反映在苏格拉底的道德生活中。这样一来，矛盾、冲突就不可避免，"一方面是为个人的道德独立、为理性的个人摆脱实际风尚的强制而批判地看待社会道德问题论证；另一方面是把道德看做是一个至高无上的权威。在前一个方面，它论证了个人的道德自主性，在后一方面，它转而论证了道德本身的自成目的性，论证了道德超越个人意志的力量"②。然而，正是这种分裂性和张力感使得苏格拉底面临"生死"抉择，所以，这种"生"是要过经由理性反思过的生活，而"死"同样是要捍卫城邦法律的权威性。可见，这里道德的"二元性"正是伦理学本身的"正当性"根据与其"现实性"实现之间的矛盾与冲突。这种分裂性、道德张力感在形而上学的领域中很快被"收回"，柏拉图"至善"的理念论以及亚里士多德对"沉思生活"的最高道德规定，就是明证。因而，伦理学科独立性的实践功能在此也只是"昙花一现"。

实际上，从苏格拉底开始，这种形而上学一元论的统摄就已经是

---

① 田海平：《西方伦理精神——从古希腊到康德时代》，东南大学出版社 1998 年版，第 69 页。

② 同上书，第 83—86 页。

"暗流涌动"了。因为从本质上讲，"在苏格拉底看来，'德性'（arete）乃是宇宙万物的最终目的——'善（agathon）'在人性中的体现"。在苏格拉底的视野中，个人的灵魂是一个超越性的存在，之所以是超越的，就因为其是作为自我行为的"内在根据"而存在的，这种作为道德根据的"灵异"与自我的"新神"显然是超越于"城邦的神"之上的。但是，这种道德正当性的"超越"规定，又无法在现实世界中"实现"出来；在现实世界中的道德现实形态——习俗风尚，又无法在理性中确立自身的"正当性"。在此，无论正当性毁灭现实性，还是现实性湮灭正当性，道德的独立性实践都不是"真实"的。黑格尔对伦理的"悲剧命运"有着更为深刻的论述，在这里"有两种公正相对立地出现，——并不是好像只有一个是公正的，另一个是不公正的，而是两个都是公正的，它们互相抵触，一个消灭在另一个上面；两个都归于失败，而两个也彼此为对方说明存在的理由"。① 这当然是在黑格尔辩证思维认识下的结论，而在古希腊乃至中世纪的哲学发展中，克服这种分裂性的道路只有重新回到形而上学，回归形而上学的一元论之中。

　　这从古希腊时代后期的斯多葛派和伊壁鸠鲁主义这一对伦理派别中可以清楚地看出。斯多葛派和伊壁鸠鲁主义虽然都主张顺应自然的生活，但在具体的伦理观点上却是截然相反的，其根本原因就在于他们"各自对自然的本性理解不同罢了"。再进一步的解释是："斯多亚派认为宇宙的本体是理性、逻各斯或永恒的神圣之火（pneuma），人作为有理性的存在乃是神圣之火的火花，因而顺应自然就是顺应理性。与此相反，伊壁鸠鲁主义则用原子论来说明人的灵魂，用原子的粗糙与精细来区别快乐或幸福的程度，因而主张顺应自然就在于追求幸福。"②

　　在中世纪的基督宗教哲学中，"伪善"的道德经验标示了一种与上帝分离、分裂的存在状态，而仍然妄图以种种借口（律法）掩饰这种不统一的状态和行为。在《新约》四福音书的记载中，法利赛人屡次将耶稣置于"冲突""决断"和"辩难"的境地，而耶稣的每一次答复都把这些冲突置于身后。法利赛人与耶稣的冲突是必然的，"正如法利赛人除了将耶稣置于冲突的环境之前，不可能做别的"；而"耶稣也同样地除了不

----

① ［德］黑格尔：《哲学史讲演录》第 2 卷，贺麟、王太庆译，第 106 页。
② 张志伟：《康德道德世界观》，第 42 页。

接受这些环境，也不可能做别的"。因为，二者所面临的环境是根本不同的，因为"如果说法利赛人的提问和试探源自关于善恶之知的不和状况，那么，耶稣的答复则源自同上帝的统一，同本源的统一，源自人和上帝的不和已被克服的状态"。实际上，耶稣的做法是重新寻获一个"统一的世界"，并坚信这一"世界"的存在。而且，这一"统一世界"不在于善恶的重新判断，而在于对善恶之知的超越。因为"法利赛人本身只能认识到在他的德行和道德缺陷中的自身，但不能认识到在他本质中的、在他与本源脱离之状态中的自身"。所以，"惟有排除法利赛人的善恶之知，方能把法利赛人的整个存在颠倒过来，惟有耶稣能推翻法利赛人的以知善恶为基础的权威"。只有摆脱了善恶的冲突、两难选择，才能有"一"，"这个'一'，耶稣成为上帝的意志。……而这种上帝的意志是他的生命，他的生活和行动不是出于善恶之知，而是出于上帝的意志"①。不难看出，苏格拉底的悲剧在基督教形而上学中得到了克服，从而道德的正当性与现实性在上帝意志中重获统一，重获本源。因此，"伪善"虽自宗教领域而出，但在基督教哲学中没有成为一个核心问题，原因也在于此。

　　"伪善"成为形而上学中的核心问题，是在近代道德世界观中的体现，而这又是深刻根植于近代形而上学与伦理学的复杂关系之中的。因为近代形而上学不仅割断了与基督教形而上学的联系，同样也割断了由其形而上学所证立的道德学之间的联系。从神学本体论到启蒙人本主义，从道德理性主义到道德情感主义，形而上学一元论再也无法宰控道德二元论的张力。更为重要的是，随着时代的发展，道德形而上学已不能仅仅就自然科学知识的层面发表意见，而要就人的实践行为提供形上根据。因而，在康德"哥白尼式"的哲学革命中，是以"颠倒"形而上学与伦理学的关系为突破，以达到"拯救"形而上学的企图。这样，潜在于形而上学认识论之中的二元论因素得以明确显现出来，并且只有以此为出发点才能解决形而上学、伦理学中的根本难题。但是，这种二元论的道德哲学的出发点，使得"伦理性""实践性"成为形而上学的主题，而无一元性的终极根据使得"伪善"成为道德形而上学内在的结构性存在。② 在此，伦理学

---

① ［德］朋霍费尔：《伦理学》，胡其鼎译，魏育青、徐卫翔校，第47、50、48页。
② 这种二元性的道德认知结构以及道德哲学的悖论形态在第四章中作专门论述；道德世界、伦理世界中的表现也会逐一展开。在此，仅就伪善的形而上学层面的发生作一概述。

成为独立于形而上学的存在，而"伪善"在形而上学层面才得以真正地发生。

### 三　善之自然与人为

从对"善的缺失"的道德感受到恶的自我的道德体认，再到"善"的本真性及其形态受形而上学一元论制约而存在，我们就从"颠倒了"的形而上学与伦理学关系的角度，对伪善的发生寻找"伦理性"的突破口。在这里，虽然，我也清楚这种努力的最后很可能也是重新陷入形而上学认识论的宰控之中，但我仍愿意在这种不可能之处寻找可能的言说和思考方式。以致形而上学一元论与伦理学二元论之间的关系、形而上学对"善的本真性"基础的论证以及伦理学中道德感受对"善的非本真性"（伪善）的"伦理性"揭示等三重关系，到最后就成为善的"本真与非本真"之间的区别问题。简而言之，善的"本真性"与伪善的"非本真性"的重要区别在于，是基于"人之为人"之善还是"超越性"之善。但是，这一区别在善的本真与非本真的甄别上就出现了相反相成的现象，东西方文化也不例外。当然，在这一节里我们仍然要秉承上文的设计，是"从伦理生活态度和生活经验揭示的，对生存必然性的认识与道德个体性的观照，从而构成的伦理品性"的角度，对这一问题进行考证和论辩。

在东方，基于善的"人为性"与"超越性"而对善的本真与非本真的判断，表现在儒道两家思想两种不同的对待"非本真（本真）之善"的认知和思维方式之中，即自然与人为之辨。从世俗的伦常生活以及生活经验出发，"诚"于善的本真性是生存的必然感悟，也是"天道"对"人事"的观照。所以，儒学有言，"诚者，天之道也。诚之者，人之道也。诚者，不勉而中不思而得。从容中道，圣人也。诚之者，择善而固执之者也"①。在这里，只讲"诚者，天之道也"是不够的，因为"诚"是人的感受性的存在，没有人、没有人的感触，所谓的"天道"是没有存在意义的，因而，只有同时讲"诚之者，人之道也"才能将"诚"的生存性意义表现出来。所以孟子讲："万物皆备于我。反身而诚，乐莫大焉。"②这里就不无一种世界存在的终极关怀的意义，因为只有在人的"反身"

---

① 《中庸·第二十章》。
② 《孟子·尽心上》。

感触时，世界才第一次显示其存在。儒家经典中"天道"与"人道"虽然是分开论述的，但是儒家认为"天道"与"人道"通于"诚"，正是在这种源始的分合统一中确定"人"的"生存性"统一（共在）。"故至诚无息。不息则久，久则徵。徵则悠远。悠远，则博厚。博厚，则高明。博厚，所以载物也。高明，所以覆物也。悠久，所以成物也。博厚，配地。高明，配天。悠久，无疆。如此者，不见而章，不动而变，无为而成。天地之道，可一言而尽也。其为物不贰，则其生物不测。"① 这一段话就集中揭示了"诚"的真实存在上的意义，天、地以及人的周遭的生存性感受是统一的，可以"一言而尽""诚"。因此，对于"人之为人"之事、之性是可以通过"净空"自我身心的欲念来达到的。所以，善的本真性的基础在于"人为""人性"；而善的真伪也就归结于"人性"之上。于是，善的真伪之辨成为"人性"的善恶之辨。

孟子在反对告子"生之谓性"的自然人性的基础上认为："口之于味也，目之于色也，耳之于声也，鼻之于臭也，四肢之于安逸也，性也有命焉，君子不谓性也。仁之于父子也，义之于君臣也，礼之于宾主也，知之于贤者也，圣人之于天道也，命也，有性焉，君子不谓命也。"而将性与命相分离，也就是将人的道德属性与自然生命区别开，而"人性"是指前者。"由是观之，无恻隐之心，非人也；无羞恶之心，非人也；无辞让之心，非人也；无是非之心，非人也。"② 这种"人之为人"的道德本真性也是顺理成章的。这样，人性与道德性之间形成一个论证的循环，一方面，人性必然是道德性的存在，因而人性本善；另一方面道德性的开端必须是自人性始，否则何谈善恶。因而，泯灭良知而逢迎世事的"乡愿之人"是"德之贼"，伪善的代言人，这些乡里的好好先生的虚伪性就在于其言其行混淆了"善的本真与非本真"的区别，而以世俗社会中的"非本真"之善替代"本真"之善。对此，孟子曰："非之无举也，刺之无刺也，同乎流俗，合乎污世，居之似忠信，行之似廉洁，众皆悦之，自以为是，而不可与入尧舜之道，故曰'德之贼'也。孔子曰，恶似而非者：恶莠，恐其乱苗也；恶佞，恐其乱义也；恶利口，恐其乱信也；恶郑声，恐其乱乐也；恶紫，恐其乱朱也；恶乡原，恐其乱德也。君子反经而已

---

① 《中庸·第二十六章》。
② 《孟子·公孙丑章句上》。

矣。经正，则庶民兴；庶民兴，斯无邪慝矣。"① 所以，伪善之恶在于伪善之行的欺骗性，而伪善之所以发生就在于混淆了善的本真与非本真来源与所在。在此，孟子显然认为，只有本于道德良心，从人的本心出发才是善行，"善"本身必须是本于和出于人性的，否则就是非道德的。这一点就充分说明了"善的本真存在"依据于人性，善的本真性是人性的真理和属性。但是，在荀子这里，"伪"与"性"成为相对的概念。"伪"是指"人为"（"伪"的古字通"为"），"性"是指"本然""本真"（与生俱来的天然自性）。荀子说："不可学、不可事而在人者，谓之性；可学而能、可事而成之在人者，谓之伪，是性、伪之分也。"② 在此意义上并且仅在此意义上，"伪善"不再是一个贬义词："善"都是伪的，都是人为的社会约定的结果。③ 在此，虽然孟荀在"性"与"伪"的字面解释上截然相反，但二者同样认为善的本真性是人为性、社会性的属性和存在；而这与道家是根本不同的。

　　道家思想对此混乱的人性学说持批判态度，根本原因就在于对善的本真存在的"人为属性"的否定。而这是与道家思想中重视对"真"的认识有关的，而"真"字据钱穆先生的考证，"在儒家古典中未前见，至庄子始创用之"④。庄子认为，宇宙万物中有假借他物形体而存在的，但事物由自身而充实存在的才是"真"。"彼特以天为父，而身犹爱之，而况其卓乎？人特以有君为愈乎己，而身犹死之，而况其真乎?"⑤ 在此，庄子就通过考察"事物本身之化成"以说明"真"，"故庄子之所谓真，即指其物之独化之历程言"⑥。这里，庄子通过事物的"物化"来澄明这种生存性的存在世界；而且，事物在"物化"过程中，都是独一无二的，所以谓之"独"；同时又是"受乎于天"，因而是统一的。这种统一的独特的生存性存在就被称为"真"。因而，道家的生存性态度是"以物的直观性而洞见'真'"，在这种理智直观的哲学方法下，我们才能感悟世界的生存性意义和价值。这种作为价值意向性的"真"表现为"以身观

---

① 《孟子·尽心下》。

② 《荀子·性恶》。

③ 倪梁康：《论伪善：一个语言哲学的和现象学的分析》，载《哲学研究》2006 年第 7 期。

④ 钱穆：《庄老通辨》，三联书店 2002 年版，第 139 页。

⑤ 《庄子·内篇·大宗师第六》。

⑥ 钱穆：《庄老通辨》，第 139 页。

身"。老子言："故以身观身，以家观家，以乡观乡，以邦观邦，以天下观天下。吾何以知天下然哉？以此。"① 在此，老子以"身""家""乡""邦""天下"的"反观"而知"天下"，所以一般所理解的"自我反思"而"观"，恰恰是老子所要反对的，这种"观"是"直观"，是以物之"独化"而观之"真"。因而是对万物的"本真"状态和"本然"价值的"观"，而不是由我之心"反思"而观。庄子的"以物观物"思想进一步提升了"真"的价值层次，使其免受主观性的干扰。庄子言："天地有大美而不言，四时有明法而不议，万物有成理而不说。圣人者，原天地之美而达万物之理，是故至人无为，大圣不作，观于天地之谓也。"②"至人无为，大圣不作"，不去逞人之能，逆天而动，而是顺物之性，以达于"道"。在这里，善的"本真性"在于合于"自然"之道，而非人力人为之物；相反，仁义道德这些东西恰恰是失掉了"本真"的善之形态。由此，老子言："大道废，有仁义；智慧出，有大伪；六亲不和，有孝慈；国家昏乱，有忠臣。"③ 以致"礼乐偏行，则天下乱矣"④。不难看出，儒道面临着共同的社会难题，这就是"尧、舜作，立群臣，汤放其主，武王杀纣。自是之后，以强凌弱，以众暴寡。汤、武以来，皆乱人之徒也"⑤ 的社会局面，"本真之善"何在？道家将其本源指向了"超越"人本性、人本位之外的"道"，而正是由于"道"的亏损，才有"失道而后德，失德而后仁，失仁而后义，失义而后礼"⑥。于是，离开了原初的"道"的本真状态，整个世事就是一个有伪、有恶的世界，在这样一个被败坏的世界中再也没有"无辜"，世俗的一切道德努力不仅不会起到积极作用，相反还会起到进一步的破坏作用。所以，庄子说："儒者伪辞，墨子兼爱，五纪六位，将有别乎？"⑦ 道家将"本真之善"设立为"道"的原初状态，那么，后世的道德学说就成为"伪善"的伦理学；唯一的办法就是返归于"道"，时时刻刻保持与"道"的一体状态，是谓"含德之

---

① 《老子·第五十四章》。
② 曹础基：《庄子浅注》，中华书局1982年版，第325页。
③ 《老子·第十八章》。
④ 《庄子·外篇·缮性》。
⑤ 《庄子·盗跖第二十九》。
⑥ 《老子·第三十八章》。
⑦ 《庄子·盗跖第二十九》。

厚，比于赤子"①。

但是，老庄思想中"善的本真"的超然状态，并不是宗教的超越性，而是人的彻底的自由性。老庄著作中虽多次谈到"神人"，但是都认为是人不是神。什么样的人才是"神人""真人"呢？庄子所理想的真人，"则亦仅是能随顺大化而不失其独化之真者"②。宇宙万物一体，就是凭借着这种"一气之化"而有人生界，每个人的人生因其"独化"之功而自由和不同；然而，能葆有此"独""真"而不失者被称为"神人""真人""至人"。老子言："吾言甚易知，甚易行，而人莫之能知也，莫之能行也。言有宗，事有君。夫唯无知，是以不我知。知我者希，则我者贵。是以圣人被褐而怀玉。"③ 圣人之为圣人，并非外表上与众不同，而是在于他和光而不污其体，同尘而不渝其真，在朴素的外表下，却藏有如金玉般的品性素质。④ 在庄子的论述中"神"是指："万物一体，乃尽由一气之化，则化外更无所谓神"，因此，庄子的神人人格乃是一"真人"也。⑤ 而且，这种"道言""甚易知，甚易行"，但是"人莫之能知也，莫之能行也"，其主要原因在于"不知"而"表现为知"的伪善态度和人格。所以，老子言："知不知，尚矣；不知知，病矣。"⑥ 这就说明，道家在认定伪善行为的表现上，针对的是"自以为是"或者"似是而非"的道德之知。

以上通过对儒道两家对本真与非本真之善不同认识的论述，简单地将二者区分、对比而夸大或缩小其差异性或同根性，都是缺乏整体感和建设性的"剪裁"。因为二者是一个文化生态环境中的二元因素，片面强调哪一个都是不合适的。在面对一个共同的时代课题时，善的缺失感是共同的道德感受，道家坚持只有调整自我的文化身份，回到"原初状态"，才能得"道"，保持与这种普遍物的相统一；而儒家这种谨小慎微地遵循圣人之言、大人之言的做法，是把"本真之善"保留在现世现时的伦常生活中。于是，善与伪善，本真之善与非本真之善，二者之间的区别就演变为

①　《老子·第五十五章》。
②　钱穆：《庄老通辨》，第140页。
③　《老子·第七十章》。
④　许建良：《先秦道家的道德世界》，中国社会科学出版社2006年版，第83页。
⑤　钱穆：《庄老通辨》，第139页。
⑥　《老子·第七十一章》。

二者之间的紧张，这种"紧张"既是道德个体与普遍物之间的，又是道德个体内在的修养与修炼（比如慎独）；而且，在东方的中国文化中就成为一种文化内部的"乐观的紧张"，是作为整体的文化内的道德张力感，同时又能表现出对个体生命的人文观照。因而，伪善在此开启的本真与非本真之善的探讨，是随着一种道德生活感受而展开的，展现的是一种道德生活的经验，体现的是一种独特的东方式"道德智慧"。这是东方道德生活中"伪善"的发生，而从古希腊开始经由基督宗教的洗礼下的西方社会如何对待伪善的发生，我们留给下一节。

## 第二节　道德主体的反思意识

"作为理论学科的道德，其产生恰恰是在这样的时刻——我因此又回到伦理的概念那里，这个时刻就是当伦理、习俗在一个民族生活内部发生作用并且已经习以为常，然而却又不再发生直接作用的时候。"① 因而，伦理学的文化源头或逻辑预设就在于"善的缺失"感受与道德经验，一门以"善"为目的的伦理学前提却是"无善"，于是在"善"的应然与实存状态之间形成一个道德感受的张力网。以致别尔嘉耶夫坚决主张，"抽象的先验伦理学的价值不大，因为伦理学的基础是道德体验"，对于那些"不以任何道德体验为基础的辩证法没有价值，只是理性的游戏"②。这就意味着，道德存在就从一种直接感知的本体论思维上升为主体性的反思思维。黑格尔就是这样来考察苏格拉底思想对雅典城邦的冲击的，因为苏格拉底有意识地认识到了"精神"的更高的原则——主体性的反思，在他看来作为"伦理实体"的城邦伦常礼俗已不是"精神"的场所，它必须经由主体的间接性——否定或扬弃——才能成为一自在自为的现实。这就是"伪善"认知的第二个阶段的思维特征。

同时，在道德理性中出现了善恶背反的"伪善"现象，在于"本真之善"的道德主体的自我规定性，于是就造成了诸多形态的"道德本然"与"道德实然"的分裂。"伦理性"就是对学科此种二元状况的形上理论"品性"的描述，所以，有罪与无辜、主观与客观、自然与自由、自律与

---

① ［德］T. W. 阿多诺：《道德哲学的问题》，谢地坤、王彤译，谢地坤校，第18页。
② ［俄］别尔嘉耶夫：《论人的使命——悖论伦理学体验》，张百春译，第21页。

他律、感性与理性、任意与意志、准则与法则、个体与世界、倾向与禀赋等因素之间形成了二元分立、二重存在的局面。因而，伦理学如何克服诸种二元分裂而重建价值统一关系就成为学科核心的命题和任务。所以说，"伦理学之为伦理学必须以二元论为其前提"①，尤其是在道德形态的历史转型时期，无善与善的缺失感愈益强烈，而"伪善"也就成为一种"主动"的道德直观感受。传统的经由道德经验的道德生活就无法进行下去，"道德经验"本身受到了质疑。这就是求善伦理学的逻辑起点：善的缺失与恶的自我，而这一道德感受所造成的理论上的直接后果就是"怀疑论"，本质上反映了形而上学一元论与伦理学二元论之间的关系纠结。

## 一　现代道德反思思维的起点

在古希腊，"从毕达哥拉斯到柏拉图，再到亚里士多德，这个最高人生价值，一直被定位在叫作'凝视'的纯粹思辨生活上，其理论基础是深信在现象界之上有永恒不变而且更为明白可知的本体世界"。在这样一个可以"信其为真"的本体世界中，其中的价值与意义是本然的存在，因而，德性是所应当的人本性的目的性存在。亚里士多德对此界定为，"本质上，德性是一种习惯，即一种内在于一个主体的，使他依从一己的本性去行事的、后天获得的而且经久的倾向"。于是，亚里士多德必然地认为："人都是从事于追求一种幸福——其余都是纯粹相对的幸福——获得这种幸福就是道德生活之终极点。只要是朝向此目标的行为都是好的，背离此目标的行为则是坏的。"② 而"怀疑论的'纯粹论讨论'正是旨在解构这个在生活世界上叠架出来的又一个'生活世界'"③。这种怀疑论与其说是建基于哲学基础之上，而我们宁愿把这种哲学的基础也建立在"道德体验"之上，而不是相反。④

另外，在西方哲学史上，"伦理学在康德之前并不是一门独立的学科

---

① 张志伟：《康德道德世界观》，第42页。
② ［法］吉尔松：《中世纪哲学精神》，沈清松译，第263、265页。
③ 包利民：《生命与逻各斯——希腊伦理思想史论》，东方出版社1996年版，第297页。
④ 这一逻辑就与包利民先生在论述希腊的非主流伦理学思路与逻辑相反，包先生认为，"对怀疑论'伦理学'讨论，首先要从其对传统理论哲学的怀疑入手，然后进入较为专门的对传统伦理学的怀疑与批判"。在此，我们并不是反对包先生的做法，而是要跳出传统哲学伦理学的操作方式。

而只是形而上学的附庸"，"一位伦理学家必须首先是一位形而上学家，或者严格地讲，并没有伦理学家而只有形而上学家，并没有独立的道德理论而只有源于形而上学的伦理观点"①。而且，这一状况以及这一状况对形而上学与伦理学的影响也是至关重要的，但从康德开始二者之间的关系发生了"哥白尼式的革命"。康德如何把这种潜在存在的二元论因素在形而上学形式上显示出来，并进而在伦理学的层面对形而上学问题进行解决呢？这就要追溯到古希腊后期的道德怀疑论，从这时开始，与主流的一元论形而上学传统相并行与对立就存在着一种"别样"的哲学感受。因为与主流标榜的"善的生活"相对，怀疑论者对生活中的"无善"状态有着更为敏感的体验和总结。

古希腊时期的智者及其后期的怀疑论学派的兴起，在道德生活中的根据在于，依据于主流道德理论并没有获得幸福生活，相反是一种"不幸"；更进一步讲，怀疑论者认为自己比追寻"客观善"的哲学家更能获得幸福的生活。因为"一切不幸都源于某种干扰，而干扰来自追求于逃避"。于是，怀疑论依据生活本身的悖论关系和现实，展开了对主流伦理学及其背后所支撑的一元论形而上学的"攻击"。这种"攻击"和"反叛"，与其说是对生活的一种消极颓废的态度，不如说是对现实生活中"无善"状态的"积极"反抗，他们"抗争"的表现就是伪装出一副"不动心""不烦恼""不关心"的生活态度，因为这种态度才是面对"无善"生活的恰当方式。因而，"相比之下，去掉生活本身之外的一切价值参考系的怀疑论者有福了。虽然一位怀疑论者仍然会受到感性现象的影响，仍为冷热饥渴所动，但他从哲学家和常人所受的'双重折磨'（境遇感受再加上'这些境遇本质上是不好的'之类念头）下解放出来了，从而最大限度地享受幸福"。② 因而，如果说怀疑论者的这种生活态度的伪装是为了更为真实的生活的话，那么那些哲学家或常人所一本正经追求的道德生活就是一种地地道道的"伪善"。但是，这又是与特定历史时期结合在一起的，是一个非正常社会、历史时期的"非常规"的道德现象和观念。而这种生活态度及其应用又是重要的，在古希腊社会尤为如此，无论是苏格拉底、亚里士多德，还是斯多葛等，都同意幸福生活的关键在

---

① 张志伟：《康德道德世界观》，第40—41页。
② 转引自包利民《生命与逻各斯——希腊伦理思想史论》，第306—307页。

于运用理性来确定"真正的"客观价值，并按其指导行动。因为，"哲学从社会功能的角度看就是伦理学——为整个社会提供取代宗教、传统习俗的理性价值指导"①。因而，道德生活的体验对于哲学理论基础的影响就在于，一元论的形而上学并不能整全地把握生活，更不用说对幸福生活的道德指导了；即便按照形而上学理性的指导而生活，道德生活也处处存在着"悖论"和"矛盾"。

可以说，希腊后期怀疑论的出现，使得一种非主流观念的哲学感受和观念能够通过一种理论形式得以归纳，并且这一否定、怀疑的因素在形而上学的内部得以保存和发展，这是至关重要的。在这里，不可避免的是，怀疑论者"怀疑一切"的态度使得自身也无法幸免，因为怀疑论者自身"无所信""无所求"的生活态度，最终就连最起码的生活行动也成为不可能；即是说，怀疑论者自身也无法逃脱自己所设置的两难性困境。这其中，虽然怀疑论者敏感地把握到了"无善"的生活状态，但是，怀疑论者同样把自我设定为"无辜"的存在者，从而在无善的堕落世界中"无辜"的自我也无法达到本真的存在，最后落入"无生活"的软弱幻想之中。

但不难看出的是，这一怀疑论的否定因素是形而上学的内部因素，在近代更是如此。在康德的个人生活和学术世界中，心灵内在的道德呼声与外部社会的伦理习俗或隐或显地纠缠在一起，使得这个时代的巨人欲罢不能，或许这就是一种"现代性"的最初道德感受。因而，别尔嘉耶夫认定，"康德在自己的伦理学中否定道德体验，尽管在他身上有这个体验，如同在任何一个真正哲学家身上一样"②。康德看到在人的自然倾向之上是无法确立道德的，即便称为道德的也只是"伪善"；但他把这种在社会之中称作"义务"的伪善，归结为"个体之恶"，进而把这种"恶"在个体性中揭示出来。因此，康德对传统道德世界中"无福的道德现实"是有深刻体会的；同时，自由意志学说又割断了道德哲学的基督教形而上学的基础。文德尔班更是一针见血地指出："康德哲学之前，形而上学一元论与伦理学以为前提的二元论始终存在着矛盾，这种矛盾具体表现为命

---

① 包利民：《生命与逻各斯——希腊伦理思想史论》，第304页。
② ［俄］别尔嘉耶夫：《论人的使命——悖论伦理学体验》，张百春译，第21页。

定论与意志自由之间的矛盾。"① 所以康德的道德哲学，既要体现"理性批判意图"，又要面对"形而上学的拯救意图"②，从而在二者之间得到了表达。但是，在道德形而上学的起点选择上，康德不再把这种无善的道德生活与无辜的"自我"割裂开来，而是把人的感性存在同样看作道德形而上学可能的前提条件。这样，既避免了传统怀疑论者的"无生活"的尴尬局面，同时又将两个分裂的世界整合在"对哲学的要求"之中。

另外，在无善的道德生活经验之中，"伪装"形式下的自我保存绝不是"无辜"的存在。因为现实的生活世界形成了一个虚假的外围，无善世界已经不被认为是恶，而被认为是义务，这样"伪善"就出现了。无论对于整个的道德生活还是道德个体来说，伪善都是近代所面对的最大道德问题。而且，二者之间还有着密切的关联性，"当谎言获得某种社会标志时，它总是被当作善。只有当谎言是个性的，没有获得社会化标志时，它才被认为是恶"③。因而康德意识到，自我的"有罪性""有恶性"是人必须面对的"天生"事实，一方面人有一种"自然倾向"的欺骗本性，甚至是理性所无法把握到的"前理性"行为；另一方面在面对道德秩序之时，人有可能有能力"有意"颠倒这一秩序，从而酿成"蓄意的恶"——伪善。在此，康德的意图是将无善的道德世界状况归结于个体"有恶性"的人本性起点之上，试图通过将"无善的世界"还原为"个体之恶"，然后才可能对"至善"的理想世界葆有"希望"，最终是一个至善的道德世界的现世可能性。因此，一个预设的道德世界仍是被欲求的，有恶的自我的"向善禀赋"指向一个理想的道德世界。

这样，显示在个体之上的"根本恶"在说明了道德的自然领域的不可能性的同时，暗示了理性领域的可能性。康德道德哲学在先验王国的努力，就是要以实践理性的自由因果律以及理性信仰回答这个问题。同样，这种"感受性"一直蔓延在"现代性"的血脉中。黑格尔伦理学一方面认为现实世界的恶的现实性，另一方面又在活生生的伦理关系中实现着伦理应然的责任。而在舍勒的世界观中，一方面揭示着先验形式主义伦理学的伪善本质，另一方面又决定在先验质料中寻找价值的客观秩序与伦理新

---

① ［德］文德尔班：《哲学史教程》上卷，商务印书馆 1987 年版，第 255 页。
② ［德］T. W. 阿多诺：《道德哲学的问题》，谢地坤、王彤译，谢地坤校，第 33 页。
③ ［俄］别尔嘉耶夫：《论人的使命——悖论伦理学体验》，张百春译，第 215 页。

形式。这就是现代性开端的伦理生活态度与生活经验，"善"的缺失感以对传统伦理的伪善形式的揭露表现出来，但同时对"善"的真实存在与客观秩序也不懈地追求，或许这就是现代世界"伦理性"所标示的两种经验性、情感性的基础所在。

## 二　善的自我规定

伪善之所以发生的道德经验——善的缺失感以及恶的个体自我的道德出发点，表达了对"善"的本真性的向往和追求。而且，在一个无法承载"恶"的道德世界中，求善的伦理学的核心任务就是对"善"的规定、认同。一元论形而上学对道德世界的主宰，也延伸到对"本真之善"的规定上，这一点我们在上一节已经有了详细的论述。但是，在道德"认信"（信其为真）的形式上，除了整体、外在、统一性的认同形式之外，产生了一种关于"个人"认同的崭新形式。这是"一种个人化的认同，即我特有的，我在自身之内发现的认同"①。明显变化的是，传统的善的存在形式及其认同体系发生了危机，人们认为善的存在领域发生了转移，对道德关注的视线发生了变化。道德成为一种"内在"的声音。

为什么会发生对"善"的规定性的不同认识，以及在这种认识中"个体"与"本真之善"到底是一种什么样的关系？这些条件和因素直接决定、制约着"本真之善"的可能和存在形式。实际上，对"普遍的善"之存在信念的葆有，即"伦理世界"的绝对理念是"求善"伦理学的前提条件，但同时这也是道德义务论与德性伦理学分歧的出发点。因为在对"有善"信念葆有的具体形式、途径上会有根本的区别。

这一变化就发生在 18 世纪的欧洲，作为个体性的道德感受最初是在文学作品及其领域中被发现和描述的；而作为哲学伦理学乃至政治学的观照是以此为材料基础②的。在《诚与真》中，特里林就认为："差不多是在 16、17 世纪之交，欧洲的道德生活出现了一个新的要素，即自我的真

①　［加］查尔斯·泰勒：《承认的政治》，董之林、陈燕谷译，载汪晖、陈燕谷主编《文化与公共性》，三联书店 2005 年版，第 293 页。

②　无独有偶，在社群主义的著名学者查尔斯·泰勒的《承认的政治》一文中，对道德认同的"个体性"兴起是以 Lionel Trilling 的 *Sincerity and Authenticity*（New York：Norton，1969.）的 authenticity（本真性）为论述起点的；而我们对近现代"伪善"的发生也是以"authenticity"为核心概念的。但是，在国内 Trilling 的书是作为"文学理论"被翻译引进的，所以在哲学伦理学领域中影响并不大。

诚状态或品质。"于是，在十六七世纪的欧洲文学形象在"真诚"方面表现出了他们的认知、追求和努力过程，比如"《哈姆雷特》中的波洛涅斯、哈姆雷特、霍拉旭，《愤世嫉俗》（《仇恨者》）中的阿耳塞斯特"等。之所以在历史的进程中出现了对"本真之善"的自我确证性，是在于社会性、外在性的习俗、社会规则与道德的"内在性"呼声发生了严重的分离。同时，这也就引申出问题的关键，"用《哈姆雷特》中的波洛涅斯的话来说，真诚就是'对你自己的忠实'，就是让社会中的'我'与内在的'自我'相一致"。这是"文学"对时代道德问题所给予的最高概括。而且，对于这种"分裂"的道德感受在文学作品中通过"主人公"的命运揭示出来，"在狄德罗的笔下，拉摩的侄儿是'高傲和卑鄙、才智和愚蠢的混合物'，这个分裂、混乱、自我嘲讽的形象是他所生活于其中的装腔作势的社会的牺牲品，他的存在本身就是对社会之伪善的抨击。而在《少年维特的烦恼》中的维特这个从心地单纯变质为内心分裂、痛苦最后甚至走向自杀之途的文学形象同样是对高贵而虚伪的上流社会的控诉"①。因此，黑格尔将此现象称为"教化（文化）的虚假性"。实际上，此处是礼赞"自我的真诚"还是揭示这种"虚假"精神的阶段性，不仅是对待问题的不同视角，而且还代表了两种对立的观点在"文学"与"哲学"之间的形成。于是，前者是自我个体性的观点；后者是自我整体性的观点，即"整个的个体"的自我完成与实现，这里的自我始终是普遍性"精神"的历史形态。

但是，二者都要面对一个共同的问题，就是"道德自我"异化，既在保持自我人格独立性的同时不"骄傲"，又要在社会政治实践中不至于"丧失"自我；所以，在这一历史现象的背后，本真之善的"自我"规定而所造成的"异化"现象的背后，最为重要的是"自我"异化的危险。

因而，"个体性"自我与"整体性"自我的不同规定，就造成了对"本真之善"的不同理解和认识，也就是说"个体之善""社会至善"同时以"自我"的形式表现出来，"内在的""自我的"成为道德价值认信、真善判断权的根据和基础。尤其是在近现代转折时期，这种"自我"的"本真性"欲望也就越强，或正如赫尔德所认为的："我们每一个人都

---

①  刘佳林：《诚与真：诺顿演讲集》，江苏教育出版社 2006 年版，"代译序"第 2—3 页。

有一种独特的作为人的存在方式：每个人都有他或她的'尺度'。"① 这是一种全新的观念，因为从道德价值的"独立性"来看有与传统性相违背的。这是从两个方面体现出来的：其一，关于善的古代概念，"无论是以作为宇宙秩序关键的柏拉图的模式，还是以亚里士多德善良生活的形式，都为我们在本性上确立了一个独立于我们的意志的标准"。17 世纪以来形成的现代自由概念，把这点描绘为主体的独立性，在没有外在权威干涉的情况下，决定他自己的目的。② 这是作为本真之善的价值判断基础而言的。其二，是作为本真之善的价值"认信"而言，因为"18 世纪以前，从来没有人认为人与人之间的差异具有这种道德上的意义"。更为重要的是，"存在着某种特定的作为人的方式，那是'我的方式'。我内心发出的召唤要求我按照这种方式生活，而不是模仿别人的生活。这个观念使忠实于自己具有一种前所未有的重要性。如果我不这样做，我的生活就会失去意义；我所失去的正是对于我来说人之所以为人的东西"③。从这两个方面，我们可以进一步得出，无论是"个体性自我"还是"整体性自我"，无论是作为善之本真的价值标准还是对道德价值生活的认信，其最后的根据还是在于"人之为人"的根本。因而，对善之本真的"自我"规定的"损败"，即"伪善"在于对人之为人的"根基"的败坏。在此，道德的根本任务转变为挺立人的尊严和价值，而伪善就是对人自身、人的主体性、人之"格位"的败坏。

康德在先验世界所确立的"先验人格"，在黑格尔看来是抽象的、无实质内容的形式，这种先验的"人格"必须转变为实体性的"精神"。这种道德上的"本真自我"，在近代以来的转变中，表现为道德"良心"，良心标示着一个人的存在根据及其道德价值的标准判定。无疑，卢梭是促成这一道德内在性（inwardness）转向的重要人物；马丁·路德的宗教改革对"良心"思想的传播起到了很好的过渡作用。因为，"最初，内在本源的观念并不排斥我们与上帝或善的理念保持联系，它可以被看作是与后

---

① 转引自［加］查尔斯·泰勒《承认的政治》，董之林、陈燕谷译，载汪晖、陈燕谷主编《文化与公共性》，三联书店 2005 年第 2 版，第 294 页。

② ［加］查尔斯·泰勒：《自我的根源：现代认同的形成》，韩震等译，译林出版社 2001 年版，第 123 页。

③ ［加］查尔斯·泰勒：《承认的政治》，董之林、陈燕谷译，载汪晖、陈燕谷主编《文化与公共性》，第 294—295 页。

者保持联系的一个适当的途径。在某种意义上，我们可以认为它延续并且强化了由奥古斯丁奠定的一种思想，是他发现了经由人的自我意识而通达上帝的道路"。而在卢梭思想中，这种"良心"的观念不仅是作为价值判断的最高标准，而且作为人的生存出发点，良心是不可剥夺的，以至于将其作为"天赋人权"的一部分。卢梭强烈的道德情感使其将"良心"的价值推向了极致，"良心啊，良心！你是圣洁的本能，永不消逝的天国的声音。是你在妥妥当当地引导一个虽然是蒙昧无知然而是聪明和自由的人，是你在不差不错地判断善恶，使人形同上帝！是你使人的天性善良和行为合乎道德"。① 但是，"这种内在的声音往往被那些导致我们依赖他人的情欲所淹没，尤其是自负（amour propre）和骄傲所淹没"。②

　　在此之后，"良心"作为道德自我在"本真性"上的要求就朝着"普遍性""客观性"的方向发展了。"良心"作为一种道德价值的判断根据是"直观的""自明的"，康德将其接受为"善良意志"。而作为有限理性的人不仅有善恶的价值判断能力，还有道德实践能力；在道德哲学的批判中，行为的准则上升为道德法则，道德实践能力上升为纯粹实践理性，从而在先验领域康德为人的道德自我的"本真性"保留一片纯净的天空。黑格尔对康德"善良意志"的扭转在于，将其规定为"绝对精神"，这又是一种"普遍性"和"实体性"的视角。因而，道德自我的"本真性"问题就被置换为绝对精神的"实现""实存性"的问题，"道德自我"摆脱"抽象的""虚假性""颠倒性"的存在形态，就实现或达到了"自我"（精神）的真实的存在状态。

### 三　善之本然与实然

　　善之"本真"是"本然"形态还是"实然"形态的存在？首先，无论是"本然"还是"实然"，问题的关键在于对"本然"与"实然"的形而上学规定；在形而上学传统中"实然"与"本然"的分离，使得"本真"之善也随之出现"真实"与"虚假"之分，从而"伪善"的发生也就不可避免。其次，这依据对"人之为人"根基的判断和认信"方

---

① ［法］卢梭：《爱弥儿》下卷，李平沤译，商务印书馆1978年版，第417页。
② ［加］查尔斯·泰勒：《承认的政治》，董之林、陈燕谷译，载汪晖、陈燕谷主编《文化与公共性》，第294页。

式"，人之为人的"本然"与"实然"的分离本身，就意味着"伪善"的潜在性存在。具体的展现形态表现为：一是以"人之为人"的自我本然性形态认信为实际存在；二是以"人之为人"的现实性形态判定本真存在。前者是道德价值生活的认信形态，后者是对道德真善的价值判断形态；同时，这也是"善之欺罔"的两种表现形态。

因为早在古希腊时期，形而上学体系中对"真实"与"虚假"的区分就不同于自然世界中的"必然性"知识。因为"人被认为是理性的动物，人的行为是受理性指导的。苏格拉底将一切道德归为知识，柏拉图在《国家篇》中将智慧列在统摄其他道德的地位，并且在'相的世界'中设定一个最高的'善的相'"①。因而，显然与理性对立的"感性""自然"，与"相""相的世界"对立的"物""自然世界"的存在形态都是"虚假"的，不真实的。于是，"善"也就是作为理性的对象、"相的世界"中的存在。

在亚里士多德的伦理思想中，"善"之本真性是与人的德性联系在一起的，因而，凡事以"中间性"而行就是有"德性"的，"过犹不及都属于恶，中庸才是德性"②。于是，真实与虚假就是表现在"言谈、行为和立论"中的，一个"真实的人"，是由于"个人的品质，而与其所说的事情无关"，"像这样一个人，被认为是一个坦诚的人，一个爱真理的人"。这样的"一个真实的人"，就是具有"中间品质的、可敬的人"；而居于两端的分别是"吹嘘的人"和"谦虚的人"。前者的虚假性在于"自以为有公认的名声，但实际上却没有，或比实际所有更大些"；后者则相反，"否认他所有的名声，或把它缩小"③。但是，亚里士多德认为，这二者都可以归为"虚伪"，都是"可鄙"的。所以，从以上论述里可以看出，亚里士多德以人的品德为基础的道德实践论，就在一般意义上抛弃了道德上的"好与坏"直接与"真与假"相统一，而是要与"正确"的行为欲望相一致。这样，在思辨哲学的理性规定之下的道德"真假"观念之下，行为的"冲动""欲望"则应"正当""正确"。因而，道德之善的"本

---

① 汪子嵩、范明生、陈村富、姚介厚：《希腊哲学史》第 3 卷（下），人民出版社 2010 年版，第 903 页。

② ［古希腊］亚里士多德：《尼各马科伦理学》，苗力田译，中国人民大学出版社 2003 年版，第 34 页。

③ 同上书，第 87 页。

然"与"实然"的实践—冲动力就在于其自身的"正当性",本然与实然的"真理性"被统一到"应然"的"价值性"之中。因为,亚里士多德认为,伦理学的学科性质不同于其他,伦理研究是要以"实践"为目的;而人的"实践"的目的性构成了人的"arete"(品德)。所以,从以上的论述中可以看出,无论是苏格拉底的"美德知识论",还是柏拉图的"善之相"论,最后在亚里士多德那里形成人的德性目的论;善之"本然"与"实然"并没有发生分离,即便是在亚里士多德伦理学中明确提出了作为德性的"虚伪"概念,但是可以很明确地认定为"恶"的。因此,在古希腊,可以认定:"'伪善'不是一个哲学概念,至少不是西方古典哲学的概念,即不是一个希腊哲学的概念。"而据倪梁康先生的考察,伪善在古希腊是一个"艺术概念",它"源于希腊文的'hupokrisis',意指'戏剧表演''拟制''模仿'等等"①。

但是,我们也可以在古希腊哲学中发现一些后世宗教、哲学伦理学中摆脱不掉的"伪善"发生的因素和理论传统,即"目的"本身的实现及其现实。亚里士多德"所谓'现实'(actus)与我们今天所理解的'客观现实'不同,并没有'既成事实'的意思,而是指一种能动的活动,有人译为'实现',似更恰当。这就是说,目的并非单纯内在(潜在)的、尚未实现的东西,毋宁说,它本身乃是现实的东西,一切事物无不包含其目的并在实现它的目的,否则它就不存在。"② 因而,一旦作为这种"目的"存在的形式被认定为"道德"时,道德便被作为人的存在的本质性规定。这样,道德本身被赋予了两重意义:其一是"理念的目的性",即最高的"善之相""至善",这是一个事物的形式(形式因)或本质的形上规定性;其二是这种目的性又是能动的,活生生地不断"实现"的过程,即前者的"现实性"就体现在后者的实现过程中。因而,作为人的目的性存在的道德属性,其"本然"与"实然"状态就处在既区别又统一的关系存在之中;然而,当这种"目的性"被抽离,本然与实然的联系纽带不复存在,道德"本然"与道德"实然"之间的相互"僭越"就会出现"伪善"。所以,伪善不仅仅是一种道德现象,人的道德发生和

---

① 倪梁康:《论伪善——一个语言哲学的和现象学的分析》,载《哲学研究》2006 年第 7 期。

② 邓晓芒:《思辨的张力》,第 54 页。

存在的"异变"情景，更是一种知性把握下的形而上学的"机械"认识。

这样，就有了第一种知性僭越的伪善的形而上学形态，以"善"之本然性形态认信为实然存在。传统上一般认定，康德"为义务而义务"的道德哲学具有此种特征。康德在《道德形而上学原理》中指出："定言命令只有一条，这就是：要只按照你同时认为也能成为普遍规律的准则去行动。"① 但是，在"纯粹道德原则里面偷运进感性的动机，从而颠倒纯粹理性与感性需要之间的关系"，显然就成了"伪善"，而且是一种"道貌岸然"② 的伪善。

从一定意义上讲，康德"严格主义"的道德哲学就是要针对当时社会中的"伪善"；但是，现实中说教又是无力的。于是，为了避免这种状况的发生，康德认为必须将人的道德行为的"实践理性"能力提升为"纯粹实践理性"；这也成了《实践理性批判》的主要任务。所以，"我们为了道德律之故，以及为了使道德律获得对意志的影响，必须不寻求任何另外的有可能会缺少道德律的动机，因为这将会导致一切不能持久的十足伪善（Gleisnerei），甚至哪怕只是在道德律之外还让别的一些动机（作为利益的动机）一起发生作用，也是要当心的"③。在这里，康德对于道德动机的要求是"严苛"的，因为由于其他感性因素而对遵守、履行道德律是对"道德源头"的败坏；在此，这种"欺骗"不仅仅掩盖了真实意图，也是对"纯粹实践理性"能力的败坏，从而最终影响到人是否能够成为一个"道德存在者"的地位和尊严。在此，康德最终的根据是要区分出道德法则的"出于"与"合乎"的不同，因为"出于"道德律的道德动机及按照其准则的行为，还在于可以将道德的"实然"（现实性）等同于"本然的道德"，同时，也就意味着作为"道德行为者"的人是与那个纯粹的至善存在者"同在"的。这是道德目的性的先验逻辑，而在道德行为的法则上，只要是道德"本然性"形态在人的有限理性中得以认信，那么这种"道德性"就是实际存在的"实然"。

康德这一实践理性原理对道德"实然"与"本然"的说明，实际上与耶稣反对"法利赛"人的逻辑无异。因为二者首先都是要确立一个道

---

① ［德］康德：《道德形而上学原理》，苗力田译，上海人民出版社2005年版，第39页。

② 邓晓芒：《康德黑格尔论伪善》，载《北京大学纪念〈精神现象学〉出版二百周年会议论文集》，2007年，第55页。

③ ［德］康德：《实践理性批判》，邓晓芒译，杨祖陶校，人民出版社2003年版，第99页。

德"本真"存在形式或状态，康德认为有一道德法则，耶稣认为法利赛人的诘难就暴露了自己与上帝分离的立场，所以只有回到与"上帝同在"的状态中才能驳斥、揭露法利赛人。其次，二者也同样认为，这样一个道德"本真性"的存在本身就是"现实"的，对于康德而言具体的道德行为是出于它的具体显现，而耶稣则认为出于上帝意志的行为才是自由的（道德性），甚至是违背"律法"规定的。因而，如果不承认这种道德的"真实性"，道德还有何真实性而言！这样，"人之为人"的自我本然性形态就被认信为实然存在，毋宁说，道德理性所"预设"的道德"本然"即是其"实然"。

然而，作为一个"有限理性存在者"的个人，往往又容易被"伪善"所吸引，即明知是虚假之善而仍然以"颠倒"的准则行事。因为，如果人们的决断不是"出于对法则的纯粹敬重宁要法则而不要任何其他考虑"的话，那么，"一切都将成为纯然的伪善（Gleisnerei），法则将会遭到厌恶乃至于轻视，然而却为了自己的好处而仍然被遵守着"①。这样，伪善就转变为"人性"的"根本恶"。对这一点前文已有详述，在这里也不是重点。

第二种是将"善"的现实性形态判定为本真存在，这一形态是在黑格尔伦理思想中得到揭示和论述的。黑格尔将康德道德哲学中的"抽象性""主观性"特征作为绝对精神发展的一个历史形态来对待，因而，实存的"现实"才是"真实"的（显现）。所以，黑格尔认为，"善，作为潜在于世界进程里的东西，是不可分解地交织在世界进程中一切现象里，并在世界进程的现实里取得了它自己的实际存在"。而具体到德行，"德行当初想舍弃个体性而使善成为现实性，但现实性不是别的，本身就是个体性"②。

于是，这种由于将善之"本然"与"实然"相互分离的做法，必然导致"伪善"。因为，一方面，用空虚的道德法则来指责一种"伪善"，这种反对伪善的举动本身又陷入了"伪善"；另一方面，对他人伪善的道德价值判断，"同样也是伪善，而且是更大的伪善，因为这些人自己并不行动，只是指手画脚，只在口头上保持自身的一贯正直"③。在此，耶稣

---

① ［德］康德：《实践理性批判》，邓晓芒译，杨祖陶校，第 206 页。
② ［德］黑格尔：《精神现象学》上卷，贺麟、王玖兴译，商务印书馆 1979 年版，第 256—257 页。
③ 邓晓芒：《康德黑格尔论伪善》，载《北京大学纪念〈精神现象学〉出版二百周年会议论文集》，2007 年，第 55 页。

对法利赛人的斥责同样也言明了这一点；因为在《圣经》中"法利赛式的伪善"就具体表现为三个方面："其一，只说不做，对人布道，但自己却做不到；其二，内心想的与外部表露的不一致；其三，自以为义，喜欢论断别人，评判别人。"① 而这三个方面实际上都在表述一个问题，即"分裂""分离"的问题；言行的不一、内心与外在的不同以及他人与自我的有别等，"分别""不同"是造成伪善的直接原因。同时，在伪善问题的内部，还有另一种重要的（伪善）现象即"道德语言""道德判断"。在福音书中上帝告诫世人："你们不要论断人，免得你们被论断。"因为"论断他人就意味着自身行为的中断。……法利赛人的行为显然就是论断他人，因为它寻找判断的公开——即使只对自我公开——它要被人看到，被人评判，被人——即便在自我面前——承认是善的"。② 总而言之，"他们一切所做的事都是要叫人看见"。因而，这种片面要求得到"承认"的行为，恰好表明行为者自身的"分裂性"，行为的"中断"事实，乃是"伪善"。这种"中断""分裂性"的论断事实，被黑格尔称为"分裂的语言"，在教化世界中"道德语言""道德判断"天生具有"分裂性"，同时也是揭示"伪善"（教化的虚假性）的一个工具。在"道德论断"的伪善本质被揭示之后，对反伪善的举动自身又陷入"伪善"的现象是在"道德世界"中发生的。在"道德世界观"中"自然与道德""道德行为的感性与理性要求"是分开的，是在不同领域中存在的，从而使得道德陷入"双重"的颠倒或倒置的境地：其一，现实自然状态下的"非道德"行为，主观上恰好是出于道德的动机，因而就必须表现为"现实"的道德行为；其二，主观的道德动机必须在自然领域中表现出来，道德律就成为自然律，这样道德动机、道德律就是多余的，但又必须在主观上伪装成"道德"的。③ 这就是将"善"之本然性形态认信为实然存在所造成的"伪善"的结果；但是，同样在此，"绝对精神"的存在前提道德"本然"即是其"实然"。

　　但是，康德在伪善问题上的理性清醒状态，并不是一无是处的；

---

　　① 倪梁康：《论伪善——一个语言哲学的与现象学的分析》，载《哲学研究》2006 年第 7 期。

　　② ［德］朋霍费尔：《伦理学》，胡其鼎译，魏育青、徐卫翔校，第 49 页。

　　③ ［德］黑格尔：《精神现象学》上卷，贺麟、王玖兴译，第 137—139 页。同时参照邓晓芒《康德黑格尔论伪善》，第 57 页。

因为，无论是道德理性（知性）对道德行为环节的"分别"置放所造成的"伪善"，还是理性的判断能力对道德行为的中断所带来的伪善，这其中都存在着一种"宗教性"因素，即"道德本然与实然的同一"，即"绝对精神"。因而，一旦"绝对精神"的历史化、客观化发展，就表现为自由主义的历史进步逻辑，绝对精神就历史化为"政治制度""政治世界"——国家形态。康德的道德理性就在于，反对这一总体性"恶"对人的本真性存在的"异化"。因为在总体性"恶"的状态下"道德自我"的本真存在被"异化"为"非本真存在"，即"伪善"；而道德个体要保证自我的生存就必须处在受制于"道德权威"的"无反思"的状态，这种状况是更严重的"伪善"，所造成的罪恶更大、更令人发指（如第二次世界大战中的"南京大屠杀"以及"对犹太人的大屠杀"）。阿伦特对"极权主义""极端恶"的剖析和批评就反映了这一点，而且重要的是，阿伦特在政治哲学中的这一贡献，正是依据康德的"判断力"概念的扩展运用。这一点在下文中还要重点论述。

## 第三节　道德经验的直观意识

伪善发生的道德现象学呈现，最终是在"生活世界"中，这是其"伦理性"的根本特征和要求。而且，这仍是形而上学层面的追问；或者说是在形而上学领域中从感性、知性推演到生活世界，从单一的、抽象的认识形式到多元的生活世界。另外，从相反的意义上说，伪善的真正克服也是在"生活世界"之中。

这其中问题的关键是对道德"生活世界"的理解，其一，是哲学—现象学意义上的"生活世界"，其二是在世俗现实生活意义上的"生活世界"。一方面，哲学伦理学对"生活世界"的观照也始自"现象学"，因为只有在重视"经验意识"的现象学中，才能弥补"道德律的实体和意志的质料"因素，从而也才能"展示作为一个与理念（普遍或绝对）统一的整个人类社会与历史生活的伦理性"；[1] 另一方面，无论是原初的"世界"还是"伦常"世俗的世界，"世界"的开放性使得向我们而生成

① 张颐：《张颐论黑格尔》，侯成亚、张桂权、张文达编译，第20—21页。

的"经验"成为可能，而"道德的（有价值的）"经验也是我们的存在（形态）在"世界"中"绽出"之意义的体现。在此，我们就是要展现"特定"历史阶段（精神层面）的道德生活中的"伦理性"质料的特征——道德经验，道德经验是"伪善"在生活世界之所以发生的"直观性"的思维根据。因而，我们对"道德经验"的认识与解读也是逻辑性的、形而上学领域中的。

### 一　否定、分裂的道德经验

伪善的"道德经验"何以可能？就是要追问一种道德经验在形而上学意义上的形成、认识和形成共识的哲学机制，因此是在一定规范和制约意义上发生的。但是，道德经验又是生活世界中活生生的道德存在的体证和感受，所以，道德经验的可能和存在形态又是证明"伪善"发生的最直接、最有力的可能。因而，"道德经验"在此就不仅仅作为一种合乎"价值"的道德实践行为，而且还是个体本真性的生存经验感受。

现象学对此的追问是："人如何具体地达到本真生存的世界经验呢？"[1] 它要展现的是："在日常生活世界里，人的注意力并不放在世界作为世界之上，而是放在他在此世界中必须处理的事件之上。"而重新彰显"隐蔽状态"的生存世界、世界中的生存经验，就要"中断"行为与"预设"的目的间的关联，从而将"'世界'这个开放性向度的开展抽离了人的能力而归因于隐蔽状态"，在悬置、删除了行为的"人为"目的性之后，"隐蔽状态才使世界及其行动可能性成为可能"[2]。这是现象学意义上的"世界经验"的本真状态的返回，这也为我们分析、解释生活世界中道德经验的"本真性"提供了方法论及其相关启示。

道德经验"走进"生活世界，从而形成肯定、统一的道德经验，这是道德形而上学的重大变化，从而道德学也能够在形而上学层面更为深刻地澄清道德行动中的"虚假"和"欺骗"现象，而将此与个体的生存境域相关联形成"生活世界"中的真实。与此相应，否定的、分裂的道德经验则是之前"道德行动"的前提和经验事实。或者说，在一定意义上，

---

① [德] 黑尔德：《世界现象学》，孙周兴编，倪梁康等译，第 224 页。

② 同上书，第 237 页。

这种否定性、分裂性的道德"经验"，正是伪善得以产生和存在的"世界"基础；在此，我们不是在"构设"世界的意义上来谈论（这一任务我们在本章第一节里已有论述），而是在"世界性"的经验形成、类型及其个体生存境域意义上谈的。因为"否定性"和"分裂性"的道德经验都是作为"第一"的哲学形而上学的基础，对所谓"第一""原初"无限制追求的哲学构造中产生的。因而，作为实事的"道德经验"本身是不需要"第一""原初"基础的构造的；它只是需要"悬置"外在干涉的"直观"，在直观思维中我们可以获得"最本真"的道德经验。同时，这种"道德经验"的感受也使得我们感悟到"真诚"的道德生活态度，从而揭示道德经验的"世界性"存在的可能。道德经验的"世界性"存在特征，就有助于我们理清"虚假的"和"自欺的"道德经验及其感受。

　　"否定性"的道德经验及其影响。尼采曾大声呼吁："我们如何从一开始就理解到保持我们的无知，以便享受一种几乎不可理解的自由、不假思索、不慎重，生命的热情和愉快，以便享受生命！"尼采认为，这是来源于人们自以为是的"求知意志""形而上学信仰"基础之上的，而且"恰恰还有最好的科学思想把我们最好地固定在这个简单化的、完全人为的、相当地想象的、相当地伪造的世界中"，因而才造成了"根深蒂固的道德的伪善现在属于我们的难以克服的'肉与血'"。[①] 尼采自认为，最重要的任务就是揭示这种所谓"自愿"行为背后的动机。另外，在《道德的谱系》的前言中，"尼采称自己的好奇心'总是停留在一个问题上，即究竟什么是我们关于善与恶的观念的起源'？他要探究'人在什么样的条件下形成了善与恶的价值判断，这些价值判断的价值又是什么？'……这种研究方向的旨趣是：审查价值观念形成的心理机制"。[②] 在此，尼采等哲学家的思路和工作路线的梳理，成为我们思考和探索的基础；没有对善恶价值的"价值"来源的思考，就不会有"真实"的道德经验的呈现，同时，对传统道德形而上学的批判，在更为根本的层面上使"伪善"被揭示出来。

------

① ［德］弗里德里希·尼采：《善恶之彼岸——未来的一个哲学序曲》，程志民译，华夏出版社 2000 年版，第 25—26 页。

② 在此之后，道德形而上学层面的价值关注，实际上成为对"价值观念"的来源和动机的探索，有舍勒资本主义价值体系与怨恨的关系，福柯的伦理话语与权力结构的关系等（转引自刘小枫《现代性理论绪论》，三联书店 1998 年版，第 360 页）。

"否定性"的道德经验根源于"善"之"非善"、"道德"之"非道德"的起源性道德感受。历史上，尼采第一次揭示了道德起源的这一特征，并从道德史的谱系学中查找这一"转变"的根本原因。尼采追问："某种东西如何会从它的对立中产生？"这一观点显然要遭到传统形而上学的"嘲笑"，而相反的是，在传统形而上学的影响下道德价值的源泉和根据就根植于"逃避欺骗性的、易消亡的世界而转向另一个永恒的真理的世界"①。因而，这其中就显现出传统的道德经验对于现世的、感性的、自然世界本身所赋有的价值的"否定"，而宁愿相信一种与真实的生命感觉相反、相对立的价值存在形式与根源。这样一种"价值判断"的价值动机和冲动的根据又是什么呢？这是尼采所关心的，也是"权力意志"的矛头所指向的。

"怨恨"(Ressentiment) 是尼采和舍勒对这种价值动机的共同认定，简单来说，"怨恨"本身积聚一种无能、无力的"否定性"的道德行为冲动，是对行动的道德价值的否定，是扭曲了价值来源之后的道德体验，是一种彻头彻尾的"否定性"道德经验。因而，这种"否定性"的道德经验所造成的直接的道德影响是对"道德行动"的否定，切断了道德行为的冲动力，"中断"了真正的道德行动而代之以外在性、非主动的"非生产性"行动。这是"伪善"产生的"否定性"道德经验的原因所在。

因而，在尼采的道德史中，从柏拉图、伊壁鸠鲁到犹太人道德都允满着"仇恨""复仇"的情绪，而从斯多葛派到康德的道德命令却存在着自我本性的"自欺"；前者导致了"道德中的奴隶起义"，后者被称为"命令者的道德上的虚伪"，所以，整个欧洲的道德是一种"群体动物的道德"。在其中，哲学家们也堕落了，如"年迈的康德的既僵硬又文静的伪善，他以这种伪善把我们吸引到诡辩的歧途，这些歧途导向（更恰当的诱向）他的'绝对命令'——这个戏剧使我们这些爱挑剔的人付之一笑，我们毫无乐趣去仔细地看旧的道德家和道德说教者的微妙的诡计"②。在尼采眼中，在道德前史和道德的时期，道德价值都是本身之所在，要么是

---

① ［美］汉娜·阿伦特：《人的境况》，王寅丽译，上海人民出版社 2009 年版，第 232 页。

② ［德］弗里德里希·尼采：《善恶之彼岸——未来的一个哲学序曲》，程志民译，第 5 页。

从结构中推导而出，要么是依据"一个意图的来源"，因而，它们都是对道德"本真"价值的掩盖。所以尼采判定：在此之前的道德要么是"欺骗"，要么是道德学者的"自欺"，总之，"超道德"就要进行道德自我的克服，而其病症在于"伪善"。因而，尼采要对道德进行一种类型学的区分，"奴隶道德与主人道德"①的区分第一次被提出。二者区别的关键点在于"价值的创造"方式，"一切高尚的道德都来自于一种凯旋般的自我肯定，而奴隶道德从一开始就对'外在'、'他人'、'非我'加以否定：这种否定成为奴隶道德的创造性行动"，因而，奴隶道德的本质特征在于以"否定"置换"肯定"，进行了一场"道德上的奴隶起义"，"他们不能用行动做出真正的反应，而只会通过幻想中的复仇获得补偿"②。因而，这种通过"否定"他人、外在的价值而确立自身的价值，以道德"臆想""幻想"代替道德行动的行为，③就是现代性"伪善"的典型特征。

在《道德建构中的怨恨》一文中，舍勒将这种"怨恨"现象的心理与历史社会根源揭示得更为精致与深刻。针对前者，舍勒认为："这些情绪既在内心猛烈翻腾，又感到无法发泄出来，只好'咬牙隐忍'——这或是由于体力虚弱和精神懦弱，或是出于自己害怕和畏惧自己的情绪所针对的对象。"这种状况长此以往，会使得这些人人格"受毒害""含怨愤"。对其产生的社会环境，"随着实际权力、实际资产和实际修养出现极大差异，某种平等的政治权利和其他权利（确切地说是受到社会承认、形式上的社会平等权利）便会不胫而行"。于是，"在这一社会中，人人都有'权利'与别人相比，然而，'事实上又不能相比'。即使撇开个人的品格和经历不谈，这种社会结构也必然积聚强烈的怨恨"④。

同时，这种非真理的认知是在形而上学的形式中形成的，比如"在存在的怀抱中、在永恒的东西中、在隐蔽的上帝中、在'自在之物'"，在这些东西中形成了推导出价值的根基。因为"这些价值评价的方式处在它的一切逻辑程序的背景上；从它的这个'信仰'出发，它致力于它

---

①　[德] 弗里德里希·尼采：《善恶之彼岸——未来的一个哲学序曲》，程志民译，第187页。

②　[德] 尼采：《论道德的谱系》，谢地坤等译，漓江出版社2001年版，第20页。

③　阿伦特就曾对"做"（doing）对"思"（thinking）的现代倒转，从而使得整个传统基础的真理概念丧失的状况进行了论述（参见 [美] 阿伦特《人的境况》，王寅丽译）。

④　[德] 马克斯·舍勒：《道德建构中的怨恨》，罗悌伦译，刘小枫校，《价值的颠覆》，三联书店1997年版，第10、13页。

的‘知识’，致力于某种东西，此东西在最终庄严地被命名为‘真理’”。于是，“形而上学者”的基本信仰是对“价值的对立”的信仰。因而，这种情况下“哲学总是按照它的形象创造世界，它不能够做别的事。哲学是这专制欲望本身，最具精神的权力意志，‘创造世界’的意志，第一原因（causa prima）的意志”。① 因而，可以说，哲学本身的“真理性”认识机制导致了“分裂性”的道德经验。

这里的“分裂性”不是指在道德经验中所获得的不同的道德感受，不同道德经验的不同根据所造成的“分裂”，这是浅显的，并且也不能从根本上造成人们道德认识和道德观念上的分裂。我们这里所谓的道德经验的“分裂性”是指道德经验获得的不同方式或途径，甚至是受制于单一或某一种方式，从而造成人们不再相信自我感知到的道德感受，而宁愿相信一种外部机制“再造的”“构建的”道德经验。同时，也正是在这种意义上，福柯认为“人死了”，其原因就在于“人之为人”的根据不再被认同于“人”的自我本身，而是来源于外在的体制性的形式。道德经验的“分裂性”就在于自我真实的道德感受与外在的所谓“理性的”“命令的”要求的道德经验相矛盾、相冲突，这就构成了一种严重的道德经验的“分裂感”和“无助感”。因而，在这种人为的甚至虚假的道德冲突中，人们越来越多地求助于自我的内心反省而无法行动，甚至认为这种内在的道德反思就是“善”的表现，就是“善”本身。这造成了最严重的道德“欺骗”和“自欺”，伪善成为一种普遍的民众行为。这一“伪善”的现象，阻碍了真正道德行动的发生；现实地“中断”了道德行为；而真实的状况是没有“道德行为”，道德“反思”一无所用。这种状况正如阿伦特所说，“沉思本身变得完全没有意义了”②。

实际上，这种状况毋宁说是一种“善”与“非善”“道德”与“不道德”之间的冲突造成的，是人们对道德状况“不确定”“不确信”的心理状态的真实反映。或者说，是来源于人们行动愿欲的“冲动力”的不同根据之间的矛盾。因而，对这种状况反映或由不同的形式来把握就出现了“分裂性”的道德经验来源，甚至在这种反思性的外部哲学操作之下，

---

① ［德］弗里德里希·尼采：《善恶之彼岸——未来的一个哲学序曲》，程志民译，第2、8页。

② ［美］汉娜·阿伦特：《人的境况》，王寅丽译，第231页。

道德由其"对立面"决定的知识形态就是"否定性"的道德经验根据。于是，尼采就有理由坚定地认为："如果没有对逻辑假设的承认，如果没有对现实根据的无条件物、自身等同物的纯粹的、虚构的世界的衡量，如果没有通过数量去对世界进行经常的伪造，人就不能生活；对错误判断的放弃会是对生活的放弃，对生活的否定。"① 而逃脱这种非真理、欺骗的生活的办法，就是超出"善与恶"之外的，因为，道德理论是意志架构，为权力意志所规定。

因此，一种"真实的""肯定的"道德经验就是新生活所需要的，同时，也只有在肯定和统一性的道德经验之中，我们才能认识到分裂、否定的道德经验的"伪善"本质。从而回归"肯定""统一"的道德经验的直觉思维是揭示"伪善"的重要思维认知形态之一。

## 二　善的生活"原态"

不同的时代，人们总是对"善"赋予了不同的形态，并以此"善"的表现形态为善本身，或者说是"本真之善"。所以，驱除"善"的外在的、虚假的表现及其掩饰形态，是每个时代哲学家的自觉任务。

尼采在《善恶的彼岸》以及《论道德的谱系》中，几乎同样追溯到了古希腊时期的"善""恶"与"好""坏"，以此显露善恶的"原初"的真实面孔。因而，无论是结合道德史学，还是道德心理学，他都试图寻找"善恶"之所以为"善恶"的道德价值的根据及其演变。在《论道德的谱系》中，"心理学成为真理的艺术，它揭露谎言的'黑色艺术'并且将自身从中解放出来"②。从善恶的谎言中逃脱出来，显示出一种"真实"的善恶谱系，它所"宣战"的就是传统的对善恶的错误观念和认识，试图把"善恶"奴化人们心灵与人格的枷锁打破，从而重新开始一种新的"精神"生活。

既然是"一篇战斗檄文"，它就要对错误的观念和方法进行批判。这一道德价值的错误判定来自于人们的"非历史"性的遗忘，造成"历史精神与道德史学家相分离"，从而颠倒了善的本原与善的显现，"人们最

---

①　［德］弗里德里希·尼采：《善恶之彼岸——未来的一个哲学序曲》，程志民译，第4页。

②　戴晖：《从人道主义世界观到现代对世界的省思》，南京大学出版社2006年版，第111页。

初是从无私行为的服务对象方面，也就是从其功利方面去赞扬这种行为，并称之为'善'；后来人们忘记了这种赞扬的起源，由于无私行为在习惯上总是被赞扬为善，因此它干脆就被当成善，就好像这种行为本身就是善一样"①。于是，这种颠倒的行为本身也就颠倒了善的"原本起源地"。尼采认为，"本真之善"的原态应当是"施行"善行的善人，而不是受益"善行"的人。这其中又包含着尼采强烈的道德秩序的"等级"观念，因为"道德是人的等级秩序的学说，因而也是人的行为和事业对于这种等级秩序的意义的学说：人对一切人性的进行评价的学说"。②

　　但是，在这种"等级"的道德秩序观念之下，随着历史的发展，道德上的奴隶起义，从而使得道德价值的"心理"起源发生"颠倒"；而作为道德上奴隶起义的始作俑者——犹太人，他们也揭开了以民族心理、生理特征来界定"善"的历史时期。尼采把这种传统一直追溯到古希腊贵族，他们称自己是"真诚的人"，他们会说"我们，诚实的人"，他们的代言人是麦加诗人狄奥尼格斯。而且，从"真诚的人"这个词的词根来看，它"表示一个人，这个人存在着，他有实在性，他现实地、真实地存在着，而后用一个主观的转折，真实的人就被称为真诚的人"③。但是，后来随着贵族的没落，这个词就只表示"精神贵族"。随着僧侣阶层的兴起，其价值方式发生了彻底的转变，由"强壮有力的体魄，情感豪放的健康，以及以保持体魄健康为条件的战争、冒险、狩猎、舞蹈、竞赛和所有包括强壮、自由、快乐的行为"的价值特征，转变为"无能"的价值认定。于是，这一特征"就与一个僧侣化的民族相符合，与一个具有最深层的僧侣化的复仇欲望的民族相符合"；而具有这种心理和生理结构的民族就是"犹太人"④。由此不难看出，尼采从道德史学以及词源学等多个角度，回溯到道德价值的源头形态。这样，在道德史中道德价值的原初形成是由于权势阶层的"自称"，而经过"奴隶起义"的等级秩序的"颠倒"，被统治阶级的、复仇心理的同情道德所确立。同时，道德原本价值标准被替代，才会出现以"结果"以及"意图"作为道德价值的依据。

--------

① ［德］尼采：《论道德的谱系》，谢地坤等译，第10页。
② 戴晖：《从人道主义世界观到现代对世界的省思》，第106页。
③ 同上书，第14页。
④ 同上书，第17页。

因此，从道德标准最初的确立，尼采认为"道德标准最初之处被应用于人，而知识派生地和在后来才被应用于行为"的。因而，尼采有理由认为："道德史家从'为什么同情行为一直受到赞扬'的问题开始时，这乃是一个严重的错误。"① 同情及其道德行为，本身已被多重的道德史所掩盖，被道德心理所"颠倒"。

在此，道德价值历史演进中的"奴隶起义"颠覆，与道德等级秩序以及道德心理的变化交织在一起，使得现代的道德史变得尤为复杂诡秘。但是，这些多重的"颠倒"之后的道德"奴化"使得"道德"本身成为一个巨大的"谎言"，它败坏了"人格"与"人之为人"的生命力。因此，尼采要把颠倒的道德世界重新"颠倒"过来，回到"本真之善"的生存原态（古希腊时期），于是"价值重估"运动与"超人"的呼唤就是必不可少的。只不过超人以及自然生命的追溯是否摆脱了"形而上学"的命运，仍是众说纷纭。

另外，现象学在其"面向实事本身"的宗旨之下，现象学伦理学必然要揭示"善"之本然的真实面目，"本真之善"的生存原态就成为舍勒的"质料的价值伦理学"以及海德格尔的基础主义所要面对的"伦理学"的基本问题。

因而，舍勒在《伦理学中的形式主义与质料的价值伦理学》中，就是对伦理学理论中对"善"的心理误识和形式规定进行现象学的"解蔽"；而道德价值在根本上是一种"对神性之物的本质经验"。这种"本质经验"的存在形式只能隶属于一种"人格"的价值，任何歪曲和错误的道德价值存在都根源于此。

舍勒认为，康德之后道德的实践哲学要想得到进一步发展，就必须克服其对"善"的存在的基本预设；而且这些基本预设大多是"与新近时代的整个哲学所共有的预设"，它们包括英国经验主义者和联想心理学家的这两种预设。② 因而，他的首要任务就是如康德批判哲学的任务一样，清理新哲学建立的地基；只不过这里的任务不是对人类理性本身的划界，而是对未经"检验"的心理与经验预设"统统"的清除，以便为"一门

———————

① ［德］弗里德里希·尼采：《善恶之彼岸——未来的一个哲学序曲》，程志民译，第188页。

② ［德］舍勒：《伦理学中的形式主义与质料的价值伦理学》上卷，倪梁康译，三联书店2004年版，第4页。

关于伦常价值、关于它们的级序以及关于建立在这些级序上的规范的学说"留下可能的空间。但是，舍勒的这种努力从哲学伦理学的自身结构来看，根本上是为了"将伦常价值立足于真正明察之上"，同时，这一方式要能"建构到人的生活中去"，也就是出于人的伦常生活经验的道德何以具有规范性和约束力。这种形态的"善"及其存在，就不再是"虚无缥缈的"或是"严格形式主义"中的存在，① 而回归到"善"的存在原态、生活样态；同时，"善"也只有回归到生存的原态之中才是"本真之善"。

在此，如何面对"道德"在"世界"中的存在，是"本真之善"还是"伪善"之争的关键。尼采说过："道德的表述：是世界错了。但是，就道德本身是这个世界的一部分而言，那么是道德错了。"② 这种形态下的"善"是与人的"生活世界"紧密相连的，其一，对生活世界的堕落及其对"世界"的否定性评价，这种道德反而剥夺了人的创造意志，使生命退化；其二，现代哲学的视角是现代生活世界对道德的"哲学要求"，尼采的努力就是以积极的虚无主义，实现了形而上学的完成。所以，从一种善的"非本真"的伪善状态向"原态"之善的转换，并不是单一方面的努力就能促成的。相反，单纯对"世界"的否定或是对"道德"的否定，都必然阻断创造性的（道德）行动，而沦为"伪善"之境。

因此我们也并不反对海德格尔所认定的"尼采的省思是形而上学的完成"。同时，海德格尔认为："尼采的历史阐释'并非是对过去历史学的考察，而是对未来的历史性的决定'。积极的虚无主义构成世界历史的当下现实，它朝着转换一切价值的必然性迈进。"因而，他的虚无主义就不是一种否定，恰恰相反，"它真正的本质在于一种解放和肯定的方式。虚无主义是迄今价值的彻底贬值，趋向一切价值的完全转换"。这样，海德格尔"从对存在的意义的追问转向了对存在本身的真理的追问"。这就是说，"追问在形而上学之思的存在之遗忘中的真理，进而追问尼采的意义缺失经验的源泉"③。于是，这就从"存在的意义"过

---

① 舍勒将此种形式的伦理学称为"伪善的伦理学"，而"意指"的善，甚至是一个人在自己面前显得善或一个人为满足自己的道德要求所做的善行也被看作"伪善"。

② 转引自戴晖《从人道主义世界观到现代对世界的省思》，第107页。

③ 同上书，第105页。

渡到存在的"存在本身",而且存在的意义的源头在于存在的"经验"。这就将生存经验再一次推向"本真"与"非本真"的形而上学争论的前沿。

### 三　善之自然与精神

在这里要回归到"肯定""统一"形态存在的道德经验上,于是,"本真性"的道德争论,就围绕这种肯定、统一的道德经验是一种"自然"本觉还是"精神"直觉的存在而展开。实际上,无论是何种形式的判定,仍然是道德形而上学的一种认知把握形式;但是,所不同的是,这里不再是一种非此即彼的二元论的基础之争,也不是道德观念意识中的"本然"与"实存"之间的颠倒,而是"本真之善"存在论的形态之辨。"善"的存在论形态就从根本上摆脱了否定性和分裂性的道德感受,而通过"直觉"的直接性把握,这种认知方式下的道德经验就是"肯定的""统一性"的存在。但是,在这种存在论的形态下,仍然会有"虚假的""伪装的"道德经验,妄图迷混于道德本真形态之中,这就是"伪善"对"本真之善"的僭越、否定与欺骗。

这种"善"之本原性的经验揭示缘起于黑格尔,黑格尔第一次以"精神"的历史经验形态"推演"了这一变化、发展的过程。这一发展过程是以精神的"现象"形态向历史生成的,这样的历史世界同样构成了人们生生不息的民族生活形态,因而人类社会的历史发展也是"精神"的现象史;二者是历史的逻辑的统一。因而,当"理性已意识到它的自身即是它的世界、它的世界即是它的自身时,理性就成为了精神"。所以,"精神"是"存在着的理性",并且,只有"当它在精神中是一现实并且是精神世界时",精神才能达到它自己的真理性:"它即是精神,它即是现实的、伦理的本质。"① 所以,"精神"作为伦理本质仅是在精神本身获得了自身的现实存在之时,才是真实的。这样,在"本真之善"的"精神"本质与自然实在之间就存在着各种"非同一"的关系,这些"非同一"的关系就构成了不同形态的"伪善"的道德经验。

---

① ［德］黑格尔:《精神现象学》下卷,贺麟、王玖兴译,第 1、4 页。

（一）"自然"向"精神"存在形态的僭越

这一形式主要表现为道德经验的自然—世界性，而企图跃向另一世界的"非真实"的存在；作为道德语言的"谎言"与道德行为的"邀恩"是其主要的认识方式。

萨特曾在"说谎"与"欺骗"的区分中认为，"说谎是一种超越行为"，这其中关键点有两个：其一是"超越性"行为，因为他说的东西并不存在；其二是"说谎"本身代表一种道德行为，带有道德价值的表征含义，甚至是对一种真实行为的否定或替代。在第一层面的认识中，"说谎"是一种道德语言意义上对存在形态的僭越，"所说的东西"并不存在，而"所说的东西"是作为一种"语言"的现实，另外，"语言"本身是一种"异化或教化的现实"①，所以，在这一"教化世界"中"善与恶"的直接表现即为"国家权力与财富"；而在"为他"的精神本质下赋有"高贵"或"卑贱"的道德意识，因而，道德行为具体表现为一种"为他"的存在形态。也就是说，这种"为他"的道德行为并不具有"自在"的现实形态，因而是对道德本质存在形态的"僭越"，二者不是同一存在形态。

同时，作为道德行为的"邀恩"就是另外一种形态的"僭越"。"邀恩"即希望获得"不应有"的幸福，因而本身就是一种"伪善"；但同时，我们更为关注"邀恩"的行为本身的"僭越"特征。其一，在于通过在上帝面前承担自己无法承担的责任，以博取上帝的恩宠；其二，完全按照"律法"行事，其目的不是为了荣耀主而是为了得到主的恩赐。这两种"邀恩"的行为背后都暴露了行为者在明知自己并没有获得与主的"同一世界"的存在形态，而仍然僭越这一"分裂"的现实，其结果就如法利赛人对耶稣的种种诘难一样，反倒揭示出自身与上帝的"不和"。实际上，在此暴露出"德福一致"观念在存在层面上的不统一性，直到黑格尔才颠覆了这一观念，德福不再是统一的，相反，德福应该完全分离，因为它们表征的是不同层面的存在形态，是存在的"分裂"与"不和"状态。因为有福无福都"不能有绝对的根据，而只能是出于偶然和任意"②。因而，"邀恩"和"索福"都不是道德存在状态，而欲望以此获

① ［德］黑格尔：《精神现象学》下卷，贺麟、王玖兴译，第55页。
② 同上书，第141页。

得"道德"，很显然就是行为的"僭越"。

（二）道德"内在超越"的否定

这种"伪善"的表现在于道德行为对于"外在世界性"的肯定；而造成的影响却是道德"内在超越"的否定，是一种道德行动的"创造性"能力的否定，道德人性的内在根据的否弃，道德自我的自败。尼采通过对"苦行"的例证说明，"苦行理想肯定的不是生活世界，而是另一个世界。逃往另一世界，正是生命最大的自我欺骗"①。

道德"内在超越性"的否定，实际上就是对于道德行为的人格属性的放弃，而反求于外在的非人的世界；同时，认定"另一世界"中的存在才是真实的，于是，另一世界中的道德经验才是"本真的"。这样一种倾向存在于"基督宗教伦理学"中，尼采对此严加批判，克尔凯郭尔则试图通过个体的直接信仰打破教会的权威，舍勒的伦理学、神学则要求建立一种身体的"位格"存在。而在此之后，作为个体性的信仰也层出不穷，其根本原因就在于恢复一种个体"内在"超越性的可能。

尼采则从历史相反的"反生命"的角度揭示了一部人类精神虚弱、生命力降低的"精神"发展史。这部历史的开端是基督教的"美德"颠倒了主人道德，犹太人的道德价值方式成为主导的存在，一切"否定性"的行动成为创造性，这种"否定性"既丧失了对自身的尊敬，也丢弃了自我蔑视。道德主体在历史现实中消失了，主体的生命创造力也在奴隶道德中泯灭了。而且，人类这种创造能力的自我泯灭，说明了人的存在的虚无化，从而也就从根本上侵蚀了道德精神的本真经验的依据。在基督教的影响下，"反生命"的道德才具有世界性的存在，因而，反生命的道德本质才成为"精神"的形态；所以，精神的发展反而在历史中成为削弱人类"生命力"的因素，这无疑是一种倒退。"它在欧洲历史上造成了人性的倒退——退至虚无主义，这个人性的自我欺骗史在自身历史现实中的终点。"② 最终，这一对人性内在超越性的否定，如同康德将"伪善"归结为人性自然的特征一样，"人性"在存在论层面仍然面临着"否定性"（伪善）的威胁。

---

① 戴晖：《从人道主义世界观到现代对世界的省思》，第129页。
② 同上书，第115页。

（三）存在形态的自我欺骗

萨特在《存在与虚无》中揭示了自我存在形态的"自欺"可能性。萨特讨论"自欺"是与"焦虑"概念联系在一起的，而"焦虑"是被看作一种对世界的本体论的体验，二者都是与"世界"相关联的。"焦虑"是一种在"世界"中的存在自由的象征，"正是在焦虑中，人取得了自由的意识，或可以说，焦虑是作为存在意识的自由之存在方式……"同时，这种自由存在只有通过"行动——自由选择的行动则是把这个本质显示出来的唯一途径"①。

然而，这种行动是否能够显露自我的真实存在状况呢？答案是否定的，这其中不仅有"说谎"，还有一种重要的行为就是"自欺"。"说谎"不同于"自欺"，其本质上在于说谎要以"语言"表达一种并不存在的存在，并希图让他人相信它的存在，其相对于"善"来说就是一种"不在场"的"在场"掩饰。但是，不同于"自欺"的结果——自欺的结果是"自我"必然的相信——说谎并不一定以"对象"的认信为依据，因而，"不在场"倒是其存在的真实，而其"在场"的掩饰只是一种"认识论"的语言表白。"说谎"不同于"自欺"的根本之处，就在于"自欺"的存在论层面的"虚假""不真实"的存在。因而，"自欺"也是一种存在形态的"伪善"。

萨特更是通过两种不同生活实例来说明两种不同的自欺形态，其一是通过一个约会中的年轻女子的自欺行为，来说明自己如何"使自己成为一个自在的存在"，而这种自在存在的可能又依据于"灵魂"与"肉体"的分离；其二是通过一个咖啡店的侍者的行为，来说明一个人如何"使自己仅仅成为在他人眼中之物"，而这种"为他"的存在前提是自我角色与社会角色的分离。这两种形态的"分离"是尤为重要的，如同康德将"伪善"根植于道德理性反思前的"人性结构"之中一样，萨特将"自欺"根植于"反思前的我思结构"中，因而，这就意味着道德"反思"思维无法反思到"伪善"实际上根深蒂固于自我"意识"的存在结构之中。萨特因此认为："如果说自欺是可能的，那是因为它是对人的实在的任何计划的直接威胁，那是因为意识在其存在之中是其所不是又不是其

---

①　杜小真：《一个绝望者的希望——萨特引论》，上海人民出版社 1988 年版，第 75 页。

所是。"①

　　萨特的这一发现是重大的，因为人们自以为通过直接的、直觉的存在经验是"真实"可靠的，而经过萨特的证明并非如此。另外，这对于揭示道德经验的"非本真"状态尤为重要，因为"意识"的反思思维形态在克服"伪善"的二元性形态中有着莫大的进展，但是，"自我意识"存在论层面的"自欺"，使得"本真"的存在经验又成为"泡影"。这再一次提醒我们道德行动中"善"的存在仍可能是非本真的，这是意识"直观"思维下的"伪善"认识。

---

① ［法］萨特：《存在与时间》，陈宣良译，三联书店 1989 年版，第 107 页。

# 第三章 主观性形态(二)：道德意志的逻辑局限

　　对于"伪善"从认识形态到实践行动形态的转变，依据对"道德"存在形态的认识转变，这一变化是由近代西方哲学的认识论转变，科学知识论对道德认识、道德知识的影响决定的，即便道德哲学把"科学知识"与"道德知识"加以区别，道德仍然是作为"实践知识"存在的。道德的实践知识不同于"静态""自洽"的科学实证的理论知识，在理性逻辑、思维方式的认识与把握过程中，同样也会出现与道德"自然""本然"存在"不统一"的状况，这就是"悖论"。由理性所认识的"道德行为与幸福"的因果逻辑关系间的"悖反"出现在道德"实践理性"逻辑结构中；而道德意识为了克服自身的"逻辑"矛盾，将道德从"时间"逻辑中引入"空间"逻辑，反思的理性思维在对道德存在的认识中又出现了伦理世界的"实存"悖论；直到个体道德生活感受与经验对理性牢笼的冲破，人们认识到人的生存结构就是悖论性、二元性的，而任何道德理性逻辑试图克服这一悖论状况的逻辑，自身必然陷入悖论的"悖论"之中。所以，在这一悖论性的逻辑和理论背景中，道德行动在伦理生活世界中成为一种否定性的存在，因为行动无法超越思的逻辑而独立地确立自身，实存性的道德行为不是通过对现实世界的批判，而是在于自我和世界的道德意识和解之中。

　　因而，由德性论所提出的现代道德逻辑中"道德理论与实践行为的辩护理由"之间的矛盾，其原因不在于外，而恰恰是在现代道德逻辑之中。同样，对于作为道德形而上学问题的伪善的揭示，就要完成道德形而上学的"自我批判"，以确立道德形而上学形态上的伪善问题；同时，也为揭示这种问题的具体形态提供理论前提。

　　在这一揭示道德理性认识的悖论现象过程中，我们发现"伪善"之所以可能，是因为伪善的"分裂本质"内蕴于"悖论性"的道德行为的认知根据中。在这一认识之下，就迫使我们进一步认识道德存在的本质，以及进一步相应地认识"伪善"存在的形态。这样，我们认为，随着对道德的认识论逻辑向行为论逻辑的转型，对伪善的认识也面临着认识论的转型，这就是从"观念"到"行动"的道德现象学。因而，这也是在道德形而上学层面上能够自觉认识"伪善"结构的理论前提，于是一切依靠于形上玄思的道德哲学建构都面临着"伪善"的指责。但是，经过转型的道德存在形态并不是说"伪善"就不存在了，被克服了；而是相应地"伪善"存在形态也发生了变化，"伪善"在道德行为中转变为对道德行动的"阻断"。

## 第一节　道德行动逻辑的优先性及其界限

对于一种道德哲学来说，是"以知主行"还是"以行主知"是决然重要的分别，而且也是不同理论气质与认识层次上的区分，因为这其中涉及该道德观念的哲学基础的重大变化与发展。道德哲学中的非一元性的基础争论就在于此，道德哲学所把握到的伦理道德的现实（real）与实现（actualize）、观念（idea）与存在（exist）等，都表现出强烈的二元性与分裂性的张力特征；同时，这也使得哲学的"形而上学"与道德的"形而上学"在基础及其表现形态上存在着相互依赖或独立的可能。

在东西方道德观念的认识史上，大致经历了"朴素的"道德实践论时期、道德主观意识的认识阶段以及道德主体性的伦常世界阶段。这一黑格尔式的伦理经验意识的分类方法，最重要的是，这一过程与"伦理行为"何以联系在一起的。

在人类文明的早期，道德的存在形式被概括为"朴素伦理"的形态，因为在此阶段，道德没有获得个体性的"自我意识"或者说"道德意识"本身是以普遍性的形式存在的。因而黑格尔认为，"伦理的实体，在普遍的抽象里，只是思维出来的规律"；而"当它在它的个别性中意识到普遍的意识即是它自己的存在"[1]。随着人类道德思维能力的进一步发展，伦理道德的观念"不像旧希腊文化所具有的伦理；在这里

---

① ［德］黑格尔：《精神现象学》上卷，贺麟、王玖兴译，第233页。

伦理也可以指一种对朴素伦理的更高规定，即当它在道德之中对自己进行反思之后再次显现出来的形式"①。于是，在主观性的道德世界中，康德认为，纯粹实践理性的对象——善在"世界"中存在时，这一世界无不是内在关系的世界。如在《单纯理性限度内的宗教》中为了克服"道德自然状态"的"恶"的侵袭，康德认为："一个伦理共同体的概念是关于遵循伦理法则的上帝子民的概念"；又如在《道德形而上学》中谈到"对他人的德性义务"时，康德认为，道德的（理知）世界是在人们彼此间的外在关系上谈论的。但是，这种道德主观性所反映出来的道德世界中的"真实"仍然是有限的，因为道德行动的"实践世界"是一个悬置于理性逻辑之外的存在。而黑格尔将其道德理性中"自在之物"置于社会历史领域中予以认识，他认为："这种善是一个理念，是我的思想；但是这里又存在着一个绝对的要求，要求这个善也能够在世界中得到实现，要求自然的必然性能符合于自由的规律、思想的规律，但不是作为外在自然的必然性，而是通过世界，通过法权的、伦理的生活，通过人群的生活，通过国家的生活〔所表现的必然性〕，换句话说，要求世界是善的。"② 因而，这就从根本上"颠倒"了伦理道德的存在方式，从一种道德主观意识的现象学发展成为"伦常礼俗世界"（Sittlichkeit）对哲学要求的现象学；而这一"现象"转变的背后，所关涉的主要问题就是道德形而上学从道德主观意识的操作模式，改变为"道德行为"意识的自我认识与实现。

　　当然，这种改变也使得黑格尔背负了沉重的"指责"，因为黑格尔的方案，使得"哲学无法指导世界的应然状态；哲学的概念只是反映了世界的现实性"③。自此之后，哲学就成为一只晚上起飞的"猫头鹰"而遭诟病；但是，我们更为注重的是，这种"晚飞"的哲学构造模式，对于"道德"的形而上学无异于一次重大革命，"道德行动"的冲动力量和质料内容"第一次"真正成为道德"内在"和"前提"性的存在，标志着道德形而上学"以行立知"模式的确立。

①　［德］黑格尔：《哲学史讲演录》第 2 卷，贺麟、王太庆译，第 41—43 页。
②　［德］黑格尔：《哲学史讲演录》第 4 卷，贺麟、王太庆译，第 303 页。
③　［德］哈贝马斯：《现代性的哲学话语》，曹卫东等译，译林出版社 2004 年版，第 50 页。

## 一　作为过渡的"行动理性"

### （一）"先验"要素向"存在"要素的过渡

道德的实存是作为"先验"要素还是"存在"要素是道德观念论与道德行为论区分的重要因素。我们在此关心的是在道德史上是否存在由道德观念论向行为论、存在论转变、过渡的学术史，以及这种过渡与转变是如何完成的。按照学术传统来说，即便这种转变是存在的，也是在"唯心主义"的范畴之中；"行动的理性"是作为其"中介"和否定性因素存在的。

黑格尔说："行动自身不是别的，正就是否定性。"① 可见，"否定性并不是思维自身所具有的先验要素，相反，它是客观行为的抽象。因此，否定性只是在存在中的规定性"②。因而，对于"行动的理性"本身而言的"否定性"，是作为"先验的"规定性存在还是"存在（实现）"中的规定存在，是决定"行动理性"理论特质的重要方面。在"理性的自我意识"通过其自身的活动而实现的过程中，"行动理性"自身也实现着根本的转变，即从"先验性"存在向"存在性"要素过渡。所以，二者根本的区别之处在于，"行动的理性"本身是能动的因素，它本然存在的形态并不是完美的，正是在其"行动"中发展、完善自己，最终实现自我、获得自我的完成。

实际上，在康德道德哲学体系中对待此类"行动""实践"的理性考察也是存在的，并且是较为彻底的。但是，康德关注的是"如何获得一种纯粹的'实践'行为"，为此纯粹行为的"立法"就能够为一切行为立法，道德法则的"普遍性"也就名至实归了。由于人本身就是道德的存在，所以，只有实践理性才是有立法作用的，它为自己建立的规律就是道德律。然而，后世指认康德道德学说的"空洞""空泛"的特性的依据恰恰也在于此。黑格尔指认康德"把定律、自在存在认作自我意识的本质，并把它引回到自我意识，这乃是康德哲学中一个高度重要的特色"，因而，他的道德哲学就是空无内容的，是"主观任意规定的空洞原则之学

---

① ［德］黑格尔：《精神现象学》上卷，贺麟、王玖兴译，第263页。
② 萧琨焘：《精神世界的掠影》，江苏人民出版社1987年版，第122页。

说"，因而，道德法则"所具有的唯一形式就是自己与自己的同一"①。克尔凯郭尔也曾戏谑地说，康德的道德法则就如在"挪威拿着火柴盒大小的地图在寻找一个咖啡馆"。而舍勒更为彻底地认定，伦理学要获得深入发展就必须排除康德道德哲学中"前提性"的谬误。无论是黑格尔、克尔凯郭尔还是舍勒，批判的"矛头"共同指向了人的道德本真存在的"感性""质料性"特征；并且，这一作为"质料"的感性内容是存在于道德行为的经验感受之中的，是道德存在的基本结构。

所以，"行动的理性"的产生和存在并不是保证"行为"的客观现实的事实性存在，相反，它是作为道德客观现实的存在因素而存在着，并且随着社会历史的发展而不断发展、完善、成熟。

（二）科学认识论领域向社会历史领域的过渡

从康德开始，哲学的领域就从"科学认识论"领域向"社会历史"领域逐步过渡，在其哲学体系中"实践理性"优先性就是明证。因为康德已经清晰地认识到，没有人们在社会历史实践中的应用，理论理性的认识功能是没有意义的。当然，这一重要的变化是随着道德形而上学的发展而得以展现的，同时，道德的形而上学转型也促使这一目标的达成。实际上，在康德这里，道德实践的社会历史哲学"优先于"科学认识论，主要还体现为个人的认识、自己的知识、心中的道德，是一种个体的意识活动及其先验形式的活动，是以"单个"个体的历史"理想"与"善意"为前提的，其中对于社会历史的进步、神圣道德的敬畏以及人类本性改善可能的基本观念和认识，都是建立在个人"信念""认信"的基础之上的。所以，这里的"认识""意识""知道""应该"，都是就一种结合着认知的道德观念上的"自觉"而言的；但是，这种道德"体认"在现实生活中是无力的，康德也深明这一点。于是，哲学从科学认识论向社会历史领域的转移，不能仅仅依靠个体"理性""意念"的支撑，更重要的发展和转变是由科学实证的知识论到民族生活的伦理性的过渡，因为只有在共同的伦理生活中，才具有"相信那种实际存在着的，而且时时处处发挥作用、人们也不但熟知而且事实上也遵循着的伦理习俗"②。因而，实践理性的优先性以及科学知识论的社会历史领域的实践应用，只是一种理

① ［德］黑格尔：《哲学史讲演录》第4卷，贺麟、王太庆译，商务印书馆1996年版。
② 陈家琪：《康德、黑格尔及其他——关于新道德主义的一封信》，载《文景》2002年。

论"形式"上的变化；重要的是，这其中孕育着"个体"向"共体"
"道德"向"伦理"的过渡，其内容就不仅仅是个体的理性、意志的认知
功能，而且还作为整体的民族伦理生活，民族社会历史中的"伦常习俗"
"政治法律""财富权力"等，这些都是建立人类社会的决定性因素。

同时，"这些东西是理性对象化的结果，是一种精神性的东西，它们
就构成'伦理实体'"①。这一点，在黑格尔"精神意识"的经验发展中
体现得最为明确，在自我意识的"理性"实现阶段，精神从"具体的自
我"过渡为"普遍的自我"，然后演变为有现实行动的客观（伦理的）
"实体"；这种现实的"行动理性"，就是一个客观的"伦理实体"。

在作为"自我意识的理性实现"的最后一个环节中，"德行与世界进
程"的斗争以德行的失败而结束，"德行是被世界进程克服了"②。这一结
果具有重要的意义，因为"黑格尔认为惟有现实的东西才是真实的东西，
世界进程是这样一个现实的东西，它以个体自我的现实需要为目的，它从
事的乃是一些现实的活动，世界和历史便是由这些现实的人和现实的活动
所造成的"③。这样，自我意识通过自身行动的理性实现，实际上就是为
"精神""自我意识"由科学认识论领域向社会历史领域的过渡做好了
准备。

（三）"纯粹意识"向"实践意识"的过渡

在这一哲学功能领域发生变化的过程中，实践意识的"单一性"与
"普遍性""个体性"与"实体性"之间的发展过渡，并不是一蹴而就
的，也不是先天规定上的"一次性"改变的完成；而是在"客观"经验
内容上的历史性获得，是先验"善良意志"的葆有到一个民族整体的伦
理现实的事实。因而，"行动的理性"在其中就经历了从"纯粹意识"到
"实践意识"的过渡。

在意识、自我意识以及理性这三个阶段中，黑格尔认为，这三个阶段
的意识形态都是"精神的抽象物"，是"精神的纯粹意识"的状态；而只
有到达了"精神"的阶段，意识才具有了现实性，才获得"世界性"的
存在。同时，在"真实的精神"的现实表达上就体现为"伦理"。因为

---

① 萧琨焘：《精神世界的掠影》，第 130 页。
② ［德］黑格尔：《精神现象学》上卷，贺麟、王玖兴译，第 257 页。
③ 高全喜：《论相互承认的法权》，北京大学出版社 2004 年版，第 192 页。

"纯粹意识"与"纯粹物质"是同一的表达，纯粹意识所要求的只是"意识"上的"纯化""纯粹性"，即一种"纯粹的"意识何以可能？同时，在内容上和质料上也必然是"空洞的"，黑格尔对此反问道："但什么是这个道德律的内容呢？这里我们所看见的又是空无内容。因为所谓道德律除了只是同一性、自我一致性、普遍性之外不是任何别的东西。形式的立法原则在这种孤立的境地里不能获得任何内容、任何规定。"而结论就是："这种普遍原则、这种自身不矛盾性乃是一种空的东西，这种空的原则不论在实践方面或理论方面都不能达到实在性。"① 因而"纯粹意识"所要表达的也就是"抽象的同一性"，这种"同一性"，无论在内容上，还是在现实性上都是"抽象"的。

从一种抽象的纯粹的意识出发，是否可以发展达到具体的实践的"行为意识"，这就是"行动理性"所关心的重点；但是，在此我们只表述这一过渡的合法与可能性，具体的内容与形式留待下一部分讨论。

道德"行为"获得自身的质料内容是通过"世界"实现的，从"观察的理性"到理性"通过其自身的活动"而实现，这是一个重大的突破。尤其对于伦理道德而言，因为理性的"自我意识"的运动造就了伦理、道德的世界。行动的理性不同于观察的理性，在于理性从独立过渡到它的自由阶段，而"自由"的标志就在于个体意识"自在自为"的得以承认，从而提升为"普遍性"存在。于是黑格尔说，行动的理性是"它自己的确定性于另一个自由的自我意识中、并恰恰在这另一个自由的自我意识中取得其真理性的那个被承认了的自我意识"，即"具体的自我意识"与"普遍的自我意识"的统一——伦理世界。而且，只能在普遍的实体里，作为个体性的"行动理性"所取得的，"不仅是它的行动的这个持存的形式一般而已，而且它还同样地取得其持存的内容；一个个体所做的，就是一切个体的普遍的共同的技巧与伦常"。所以，通过个体的劳作——普遍性的劳动，个体才获得自身的实存；同时，这一普遍性的伦常习俗的场所并非是"先天"的形式存在，因而，"这个普遍的东西（民族性的伦理实体）又是它们这些个别的东西的行动或它们所创造出来的事业"②。接下来，就是这种"行动"在伦理本真展现过程中的内容与形式。

---

① 〔德〕黑格尔：《哲学史讲演录》第 4 卷，贺麟、王太庆译，商务印书馆 1996 年版。
② 〔德〕黑格尔：《精神现象学》上卷，贺麟、王玖兴译，第 233、234 页。

## 二　否定性的伦理行为

道德哲学对伦理道德本质的"是"与"不是""真"与"非真"的探讨中，一方面并没有更为接近伦理道德的"本真存在"的绝对本质；另一方面也没有描述其演变、发展的历史过程。因而，道德的形而上学就不在"纯粹"的领域中追寻伦理道德的真谛，而是在非道德的自然历史甚至不道德的人类历史中探寻伦理道德的"痕迹"。而且，我们发现伦理道德对自身的"确立"，对自我的"确知"，正是在"伦理行为"的"否定性"存在中获得的，伦理道德不再是一种先在的、外在的存在，而是一种人类自然历史发展的必然，在"伦理行为"中人们获得伦理的"意识"，在伦理行为中人们否定"自然的""为他的""自我的"行为，从而在（伦理）意识中"履行"伦理行为。因而，在此"伦理意识行为"与"伦理行为意识"是"二而一""一而二"的存在。但是，这一"伦理行为"在反思性的伦理思维作用下，就表现为"否定性"的存在起点。当然，从人类第一个"善恶"评价的行为来看，人类始祖"知善恶"的行为性质是"恶行"，即人类第一伦理行为是"行恶"而非"行善"。因而，一方面，在否定的行为上体现着最原初的"否定性"的道德"意境"；另一方面，"行为"使得这一潜在的或善或恶的伦理道德价值得以实现，"伦理精神"成为社会存在的实存性因素。如果这种神化式的开端有着强烈的民族地域性，甚至有些牵强的话，那么，这一境况至少说明了伦理道德存在的"非先在"形态，它是在行为中实现出来的现实存在。

伦理行为作为否定性因素的存在是在"真实的精神"——伦理阶段，因为，只有在"伦理"的王国中理性才能"意识到它的自身即是它的世界，它的世界即是它的自身"。在此，"只有理性达到与存在的统一时，精神才是真正成其为精神，达到它自身的真理性阶段。这时精神就成为了现实"①。而"伦理行为"就是精神世界的现实存在的因素，精神就是以"行动"把自我"现实的意识"呈现在自己面前，达到自我意识的现实和行动，而这个现实和行动就是"伦理实体"。从其特定的形态来看，是从伦理、法律向道德发展演变的。

---

① 萧琨焘：《精神世界的掠影》，第 131 页。

（一）个体性的伦理行为：伦理"表象"

黑格尔从早期的"道德神学"过渡到"道德现象学"，这其中一个重要的关键词就是"和解"，但是这一"和解"是区别于康德的理性"和解"结构的，黑格尔认为："对基督的信仰作为对一个历史的个人的信仰并不是以实践理性需要为根据的一种信仰，而是一种基于他人证明的信仰。"① 在此，黑格尔虽然将"基督的信仰"作为"基于他人证明的信仰"，但是业已说明是"一个历史个人的信仰"；这其中包含两个基本的要素——（历史）个体和（信仰的基督）实体。于是，黑格尔的道德哲学试图将多样的"二元因素"和解在他的整个"体系"之中，完成哲学自身的"历史"与"逻辑"的统一。但是，在这种宏伟的理想之下，一个重要的问题是，"和解"的渠道和途径是什么？但是，至少不是在思维的先验意识中的"和解"，而是一种通过经验世界的"劳动""行动"下的"和解"。于是，体现在精神意识发展的"伦理"阶段，"伦理行为"就成为一种推动伦理精神发展的"中介"，一种具体的家庭关系、社会关系之中的"行动"。

这一"行动"是个体性的，还是整体性的，直接决定着行动的性质——自然的还是伦理的，因而，考察"伦理"的"出发点"至关重要。所以黑格尔才认为："在考察伦理时永远只有两种观点可能：或者从实体出发，或者原子式地进行探讨，即以单个的为基础而逐渐提高。"而且至关重要的是，"后一种观点是没有精神的，因为它只能做到集合并列"②。所以，在人类精神的朴素阶段、社会历史的初级阶段，从"实体"出发的"伦理行为"就是"伦理精神"的直接显现，在此，"单一物"与"普遍物"直接统一，统一物就是"民族"与"家庭"的实体。

于是，伦理的"实体性"存在就体现为三个方面：其一，伦理精神"自我镜像"的破碎。在"民族"或"家庭"两大伦理实体之中，"伦理精神"试图将自身呈现在自己面前，从而获得自在自为的存在本质；而事实上，民族或家庭的"行为现实"让它无法认识清楚自我的真实面目，伦理精神就像是站在"镜子"面前观看自己一样，不同面孔（家庭成员或民族公民）的变化让其"惊恐不已"，伦理精神无法同"呈现"在自我

---

① ［德］黑格尔:《黑格尔早期神学著作》上卷，贺麟译，第71页。

② ［德］黑格尔:《法哲学原理》，范扬、张企泰译，商务印书馆1961年版，第173页。

面前的"镜像"合一。于是，无奈地承认自身只是一个"抽象的个人"。在这一过程中，伦理精神能够认识到自我就像"镜像"般的不真实，并进而打破这一"镜像"状况的因素正是"伦理行为"；而伦理行为中事实上既不包含也不体现任何伦理精神，它只是一个个人的行为。

然而，在这里"镜像"并非具有完全的消极意义，"镜像"意识不仅仅是"自我"觉醒和自我意识的表现，而且还是一种在"比对"和"参照"下"自我"的获得。"镜像"中的自我，不是自然的"自我"本身，也不是"普遍性"的自我存在，而是一种介于二者之间的"中介"形态。这种镜像中的自我意识具有"超自我的""朦胧的"普遍意识，同时又是一种出自"自我"的观察和审视，因而，它具有在自我的反思中重新获得（普遍的）"自我"的潜力。

所以就有其二，伦理实体的存在也表现为"伦理行为"对"自然行为"的克服与提升，从而使得"伦理"向历史的自然生成。首先，"行为（Tat）破坏着伦理世界的安定组织和平稳运动"，由于有了行动，既有的伦理秩序被打破了。所以，黑格尔说，"伦理行为（Handlung）本身就具有罪行的环节"，而且"过失也获得了罪行的意义"①。这里的一个重要变化是，《圣经》中人类"知善恶"的堕落和原罪，被黑格尔作为"绝对精神"自身发展的一个环节而被赋予积极意义。所以，由于人类始祖的第一次堕落行为及其对自身"罪行"掩饰的"人性之恶"——伪善，在此也就作为"善"的一个环节被整合进来。因为从个体或个人相对立的"共体"的普遍性出发，伦理精神的存在是"自为的，因为它保持其自身于作为其成员的那些个体的反思之中"，没有"个体成员"的反思，伦理实体就是一个"死寂"的空间，以至于需要"战争"来激活。所以，成员的个体反思行为是"罪行"，但同时也是一个"实体"普遍价值的真实表现。在黑格尔看来，虽然是"罪行"但是它否定的是个体的"自然存在"；否则，对自身"自生自灭"式的"无反抗"生存，永远也不会有跳出"自然"规律而迈向"伦理"价值的可能。

于是不难得出，在伦理实体中个体"无行动"的一味遵从，不仅不是一种美德，相反是一种"伪善"；而有反思的"行动"，倒是共同本质的葆有和维护。但是，一个前提是"共体"同样也要"承认"个体的个

---

① ［德］黑格尔：《精神现象学》下卷，贺麟、王玖兴译，第20、24页。

体性存在，因为实体本身包含着这些个体，否定了个体性，也就否定了"实体"自身的"自在"存在基础。

这样又纠缠出其三，一个个体行为与伦理的普遍本质能否统一呢？这个问题也是"否定之否定"的环节。根据其历史性、逻辑性的统一，首先，这种"伦理精神"的存在是自然—自在的。因而，黑格尔认为："自然在个体身上的所作所为，只是这样一个方面：使一个个体之变为普遍的存在看起来是由于这个存在者的运动。"① 其次，"伦理行为"作为对伦理本质"自然"状态的否定性"罪行"而发生。最后，个体性的"伦理行为"并没有获得实体性的存在，而只是"伦理精神"的个体"偶在"，只能成为一种"抽象性"的存在。于是，在此阶段最终的"世界主宰"就只是"抽象的个人"，因而，个体性的伦理行为表征的就是伦理"表象"。

因此，通过伦理行为最终要使"伦理精神"成为现实的存在，它"赖以取得客观效准和现实性的手段，就是教化"。这样，就过渡到"自身异化的精神"，伦理精神的教化阶段来了。也就是，在这个阶段，伦理行为对伦理精神的实现不是"为我性"的而是"为他性"的，因而，"任何东西都是在自己以外的一种异己的东西之中"②，这时，道德自我的"现实存在"却是对"自为存在"的否定。

（二）伦理行为"为他性"的异化

在伦理行为沦为一个个"个人"行为之后，伦理精神的自身呈现也摆脱了"镜像"的虚幻，通过"对象物""他物"呈现的伦理精神的自我是一"异己"的他物，而这一异己的他物又如何与伦理精神"统一"的呢？伦理精神知道这种自我现实的"异在"物就是本身，因而通过伦理行为占有"他物"的过程实现自我（伦理精神），因而伦理行为就是克服"为他性"异化的现实存在。这种异化的精神又不时地以"中断行为"来达到自身的目的，"歪曲地""空虚地"实现自我，这就是教化阶段的"欺骗"。

"为他性"的伦理精神的现实。个体性的伦理行为要变成现实存在就是将这种伦理本质"对象化"，而在其"对象化"实现的同时也就"异化"了；但是，在这样一种形式的伦理现实存在中，伦理本质的自在形

---

① ［德］黑格尔：《精神现象学》下卷，贺麟、王玖兴译，第10页。
② 同上书，第42、40页。

态就不是与自为形态相统一了，其异化的结果是伦理自我意识的"为他性"存在。于是，这一"为他性"伦理精神存在的现实形态就是"权力"或"财富"。这二者都有共同的存在性特征就是并非自在自为的伦理本质的存在形式，而是在"为他性"中才能成为现实；比如权力"它只有在现实的服从中才是现实的权力"，而财富更是在"促使一切人都得到享受"和"为一切人劳动，一切人也为他劳动"① 中成为现实的。

"为他性"道德价值的历史表现。这种"为他性"道德价值的形态对应于一定历史时期的表现，集中显现就是"启蒙时代"。启蒙运动中"理性"的觉醒，人的思维的理性本质充分调动起来，以理性为本质的"纯粹识见知道信仰是与它自己、与理性和真理，正相反对的东西"②。然而，原本"信仰"与"思维"并非对立的，③ 只不过是中世纪的"信仰"已经成为"教士阶层"欺骗愚弄大众的工具。

于是，这样一种"外向"信仰的思维路向的合法性就被取消了，而代之以人类"自身的理性"。在这一时期，康德就曾对"什么是启蒙"作出明确的回答，即在于"敢于运用自身的理性"，自身内在的理性成为一种"有用"的工具，从而能够有力地摧毁信仰制造的种种愚弄人的"迷信"，使人意识到不是上帝而是自己才是这个世界的真正主宰。在此，启蒙人类自身理性觉悟的同时，它对于人类自身来说只是一种"有用性"存在。

在此，启蒙的"真理"不在于"理性"的觉醒，而是"理性"对于人的存在本身所起的作用；"自我理性"并不是相对于人类自身的生存状态而言的，而是"理性"作为普遍性的"有用价值"才得以显现，是对人的存在的"有用性"而言的。所以，启蒙运动所创造的一个道德世界就是"功利世界"，但是其功利主义的道德原则也是"为他性"。尼采认为，这是"道德前史"的道德原则，而黑格尔在此也将其归入伦理精神的非真理性存在。因为"为他性"的价值行为在从"伦理精神"的确定性上来看，并不能使"伦理精神"成为"自在自我"的实存。

"为他性"行为价值的自败。这种"为他性"的行为价值并没有使

---

① ［德］黑格尔：《精神现象学》下卷，贺麟、王玖兴译，第53、47页。

② 同上书，第82页。

③ 黑格尔曾指出："思维乃是信仰的本性中通常总被忽视了的主要环节"，而且，"思维是信仰的根据，信仰是思维的行动"（参见萧琨焘《精神世界的掠影》，第155页）。

"道德行为"获得质料性的内容，而只是在两个"抽象对立"的纯粹思维与纯粹物质世界之间"来回"进行选择。因而，这一行为的特征就在于要么要求"绝对的自由"，要么回到"恐怖"的状态之中。所以，试图通过"外在的""否定性"的"为他"的价值行为并不能确立"行为"自身，也未能获得伦理行为自身的"真理性"。

（三）伦理行为的"自我"确定

伦理本质的"真理性"存在就是作为整体的自在自为地存在，体现为民族历史中的客观实存因素。但是，相对于"行为"的主体来说，"伦理"现实性的形态就表现为"伦理行为"。伦理行为是主体的道德意识之下对"伦理本质"的最高承认，同时也是伦理道德"客观实存性"的界限。这一界限一方面反映了"主体性"伦理精神的现实形态及其实现，即表现为"伦理行为"；另一方面是伦理精神的"主体性"实现的"主观性"形式及其限度。因为在个体本身内部寻找道德的质料内容，就是个人的道德修养与操守。因而，个人的"道德修养无需外求，贵在自觉，率性而为，尽其在我，不计效果"；但是，"从救世济民来看，个人再好，如无力扭转乾坤，拯救黎民于水火，仍然是枉度一生"[1]。因此，如果在一方面坚守个人操守的同时又能在另一方面使其符合社会普遍性的礼法习俗，这是黑格尔要解决的道德的历史性难题。在此，黑格尔认为，这两个方面统一表现为伦理行为的"自我"确定性，即伦理行为的"主观性"界限；在此"界限"意识之下，伦理精神的现实蕴有就是"和解"。

在这一阶段，从"异化世界"中逃离出来的"为他性"的道德自我意识，开始认识到自身的主体自由性，"主体性"的觉醒使得"伦理性"的存在特征从"为他性"转变为"自我性"。因而，这里的伦理道德"真理性"就在于其"对其自身具有确定性"的精神。

在此，黑格尔的任务就力求解决在道德意识中的自我道德要求与社会义务规范之间的矛盾性。因而，首先，主体性的道德行为的本质存在就在于"符合义务的时候"，[2] 在一个道德世界观中，这就说明二者的统一与和谐是一种"预设"：其一，义务与现实之间是"不统一""不和谐"的；其二，道德理性规范与感性要求也是不统一的。因而，道德意识的自

---

① 萧琨焘：《精神世界的掠影》，第162页。

② ［德］黑格尔：《精神现象学》下卷，贺麟、王玖兴译，第134页。

我道德要求就是在"自我"之中的。其次，道德义务中是存在矛盾的，是一种颠倒的存在，即"道德规律"成为"自然规律"，因此，"既然冲动和欲求都有它们自己固定的规定性和独特的内容，那么与其说它们符合意识，倒不如说是意识符合它们"①，这集中体现为"道德自我意识的真理性"。最后，"良心"在与普遍社会义务的"和解"中保留了伦理精神的存在。

伦理行为是否可以在历史中实现自我，实现自我的超越。实际上，这就是追问人是否可以超越人类原初的存在结构与形态，如果回答是肯定的，那么再追问人类原初、本真的存在形态就是多余的，因为"原初阶段"也好"中间阶段"也罢，都是人类精神意识发展的一个环节，最终都会被历史的逻辑所克服和扬弃；如果回答是否定的，那么人类在自我发展实现的历史中不断向源头、本真形态的"回溯"就是一种调整和重新开始，是从原初本真之中汲取养分、积聚力量，从中"绽出"人类更辉煌的生命色彩。

"道德存在"作为人类一种本真的存在形态，是否可以超越呢？在道德之"思"与"行"的关系之中，以及"伪善"的前—道德经验的结构之中，我们能够更好地反思"道德行为"及其限度。

### 三　无法超越"思"的道德行动

从"道德观念论"转向"道德行为论"的努力，以及对"道德行为""行为意识"的强调，并非是将"行"重新置于"思"的位置上加以理解，即便如此，道德之"行"也无法摆脱"思"的影响。另外，"道德行动"的创造与改造体现出人的旺盛"生命力"，但是，"道德行为"对人类原初本真的生存经验与结构是"无能为力"的，这就是道德行为的"无超越性"两方面的体现。

1. 在这里，"无超越"的道德行为是指道德"行为"（doing）无法超越道德"反思"（thinking），而成为独立的具有合理性、有意义的存在，"行"的意义、价值及其形式始终是与"思"联系在一起的，没有"思"的行为就是不可想象的，"行"之"真实"来源于"思"之"真诚"。

实际上，从人类文化的源头开始，人们就开始对"思"的世界进行

---

① ［德］黑格尔：《精神现象学》下卷，贺麟、王玖兴译，第140页。

"反省"，以确定"思"之真诚。在东方，孔子借助《诗经》说道："《诗》三百，一言以蔽之，曰'思无邪'。"无论是从其文学创作上来讲，还是从其思想内涵上来讲，程伊川说："思无邪者，诚也。"因而，"思无邪"就是要归于正诚，或如冯友兰先生所说的"非礼勿思"①，思、言与行都要合乎"礼"。

在西方，思与诚又是两个递进的环节。《圣经》中人类始祖所犯下的"第一桩"罪，实际上也是由于"思之不诚"而造成的，因为他试图"知善恶"，而这种"善恶"之知是只能由上帝拥有的，是"非人"的属性的。于是，人类始祖所犯下的罪就是两个层面的：首先是试图"去知"，这种"去知"本身的意图与冲动就是一种"罪"，就是"思"之罪；其次是"思之诚"或"思之不诚"的考量，因为"去知"善恶本身就是一种罪过，那么所思的"诚与不诚"就是"罪上加罪"。因而，"基督教伦理学的首要任务就是要扬弃这种知"，而伦理学的任务则是重现与上帝的统一关系，而"知善恶之可能性即脱离本源……知善恶表明了，事先已经发生了同本源的不和（Entzweiung）"②。

但是，这种"去知"和"善恶判断"的努力本身是不是有意义和价值的呢？东方的道德思维认为，人之思是能够达到"诚"的可能的，而且在方法操作和程度上都是很彻底的，所以有"反身而诚，乐莫大焉"。西方思维则更多地纠结于"超越"与"经验""进步"与"堕落"的"知与可知""真知与真实"之间的界限与限度问题。黑格尔就将此当成"绝对精神"的历史进程的一部分，因而是值得肯定的，是对自身行为的"自然性"与"无目的性"的否定。但是，基督教与现代存在主义哲学就不这么认为了，他们反对这种"知善恶"的伦理学，而试图"用现实或本真的存在以及非现实或非本真的存在的概念来代替善与恶的概念"。这种"本真的"与"非本真""现实"与"非现实"的存在区分是第一位的、本质上的，而非如黑格尔所认为的是历史的渐进发展。

另外，从"道德起源"的历史划分中我们就可以清楚地看到这一点，而这一历史之所以是"道德史"又是通过人们的道德价值判断而获得的，

---

① 冯友兰：《中国哲学史新编》上卷，人民出版社 2005 年版，第一册第四章第三节。

② ［德］朋霍费尔：《伦理学》，胡其鼎译，魏育青、徐卫翔校，上海人民出版社 2007 年版，第 39 页。

因而，道德史中"价值判断"的心理动机尤为被看重，而这种"心理动机"何曾不是"思与诚"的世界？在此，我们想要展示黑格尔与尼采对两种不同的"道德史"的描写与叙述，以此展现"思"与"行"的纠葛，以及道德行为"无超越"的根本原因。

在这里要追问的不是人类为什么需要伦理道德？或者是伦理道德何以可能？而是伦理道德的经验意识的开端在哪里？为什么就出现了伦理道德的（社会）存在？以及我们的行为应当如何判断其道德价值？前者追问的是作为科学的"道德知识"问题，因为他们把伦理道德看作是一种对我们有用、我们所需要的东西，是在"有用性""有利性"的价值原则中讲"价值"；而后者追问的就是作为"实践"的"道德行为"本身，因为他们把伦理道德的"有价值的""好的"看作是其本身的属性，因而在追问方式上也就不是"有利""有用"的因果性起源和结果，而是询问其真理内涵："这样一些行为应当具有什么样的性质并且应当如何进行，才能使因果性的判断为真。"①

这是一种社会现象，社会历史或社会心理现象，而非自然现象；同时，又是社会历史中的自然发生，其"必然性"在我们所能认识的真知之中；其"应然性"就在社会性动机的心理机制中。于是，就是在追问伦理道德的起源及其存在形态中，"思之真诚"逐渐掩盖了"行之真实"，或者说一开始伦理道德的"源初"形态就是"思"——意识、理性、精神，抑或是某种心理特征——同情、怨恨、报复等；再之后，"伦理行为"得以发展和现实性的存在，但是，"行"的存在始终是以"思"为依据或相伴随的，哪怕是在现代哲学中发生了"思"与"做"的倒转，"思"仍然是作为"做"的婢女，"正如它曾经是神学的婢女（ancilla theologiae），是中世纪哲学沉思神圣真理的婢女和古代哲学沉思存在之真理的婢女一样"②。"思"失去了独立存在的意义，但是它仍然存在于"做"的周旁，并且作为"做"的参照而存在。以上是"思"与"行"的二元关系论中道德行为的"无超越性"的体现，但是，这一表现形态无疑是受形而上学的一元论与二元论的关系影响下产生的。

2. 不仅如此，从道德本身的存在特征来看，道德行为的"无超越

---

① ［德］胡塞尔：《逻辑研究》第 1 卷，倪梁康译，上海译文出版社 1994 年版，第 47 页。
② ［美］汉娜·阿伦特：《人的境况》，王寅丽译，上海人民出版社 2008 年版，第 231 页。

性"还体现在道德对人类自然—原初本性及自然、非文明行为的改造上，我们不难发现，道德行为的创造性最终还是无法逃脱道德原初的经验结构与构成。

从"伪善"的"前—道德经验"的存在方式来看。伪善在近代的揭露和归纳，有着一个非常有规律（有意思）的发展线索。这就是："伪善"随着每一次、每一种不同方式的（道德理性的、道德意识的）揭示和显现，"伪善"的道德行为存在本身被当作一种"前"反思的道德经验而被接受、整合入人性或道德意识本身的结构之中，从而成为一种人类原初道德经验的必然构成，或者说是道德本真形态的有机构成。

康德在揭示"伪善"的前—道德经验存在的人性结构上，明显地分为两个部分：一是先验的，先验世界的存在；二是经验的，历史现实世界中的存在。我们先来看前一方面。康德在《单纯理性限度内的宗教》中在关于"人性"的论述中，就已经认识到要实现在人性上的"改恶迁善"，不啻一个"新人"的再造；而其中"伪善"是一个严重的障碍。因为伪善成为一种先验的人性结构，成为一种"道德动机"本身，道德行为的出发点不再有"法则"与"准则"之分，而是"掩饰（的动机）"成为道德行为的动机。这样，伪善对道德基础的败坏就体现在两个方面：其一是在道德可能的人性"根基"上的；其二是在道德行为可能的动机上的；这两个方面都是至关重要的。在前一个方面，对道德人性的根基的破坏上，人性中的伪善是理性无法对其进行说明的"先行"结构，这一点有《圣经》中的人类始祖的第一次说谎行为为证；而后一方面，就在于伪善对"道德意向"的败坏上，作为道德行为主观根据的"道德意向"成为一种"掩饰"的行为工具，因而，伪善之恶可以不考虑其后果而直接根据其"动机"就定其性为恶。这样，伪善作为人性的"根本恶"（radical evil）根植于人性的先验结构之中，道德行为的"向善"努力必须由此出发，似乎成为道德向善、历史进步上的一种"原罪"。

再来看后一方面，康德是在后期的政治哲学与实用人类学等著作中提及的。康德告诉我们期待"人性变善"在理论上的难点："我们的禀赋中为天性所固有的善和恶，其总量始终是同样的，并且在同一个个体的身上既不会增多也不会减少，这一点总是可以承认的。——那么我们禀赋中的这种善的数量又怎么得以增多呢？"靠自己主观上的选择？但要选择善，先得具有了更多的善，这就陷入了循环论证中，而且无论怎么说，"作用不能超出作用因的能量之外"①。在此,我们还可以"伪善"为例。康德在《实用人类学》中就认可了"伪善"的历史作用,称人类的虚伪和伪善是"可以允许的道德假象",他说:"人总的说来越文明越像个演员。他们领受了和蔼可亲、彬彬有礼、庄重和无私的假象,而不用来欺骗任何人,因为每个别人倘若并不那么认真地对待这件事,对此也还是赞同的。而且世风如此也是极好的事。因为通过人们扮演这种角色,他们在整个漫长时期里只是矫揉造作出来的这种德行的假象,也许最后会真的一步步唤醒德行,并过渡到信念。"② 这同样可以看作是他在先验世界中将"伪善"归结到人性的"先验结构"之中,而在经验历史世界中的对应存在。而且,康德在经验的历史世界中对"伪善"葆有期望,其目的仍旧是个体"善意"的信念。因为康德坚信,进步的问题不是一个经验问题,单纯靠"经历许多世事而磨练出来的伟大经验"根本就无济于事;那么最后解决的途径就只能在对"纯理性的纯观念"的认识上。而认识能解决人性的"善意"吗?康德提出了两条论证:第一,涉及自己,"人类意识到:因为自己应该做到这一点,所以自己就能够做到这一点;这就在他们身上开启了一种神明禀赋的深处,使得他们仿佛是对于自己真正天职的伟大与崇高感受到了一种神圣的敬畏"。第二,涉及代代相传,如果我知道"我所要求于我的道德品行上却没有像我所应该的、也就是所可能的那么好,这就会影响到后代,使他们可以变得更好(因而也就必须假定这一点是有可能的),并使这一义务可能合法地从每个世代的一个成员遗传给另一个"③。

这是康德对道德人性论意义上的"伪善"存在形态的揭示,之后,黑格尔普遍的渗透于整个民族意识的伦理精神,不再把道德基础根植于个体的"善良意志""实践理性",而是认定一个相对于一个民族而言的伦常习俗才是真实的。因而,个体性的"自由意志""自我选择"就只是作为客观实在的"伦理精神"的一个环节,个体之"恶""伪善"等就是"伦理精神"自我实现的过程中必不可少的否定性环节。"伪善"就成为一种道德自我确认的历史经验,是一个"无辜"的伦理意识的"历史"

---

① [德]康德:《历史理性批判》,何兆武译,商务印书馆1994年版,第148页。
② [德]康德:《实用人类学》,邓晓芒译,上海人民出版社2002年版,第33—34页。
③ [德]康德:《历史理性批判》,何兆武译,第179、204页。

发展阶段；同时，也必将随着历史的发展而克服。因而，在"道德意识"论的客观历史考量中，"伪善"被收整进人类自我意识的精神发展史中，成为一种在历史中自我发展、自我超越的现实。

但是，萨特的"无神论存在主义"的研究再次揭示了在人类意识的前反思阶段中仍然存在着"自欺"的意识结构。"自欺"是一种独特的意识结构，它再次挑战了意识的客观发展的历史轨迹，而将其再一次推进"不可超越"的无底深渊之中。因为克服伪善促进人性的向善，不是此一行为或彼一行为就可大功告成的，也不是在历史发展中的自然祛除，"伪善"的欺骗与自欺的特征或者说已经成为人类的"本真"生存结构的因素之一。因而，在"无超越"道德行为的探讨中深挖"伪善"的前经验、前反思的存在特征，就是要戒言戒行，伪善对"道德行为"的否定就在于其结构已经植根于人类原初的生存经验之中。

## 第二节　传统形而上学对行动逻辑的否定

阿伦特在揭示现代发明（如钟表）的精神后果时说，"真理和知识只能靠'行动'，而不是靠沉思来获得"，也即是说，沉思生活与积极生活之间的等级秩序发生了"倒转"。这种变化是重大的，因为它从根本上颠覆了传统的真理、知识的确定方式，"真理不再向观看者心灵的眼睛显现、泄露或揭示自身之后，就出现了一种必须在欺骗的表象背后追寻真理的真正需要"。因而，"对于获得知识和接近真理来说，再没有比被动的观察和纯粹的沉思更不值得信任的了"。最终，"为了获得确定性，就必须弄确实（make sure）；为了知，就必须做"①。这种现代性生活秩序的形而上学基础的变化，最直接的影响就表现为"知行关系"，我们在前文中已经提出"以行立知"的道德形而上学模式，在此也得到了进一步的论证。

或许正如歌德所言：

> 我先写下一句："太初有言！"
> 译不下去了！谁来帮助我一番？

--------

① ［美］汉娜·阿伦特：《人的境况》，王寅丽译，第229—230页。

> 我不能把言语估计得这样高，
>
> 如果真受到神灵开导。
>
> 我定要把它译成一个字。
>
> 我要这样写着："太初有思。"
>
> 这第一行要仔细考虑，
>
> 落笔不要这样草率仓促！
>
> 光靠思想就能创造一切？
>
> 应该把它译成："太初有力！"
>
> 可是，我刚写下这一行，
>
> 我已被提醒，这还不够恰当。
>
> 神灵相助！我突然之间领会，
>
> 满怀自信地写道："太初有为！"
>
> ——歌德《浮士德》，第一部，第三场

在这里，我们将歌德的诗句搬过来，不仅仅是为了欣赏这优美的诗句，更是为了寻找共同的认识起点与运思路径；同时，在对世界原初状态的认识上有着共同的感受。因而，从"有言"到"有思"，从"有力"再到"有为"，这一思维的逻辑过程正是在真实的世界里存在感受的"写照"。太初，世界的开端与起源都是在"有为"下创造的，"有为之为"不是说否定了"言""思"与"力"，而是"为"字是更为恰当的表述，更为接近世界的"本真状态"。因而，歌德"世界"中的"太初"之道是"有为"之道，这与中国传统"道家"的"无为"之道又有着怎样的关联呢？实际上，有为与无为并不是直接的截然对立，"无为"的太初境地是说"世界"开端一切皆有可能，而"世界"正是在"无中生有"的逻辑中产生的；"有为"的太初境地是以有为的"行为"摆脱虚无而创立"世界"，没有"行为"我们就仍旧生活在一个混沌的世界里，而与世界一体；"行为"确立了人类自我，并创造一个"为我"的世界存在。

我们在此对现代性的道德形而上学模式的反思，不仅仅是为了揭示这样一种变化，更是为了展示在这种变化了的模式下"伪善"的表现形态。道德生活世界中以"行动"为本质特征的展现，其"本真性"形态及其要求是根本不同于"认知形态"下的道德本真的真理及其知识的。因而，为了揭示一种"伪善"新鲜形态的道德形而上学，我们有必要明确旧有道德形而上学形态下"非本真"道德存在的特征,以此作为展露伪善另一道德形而上学形态的前提要求。因而,在此我们并不是展示伪善的道德行为中断的具体形态与逻辑,而是这一伪善形态存在的"道德世界观"。

### 一　求善的目的论①伦理学

求善的"目的论"伦理学对道德行为的"中断",主要表现为两个方面:其一是"求善"的哲学伦理学的操作机制问题;其二是"目的论"对道德行为的消极影响。但是,这两个方面在具体的伦理道德理论与观念认识中是统一的存在。

哲学伦理学对于"善"的追求,是将其作为对象性、工具性的"目的"存在而要求的,而非是"善"本身的意识,这样一种传统是在形而上学的基本认知结构中产生的。这其中包含了双重意义上的决定关系:其一是哲学上的"沉思"对世俗的行动与生活的决定关系;其二是传统形而上学的一元论对于"知行关系"的规制与决定。

目的论伦理学对"善"的追求的哲学机制。西方哲学把"好"理解为"善",于是这里就有了这样一个问题:"善的""好的""有价值的",是就这个东西对某人、某事或某时某刻的某个团体而言的,还是说这个东西自身就是"好的""善的""有价值的"?前者是在手段、工具的意义上而言的,比如我们可以认为自由、民主、人权之所以是"好东西",是因为它当下为我们所需要,对我们的社会发展有利;或者,就是认为自由、民主、人权本身就是好东西,是我们人类社会发展的目的,而不能把它们仅仅当作手段或工具。康德当年说"人是目的",就是说在任何时候、任何情况下都不能把人当作手段、当作工具来达到别的目的。人当然是有用的,但讲人的有用性与讲人是目的还是有着根本不同的。在"有用""有利"的意义上讲"价值",揭示的是一种因果关系:因为(只有、只要)……所以(才能、就能)……在"目的"的意义上讲"价值",并不关心"有利""有用"的因果性起源和结果,而是询问其真理

---

① 对这种目的论的批判性反思,是建立在求善目的论声称可以给予任何一个人一个目的论意义上的伦理生活基础上的,这对古希腊社会时期没有分裂的伦理世界而言是可能的,但对于现代社会中作为第一人称的行动者的伦理生活的"确证"来说就不再是成功的论证(参见 Bernard Williams, Ethics and the Limits of Philosophy, Harvard Unniversity Press, 1985, pp. 47 -49)。

内涵。① 因而，伦理学尤其是哲学伦理学一直以来都是以"目的论"为机制确证"道德行为"的合法性与价值性的。但是，这一"目的论"本身不是牢不可破的最后根基或价值柱石，具体体现为不同文化对文化理想中对"至善"的认同不一；而且，即便是同一文化归属之下，价值的"手段性"对"目的性"存在形式的僭越或替代——伪善——都足以让"目的论"陷入万劫不复的境地。因而，"目的论"对于伦理学的哲学基础的论证并不是坚实的，而且在认识论以及唯心主义的长期统领下的道德哲学，更是遭到多方面的攻击和诘难。

实际上，我们在此想说的并不是"目的论"本身，而是怀疑传统形而上学统制下的道德哲学对"目的论"操作方式问题。因为作为一种创造意义世界的生物，人类从来都没有放弃过对"共同"理想、价值的追求；但是，这种理想、价值以及信念的存在及其必要性并不是由于对其目的性价值的"预先"设定，或者冥冥之中有一种人类无法企及的力量对此所作的决定。道德价值的"目的性"、道德行为的价值创造性并不依据于此，而且这些最终决定力量的存在与否，与道德价值及其存在不是"同一"的。因为我们的世界是我们自身为我们建构起来的，"目的"就是为了使这个世界合乎其理想中的"应该"。于是，通过臆造而来的道德"目的"的依据——上帝或某种"自在之物"，就不一定是必不可少的；而作为道德—实践的主观性根据的"道德意向"具有了关键作用。以致赫费在康德的道德哲学中就发现了这一悖论："哪里缺少了道德的意向，信仰就在哪里失落，以至于上帝和不朽的灵魂只为那已经为道德意向所指的东西而存在，而道德意向之所指几乎不需要上帝和不朽的灵魂。"② 在此，难道"上帝"这一目的就已经"名存实亡"了？但是，康德仍然坚信人们只有在对这些问题的思考中"成为人"，这或许就是道德所担负的人的"自我理解"的重担。但是，这一"重担"可以压塌诸种道德具体的"目的"形态，但是，不容怀疑的是"人的存在"的价值意义及其"目的性"本身。这里，我们是否已经把人的存在的"目的性"本身当作一种至高无上的"价值"而认可，这对"存在主义"是至关重要的，这

---

① 陈家琪：《普世价值与当代中国》，载《文景》2008 年第 9 期。
② ［德］赫费：《康德的〈纯粹理性批判〉：现代哲学的基石》，郭大为译，人民出版社2008 年版，第 311—312 页。

在于人的"道德存在"是不是人的"本真存在"形态？同时，这对于我们探究伦理道德"价值行为"本身的源起、性质与"本真"形式也是重要的。

　　而哲学伦理学的"形上结构"一旦被剥离了"目的论"之后，诸如"上帝死了"的价值重估运动就成为一种"个体性"乃至"虚无主义"的行为要求。于是乎，陀思妥耶夫斯基惊呼："如果没有上帝，道德何以可能？"① 对其否定回答在于：没有上帝，一切皆有可能。于是，不仅仅是伦理学要摆脱"神学"目的论的制约，其根本用意在于神学伦理学本身也要摆脱"目的论"的束缚，而重建人与上帝的同一关系。因而，胡塞尔的现象学伦理学似乎就要追求一种"悬置"目的的科学伦理学的规范性法则；舍勒的人格主义伦理学也要摆脱"道德价值"的先验形式主义的规定，而有必要将其还原到"伦常"的道德生活世界之中。因为没有道德行为的质料与内容秩序的显露，就不会有具体的道德行为的践行，预定的道德目的与先验的形式主义将这些统统"遮蔽"掉了。因而，舍勒称一种"现代"的伦理学是"质料的价值伦理学"，而非"古典静态的善业伦理学"，也非"客观目的伦理学"；而且"只是在善业伦理学与目的伦理学崩溃之后，就是说，在自身可靠的'绝对'善业世界崩溃之后，'质料的价值伦理学'才能产生"②。所以，"静态"的善业伦理与客观目的伦理学就形象地描述了传统伦理学对"道德行动"的蔑视；而作为新伦理学诞生的"世界"要求则是"绝对善业世界"的崩溃，这一"世界"是在"求善"的道德意向与超越的"目的"要求下产生的，其特征就是"无恶"的世界性。

## 二　无恶的道德世界

　　"无恶"的道德世界是指一个"恶"无法通过现实的行动得以显现的世界，实现出来的和具有合理性的现实都是"善"的，而非善的恶的东西本身不具有现实性。无恶的道德世界被设定为一种理想的、合目的性的人类本真的存在世界，理想中的"伦理生活"世界；这同样是服务

---

　　① 转引自何怀宏《道德·上帝与人》，新华出版社 1998 年版。

　　② ［德］舍勒：《伦理学中的形式主义与质料的价值伦理学》，倪梁康译，三联书店 2004 年版，第 17 页。

于目的论伦理学的"世界"场景，而生成为人类意识中的"道德世界"观。

在传统至善理念的世界一元论思想之下，善恶与形而上学的存在与虚无、彼岸与现世、生命与死亡等是在二元对立下存在的，在理念论与基督宗教的彼岸理想之下，一个有善的彼岸的道德世界是人们信仰、追求的对象；而"恶""有恶"的世界则为人们所厌恶和抛弃，以致认为恶是道德存在的无力、虚无的状态。与之相对，道德世界则必然是一个存有的世界，是在理性中实存的世界，因而，道德世界中必然消除了"恶"，是一个无恶的世界。黑格尔在分析伦理精神的发展环节中，从纯粹意识与现实意识两个方面考察认为，"善是自在存在的独立的精神力量"，而那被动的精神本质，"是虚无的本质，是恶"①。同样，在没有一种实在的世界存在环境中，这种伦理学必然是对"责任"的缺失。

实际上，这就形成了一个非实践论的必然规律的因果关系逻辑，如果道德世界是一个必然的归宿，是一个可以有指望的目的，但是在现实生活中"行为"又不能与此目的相配，最起码也不能达到——相配，而我们又知道这一行动的必然"目的"，于是，对恶行的"掩饰"同样可以希求在道德世界的"幸福"。因而，人们对自己如此"知善"而"行恶"的悖逆举动的道德归因，无论是人性的自然倾向，还是自由意志使然，再或是意识的前反思结构，都意味着要打破人类为自己"悬设"的一个有目的的道德世界的"已然"存在，而这样的结构只会滋生道德上的"伪善"情绪，阻断真正的道德行为。在此，我们就要对这一无恶的道德世界的状况进行解析，以揭示其"中断"道德行为的特征。

无恶的道德世界是一种"背后"的世界。尼采认为，一个无恶的道德世界不是现实之中的存在，而是想象的结果，是由于奴隶的道德起义而带来的，因而，奴隶道德创造了一个善的"背后"世界。在解释什么是"背后"世界时，尼采认为，"怀有怨恨的人正是在这里有了自己的行动和创造"，当然这里的"行动和创造"是否定意义的，"他臆想了'凶恶的敌人'和'恶人'，并把他当作基本概念。而在此出发点上，他继续设想了作为背后图景和对立面的'善人'——这就是他自己"②。因而，这

---

① ［德］黑格尔：《精神现象学》下卷，贺麟、王玖兴译，第45、46页。
② ［德］尼采：《论道德的谱系》，谢地坤等译，第23页。

种"世界"的创造和产生之所以被称为是"背后"的，就是因为它"颠倒"了价值的源头和生产方式。不仅如此，这一"颠倒"不仅是一种前后、因果关系上的颠倒，而且更是一种正反、肯定与否定、自我与非我、向内与向外、生产与无生产之间的"颠倒"。这一"背后世界"颠倒了善恶的源头与根本区别的依据，而是将"善"的价值归结于一种"阴毒"的开端。

这一道德上的"奴隶起义"之所以能够实现，是与道德形而上学的内在结构联系在一起的。首先这一对立的"世界观"的认识观念是根植于传统形而上学二元对立的世界观的基础上的，在这里"理念"比"现实"更具真理性；其次，对这一世界中的价值认定是"非此即彼"式的二元对立的模式，对"此"的否定即是对"彼"的肯定；最后，这一对立的善恶、是非的价值关系，是对立而生的，"此"的价值肯定就构成了"彼"的价值否定的依据，反之，亦成立，并且带来的危害更大。"奴隶道德"就是此逻辑中的产物，并且，它的产生是对这一逻辑"否定"层面的发展，它是从对彼的价值"否定"进而"去肯定"此的价值存在。因而，尼采所表述和发现的奴隶道德就是建立在传统二元论形而上学基础上的道德形态，并且，其价值源头的设定是以"否定"形态为开端的，也就意味着这也是对传统道德形而上学的一次"颠覆"，传统的道德世界从一种理念的世界，进而转变为"背后"的世界。

无恶的世界就无须"否定性"的伦理行为，道德行为被中断。在一个无恶的道德世界中，真正的创新性的道德行为被"中断"，其前提就在于这个"背后"世界中"怨恨""复仇"等行为本身就是"否定性"的、"无生产"的，奴隶道德把这种"否定性"当作是"创造性"，从而在一个"否定"的前提世界中确立道德价值。因而尼采说："道德上的奴隶起义开始于怨恨本身变得具有创造性，并且产生价值的时候；这种怨恨来自这样的存在物，他们不能用行动作出真正的反应，而只会通过幻想中的复仇获得补偿。"[①]

这是一种道德价值产生方式的重大变革，同时对于尼采也是一个重大的发现，这一认识直指"道德行为"自身"生产、创造能力"的丧失。这一变化无异于人的又一次的"堕落"，因为我们不再凭借着主动性、自

---

① ［德］尼采：《论道德的谱系》，谢地坤等译，第23页。

我的行动而获得价值认可，而只是对"'外在'、'他人'、'非我'"的否定，这种否定就能进行"道德的创造性行动"。这就从价值的源头否定了"道德行动"存在的意义，甚至是对一种"强力"道德行为的"妖魔化"，将其转换成"恶"。这成为"道德虚无主义"的源头，道德虚无主义的根本表现就是"对人的厌倦"，因而尼采的目标之一就是"对人的克服"，只不过这一人指的是"奴隶"品性的人。于是，这一对人的道德品格的否定，也就从根本上"断绝"了道德的"人（性）"起源。因为尼采考证的结果显示："道德价值标准最初到处被应用于人，而只是派生地和后来才被应用于行为。"因为"上等人认为自己是价值的规定者；他们并不需要得到批准；他们做出这样的评判：'凡是对我有害的东西本来就是有害的'。他知道，只有他才能赋予事务以尊严；他是价值的创造者"①。这种精力旺盛下的道德冲动，是一种积极的道德行动，这其中，似乎在道德主体与道德价值之间存在着"双重"关联性，一方面是道德主体的积极行动所赋予行动中的价值形态，另一方面道德价值的"本然"存在正应当是通过这种方式而存在的。在这一逻辑中，似乎有一种"独断"的意味，但是它体现着善恶价值与"自身"的同一性；这一"自身"的概念标示了道德价值的"自我"性与"为我"性的统一。

但是，在此根本意义上，无恶的世界实际上就是一否定世界，其前提的否定替代了道德行为的"创造性"和"否定性"。因而，在"无恶"的道德世界观之中，道德的起源就不是以"自我"为根据，而是由一种外在的"否定"构成的，是对"主人道德"的否定，进而肯定自己，使道德价值成为"自为"的存在。而且，奴隶道德的起义所造成危害的关键在于，这一非本源的、第二位的道德价值根据"僭越"了第一位的道德自我的本然形式，于是"否定性"的自身成为一种"先在"的存在。而且，这种"先在"的否定性构成了"世界"的底色，在其中生活的人的生存气质与样态，相应地发生了重大的变化；因而，其中的道德心理、道德发生史的考察就尤为必要。所以，这一状况的解释实际上与尼采对道德史的划分有密切关系，从道德前史阶段到道德史阶段，一个显著的特征就是从后果论转移到义务论，这种道德价值"事先"设定的特征也体现

① ［德］尼采：《善恶之彼岸——未来的一个哲学序曲》，程志民译，华夏出版社 2000 年版，第 188 页。

在道德世界观中。经过尼采描述的这种奴隶道德通过"事先"的外在的价值否定，而确立自身的价值标准本身又是"道德时期"的重要表现。

同时，这一"背后"世界中，维持道德的经验是罪孽感、内疚感的存在，因而也是"无力"的体现。这一特征总的来说揭示出人的"顺从"的生存状态和感受，因为，无论是罪孽还是内疚的道德感受，都是一种将道德"内在化"的倾向，而且这一道德举动试图消弭自我的道德不足与无力。然而，这是一种"自欺"的表现，因为，无论是道德惩罚还是道德幸福，人们总是将这些不可归因归置于"自我"界限之内。但是，这一无界限、无等级的"跨越"在"夸大"人的形象的同时，也是对人的价值等级的贬损。于是，在"上帝死了"之后的价值重估就是对"人的价值"的重估。因为在这一世界中"道德秩序"和"价值等级"都被抹平了，在与动物之间进行了行为价值的区分之后，人对更高价值并没有产生"必要"的尊崇，在道德心理方面就是"欠负""内疚"（schuld）意识的缺失。因为"欠负"与"内疚"是两种截然不同的道德心理的存在感受，因为"伦理的欠负都以两个条件为前提：（1）欠负蕴涵一种衡量尺度，这种衡量尺度提供两者之间的失衡差距，欠负者得承认这一差距；（2）失衡的差距应该修复（至于能否修复是另一回事），否则就谈不上欠负"；[①] 而"内疚"则是要从"自我"的内在寻找原因和根据，从而最终确立整个"世界"都是自我创造的产物，一个无秩序、无等级的"心理"世界。

最后，这一道德世界观在后现代中的体现就是，无恶的世界对"道德冲动"的否弃。简单来说，这涉及现代性对人们道德感受、道德认识的"规制"和"统一"，于是，人们不再有不合乎"既定"要求和规范的行为；否则就被作为一种非正常的"病态"表现加以隔离、区分。因而，人们首先要服从、遵守一种既定的道德约定，认同这种秩序的合理性，而一种可能的"道德冲动"则是在此规定之下的有限制的活动。"在个体的平台上，行为者作为道德主体，在面对指定的任务和程序性的规则这双重力量时，变得哑口无言、毫无防范。"[②]

---

① 刘小枫：《舍勒论负罪之在与信仰之在》，载《罪与欠》，华夏出版社 2009 年版，第 23 页。

② ［英］鲍曼：《后现代伦理学》，张成岗译，江苏人民出版社 2003 年版，第 148 页。

### 三　道德行动"主观性"界限的揭示

近现代对"道德"的哲学追问，都依据于道德本真存在的形态，或者说"道德行为"的可靠根据是什么？哲学家们一次又一次地探寻这一根据的坚实基础，但是又被一次次的"否定"（非客观性）。从克尔凯郭尔的个体感性存在，到萨特在《存在主义是一种人道主义》中宣称的"人越不出人的主观性"，存在主义学者似乎一直在追问"人的存在限度"；但正是这种"存在的限度"也启示我们：人的道德存在仍是一种"主观性"的形态，而对这一"道德主观性"限度的揭示不是在"道德认识论"中，恰恰相反，而是在"道德行为论"中。因为"道德认识论"中的道德存在总是逃不脱"观念"的纠缠，因而表现为道德意识的"辩证法"；但是，道德的"理性行动"就力图打破道德观念的唯心主义界限，而将道德质料与社会关系包括进来，从而成为具体的历史的"道德行动"，在具体的历史的社会实践中"道德"得以现实地存在。

在道德发生的经验源头与道德行为的现实感受中，伦理道德的现实存在总是试图超越主观性的"界限"，而确证自身"客观"存在的事实。而"道德行为"的实践特征又不断地超越、否定这些道德的"客观"现实性，一次又一次地把道德的"客观性"存在的根据置于其"现实"之外。这一"悖论"背后不仅揭示了"道德"对其经验、现实、世俗状态的不信任，因而朝向"彼岸""超越"的形态存在；而且吊诡的是"道德"越是尽其所能地朝向"客观"存在的努力，越是显示出其"主观性"的本真存在状态。

我们从对"道德起源"的追问来看，在近代，休谟将道德的实践性特征从"科学"理性认识的藩篱中解放出来之后，"道德行为"的客观性存在及其根据的确立就成为哲学伦理学的第一大要务。康德整个道德哲学的努力就在于对"道德律"的客观基础的确立，而道德实践的自由意志的决定性就成为关键，由此，康德第二大批判就在于把"实践理性"纯化并上升为"纯粹实践理性"，以期为自由的道德实践活动提供基础。在其后期理论中，"道德准则"的"意向"基础概念的提出，就在于为一种主观的可选择的道德行为的连续性与可归因性提供根据。因为康德的道德意向（gesinnung）这一概念，"它力图综合两种原本不相容的要求，这两种要求均被视为行为能力的条件。一种要求是需要一持久的性格，选择只有与之相关才能得到理解；另一种要求则是需要（源于道德性这一前提条件）将这种性格本身当作行为者可以对之负责并且能够用自身行动加以根本转变的东西"①。实际上，在此我们可以看到，这种道德行为的"主观性"根据既需要"持久性"又要求"改变性"。因而，康德的道德哲学中就存在着诸种需要调和、统一的二元性因素的存在，而且，显然这种道德行为的主观根据并非永恒的"本体"行为根据，同时又非理性因果关系上的决定，这就排除了时间性的影响，而是一种"逻辑性"关系的存在；这种逻辑上的行为归因，就使得作为主观性存在的道德行为者的存在成为"理性事实"。

其次，在黑格尔对康德伦理学的批评性审视中，黑格尔思想中"伦理精神"的实体主义取向是否克服了道德"主观性"的限制呢？在《哲学史讲演录》以及《精神现象学》中，黑格尔对康德道德哲学原理的"空洞性""抽象性"多有指责，我们认为其根本点在于，黑格尔仍然认为康德对道德的认识仍然受制于其理论逻辑力量，而不是在社会历史空间中的现实实现。因此，黑格尔尝试一种以"伦理意境"（gesinnung）对"道德意向"（gesinnung）② 的现实的具体改造。

针对此，《精神现象学》中的分析较为集中，我们就以此为例。在《精神现象学》中，黑格尔对康德伦理思想的描述、评价主要是在"道德世界"的相关分析中。道德世界的发展在伦理意识自身历史展现的过程中就处于"主观性"的阶段，因而我们有理由认为，"事实上，黑格尔也是基于同样的理由认定道德或道德世界作为主观精神自我立法或自然意识之本质的"存在。然而，"如果我们正视在道德的整体目的和人类主体的具体目的之间实际上始终存在着某种'裂隙'，我们就会看到，黑格尔与康德对'伦理'与'道德'的关系的不同诠释，实际上标明了'道德世

---

① ［英］阿利森：《康德的自由理论》，陈虎平译，辽宁教育出版社 2001 年版。

② 我们注意到，同是对"gesinnung"一词的翻译，在康德的《道德形而上学基础》中苗力田先生翻译为"意向"，而在《精神现象学》中翻译为"意境"，并被注释为"一种思想感情，一种看法"（参见《精神现象学》下卷，贺麟、王玖兴译，第 26 页）。而在舍勒的《伦理学中的形式主义与质料的价值伦理学》中同样有对该词的专门分析（详见该书第三篇"质料伦理学与成效伦理学"），而倪梁康先生提议翻译为"志向"。"gesinnung"一词，可能是继"sittlich-keit"一词之后争议较大的，但又是关联康黑思想一个重要概念，同时也是梳理德国伦理思想发展演变的重要脉络线索。

界'在不同取向上的斗争：或者（如康德）用'道德世界'设定的普遍性来规范'好生活'；或者（如黑格尔）用'好生活'扬弃'道德世界'设定的抽象普遍性并赋予它以具体的历史合理性。我们在康德的传统中看到，'道德'被理解为我们把一切主体当作自在的目的或当作自主的个人给予同等尊重的普遍态度，而'伦理'则指一个特殊生活世界中的固定习性，对此习性作出规范性的判断，有赖于我们对普遍道德原则之要求的把握。在黑格尔的传统中则相反，道德原则的有效性取决于随历史不断变化的好的生活观念，取决于'活的善'，亦即'伦理'"。实际上，在此强调的"道德斗争"不外乎就是一种"道德行动"，对"道德行动"的认识直接决定了道德存在的方式，这就是被解读为不同层面上的"道德行为"或"伦理行为"。这两种"行为"方式，是"道德世界所固有的主观性的某种矫正：其一，通过一种道德建构主义的设定，并着眼于道德之主体性的自由。通过道德法则来矫正其主观性，这是康德所面临的道德世界的'斗争'，其实质是将道德看作是理性的自我立法及其自由；其二，通过一种伦理实体主义的思辨，并着眼于不同道德主体之间的自然与历史，通过道德承认来矫正其主观性，这是黑格尔所面临的道德世界的斗争，其实质是将道德看作精神现象的主观过渡"①。

这里，面对主观性的道德世界存在，虽然"行为"所进行的存在"斗争"的努力方式不一，但是，所面临的问题是共同的，这就是"主观性"的克服。二者的努力与其说是一种"克服"或"斗争"，还不如说是一种"限制""调节性"的统一。这种"调节性"的存在，表现在康德道德哲学的概念体系中就是"道德意向"，这一概念在康德后期理论中，部分弥补了道德"意志的基本取向"的主观性基础方面，从而使其（行为）得以具体化和现实化。在黑格尔的思想体系中，道德行为的主观性界限表现为道德世界中伦理精神以"和解"的方式得以保存；而这一伦常习俗之所以是"活生生"的存在，就在于那些对于公共职责的施行"行为"维持着和延续着它的存在。因而可以说，康德和黑格尔分别在不同的领域内，限制了道德的客观实在性，但同时也把其"主观性"的一面限制在"道德行为"上，这样，通过道德行为的"斗争"或"和解"，

---

① 田海平：《"环境进入伦理"与道德世界观的转变》，载《南京工业大学学报》2008年第4期。

达到了"道德"主客之间的统一。

另外，在这里，我们还可以通过黑格尔与尼采的两种被认为截然不同的"道德起源"的形态来审视这一问题，看看道德究竟在何种程度上克服了自身的"主观性"，而事实上并非如此的"窘境"。黑格尔在《精神现象学》中，主要的目标就是展现意识的经验历史；具体对于伦理道德而言，从"精神"开始，实际上，黑格尔是要为伦理道德确立一个自我开始的开端，伦理道德是以什么形式开始的，是在什么形态下开始的，伦理道德要为自己的开端确立一个确定的经验意识。因而，它是从民族、家庭两大"实体"出发的；只有在"实体"中才能确立道德的自我意识，确定自身存在的经验性开端。但是，在这里伦理道德只是"自在"的存在形态，伦理的"自我"形态是抽象的；伦理自身的"自在"存在的真理性就在抽象的"自我"中被否定了。于是，伦理意识继续前进，在教化世界中（伦理意识）在自己的对象化存在中实现了自身的现实性，于是，伦理精神的"自我"意识是在"为他性"中实现的，"有用性"成为伦理精神"自在"的真理性。但是，在这个世界中伦理精神仍然没有自在自为的存在；而到了"道德世界"之中，"良心"成为最高的道德主观性的现实，成为对自身具有确定性的精神存在。这样，黑格尔就描述了一幅伦理精神的经验发展史，从外在的实体性存在到对象性的他在，以及道德主观的当世形态。直至其后期著作《法哲学原理》中，黑格尔才指出，道德行为超越自身"主观性"的道路，如果不被收入本体论的"理念世界"中，而又否弃积极主观性的"反讽"路径，那么，最终就是走向"伦理国家"的客观实在，主观性的道德行动成为伦理国家的"低级"阶段表现。但是，这样一条道路实际上最终是以"克服"道德哲学自身而取得自身客观实在性存在的，政治哲学理所当然地成为道德哲学的更高级的学科形态。因而道德行为"主观性"的克服也就意味着道德伦理自我的"克服"或"取消"，而被吸收或者说转化为"另一种"形态的存在。

尼采在《善恶的彼岸》中也梳理了道德史，他清晰地将至今为止的道德发展史分为三个时期：首先是"前道德的时期"，这一时期可以成为"史前的时期"，因为"一个行为的价值或非价值被从其后果中推导出来"；这大概相当于黑格尔所讲的伦理道德以"有用性"为真理的教化阶段。其次在"道德的时期"，这一阶段"人们一致的相信，一个行为的价值在于它的意图的价值中"；这一阶段就是德意志民族的道德"良心"的自我确证的阶段。最后是尼采所呼唤的"超道德的时期"，因为无论善恶，行为意图中东西，"一切在它之中可以被看到、被知道、被'意识'的东西，还属于它的表面和皮毛"。①

因而，在尼采的道德史时期的不同类别上，我们不难发现，对道德起源或道德原初存在形态的认识，尼采还是没有逃脱主观性的"道德意识"，这才有了将道德史的开端确立为"一个意图的来源"之处。无论尼采在"道德时期"之后如何克服"善恶"、克服"道德"，但是从道德对自身的确立、确认中，我们能够确知道德的存在，获得有关道德的认识知识和存在特征，是认识道德"意图"的基础。这种道德"意图"，无论是对此之前的"客观的主观"存在，还是之后的"主观的客观"超越，道德的自我意识都是建立在"主观性"基础之上的；而以道德行为为依托的"主观性"成为道德本然存在的样态和结构。任何试图的超越，要么是对道德本身的克服，要么只是一种"自欺"。

## 第三节　道德行动的形而上学悖论结构

伪善之所以"为善"（作为的为），而我们又称其为恶，这一方面显示出道德科学的严格性和程序性，另一方面显示了道德领域人们言行的矛盾性，道德的指称与所指的不统一性，以及道德的形式与质料的分裂性。不难看出，伪善最为本质的表现就是"对善的分裂"，言与行的分裂、言与意的分裂、道德的形式与质料的分裂、道德动机与道德目的的分裂，等等。这些表现是道德的具体表现形态，反映在道德语言上，在道德哲学层面的归纳就是"悖论"，道德悖论。

首先，对"悖论"以及"道德中悖论"的归纳，归根到底是由于对道德的理性认识与道德本身的本然存在之间的不一致、不统一。但是，"悖论"在道德哲学中的存在却是具有重要的思想意义的；甚至可以说，道德是在"悖论"中前进的，道德哲学就是在悖论中发展的，因而道德悖论在道德理论中的存在就具有一定的合理性，但这是何种层面上的合理

① ［德］尼采：《善恶之彼岸——未来的一个哲学序曲》，程志民译，华夏出版社 2000 年版，第 34—35 页。

性就需仔细辨明了。克尔凯郭尔就讲过:"人们不可轻视悖论;因为悖论是思想的激情,思想家没有悖论就像情人没有激情:一个平庸之辈。"而且,"思想的最高悖论就是,去发现某种思想本身不可能思索的事物"①。

另外,对于"伪善"的道德认知悖论的表现,有一个认识的层级递进过程,对现象的思维逐步提升的过程,而不是一蹴而就的。这个过程是这一道德悖论的普遍的大众性的道德经验的认识,比如我们在道德生活中"有德而无福""无德而享福"的经验,在中国,也有俗语说:"好人不长寿,坏人活千年。"这些一般性的道德经验提升到道德理性知识层面,就是"悖论",道德中的悖论,比如我们所谈到的"伪善""道德悖论"等。最后,由道德理性知识层面上升到善恶的道德哲学结构、道德思维逻辑甚或道德个体的生存样态。康德在《实践理性批判》的"辩证论"中就试图解决这个问题,并进一步把伦理学中"幸福"的学说引向了"宗教",黑格尔在《精神现象学》中也曾对"不道德的人生活得更好"的现象进行了分析,而生存论、存在主义更是对此认识有深刻的转变。

广义的"道德悖论"是指道德理论中对"行为选择的价值实现结果之间的矛盾"现象的研究。狭义上的"道德悖论"(Moral Paradox),即"对于行为结果,以道德理性或人性或生活经验为前提依据的道德命令是不可接受的"②。道德悖论传统也可追溯至苏格拉底、柏拉图的论辩术,直至中世纪经院哲学家的逻辑论证。到 20 世纪 60 年代,英美世界的实证道德哲学以及后实用主义的实践哲学对此进行了探讨。这些理论既秉承元伦理的语言分析特征,又重视理论的现实生活的实际应用性。其中代表作有 Derek Parfit(帕菲特)的《理与人》(*Reasons and Persons*,1984)以及 Saul Smilansky 的《十个道德悖论》(10 *Moral Paradoxes*,2007)。

道德悖论的出现并不是道德本身出了问题,而是通过"理性"认识把握到了道德存在形态的"悖论",因而,道德哲学层面的悖论是理性的"认识方式"与道德的"存在方式"之间的"不统一"状况。实际上,在元伦理中摩尔就曾对以"形而上学"为基础的伦理学进行了批判,他认为,这些形而上学伦理学的典型特点就是"全都用形而上学的术语来

---

① 转引自阿多诺·克尔凯郭尔《审美对象的建构》,李理译,人民出版社 2008 年版,第141 页。

② Saul Smilansky, 10 *Moral Paradoxes* ( Malden, Blackwell Publishing, 2007), pp. 5 – 6.

描述善"①。

　　这样，这里的研究就超越出道德行为价值的实现及其善恶悖论的范围，是对道德命令、道德规范乃至道德可能的哲学结构及其范式的反思，是对道德悖论的形而上学层面的根据和类型的探究。这就要从一般性的道德理性知识上升到"道德形而上学"的内在结构。阿多诺认为，这种善恶的哲学构造意味着"理性在道德领域中的局限，这种局限性就是作为对道德哲学思维的限制而存在，甚至是作为对道德本身的限制而存在的"。道德悖论的理性分析与理性的道德哲学思维，显示出"道德悖论"的可能性及其限度。

　　在这里，我们对"道德悖论"的使用，暂且将"道德悖论"的界定和规范的争议放置一边，也搁置"道德悖论"与伪善区分与混淆的学术理据和文化背景；而是进一步对"伪善"的道德哲学层面的"悖论"形态进行归纳和分析，以期彰显"伪善"在道德认知逻辑思维下的本真存在面貌。

## 一　道德实践理性的逻辑悖论

　　伪善在道德世界的发生，就是在人的生活世界中的发生；因而要对人自身存在世界进行分析，即人的"存身世界"的分析。人的二重性存在属性，是摆脱中世纪"神学"对人的桎梏的根据，但同时，也是生活世界中二元性分裂的源头。康德在《道德形而上学原理》中，谈到了"人的二重性存在和二重性立场，并将人的感性存在归置于理性存在之中"②。因为作为具有有限理性的人，只有设想自身属于理智世界，设想他的意志超越于感性原因的规定，才能服从以理性为根据的规律。这样，人才能不断地跃出"恶的侵扰"而朝向善，才能以善的希望昭示人，而不至于沦落为魔鬼。

　　人存在的二重性特征，使"人与物不同，以理性为根据，人有知识、有道德、有信仰（希望）；又与神不同，由于其有限性，人不是全知的、不是全善的、不是全能的"③。人本性的混合性特征，使得人总是试图超

---

① ［英］摩尔：《伦理学原理》，长河译，上海人民出版社 2003 年版，第 143 页。
② ［德］康德：《道德形而上学原理》，苗力田译，上海人民出版社 2005 年版，第 75 页。
③ 谢舜：《神学的人学化》，广西人民出版社 1997 年版，第 99 页。

越自然的必然性而追求自由的道德存在，即努力向圣洁的神性靠近；同时，人的现实生存的经验世界又总是引诱人们放弃自由、放弃道德法则，甘受欲望的驱使，即人性恶的普遍性。另外，人的二重性本质又是不可分的，如果作为理智世界的人完全自由地依照道德行事，那么作为道德存在物而言，人性与神性之间就别无二致，作为"对于上帝来说已经被当作具有的'永福'"，同样适用于人，依此逻辑也就不会出现实践理性的二律背反，至善的实现也就不需要再寻找"先验知识"上的根据。相反，人又是经验世界的人，受欲望本能支配的人，求福的动机从来都是"在场"的，如果作为经验世界的人颠倒了法则而依照恶的准则行事，那么人的道德上的恶就会转化为永世的罪，人就变成彻底恶的魔鬼。依此逻辑，现世社会便是无可救药的，但上帝仍然被渴望，向善的禀赋也是从来"在场"的，即在人的道德理性（在此主要是道德人格）的影响下，人仍可具有德性从而获得幸福的，而恶仅仅是一种倾向。由此，为了道德在人的生活世界中是可能的，人就必须经受二元性的分裂之苦；而且，有了二元性的分裂，就有"伪善"生存的土壤。

　　康德的道德哲学始于自由，而自由始于二律背反，因此，二律背反是道德理性的逻辑悖论的根源（现象与物自体）；而这种逻辑悖论"降落"在人的生活世界中就是"伪善"发生的现实形态。根源于此，自然与自由、自律与他律、感性与理性、任意与意志、准则与法则、个体性与普遍性、个体与世界、自然王国与目的王国、善的原则与恶的原则、客观与心理、倾向与禀赋等二元性因素、二重性存在，"分部合唱"式的论证，都深刻地印证了道德哲学自身的悖论现象以及克服悖论而求统一的逻辑努力。

　　康德在《纯粹理性批判》中把关于这些矛盾的学说称作"先验的悖论"，理性在其幼稚的实际应用方面，也就是在实证地设定无限方面，使自己陷入这种悖论的学说里面，而无限本身则仅仅是由意识创造的。而这些矛盾是否可以轻易地被清除呢？康德反对这种"假象的逻辑"的辩证法。因为"全部的观察在实际上只有通过人们本身陷入矛盾的必然性才能获得其深度"。这就是说，"只有把矛盾理解为一种必然性，才能理解自由或非自由的问题，即把矛盾理解为实际问题，理解为产生于事情本身的问题，而不是把它们理解为那种可以轻而易举就得以消除的一种转瞬即逝的错觉"①。

对于康德来说，二律背反学说的本质在于，这种矛盾是在"理性批判意图与形而上学的拯救意图之间得到了表达"。因而，阿多诺进一步认为，"通过归结为主体的方法拯救最高的法则和表述的有效性"。这点又与康德道德哲学的目的完全并且绝对相一致，"这种道德哲学的目标，就是在把纯粹主体的原则归结到理性本身的同时去拯救道德法则的绝对的和牢不可破的客观性，以至于人们可以在这个意义上说，道德的最高原则，即无上命令，在根本上不外乎就是主体理性本身，不外乎就是一个绝对的、客观的有效者"②。康德在《逻辑学讲义》中曾把自身哲学研究的任务归结为四个问题："（1）我能知道什么？（2）我应当做什么？（3）我可以希望什么？（4）人是什么？"并进一步回答说："形而上学回答第一个问题，伦理学回答第二个问题，宗教回答第三个问题，人类学回答第四个问题。但从根本说来，可以把这一切都归结为人类学，因为前三个问题都与最后一个问题有关系。"③在此背景下，康德道德哲学的客观有效性就与主体性结合在一起，而对二者之间的有机关联和相悖相成也是褒贬不一。因而，主体行为的主观性与客观性、人性的感性要求与理性知识以及人性的善恶本质等内容就成为康德道德哲学体系的主要内容。

不同于《纯粹理性批判》中所设想的那种可能的"先验自由"，在回答"应当做什么"的问题上，由于人的行为的先天普遍规律是建立在自由意志的基础上的，因而人一方面意识到自己行为的自由，同时也意识到要为自己的行为负责。这种实践的自由是"实在的"，实践理性似乎能建立"一个超感性的理知世界，在那里可以达到幸福和义务（德性）的统一（至善）留下'希望'"④。同样，实践理性的超越应用也使其陷入悖论。

于是，在《实践理性批判》的"辩证论"中就出现了两次二律背反："一般纯粹实践理性的辩证论"与"纯粹理性在规定至善概念时的辩证

---

① ［德］T. W. 阿多诺：《道德哲学的问题》，谢地坤、王彤译，谢地坤校，人民出版社2007年版，第33—35页。

② 同上书，第33—36页。

③ ［德］康德：《逻辑学讲义》，许景行译，杨一之校，商务印书馆1991年版，第15页。

④ ［德］康德：《实践理性批判》"序言"，邓晓芒译，杨祖陶校，人民出版社2003年版，第5—6页。

论"。简单来说就是实践理性的二律背反与至善的公设。

这一悖论形态类似于将"道德悖论"界定为特定的"逻辑悖论"形态之一种的观点, 因为康德道德哲学中道德理性的实践应用中所出现的背反, 实际上是"纯粹实践理性"对自身的扩展造成的, 第一次是从"有条件者寻求无条件者", 这就是纯粹实践理性的辩证论; 第二次是将纯粹实践理性的"感性对象"也包括进去, 这是至善的道德实践知识的扩展。从形式上看, 康德道德哲学的悖论形态确实是"逻辑悖论"; 但是, 从实际效果、现实作用来看, 康德恰恰是想通过逻辑的知识扩展, 而使得理性既能规范道德行为又能决定道德行为的实际结果。这在理论中是勇敢的创举, 然而, 现实生活中又是多么无力!

在"纯粹实践理性的一般辩证论"中, 康德指出: "纯粹理性在其辩证论中所显示出来的二律背反, 事实上是人类理性历来所可能陷入过的最有好处的迷误……即对事物的一种更高的、不变的秩序的展望, 我们现在已经处在这种秩序中, 并且我们从现在起就可以由确定的规范指导着, 按照最高的理性规定在这个秩序中去继续我们的生活。"[①] 这是因为在自由的设定之下, 理性的实践运用中"道德实践者是以展开一系列离开感性欲望的, 只出于义务的和合于普遍道德规则的行为"。因而, "严格地说, 在众多的纯粹思辨理性的观念中, 只有自由这个概念能带来超感性领域的如此巨大的一个扩充, 虽然被扩大的只是实践的知识。"[②]实践"知识"的扩充使得康德认识到: 道德世界是超感性的领域, 源于人本身的理性实践活动中蕴含着的终极目的和价值。"道德领域指向了一切存有与一切存在终极基础"。因此, 康德坚信: 在实然之领域与吾人所应践行的领域之间有一种原始的和谐, 它假定了一个层次, 这层次既不是纯然为自然之层次, 亦非道德规范之层次, 而是一个保证道德命令可以于吾人所生活于斯的世界中得以贯彻的层次。这样, 在康德的道德世界中, 不仅要超越自然的必然性, 甚至还要超越道德律自身的规范性, 而达到自然必然性与自由自然性的统一, 只有这样才是一个完满和谐的道德世界。

康德道德世界观是在预先的道德公设的前提下进行的, 因为"道德

---

① [德]康德:《实践理性批判》"序言", 邓晓芒译, 杨祖陶校, 第148页。

② [德]里夏德·克朗纳:《论康德和黑格尔》, 关子尹译, 同济大学出版社2004年版, 第270页。

必须是完满的",道德的完满性即德福的统一——至善是首要的公设。然而,康德的至善概念并不具有逻辑自足性,我们知道,"纯粹实践理性如同纯粹思辨理性的辩证论一样,要为有条件者寻求无条件者总体,从而提出了'至善'概念"。①其实在康德看来,只有把纯粹意志的规定根据即道德律也包括进来的至善才是真正的至善。在此,至善概念就产生了自相矛盾。那么就要继续追问"至善"的根据和在实践上何以可能。然而,传统的德福的统一体被看作是分析论的逻辑关系的结果,受同一律的作用,那么结果或是斯多葛学派的德性至上或是伊壁鸠鲁学派的幸福主义。更不幸的是在实践理性的证明中也出现了二律背反,但仔细分析,康德发现:德性和幸福如果分属于理智领域和经验领域,问题就解决了。

但这也直接造成了"至善"的二元性分裂,作为"有限的理性存在者"的人在道德律的要求下的至上德行,往往并不能获得"配享的幸福",现世生活中"享得幸福"的人往往又是无德的,现世的德福状况是无奈的,但出于对道德秩序的和谐与善的完满性的信念,康德毅然搬出了上帝,这个"道德的神"的存在与其说是宗教信仰上的不彻底,还不如说是人的道德性加上了神的"砝码"。为了人的道德存在,康德不惜动用神的力量。因而,至善的二元性分裂造成了德福"事实上"的非统一性,而只能同道德律一样成为"先验的理念"。经验世界的幸福获得就以"非纯粹的道德"——宗教(历史意义上)为前提。在马克思主义唯物辩证法方法论的指导下,把康德先验唯心主义的逻辑体系重新颠倒过来,不难发现,这种状况从根本上说是由于人的二重性存在造成的。

在道德哲学与人本身的关系上,归结为人类学的结论,就是人的二重性存在。在此,康德意在凸显人的道德主体性。在康德的批判哲学体系中,"自然并不是建基于(具有理解的出自主体的形式或范畴的)理论性主体之上,而是基本上建立在康德的世界观中居核心地位的那道德主体之上的。"即使如此,我们也很惊奇地发现,康德并没导向费希特、黑格尔等的"绝对主义",生硬地将主观的和客观的相统一;也并没有狂妄地直接将自然纳入道德义务的"客体质料"之列,生发出费希特式的"绝对自我"。②而是在知识理论中把属人的和属神的区分开来,我们是属人的,

---

① [德]康德:《实践理性批判》序言,邓晓芒译,杨祖陶校,第5页。
② [德]里夏德·克朗纳:《论康德和黑格尔》,关子尹译,第99页。

我们是有限（Finite）的。即使实践理性在人的理性应用中具有优位性，但人仍无法超越有限和无限、感性和理性的二重存在的张力。

### 二　客观伦理世界的实存悖论

一般认为，黑格尔指责康德伦理学"仍然维持着一种纯粹形式的理性观念，它无法给予道德指责以内容"，同时，"由于它不接受唯一有效的内容，那个内容产生于我们所依从的某个现行社会，它仍然是一种关于个体的伦理""呈现了一个抽象的、形式的把人当作一个个体的道德职责观念，并且在与自然的对比中得到规定的那个职责和实然存在处于永远的对立之中"①。

我们在上文中对这种对立观也有所体现，但是康德本人同样感受到这种对立，并在其道德世界中揭示了这种对立的合理性，也让我们感受到康德时代尤其是在路德宗教改革（以信称义）的历史背景下，并未遇到个体生命的意义世界解体的问题。而这个问题在黑格尔时代就显露出来，所以哈贝马斯称其为第一位现代性的哲人不无道理。同时，时代道德的进步是显而易见的，但是否这也意味着道德哲学的自身悖论就永远地克服了、消解了，不存在于时代精神之中了。对此，黑格尔有着难得的敏锐和清醒，道德在悖论中前进，并不意味着道德哲学体系中悖论的消除。更具体地说，在黑格尔看来，在伦理世界（Sittlichkeit）中可以消除应然与实然的鸿沟，应当与是的鸿沟，甚全个体的个别性意志与共同生活的对立。但是，伦理世界的意识与现实的实存悖论随之而生。因而，伦理世界在其诞生之处就产生了自悖：伦理世界的现实性被剥夺，伦理世界自我存在的确证不依赖于现实世界的批判，而依据于（道德）自我和伦理世界的和解之中。②同样，元伦理学也深刻地观察到这一点，摩尔从追问"什么就其本身而言是善的"出发，认为实存论伦理学混淆了"这实存着的事物是善的"与"这类事物的实存必定是善的"之间的区别，并进而"断定实

---

① ［加］查尔斯·泰勒：《黑格尔》，张国清、朱进东译，译林出版社 2002 年版，第 576 页。

② 黑格尔认为：按照康德的二元论，确实无法指出那作为抽象理念本身的善如何能够扬弃它的理念的抽象性，并且无法表明世界本身如何会扬弃它自己不同于善的外在性和差异性，——并且无法指出两者（善与世界）的真理性就是在它们看来是第三者，但同时又被规定为最初者（或第一者）的那个东西（参见黑格尔《哲学史讲演录》，贺麟、王太庆译，第 304 页）。

在的真理同断定善性的真理"①之间的关联。

这种悖论形式类似于将"道德悖论"界定在道德现实生活中的悖论上，在一定程度上欧美的实践哲学与后实证哲学是对这种"悖论的现实"的反思。如果说，康德为代表的道德理性的逻辑悖论是对道德行为与后果之间一种"前设"的理论反思，那么黑格尔为代表的伦理道德的实存悖论，则是对道德生活现实中悖论"后置"的理论反思，然而在现代这又是元伦理的道德认知的前提和道德科学的必然根据。同时，这也说明了道德哲学在一定意义上是一种"后设"（Meta-）的存在，而无力也无意解决现实问题，只是为理性的反思现实提供一个可能的思维（知识）平台。因此，道德悖论的逻辑科学与现实生活的两个层面又扭结在一起。

几乎处于生命相同时段里，却有着与康德极大的不同感受②的黑格尔在晚年《法哲学原理》的序言中写道，"凡是合乎理性的东西都是现实的；凡是现实的东西都是合乎理性的"，而"密那发的猫头鹰在黄昏时才起飞"③。人们一般是在意识形态意义上理解黑格尔这段话的，但是，剥离掉有色面罩而回归学理，我们不无深刻的时代同感。这一悖论现象是必须在作为时代精神的哲学中进行反思和解决的。由此而言，"作为理论学科的道德，其产生恰恰是在这样的时刻——我因此又回到伦理的概念那里，这个时刻就是当伦理、习俗在一个民族生活内部发生作用并且已经习以为常，然而却又不再发生直接作用的时候"④。黑格尔自己也认为，"不像旧希腊文化所具有的伦理；在这里伦理也可以指一种对朴素伦理的更高规定，即当它在道德之中对自己进行反思之后再次显现出来的形式"⑤。

因此，如何面对这种日益败坏的伦理世界的现实，伦理世界的实存难道只能在彼岸理念中或者根本不能认识吗？这里，让我们再次回到伦理世界的话题上来。首先，我们来查找"伦理世界"的文本来源和基本含义，

---

① ［英］摩尔：《伦理学原理》，长河译，第154页。

② 康德在《单纯理性限度内的宗教》一书在出版时就因普鲁士国王加强了报刊监督而困难重重，出版之后即遭到国王的书面训斥，在回信中康德虽为自己辩白，但仍许诺遵守国王法令，放弃关于宗教的学术研究活动；而黑格尔的《法哲学原理》是在普鲁士教育部长三番五次邀请，赴任柏林大学教授的第三年（1821）出版的。这种情绪的对比是强烈的和具有激发性的（参见《单纯理性限度内的宗教》的中译本导言；《黑格尔》附录《黑格尔小传》）。

③ ［德］黑格尔：《法哲学原理》，范扬、张企泰译，第11—14页。

④ ［德］T. W. 阿多诺：《道德哲学的问题》，谢地坤、王彤译，谢地坤校，第18页。

⑤ ［德］黑格尔：《哲学史讲演录》第2卷，贺麟、王太庆译，第41—43页。

其次，通过精神的现象学还原和自由的意志冲动体系，伦理世界呈现出两种不同的悖论存在样态。同时，辩证思维的和解也就成为黑格尔伦理学的主题和特征。正是在伦理世界中，一方面，通过意识直观的方式道德自我的自在存在成为现实，伦理精神得以现实的存在；另一方面，通过社会中介的方式使得伦理精神避免"优美灵魂"的命运，而独立人格的"制度化"实现在国家伦理实体中。

在《精神现象学》中黑格尔首次提出"伦理世界"概念，并以"具体存在的实体"加以界定。精神的经验史发展过程中，在经历了意识、自我意识到理性阶段之后，理性"自我意识的直向运动"就产生了"伦理世界"。同时，伦理世界的"伦理性"（Sittlichkeit）一词既要顾及伦理的现实性又要具有伦理实现中（主体）的能动性和维持性；即一方面是道德要在"一个现实的伦理世界中才得以实现"，因此"构成我的道德职责之基础的公共生活是已经在那里存在着的"，所以才需要另一方面，正是"我对这些职责的施行也就是我维持着和延续着它的存在"，才使伦理世界处于活生生的现实当中。① 在这里，黑格尔区分、指出了伦理世界的两个基本因素：普遍的自我意识和具体的个体意识，而只有当这两种意识统一时，伦理的世界才展现出来。二者在分离的情况下，则会失去自身，前者"伦理的实体，在普遍的抽象里，只是思维出来的规律"；后者个别的意识只有"当它在它的个别性中意识到普遍的意识即是它自己的存在时"，② 它才是存在的一己。这就构成了黑格尔所谓的"世界观的二律背反"的基础。

道德意识世界的二律背反。黑格尔对道德世界观中诸矛盾的论述是针对康德道德哲学说的，并将其比喻为"整个的一窝无思想的矛盾"。在此，黑格尔以精神意识的经验显现方式还原出道德世界的二律背反。所以，道德世界的二律背反在康德和黑格尔伦理体系中，虽然逻辑内容是一致的但显现形式却是不一样的。所以，黑格尔谈到此处的两个公设：道德与客观自然的和谐，道德与感性意志的和谐；可以通过"现实行为的运动"的中介环节而在现实中相互成为对象。这样，道德世界中道德与自

---

① 张颐：《张颐论黑格尔》，侯成亚、张桂权、张文达编译，四川大学出版社 2000 年版，第 15 页。

② ［德］黑格尔：《精神现象学》上卷，贺麟译，第 223 页。

然的空洞对立以及道德任务的完成与永远完成不了的背反，就成为"自在而又自为"的矛盾和背反。其区别在于自然世界不再是全无独立性和本质性，道德意识必须以此手段实现它的目的。但是，由于没有把"作为以冲动和倾向形式出现的感性成分，包含在道德意识中"，所以，道德世界观里，道德"意识自己有意识地创造它自己的对象"，而另一方面，又把自己的"对象设置在自身以外"①，因此，道德转化为自身的反面。道德意识的悖论使得道德义务失效，道德行为消失。

伦理世界的二律背反。在道德意识世界中的二律背反最终是以良心为形式而得以和解的，因此，良心在此就是制造道德的天才。然而，在从道德向伦理转换的过程中，良心又处在作恶的待发点上。因为，当主观的良心被提升到客观的善行之上或直接与客观的善行同一时，恶就发生了；然而，在此恶也被赋予了道德的形式，这就是伪善。伪善的道德恶，同时还意味着在道德之中主观性的良心还没有对自身进行反思，并在其中重新发现自己。在此，"自由的无限的人格"间的冲动在自我意识中引起了"矛盾"，在社会上必然引起"冲突"，对于前者，自由意志的对象是"主观的抽象原则"，正确和错误失去了客观的标准，主观意志的主体信仰成为"伪善"；主观性主体对于"伪善"无可逃避的命运，成为主观性的最高形式的"讽刺"。伦理世界中个体的"优美灵魂"还是"逃到彼岸去安生"的命运，是主观精神的道德与客观实体的伦理之间的背反而带来的。

### 三　伦理生活世界的生存悖论

在本原意义上，"道德悖论就在于揭示事物的本来面貌"，而且，"道德悖论的成立也必须是存在的悖论（existential paradox），需要经验性实体性的存在"②。这一逻辑意义上"断定"存在的悖论，③反映在哲学伦理学领域就表现为生存性悖论。生存性的道德悖论是对由理性逻辑思维所主导下的道德悖论的生存基础的反思，在经历了启蒙的理性时代并反思到

---

　　① 黑格尔：《精神现象学》下卷，贺麟译，第135—136页。

　　② Saul Smilansky, 10 *Moral Paradoxes* (Malden, Blackwell Publishing, 2007), pp. 4 – 5.

　　③ 例如，钱广荣先生也指出："（道德悖论的研究）是为了揭示其如何存在，也就是为了揭示其客观存在的自相矛盾的实际性状。"（参见《道德悖论界说及其意义》，载《哲学动态》2007年第7期）另外，不同于现代性制度对个体道德经验的"封存"而导致个体生命"悖德"现象的社会学分析，本书是存在论的哲学分析。

启蒙的辩证法之后，人们更多的是把伦理道德的关注点集中在个体之上、个体的生存性感受和经验之中，通过个体真实的道德经验冲击道德理性的"牢笼"，这是现代性伦理生活发生、发展的趋势。在这一过程中，在存在论的道德哲学平台上，人们恍悟：人的价值生活的本然面目就是一种悖论形态，任何试图通过道德理性对道德悖论的克服本身就是一种悖论。所以，传统的道德哲学对伪善、道德悖论的克服，成为一种伪善的伪善、悖论的悖论。从而一切"违背生活真实的伦理学都是虚伪的伦理学"，超越生活意义的道德法则就会成为"虚伪的伦理规劝"①，最终将自身置于现代真实生活之外。

生存性悖论的发掘缘于伦理生活的历史意义转换为个体的生存意义。从康德虔信派传统对自身生存状态的谴责，到克尔凯郭尔的个体对生存无意义的恐惧，这一变化意味着现代性世界彻底丧失了其精神的外观，我们对世界与肉体发生了断裂而恐惧；更有尼采对这一状况的总结"上帝死了"和"价值重估"。这一深刻的生存基质的危机，为我们深刻理解和解释伦理生活的悖论存在论提供了可能。现代性伦理生活的"生存悖论"是真实的生命和生存事实，任何想不顾现实地摆脱这种悖论的伦理企图，都会陷入"悖论的悖论"的困窘之中。

在德国古典观念论哲学资源中，道德哲学的悖论形态主要是理性反思的和思辨的存在，而且这种理性主义的道路重又导致了悖论的产生，这不得不说伦理的形而上学构造自身存在着背反，海德格尔称之为"神学—形上学"结构。另外，这种悖论结构的哲学还逐渐成为一种文化、文化气质、文化传统，从欧洲的克尔凯郭尔到俄罗斯的别尔嘉耶夫，解蔽"神学—形上学"的道德哲学结构，感受、体验真实的悖论生活成为伦理学的新领域。传统道德哲学的悖论形态的否定，转换成为对真实生活的悖论形态的接受和肯定。

以康德、黑格尔为代表的二元论道德哲学建构及其自身的困境，让人们认识到"依据道德范围而产生的道德范围的建构在哲学自身中是不可能的"，因而，其后来者克尔凯郭尔曾经特别指责黑格尔晚期的这个问题："他在这里看到了黑格尔的一个缺陷，但他或许没有认识到，在全部唯心主义中所蕴含的对各个范围加以调和的行为，在本真意义上的道德哲

---

① 赵汀阳：《伦理学不是伦理》，载《读书》1997 年第 4 期。

学中却是不允许的。"① 克尔凯郭尔感觉到把科学考察基础上的普遍理念，运用于个人的生存或者自我理解之上将是荒唐可笑的。②于是，剥除了理性主义的道德哲学的合法性，并将个体的生命意义从历史进程中抽离出来之后，那么个体的伦理生活就被赋予了生存论意义。从此，在摒弃了黑格尔及其同时代的其他伦理思想传统的同时，追求"个体善的生活"的道德哲学在消除道德哲学的悖论之处又彰显了"善的生活"的悖论形态。

其一是悖论的伦理生活态度。道德自我的生存论观照是从克尔凯郭尔开始的，基于个体的生存悖论的感受，他决定以"直接信仰"的方式直接与上帝接触，从而发出自己的决断，也只有这样才能获得个体的伦理实在。而尼采的诊断和克服更为彻底，在认定上帝是以信仰上帝方式而被杀死的之后，人就是一个有待自我克服的存在，人性是虚无的表征和借口。但是，尼采仍旧在自我价值的完成上设计了超人的形象，一种平和的人性典范。由于虚无主义的过于强大，尼采也倒在这种氛围中。

在此基础之上，克尔凯郭尔揭示出"虚假的生存状况"，即依赖感性原则的生活和依赖理性原则的生活。"美感—理智原则在于，除非其存在已消融在可能中，现实就不可能被思想和理解。伦理的原则是，除非可能已变为存在，可能性就不可能被理解。"而这两种原则的生活都不是现实的，"唯一为个体而存在的现实是他的伦理的现实（生存）"③。他把"现实性"理解为某种与个体的生存直接相关联的东西。因而，我们可以推断对于克尔凯郭尔来说，有限、有罪的个体的真正的伦理问题就在于：个体的决断与信仰，一种真实的生存悖论的揭示。或许在现代伦理生活中只有悖论的才是真实的，因为对于伦理或道德"现代人的目标是提出一个前后一致的原则，由此产生出一个合理的伦理理论"④。克尔凯郭尔在上帝面前以一种积极方式的虚无，成为自身之所是的生存态度是现代性生活的一种重大的转折。

---

① ［德］T. W. 阿多诺：《道德哲学的问题》，谢地坤、王彤译，谢地坤校，第 120—121 页。

② J. 史都华：《克尔凯郭尔对黑格尔体系中伦理学缺失的批判》，王齐译，载《世界哲学》 2006 年第 3 期。

③ 转引自杨大春《沉沦与拯救——克尔凯郭尔的精神哲学研究》，东方出版社 1995 年版，第 60 页。

④ J. 史都华：《克尔凯郭尔对黑格尔体系中伦理学缺失的批判》，王齐译，载《世界哲学》 2006 年第 3 期。

其二是悖论的伦理生活感受。如果说上一方面是从个体的生存本性上展现生存的悖论，这一方面主要就是从个体的生存世界的感受性来谈，而实际的操作在于理清个体的生存与世界意义的关系。

现代性伦理开端，理性的伦理生活拒斥生活经验，伦理学成为非体验的伦理学而先后出现了律法伦理学与救赎伦理学，甚至舍勒干脆把清除情感经验的伦理学改变为"伪善的伦理学"。在理性和彼岸世界的规制下，无感受的生存拒斥和无感受的彼岸希望成为伪善的面具，也成为掩盖真实生命悖论的帷幕。舍勒认为："迄今为止的所有人学的失误在于企图在生命与上帝之间嵌入一个固定阶段——可以定义为本质的人。"①这一思路认为，生命的个体存在是一种悖论，生命的个体应当谈论上帝但又不能谈论上帝，那么个体的苦难和重负只是接近上帝、获得意义的一个方面，而起决定作用的是基督位格对人的解救。因而，舍勒在其伦理学名著《伦理学中的形式主义和质料的价值伦理学》中对一种人格主义进行奠基之后，认识到只有在"上帝爱"的在性基础上人身才能成为位格的存在。

薇依是在更贴近"现世恶"的侵扰中展示真实的生存感受的。薇依认为，"欧洲人从 1914 年以来就受到'内病'的侵蚀，发生原因在于取消了——人应该永远直面的善恶之选择的问题。"而"恶是上帝的仁慈在尘世中具有的形式"，只有在恶的担待的不幸生活里才能与上帝的爱相遇，上帝之爱永远与人间的不幸、与不幸的人相依共存。在此，薇依虽然选择了否定的道路，但是显示了她无比坚毅的生活态度。她告诫我们："远离上帝的一切才是有益的，拯救灵魂，就是绝对异于上帝之处（虚无、恶）寻找并爱上帝。"②

这样，个体的生存与世界意义、基督位格之间有一种中介，个体向上帝的"发问"和"倾听"以及人的现世的"恶"，都具有超越性的存在意义，从而建立一种象征，把人在此世的生存感受与上帝的一种本体论关联起来。如此，在存在哲学和神学努力下，伦理生活的感受性就体现为现世的超越性，在悖论的伦理生活中重塑个体存在与世界意义的统一体。

---

① 刘小枫：《走向十字架上的真》，三联书店 1994 年版，第 92 页。

② ［法］薇依：《重负与神恩》，顾嘉琛、杜小真译，刘小枫校，中国人民大学出版社 2003 年版，第 8—28 页。

# 第四章　过渡性形态：道德精神发展的"中断"

　　伪善的道德形而上学的发生有两个基本的要素：其一是"个体性的恶"，也就是说伪善必须是个体性的自觉行为，这样就把"被动被迫"的非个体性以及"不自知"的非自觉性情形排除在外；① 其二是"伦理世界"，伦理世界的存在保证了"善恶因果律"，也就是说（伪）善的行为所希望博取的"善果"是可能的，哪怕这种配享幸福的"善"是伪装的、根本不存在的。于是，伪善一旦不被作为个体性的行为而是作为一种社会风气，那么伪善就不被看作恶而是作为善，相对于个体性的恶也就转变为"总体性"的恶（制度、意识形态等）。这样，"生活的虚假的外围就形成了……这个伪善已经不被认为是恶，而被认为是义务"②。另外，个体性恶行的"总休化"又会进一步"湮没"伦理世界，从而破坏善恶因果律，伪善的行为也会因为无法获得"善果"而变得无意义；相反，总体性的恶还会进一步伤害个体的肉体与精神。所以，对于伪善而言，"个体性的恶"与"道德世界的因果律"二者缺一不可。同时，正是由于两个条件的社会历史性，使得伪善的存在是一定历史时期与社会共同体中的存在，前者标志着道德世界中"个体"的成熟与个体性行为的可能，后者标志着"个体"的善恶行为能够得到应有的评价和回报。这二者的交互存在及其相互影响的具体状况，将在下一章中具体论述。

　　本章要关注的问题是，在这一交互影响的过程中，"伪善"作为一种

---

　　① 初步地，这使得作为"道德概念"的伪善与社会公共事务选择中的"偏好伪装"区分开来。第默尔·库兰认为，"偏好伪装有两个本质特点：一是给偏好伪装者带来不愉快，二是偏好伪装者对现实或假想社会压力的反应"（参见第默尔·库兰《偏好伪装的社会后果》，丁振寰、欧阳武译，长春出版社2008年版，第4页）。

　　② ［俄］别尔嘉耶夫：《论人的使命》，张百春译，学林出版社2000年版，第219页。

道德实践活动，它实际上仍然是"求善""向善"的行为，但是，这一道德实践却发生了"异化"，即伪善在现代伦理学结构中，从消极的"限制性"因素成为积极的"破坏性"因素，从人的先验人性结构的限制逻辑，转变为一种"说谎"的道德行动与价值实现逻辑；其效应是在道德行动、价值存在以及生活世界中产生的"自悖""自反""自败"的道德结果。

## 第一节　道德心理上"改恶向善"的中断

同一种行为，如果出于不同的道德动机，禀受着不同的道德心理，那么道德行动的结果就会迥然不同；而且，不良的道德动机和心理会"败坏"道德，从而在社会民众中产生"腐化"的效用。因而，道德行为的动机及其心理预期，就不仅仅是衡量个体性的道德行为价值的标准或法则，而是关系到作为整体的整个共同体的伦常生活的正常进行。因而，一种出于个体性的道德动机的不良却期待在共同体中获得"幸福"，这就是内含"伪善"两个因素的典型表现。同时，"伪善"本身也是一种"纯粹"的恶，因为对伪善的价值评断是唯一一种只需要道德动机，而不需要行为结果就可以断定为"恶"的。因而，这种"恶"被康德称为人性的"根本恶"；因为伪善的发生，一方面是归结于道德意向的主观根据之中的，而另一方面这种恶的存在是一种人性的"自然倾向"，是在理性行为选择之前的自然本性存在。因而，它的发生归结于人的自由理性之中，而其根源是超出人的理性意志的；所以，人要为自身的"伪善"行为负责，但同时又不能从根本上（存在性）克服这种"行为"，或者"宣称"自我行为的绝对真诚性，否则，都是"伪善"的表现。也就是说，伪善的发生是在自由意志下的逻辑，而其存在则是"人性"的自然结构；同时，这也提醒我们，在对伪善研究中的边界和限度，我们只能追究"伪善"的发生逻辑，而对其存在结构则是要"敬而远之"的，否则我们就超越了"思"的边界，危及"思无邪"的限度。

在此，一种个体性的道德行动都会将其原初的动机与结果及其二者之间的关联关系带入共同体的生活之中。因此，这种作为个体主观性的道德行为的心理动机，就必须"纯化""净化"，而一旦出于利益结果的"算计"，就会出现对自身不良动机的故意掩饰的举动，这就是"伪善"；而且这种掩饰不是外在的行为，而是"内在的""心理的"，这就是道德心理的掩饰。不仅如此，这种作为对道德行为的道德心理动机的掩饰行为，如果成为一种习惯，个人行为习惯的第二天性，那么也就是说"掩饰"本身成为"行为意图"，也是一件"伪善"的深刻事件，它在自身发生的同时将"非自然""非本真"的任何可能作为掩饰的对象，而似乎道德行动就是由"掩饰"本身而出发的。这是对道德主观性基础的彻底"败坏"，它造成了真正的"道德行为"的中断，而代之以"任性"或"恶"的嫁接，成为"知善"而"行恶"的典型。知善而行恶的道德行为悖论，不仅给道德价值的实现带来了不可言说的困难，同时，更为重要的是它中断了人的"改恶向善"的努力，阻碍了道德上"新人"的诞生。

因而，在此我们就要细致地梳理道德行为"中断"的逻辑发生的第一种形态表现，道德意向的"心理"掩饰。

## 一　道德行为的主观动机

作为一种个体的、具体行为的价值判断的主观属性的"意向"（Gesinnung），是一种持久的道德"性格"的表现；它区别于具体行为发生的"任意"（wellkür），同时也区别于普遍的客观的道德法则（Gesetz）；它同"道德准则"（Maxime）具有一定的关联性，或者说，作为道德行为主观性根据的"意向"在一定程度上也是一种"准则"，因为意向也是超越人的自然本性的基础之上的"自由"规律，只不过"意向"的这种"准则"概念的外延范围要比道德准则"宽泛"得多，因为表现为道德上"恶"的准则也存在于这种普遍的根据之中，因而这种主观意向"根据本身又是一个准则"。在此，康德对"恶"的起源说也进行了大胆突破，不再把"恶"视为人的自然本性的存在，这也就中断了恶的"时间性"（天生）源头。因为，在康德看来，"恶的根据不可能存在于任何通过性好来规定任性的客体中，不可能存在于任何自然冲动中，而是只能存在于任性为了运用自己的自由而为自己制定的规则中，即存在于一个准则中"①。同时，这也说明，道德的客观实在性的存在并不能离开"主观性"，并且，这种"主观性"还能成为一种"普遍的""持久的"性格因素；不仅是"善"的道德行为归因的根据，还是"恶"的道德行为的主观自由

---

① ［德］康德：《单纯理性限度内的宗教》，李秋零译，中国人民大学出版社2003年版，第3页。

的根据。① 这样，恶就从一种存在的"虚无"与"无力"状态，转变为同样是在道德自由意志根据之上的行为。因而，一幅更为宽广的道德秩序图景就展现在我们面前，从道德法则的订立、纯粹实践理性能力的奠立到道德准则、行为的自然禀赋等，都标示着道德秩序的"现实性"及其社会历史的"共同体"特征。

所以，归根结底，道德意向的概念是为了将"恶"同样归因为"道德"自由的结果，而非自然的天生的存在。这一规定就完成了一个整全的"道德秩序"世界，道德行为的善恶价值根据得以归纳。但是，这其中也产生了一个矛盾：作为一个整体的道德意向既是善行的根据又是恶行的根据。这何以可能、何以克服呢？这在纯粹实践理性的智性世界中是不可想象的，因为这可能会直接导致道德在源头上受到污染。

道德秩序是一种"实践"的"现实性"依据和表现，而这种具有现实性的实践又是"自由的合目的性"与"自然的合目的性"的统一。当然，我们也知道，在理性世界里，道德行为并不需要"先行于意志规定的目的观念"的；但是，在尘世世界中，回答"从我们的这种正当行为中究竟将产生出什么、将会导致怎样的结果"，就是非常必要的。因为道德行为的法则、道德规范在现实世界中要产生"效果"，虽然这种"效果"或"目的"不是"作为任性的规定根据和意图先行的目的"，但是，"却是作为它被法则规定为一个目的而产生的结果"②。而且，尤其是对于一个自由存在者的"任性"的自我满足来说，没有"目的"就失去了实现的"对象"，这一通过行动而产生的对象，就是纯粹理性的一个目的，伦理学除了形式之外的"质料"部分。因而，康德在后期的《道德形而上学》一书中的"德性论"部分就认为，"在任性的形式规定根据（就像法权包含着这一类东西一样）之外还拥有一个质料的规定根据，即一个

---

① 这一认识和理解更多的是以后世康德式伦理学的有关理论为基础，因为与义务动机相并立存在着行动的其他动因，而"一个理性行为者的标志就在于，动因之规定意志，仅当它们被纳入到一个行为者的准则之中"（参见芭芭拉·赫尔曼《道德判断的实践》，陈虎平译，东方出版社 2006 年版，第 19 页）。另外，这一主题研究还见于阿利森（H. E. Allison）《康德的自由理论》、科斯伽（C. M. Korsgaard）《规范性的来源》、*The Constitution of Agency*：Essays on Practical Reason and Moral Psychology（2008）、*Self-Constitution*：*Agency*，*Identity*，*and Integrity*（2009），等等。

② ［德］康德：《单纯理性限度内的宗教》"序言"，李秋零译，中国人民大学出版社 2003 年版。

目的，它可能与出于感性冲动的目的相对立：这就会是一个本身就是义务的目的的概念；不过，这种目的学说不可能属于法权论，而是属于伦理学，唯独伦理学才在自己的概念中带有按照（道德）法则的自我强制"。因而，"从这一理由出发，伦理学也可以被界定为纯粹实践理性的目的的体系"①。于是，"幸福"作为尘世世界中人们的"主观的""经验的"终极目的，与对一个法则的纯粹敬重的客观目的，就在现实性的"实践"中达到了"统一"；并且，确信这一统一的世界是确实存在的一个世界。

在这里，康德就为自己的道德理论提出了两个重要的问题，其一，这一现实性的道德"实践"是如何可能的；其次，这个作为道德共同体的"至善世界"是如何可能的。这两个问题的回答直接决定了一种道德实践秩序的现实可能性。康德对这两个问题的回答，并不是单个逐一进行的，而是合而为一的。因为这一具有现实性的实践，并不是单一的个体行为，而是要在一个现实"世界"或者是整个"族类"中存在的，因而，一个道德共同体又是保证这一道德秩序的必然条件和基础。所以，这两个问题是相互关联的，而解答的关键，或者说关联点就在于"道德行为"的主观性根据——道德意向。因而，在此我们要为道德行为发生的可能寻找、奠定一个基础根据，再在此根据之上展开对"道德行为"中断的可能情况进行梳理和分析，从而能够展现对道德行为中断发生作用的道德"主观性"逻辑。

首先，在人的现实道德行为的可能根据上，我们面临着一个矛盾，即道德法则的客观、普遍性与任性的绝对自发性之间的矛盾。如何认识和解决这个"矛盾"是道德行为"现实性"的关键。于是，在认识这一矛盾时，我们发现"任性的自由……不能够为任何导致一种行动的动机所规定，除非人把这种动机采纳入自己的准则（使它成为自己愿意遵循的普遍规则）"，而且，"只有这样，一种动机——不管它是什么样的动机——才能与任性的绝对自发性（即自由）共存"。②这样就能解决普遍性与个体性、客观性与主观性之间的矛盾了。但是，这一认识论上的统一也为后来实践论上的分裂留下了"后患"，这就是个人的道德意愿和倾向起着微妙的作用，同时随着外部条件的变化也会发生微妙的变化，因而，无论如何

---

① 〔德〕康德：《康德著作全集》第 6 卷《道德形而上学》，张荣译，第 394 页。

② 〔德〕康德：《单纯理性限度内的宗教》，李秋零译，第 7 页。

这种"内在化"的统一模式是不稳定的。不仅如此，这一"统一"模式，还要面临另一矛盾、悖论，这就是"假如法则并没有在一个与它相关的行动中，规定某人的任性，那么，就必然会有一个与它相关的行动，规定某人的任性"，那么，结果可想而知，"就必然会有一个与它相反的动机对此人的任性发生影响"①。于是，这一道德行为的"现实化"机制，不仅使得道德行为成为现实可能，而且也使得"恶"行成为现实；并且，这一"恶行"是凭借着"道德"的渠道和行为机制来到现实中的，因而，它完全可以打着道德的"旗号"进行欺骗和冒充。同时，我们也会面临"一些方面是善的"而"另一些方面是恶的"道德尴尬。

我们发现，这里既缺少一个"统一"二者的根据，也缺乏区分、隔离善恶行为的检验标准和根据。对于前一问题，"道德准则"能否作为道德法则与任性自由相统一的"根据"呢？这里根据康德的分析，显然是不能的；如果作为统一的"根据"，准则概念就会陷入"自我"矛盾之中。因为，如果一方面，一个人的行为是善的，就说明他已经把道德法则纳入他的准则之中；但另一方面，行为的任性也可以自由为恶，这就说明上面与道德法则相关的准则，"既是普遍的，但同时又是一个特殊的准则"②，这显然是自相矛盾的。最后，康德认为，在道德自由的任性驱使之下，行动的发生既可为善，也可为恶；而这种善恶价值行为的主观性根据就是"道德意向"。而对于后一问题，则要归结于道德动机的"次序"问题，知善而行恶标示着其中的悖论。

实际上，在此道德意向成为人类整个族类的"道德人性"的标识，其中善善恶恶就是以此"与生俱有"之物为根据的。但是，这里"作为与生俱有的属性，并不意味着由怀有它的人获得"，人不是意向的造成者，它是一逻辑在先的原初属性。康德这样界定"意向"："意向，即采纳准则的原初主观根据，只能是一个惟一的意向，并且普遍地指向自由的全部应用。但是，它自身却必须由自由的任性来采纳"③。而且，道德意向是作为"任性"的一个属性，这个属性是任性天然地具有的。这也说明意向之外不能再有行动的主观根据或原因；道德意向是"任

---

① ［德］康德：《单纯理性限度内的宗教》，李秋零译，第 7 页。
② 同上书，第 8 页。
③ 原文中"Gesinnung"译为"意念"，这里为了上下文的统一，暂改为"意向"；下文中类同（参见康德《单纯理性限度内的宗教》，李秋零译，第 8—9 页）。

性"自由行动的"最高根据",因而,它同样是一种准则,最高的准则。

在此,作为一种原初道德本性的"意向"的确立,只是为道德行为的现实发生提供了最高根据和可能;但是,在人的现实生活、存在和行为中,这一原初的道德本性如何发挥自身的作用,这其中又存在着怎样的复杂关系? 这些问题都要求我们深入人的本性之中进行"人类学"的探索,当然,康德的探索是"先验式"的。另外,道德行为的现实存在中,道德动机纳入准则时的道德次序问题就凸显出来,而且,这种道德动机上的次序"颠倒",不仅造成了恶,而且,蕴含着故意的掩饰和欺诈,"伪善"就进而转化为人性中的根本恶。下面,我们就重点审查这种善恶夹杂的行为根据中,如何对"道德行为"产生影响,以至于中断"道德行为"的继续,阻碍道德"新人"的诞生。

## 二　恶的嫁接与心理掩饰

于是,在对道德秩序的现实性认识和表述中,我们就可以发现一种类似"先验"的道德人类学的探讨方式。所以,从人这种"自由存在物"的概念出发,人的"纯粹实践理性"的道德行为依据就是"自然性"的存在;而相对于现实生活中的道德行为也就必然与人自然本性密切相连。因而,对"人本性"的向善或向恶的"自然倾向",在一定意义上也就构成了道德人类学的考察对象,同时,也就成为道德行为"现实性"的"主观"根据。另外,需要注意的是,这种探讨仍然是一种"先验"的方式,是以"非时间"性因素的"逻辑"展开为依据的。但是,在道理动机上"恶"的嫁接,造成了这样一种"颠倒"道德次序,即好像只有"恶"才具有现实行动能力,而出于"善"的道德动机却丧失了现实行动的"能力"。这样,一方面,出于恶而得福的行为,成为一种地道的"伪善",而其"行为"之恶却嫁接在人的自然禀性之上,因而能够"冒充""欺骗";另一方面,这种"恶的嫁接"的道德欺诈的背后,给道德主体造成的影响就是,"道德行动"同样可以得福,于是出于"善"动机的道德行为就丧失了现实行动力,正常的道德行为道路被"中断"了。

实际上,在《单纯理性限度内的宗教》的开头,康德就指出:"'世界一片糟糕'是一种和历史记载同样古老的抱怨",① 也就是说，自有文字记录的历史开始，或者说作为人类文明的传承在对世界的"道德性"经验上，都是一片"糟糕""混乱"或者"已经被败坏"的景象，似乎谁也没见过一个"祥和"的世界。因而，我们对世界糟糕的记忆不能抱怨，我们一生下来要面对的就是这个"糟糕的世界"。这种糟糕的外部环境似乎是我们无力改变的事实，但是，康德认为，从无论是宗教上的末世论，还是表现在我们自身本性中的禀赋而言，这些都是一种宿命的、自然主义的认识；而对恶的认识的关键是要将其产生的根源设置于"道德"（自由）之上。

除此之外，康德还带领我们对人本性中"善恶"方面进行了理性的考察，就是为了揭示一种根源于自由的人性结构，从而为行为价值及其责任能力奠立基础。在此，对一个行为的道德价值的奠基，就是建立在道德意向之上的，虽然在对"意向"的形式与质料的规定上有分歧，但是，舍勒仍然认为，"意向的伦常价值对于行动的伦常价值来说是奠基性的。没有好的意向也就没有好的行动"②。因而，对于道德行为或善或恶的价值而言，奠基性的工作就是道德意向的考察。在言明了原初的道德善恶的"意向"载体之后，这种行为发生的具体环境也是考察的重要条件，这就是作为整个人类的"类特征"的人性，人性原初的或善或恶的禀赋或倾向；这也是道德行为价值的奠基性条件之一。

康德对人性中善恶的禀赋或倾向的论述是存在论（Existential）层面上的，因为，这样我们就可以把"设想为普遍属于人的恶的倾向"称做人的"一种趋恶的自然倾向"。于是，康德就列举了人的本性中所包含的三种趋恶的"自然倾向"：第一，是人心在遵循已被接受的准则方面一般的软弱无力，或者说人的本性的脆弱（frailty）；第二，把非道德的动机与道德的动机混为一谈的倾向（即使这可能是以善的意图并在善的准则之下发生的），即不纯正；第三，是接受恶的准则的倾向，即人的本性或者人心的恶劣，即邪恶阶段（wickedness）。③在此，恶的倾向都被归结于

---

① ［德］康德：《单纯理性限度内的宗教》，李秋零译，第 1 页。

② 关于"Gesinnung"一词，在原文中倪梁康先生翻译为"志向"，为了保持上下文的统一，这里译为"意向"（参见舍勒《伦理学中的形式主义与质料的价值伦理学》，倪梁康译，三联书店 2004 年版，第 138 页）。

③ ［德］康德：《单纯理性限度内的宗教》，李秋零译，第 13—14 页。

"出于意向的道德准则与道德法则的关系"；其中，要么是道德法则纳入自我的准则而出于自由意志的意向却无力这样；要么是无法将法则作为唯一充分的动机采纳入准则，而出于意向的选择必然也是混杂的；要么干脆就是把道德次序颠倒了，把道德法则置于其他准则之后。从中我们可以总结出三种趋恶的倾向都无法确保"行动的任性与法则的一致"，以致"恶的倾向"也只有依附于"任性的道德能力"才能发生。

而区别于"自然恶的倾向"，人性中的善被康德"视为人的自由意志的某种潜在的可能性（禀赋、倾向）"①，而在具体的分类上，前两种都被归在"自爱"的名目之下，分别为"动物性的自爱"与"比较性的自爱"，而第三种则"是一种易于接受对道德法则的敬重，把道德法则当作任性的自身充分的动机的素质"，所以被称为"人格性的禀赋"。同样，这些人性中向善的禀赋，无论消极还是积极的存在因素，都是"原初的"。

在此基础之上，道德行为发生的价值判定才是可能的；同时，善恶交错的复杂关系才可能被梳理，得到解释，哪怕是有矛盾的，无疑，康德的道德理论作了第一次尝试。康德认为，人性中虽然具有向善的人格禀赋，但是，在现实道德生活中人们仍然有"颠倒"道德动机的行为发生，这在经验世界的性质或许是善的，然而在智性世界其性质始终是"恶"的。这种"恶"是由于颠倒了道德次序，而被归结为道德行动的主观性根据之中，也即是说，这种恶根本不必导致违背道德律的行为，而是行为的意向属性本身即为恶；这就是人性中的"根本恶"——伪善。这也就是说，在道德行为的主观性根据方面，"在把各种动机纳入自己的准则时，却颠倒了它们的道德次序"，也就是说颠倒了道德准则的"主从关系"，从而产生了恶。当然，这种被颠倒的关系有一种复杂的产生与显现的关系：这就是可以容忍这种自然的（颠倒）存在关系。但是，一旦这种关系再次被呈现出来的时候就是一种"有意之恶"，因为这是建立在自由的任性基础之上的。但是，反过来看，这种恶不能因为没有在现实中表现出来，或者说在现实中"只要自己的行为不与道德律相冲突，他就会感到满意，

---

① 邓晓芒：《康德道德宗教精义》，载《德国哲学论丛》，中国人民大学出版社 1998 年版，第 236 页。

以为自身具有的德行"；① 在此，"自欺"得到最为充分的发展，而且是在"道德动机"上的自欺。

这一"道德动机"上自欺的可能，是建立在两个条件之上的：这就是"恶的嫁接"与"道德的心理掩饰"导致的最终结果是对道德动机的根本败坏，在道德行为的出发点上不再有一种向善的"意向"，甚至说是以"颠倒""伪饰"本身作为道德动机，从而达到"中断"道德行为的目的。

但是，这一切仍然是道德自我在道德心理上"自欺"完成的，因而要揭示这种人性中的"根本恶"，就要揭示这一"自欺"是如何可能的。恶的行为及其显现并不是直接的，而是"嫁接"在人性的自然禀赋之上的。因为我们在上文提到，人类向善的禀赋中前两种是"消极"的善，之所以是消极的就是因为"它们与道德法则之间没有冲突"。但是，也不"能促使人遵从道德法则"；② 而且，相反，在它们之上还可以"嫁接"各种恶习。于是，在人的行为中就会依次出现三种不同层面上的恶，分别是"心灵的弱点"，遵循各种准则的脆弱性；道德动机的不纯粹或不诚恳以及有意为恶。在此，康德提醒我们要注意的是，这一区分仍然是以向善的自然禀赋为开端，而之所以出现恶是因为在对"所谓在道德原则与爱好的要求相冲突时缺乏足够的力量遵循道德原则"③。因而，这　出发点的根据仍然是对"善"的认信，并且善良的认为，"如果理性仅仅是为了以幸福的名义，而将性好的动机通常所不可能具备的准则的统一性引入到性好动机中去，而利用道德法则所特有的一般准则的统一性，那么，行动就依然可以产生如此符合法则的结果，就好像它们产生自真正的原则似的"④。于是，这一善恶嫁接的可能就在道德心理的"掩饰"之下完成了，而这一掩饰的具体表现就是"颠倒"，道德动机"次序"的颠倒。但是，这种认识无异于"自欺"，道德心理"掩饰"的实质就是"自欺"。

然而，这种"自欺"的揭示也不是直接的、渐进的，相反是以一种回溯的、反思的形式来完成的。因为在恶的三种表现形式中，只有第三种

---

① ［美］阿利森：《康德的自由理论》，陈虎平译，辽宁教育出版社 2001 年版，第 237—238 页。

② ［德］康德：《单纯理性限度内的宗教》，李秋零译，第 12 页。

③ ［美］阿利森：《康德的自由理论》，陈虎平译，第 236 页。

④ ［德］康德：《单纯理性限度内的宗教》，李秋零译，第 23 页。

可以判定为"蓄意的罪"（dolus），而在一般认识上前两种恶只是"无意的罪"（culpa），① 因为毕竟恶的道德偏好还没有得到认可。但是，在第三种形态上，"它以人心的某种奸诈（dolus malus）为特征，即由于自己特有的或善或恶的意向而欺骗自己，并且只要行动的后果不是按照其准则本来很可能造成的恶，就不会因为自己的意向而感到不安，反而认为自己在法则面前是清白的"②。这样，我们就不难发现，这种恶的道德偏好的意向基础在一开始便存在了。因为这种前溯地（progressively）展现，并没有与道德的自由概念相矛盾，也没有与康德自身的恶的概念相矛盾。因而阿利森认为，我们完全可以认定，"自欺一开始就进入了这幅图景，它把实际上是对人自身行为的自由评价描绘成为他无须对此负责的'弱点'"③。在此基础之上，我们就可以从恶的开端揭示出"自欺"的成分。因为，不仅是在根本恶的第三层面上，而且同道德动机上"不纯粹性"或"脆弱性"一样，实际上，都是要将一种"恶的道德行为偏好"诉诸"弱点"而为自己开脱，其实质就是"伪善"。而且，我们不难看出，这种"伪善"发生的最终完成需要一种心理上的自我掩饰、自我欺骗，这种欺骗是"深刻的"，往往很难察觉，甚至成为坚守自我操守的底线，但殊不知这一"底线"早已被侵蚀。这里其"深刻"而隐蔽之处就在于"道德意向"的不诚实，④ 道德意向被替换，从而道德行为发生了主观根据的"败坏"，道德行为就被"中断"了，道德行为的"自我改造"与"外在改造"的功能也就无法产生。

另外，"伪善"的道德自欺是邪恶的、变态的，但是，"伪善"之中仍然保留了对道德"合法性的认同"，甚至"还一心要为人的各种不道德的行为辩解"，因而，康德乐观地认为，这种恶是建立在人的行为自由的基础之上的，是道德上的恶，因而，这种行为恶的现实及其最终克服的根据都属于道德存在物的人。以致在《实用人类学》中，康德还不无调侃

---

① 实际上，在对其或"恶"或"罪"的称谓上，康德的论述中有着微妙的区分，似乎作为一种与生俱来的属性，被称为"罪"（对上帝的诫命的道德法则的逾越），而当其自由地被归因或作为自由行动的动因时，就是"恶"。

② ［德］康德：《单纯理性限度内的宗教》，李秋零译，第 25 页。

③ ［美］阿利森：《康德的自由理论》，陈虎平译，第 236 页。

④ 康德在此认识到"自我欺瞒阻碍在我们心中建立真正的道德意念"，这是在道德的自由意识基础之上，对"道德意念"的不诚实的揭示；而对"存在论"上前反思意识的"自欺"结构的揭示，则是在萨特《存在与虚无》一书中。

地认为，伪善是"罪恶给予德性的赞美"。

### 三　改恶向善的"中断"

实际上，康德在此面临着一个重大的困难，一方面，这一人性根本恶的根据在于人的自由理性之上；但另一方面这种恶及其现实又是根本的、生而具有的存在。更为重要的是，这两种不同的领域又是有"隔阂"的，归因于理性之中并且也能被"自由"所克服，但是，它的现实存在又不在理性世界之中，而在经验的尘世世界中的表现和存在，理性并不以此为根据确定恶，因而，道德行为的现实"执行力""行动力"都会遇到困难和阻碍。在这里，"善，是一无可动摇的（unüberwindliche）动机，若是主观地加以思考，亦即从其实际的推动力量方面来考察，善又比爱好更弱"①。而且，在关于道德"改造"的现实可能和效果上，理性世界的行动自由似乎也只是"镜中花""水中月"，可望而不可即。并且，伪善的根本恶还会在"向善"道路上设置种种"伪饰"和"掩盖"，道德行为中断了，"改恶向善"的努力也就面临着"中断"，在道德上革新的"新人"也会遇到阻碍；或者从根本上说，"伪善"在败坏道德动机的同时，就设定了无恶需要改正，道德的"改造"功能彻底落空了。

这样一来，最大的危害是，"意向于是便不能以任何方式确定这些直至行动的各个阶段的内容；由于与作为善、恶价值原初载体的意向缺乏联系，行动本身便不再能够是这些价值的载体。而行动的发生便像是一个处在所有意愿影响领域之彼岸的自然过程"②。这时"惟有神才看到人的心中"，这被舍勒称为语词上不同的"实践伦理的怀疑主义"，因为这一奠基又是置于"形式化"的意向规定及其共同体之上的。

首先，在对"改恶向善"的善恶根据的奠基的认识上。虽然在人的本性中具有原初的向善的"人格禀赋"，而且，这一"禀赋"的根据根植于"恶之倾向"的感性性好中，但是，道德行为的偏好根据并不能根除"恶"的可能。其一，禀赋与倾向之间具有根本的区别。倾向是一种主观根据，并以外在感性的性好（爱好）为其依据，因而是偶然的、随意的；而禀赋（尤指人格性的禀赋）是一种客观根据，是以实践理性的为其依

---

① ［美］阿利森：《康德的自由理论》，陈虎平译，第233页。
② ［德］舍勒：《伦理学的形式主义与质料的价值伦理学》，倪梁康译，第139页。

据的，因而是无条件的、绝对的。在此意义上，康德认为"禀赋"可以认为是天生具有的，是无法考究其起源的；而"倾向"是后天招致的，并且能在现象界中寻找根源，但即便是在现象界中也仍然是在"作为一个自由行动的存在物的主体中被发现的"①。因而，二者又有某些共通之处，善禀赋和恶倾向都以意向为任性的最高主观根据，只不过与道德法则有着相符合、相违背之别。同时，善恶的层次说表明，二者都有自然层面和道德层面。但归根结底，善禀赋是以实践理性为根据的，所以，是人的"本体之德"；而恶倾向是以感性的性好为根据，所以是人的"自然倾向"。其二，善的意志是不可能"败坏"的，是不可能受到"恶"的影响的。在这里，趋恶的自然倾向归责于主体，但又不是"理性的败坏"。为了防止把人变成魔鬼，康德认为恶并不是理性的问题，是人本性的脆弱、道德准则的混杂甚或是道德法则的败坏。而作为"道德立法的理性的"完好存在保证了"人格善禀赋"的理性基础和根据，从而使人的善禀赋与人的存在结合在一起，而非偶然性的倾向。

其次，在此基础之上，康德认为，作为道德存在者的人具有"改恶向善"的可能，而在具体转变的路径选择上，主要有两条：其一是通过重建向善的原初禀赋而实现道德自我的改造，重塑道德新人；其二是通过建立一个伦理共同体以摆脱恶对个体的人的侵袭，从而实现上帝国的降临，重建善的生活方式。但是，这些"改造"的方式中存在着"无效"的风险和可能，因为"伪善"的现实存在事事时时侵害着这种"改造"能力，并且，这种对于"非道德关切的依赖，这种依赖损害了他道德的行动的能力"②。于是，在人们"改恶向善"的努力中，伪善"中断"了这一努力。

其一，对"向善的原初禀赋"重建的否定。在恶的罪性存在属性基础上，"虽然恶的偏好因人类的能力所限而不可根除，但是'克服它必定是可能的，因为它在人身上被发现，而人这种存在者的行为本是自由的'"③。这样，正是在善的禀赋的基础之上，人们可以希望扬善抑恶，重新走上向善的道路。那么，人如何才能使自己得救呢？善的禀赋如何才能

---

① ［德］康德：《单纯理性限度内的宗教》，李秋零译，第21页。

② ［英］芭芭拉·赫尔曼：《道德判断的实践》，陈虎平译，东方出版社2006年版，第31页。

③ 转引自阿利森的《康德自由理论》，陈虎平译，辽宁教育出版社2001年版，第237页。

在他心中被唤起并恢复和实现出来呢？

　　康德在《单纯理性限度内的宗教》第一篇文章的末尾处有一个"总的附释：论重建向善的原初禀赋的力量"（后两篇文章也都有一个附释①）为人的重新向善理清了思路。首先，何谓重建？在前文中我们已论述向善的原初禀赋是天生具有的人格性，是不会丧失也无须建立的。因而，此处的重建，"仅仅是建立道德规范法则作为我们所有准则的最高根据的纯粹性"②。于是，坚定自己的道德意念的客观实在性而不受其他动机的污染（颠倒道德次序），是人迈向无限进步的第一步。在现实世界中，我们不能渴求"给我一个完全圣洁的意志，那样，所有趋恶的诱惑在我这里就会自动落空"。因此，习俗的改变并不能从根本上改变一个人，而只有通过心灵，也就是在道德法则的信仰上"改善灵魂信仰的优先性"。同时，由于人性自然恶的存在，"我们只有把自己提高到这种道德上的完善性的理想，即提高到具有其全部纯洁性的道德意念的原则"③，使自己意识到这样一种道德意念（拟人化上帝的理念），人们才会发现、意识到自己的道德义务，在内心建立"上帝的国"，并以"善的生活方式的追求"成为上帝喜欢的对象。

　　但是，康德在此也看到了这种"重建"在现实实践中的困难，因为人格性的禀赋以实践理性为基础，对善原则的拟人化理念的"理想状态"的追求也是具有客观实在性的，它是实践上和道德上的"信念"。然而，这　"信念"却面临着失落，因为"哪里缺少了道德的意向，信仰就在哪里失落，以至于上帝和不朽的灵魂只为那已经为道德意向所指的东西而存在，而道德意向之所指几乎不需要上帝和不朽的灵魂"④。这样，赫费就颠倒了康德在"改恶向善"过程中的决定因素，因为在康德看来，"一个恶人的意向之转变为一个善人的意念，必须建立在按照道德法则对采纳其所有准则的最高内在根据所做的改变之中"，但对这种心灵深处的变化，个人只能希望和祈求。但是，如果道德意向随着道德偏好的转向而成

---

　　①　类同于三大批判文末的附录，意味着超出了理性考察的范围，而无法面对质料的运用。于是，理性意识到自己无法满足自己的道德需求，而扩展了超越性的理念，但又无法占为己有，就称为附释，置于文后。

　　②　李秋零：《康德论人性根本恶及人的改恶从善》，载《哲学研究》1997 年第 1 期。

　　③　［德］康德：《单纯理性限度内的宗教》，李秋零译，第 53、49 页。

　　④　［德］赫费·康德：《纯粹理性批判：现代哲学的基石》，郭大为译，人民出版社 2008 年版，第 311—312 页。

为"坏的意向",成为恶行的最初的主观根据,那么,伪善的现实展现就不仅仅成就了恶的实在,而且使得乐观的"改恶向善"的努力"落空"了。

其二,对伦理共同体的"伪事奉"。"伦理共同体"概念的出现,就是康德用来防止个人之间的相互猜忌、怀疑而造成的对"道德动机"的败坏,从而导致道德意向不断受到恶的侵袭;建立一个伦理共同体,就是为了保证一个持久的、日益扩展的、纯粹的道德意向的存在可能。

伦理共同体与政治共同体类似,又比其高。政治共同体所期望的(按照德性法则的心灵统治)正是伦理共同体所要做的。政治共同体的人们有可能还处在伦理的自然状态,又无法强制它的公民进入一种伦理共同体。而伦理共同体是德性联合的共同体,是完全自由的,是以内在的普遍法则共存的;政治共同体则是建立在外在的公共法律基础上的,因而对人们的权利、行为是一种限制,也不是完全自由的。另外,"伦理共同体,却可以把政治共同体的公民义务包容在自己的规范中,一个有道德的人肯定也是一个能很好遵守国家法律的人,所以能以心的统治来补充政治的不足"①。

建立伦理共同体又面临着两个不可解决(单个人自身力量的不足)的问题:其一,出自内在的而又是公共性的法则;其二,共同体的每个人可能得到的行为所配享的东西。因此,"共同的善"的至善追求需要以另一个理念为前提条件,即一个更高的"道德存在者"的理念。这样的一个上帝形象首先是作为"公共立法者"的形象引出的,"共同的立法者的诫命"被作为伦理共同体的每个成员共存的基础;其次,作为更高的存在者,上帝"使每个人得到他的行为所配享的东西"。这就是"作为一个道德上的世界统治者的上帝的概念"②。道德的上帝作为尘世上的至善——"共同的善"的保证而被引出,道德神学仍然是被作为一种理念的存在。在现世生活中,它就成为"可能的经验的对象"——可见的(基督)教会,并且现在这个时代是全部教会历史上最好的时代。这样,就进一步引出作为个体的信奉者与上帝及基督教会之间的关系。

---

① 邓晓芒:《康德道德宗教精义》,载《德国哲学论丛》,中国人民大学出版社1998年版,第241页。

② [德]康德:《单纯理性限度内的宗教》,李秋零译,第94页。

为了成为上帝国中的一员，并且能够让上帝之国降临到人世间，个体就必须以"心事奉"，但是，在"事奉"中，信众往往颠倒了"事奉"与"神恩"之间的关系，事奉就成为一种"邀恩"的手段，这是第一种情形。另外，就是在上帝面前无条件地承认自己有罪来表明自己虔诚之心，而实际上这一责任并不是个人能承担得起的。这些都是"伪事奉"的表现。而且，康德认为，基督教可以有两种形态的存在：一是自然宗教；二是博学的宗教，在这两种不同的形态中，也分别有不同的"伪事奉"。首先对于前者而言，自然宗教中对上帝的事奉是通过"纯粹的道德上的内心意向"，而那种不纯粹的、软弱的道德意向就是"伪事奉"的表现；对于后者，在博学的宗教中，规章性的信仰是间接性和技术性的，如果把它当作目的来信仰，那么就会导致"伪事奉"。同样，对于目的性的、纯粹的道德意向的扭曲化、手段化的应用，就体现为宗教"事奉"上的伪善；而这里的"伪事奉"所败坏的仍然是道德动机的主观性根据——道德意向。而且，"道德意向"上的主观根据的败坏，使得作为伦理共同体的宗教在"改恶向善"的努力上也无济于事。

## 第二节 道德意识上"自欺"的可能

在黑格尔伦理思想中对伪善的道德行为"中断"逻辑的揭示，实际上包括两个方面，这是因为黑格尔伦理思想体系是伦理精神的自我展现的过程，因而它必须是由初级阶段向高级阶段的发展，所以，其中首先是对前人（尤其是康德）伦理学说中的"伪善"表现予以揭示，其次才是其自身伦理思想观念和体系。但是，这种认识不是逻辑的重复，而是一种不同逻辑思路的再认识，同时，这也切合于黑格尔对"绝对精神"经验形态的历史考察的意识发展过程，因而，实际上也可以将它们归纳到黑格尔思想之内。

因而，在以黑格尔伦理思想资源为背景对"伪善"在行为上的影响的揭示，首先要关注的问题就是一个全新的理论背景、认识方式以及话语系统，这些不同的方面就决定了我们对"伪善"的整体认识的思路设计。这是尤为重要的，尤其是我们在德国古典哲学谱系中推进对"伪善"的道德形上学认识的过程中。我们在上一节中重点考察了伪善发生的"道德意向"——行为的主观根据，在此，仍然要延伸并且生发出新的内涵与意义。这就是伦理道德的认识与存在是一体的，并且在这里是发生在"伦理世界"中的。于是，在这样的伦理意境（Gesinnung）中，"伦理目的与现实之间的分裂已经扬弃掉了"；① 因而，伦理的精神、实体是对其认识的开端，同时，也是其伦理话语言说的层面。

其次在伦理实存层面上，"伦理行为"起着重要的中介作用，伦理行为扬弃了自我的"伦理性格"而成为实体性的存在。于是，在伦理行为扬弃、否定的过程中，就出现了两种"颠倒""欺骗"的方式，它以"外在性"或"主观性"的方式替代"客观性"，这又是"伪善"的两种表现形态。当然，这是同伦理精神"和解"的实存方式相关联的，也是以伦理道德的"精神"形态为开端的。

最后，我们所要揭示出的"伪善"对伦理行为的中断，实际上也是黑格尔思想体系发展的必然结构，同时也是其体系中一个重大的转折、飞跃。因为"伪善"是作为伦理行为的"主观性"存在特征的表现，而要由"主观性"向"客观性"过渡，伦理的客观实存就必须以"国家"的形态显现，而在"国家"的客观行动能力之下主观无行动力的伦理、道德就"消亡""取消"了。实际上，伦理行为在向外的客观实存的"超越"中面临着"自我克服"的命运；而黑格尔"绝对精神"的历史发展也意味着这一必然结果。因而，随着"精神"的和解而存在的"领域"由乡村、家庭向市民社会、国家的转移，同时和解的"方式"也由伦常习俗转变为利益、国家权力，而表现这一情势的"学科"领域也由道德哲学转变为政治哲学。

总之，在时代变革的社会历史背景之下，对伦理道德的认识从对"实践理性"的前提批判到现实（伦理）行为的存在论，深化了人们对伦理道德的感知力和认识力，伦理道德关系也日益深入社会关系之中；而这一切还要从"伦理经验"中的具体感受与态度的具体分析说起。

## 一　和解的道德行动经验

在每一次社会变革的漫长的动荡时期，人们在道德世界中的"感受"充斥着"善的缺失感"，从而极力要求对传统道德的批判与重建。在这种"缺失感"的促使下，对传统道德观念的怀疑与否定情绪一直支配着道德

---

① ［德］黑格尔：《精神现象学》下卷，贺麟、王玖兴译，第26页。

理论的发展和变化。而在现代性伦理转型和奠基的过程中，不无意外的是，"伪善"是以一种现代性的道德经验背景为存在方式的，这一点在黑格尔的伦理思想中也尤为明显。因而，传统的经由道德经验的道德生活就无法进行下去，"道德经验"本身受到了质疑。但是，近代以来的哲学操作是将经验看作对象性的存在，正如"笛卡尔所号召我们做的，就是停止'在'经验中或经由经验而生活，要把经验本身视为客体，视为保持自身特点的东西，视为与其他人相同的经验。通过这样做，我暂停了经验的'意向性'维度，也就是说，什么东西使经验成为关于某物的经验"①。这样，"世界整体因此仅仅被把握为对象总体，而不是被把握为普遍境遇"；只有在"被给予方式和境遇之中"②，存在者才是"真实"的存在。

　　针对这一状况的描述，黑格尔对伦理经验世界的认识试图超脱其中，但又在其中。因为，一方面，黑格尔在对伦理经验的认识过程中不仅仅是将其作为对象，而是把自身存在、自我意识融贯其中，这就构成在整个民族的伦理生活中认识伦理道德的实存；另一方面，这一伦理道德的"实存"在黑格尔思想中也是被规定了"境遇"的，这就是"实体性"的"伦理意境"，离开了"实体"的境遇，伦理道德的行动是虚假的、颠倒的，伦理自我意识也是违背"义务"的。因而，在这一不彻底、不自由的伦理意境中，对伦理道德的认识就是一种对其真实存在的"确证"，而这种"确证"无疑是为自身起点服务的。

　　（一）道德意识的经验性起点

　　黑格尔伦理思想、伦理观念的"出发点"，是认识和把握黑格尔思想形态特征的重要依据，同时也是考量不同认识观点的根据。一般而言，黑格尔伦理思想、理论的出发点可以从两个方面加以考察：

　　其一是在其思想的内在历史逻辑进程中的考察，因为在《精神现象学》中黑格尔把"绝对精神"的发展分为若干阶段，并且这些阶段与历史进程同一，因而"伦理"作为"真实的精神"出现在"理性"之后，所以在"精神"一章中，黑格尔劈头就讲："理性已意识到它的自身即是它的世界、它的世界即是它的自身时，理性就成了精神。"在此不难看

---

① ［加］查尔斯·泰勒：《自我的根源：现代认同的形成》，韩震等译，译林出版社2001年版，第244页。

② ［德］黑尔德：《世界现象学》，倪梁康等译，三联书店2003年版，第147页。

出，"伦理"作为绝对精神的一个环节，其出发点是它自身是"存在着的理性时"，或者说，"当它在精神中是一现实并且是精神世界时"①。这一开端为伦理精神超越道德理性提供了基础，但同时，我们也要看到，伦理的"精神性"形态是其开端，伦理道德的探讨都应该在这一平台上进行，而不是简单地认为"精神"与"理性"是伦理与道德区分的根本。但是，这至少为我们认识伦理道德的"开端"提供了一个较为不同寻常的清晰前提。这就是舍弃了那种道德上的二元论，而试图"重新恢复某种形而上学、存在论（realism），一种'道德意义的一元论'"。②无论是道德存在论还是道德一元论，在黑格尔思想中都依据"道德意识"的获得及其确证；于是，伦理道德的开端与来源问题，就被转换为何以会有"道德意识"，道德意识是如何"形成"的呢？但是，如果绝对去追问"道德意识"的可能，那就又重现回到了伦理道德的实践能力的前提批判，而这条道路是行不通的；那么，追问"道德意识"形成的场所、领域，从而在一个特殊的意境中确证"道德意识"则是可以的，确证道德意识自我的来源与存在，也就是成为考察伦理道德的前提、开端问题。

黑格尔认为，"道德意识"的开端是经验性的，是在现实世界中已经存在的，我们现在的工作只不过是通过"理性"重现确认一下而已。因而，道德意识对伦理道德的开端意义就在于将"伦理道德"从一种纯粹自然的无知状况，转化为人类思维意识所把握、认同的形式。所以，不难看出，在这里黑格尔就"颠倒"了传统上对伦理道德存在形式的认识，而把其转化为在"经验世界"中的确立。这一"经验性"开端，就表现为诸多的"天然"的伦理元素：伦理实体——家庭与民族、伦理规律（神的规律与人的规律）以及伦理元素（男人与女人）的存在。

其二是学科思维的延续性及其历史发展，因为，在康德与黑格尔思想之间的关系问题一直备受关注和讨论。而根据皮平先生的研究，他认为黑格尔对康德思想中的元素是有着清晰的认识的，抛弃观念论（idealism）上的"先验演绎"，而重视其道德宗教思想。因为，早在19世纪初的耶拿时期，黑格尔就认为"先验演绎"是"不可辩护的"，而另寻他途。这

---

①　［德］黑格尔：《精神现象学》下卷，贺麟、王玖兴译，第1、4页。

②　［美］罗伯特·皮平：《黑格尔的观念论——自意识的满足》，陈虎平译，华夏出版社2006年版，第16页。

就是"他（黑格尔）把成年早期的绝大多数知识生命用来拼命思考康德的道德理论和宗教哲学，而不是他的先验演绎"。[①]因而，黑格尔思想体系中对"伦理"的独特认识，虽然黑格尔早年受到康德思想的影响，甚至一度在康德道德神学的思想框架下写出了一篇名为《耶稣传》[②]的长文；但是，伦理道德在"现实世界"中的真实存在（实存）问题一直困扰着他的思考。因而，"伦理"概念中能否既能体现其发展活力，又能表现其现实存在，成为"伦理"概念认识中的难题。于是，针对于此，黑格尔重新创造地使用了"sittlichkeit"一词，这一词语中"sitt"意为"风俗"为伦理一词的字源，希腊人的伦理就是来自他们的风俗习惯；同时，moralitat（道德）一词则来源于拉丁字 moralitas，其本意也是"风俗"。黑格尔在此的区别就是要告诉人们伦理是"实体性"的存在，而道德是主体反思性的存在；前者是本真、真实的伦理形态，而后者是超自然的道德意识，而伦理的"实存"就是二者的统一，二者之中谁超脱了谁都会带来伦理道德问题，而二者的统一则形成了道德意识的经验性起点。

（二）道德经验的"意识"获得

通过上文对黑格尔道德意识的经验性起点的叙述，我们可以看到，他不同于之前的康德道德哲学的关键之处，就是没有将对伦理道德的认识放置于道德行为之前的"实践"可能性的前提——实践理性的批评上，而是将其置于历史性、民族性的伦理生活之中，在伦理道德的发生史、存在史中揭示伦理道德的本质。因而，与"道德意识"经验性起点与存在形态相关，伦理道德实存同样离不开主体性的"意识"，这种个体的主观性意识从"无"到"有"，无中"生"有，这是一个伦理道德的自我创造，把"自然"存在提升为"价值"存在，并向历史性的"实体"生成。因为黑格尔根本不相信"主观"形态的存在，但是，它又是能动性、活生生的因素，而把主体与实体统一起来就是伦理的实存形式；为此，黑格尔认为，在精神层面谈论的"伦理"就必须从"实体"而不能从单一性的"个体"原子出发。

实际上，在此，黑格尔是要把号称已经取得统一的"道德行为的目

---

① ［美］罗伯特·皮平：《黑格尔的观念论——自意识的满足》，陈虎平译，华夏出版社2006年版，第13页。

② 收于黑格尔早期著作集中。详见《黑格尔早期著作集》上集，贺麟等译，商务印书馆1997年版。

的与现实"的关系,在实体性"意识"中再行"显现"与"确立";因而,这既是一项大胆的工作,又是一个挑战,由此把"绝对精神"的客观历史性以"意识"方式显现出来。我们不难在黑格尔描述的"马背上的世界精神"中领会到这一用意,他在通信中写道:"我看见拿破仑,这个世界精神,在巡视全城。当我看见这样一个伟大人物时,真令我发生一种奇异的感觉。他骑在马背上,他在这里,集中在这一点上他要达到全世界、统治全世界。"① 在黑格尔眼中,"绝对精神或'上帝'既不是拿破仑也不是黑格尔,而是黑格尔所理解的拿破仑(Napoleon-understood-by-Hegel)或理解拿破仑的黑格尔(Hegel-understooding-Napoleon)"。因为,"这胜利者不是精神,因为他不是全然[具有]自我意识;通过他的行动,他在事实上完成了历史,但这胜利者并不知道自己在完成历史,也不知道自己的这种行动是在实现绝对精神"。反而,正是"黑格尔知道这一点,并在《现象学》中说出来了"②。

这一点具体在伦理精神的"意识"发展史中,表现为两个世界:其一,在"理性的自我意识通过其自身的活动而实现"的环节中,"自我意识"的运动带来了两个世界:伦理世界与道德世界,这两个世界的存在都是伦理实体"意识"自我认识的结果。因为第一次"自我意识"在自身的直向运动中展现出一个伦理世界。在伦理世界中"伦理只不过是各个个体的本质在个体各自独立的现实里的绝对的精神统一,是一个自身普遍的自我意识:这个普遍的自我意识意识到它在另一个意识里是这样实现的:以至于这另一个意识具有完全的独立性,或者说,成了对于它的一个独立事物,并且普遍的自我意识正是在这个完全的独立性里意识到自己与另一意识的统一"。但是,作为"普遍物"不是自在的存在,而是这些"个别的东西的行动或它们所创造出来的事业"③。其二,在道德世界中,自我意识的普遍性与独立性统一的"幸运"被取消,或者说从伦理的"意境"中走出来,到了一个更高级的"世界"。这就是"一个特定的伦理实体,只在更高级的环节里,即在关于它自己的本

---

① [德]黑格尔:《精神现象学》译者导言,贺麟、王玖兴译,第3页。

② [法]科耶夫:《黑格尔、马克思和基督教》,李利、徐卫翔译,《驯服欲望》,华夏出版社2002年版,第22页(另注:在此,我们并不涉及哲学与政治关系的论争,而只是想借此表达黑格尔在精神意识与历史现实关系基础上的认识方式)。

③ [德]黑格尔:《精神现象学》上卷,贺麟、王玖兴译,第233—234页。

质的意识里才破除了限制，并且也只在这个认识里，而不是直接在它的存在里，它才取得它的真理性"。在道德世界中，似乎由特殊的伦理意境、伦理实体进入"特殊"的自我意识，一方面，意识走在伦理实体之前，是"伦理实体的形成或实现的过程"；另一方面，意识又走在伦理实体之后，向"自我意识披露什么是它的规定和使命"①。而在这个特殊的自我意识的存在上，其"个别性本质"的存在特征表现在其行动的目的性与现实性上，其目的性表现就是向着"伦理实体""义务"的行动；而现实性表现就是这种"自我表现本身"的"对象与目的"，因而，在道德世界的自我意识在"扬弃"自我中"实现"自我。

所以，"自我意识"作为伦理的意识，它的前进方向是伦理自身的"本质性"，也即是"义务"；因而道德经验的"意识"获得最终是为了使自身的行为合乎"义务"的规定。而"善恶"的价值形态表现为道德的"判断"意识；因而，善恶的形态成为道德"自我意识以对象之中有无自己在内来判断善恶"②。

（三）"和解"形式的伦理经验

从以上两个方面的论述中，我们不难看到，黑格尔是在超越"伦理"的自然、朴素的形态中前进的，因为，"按照黑格尔的观点，只有当它超越了纯粹理论经验的境遇，并通过实践把握了世界，主观精神才真正成为意志"③。因而，行动并且"只有有所行为才是现实的自我"；④ 没有"行动"，伦理道德的"改造性"功用就发挥不出来，没有"行动"，伦理道德的伦常习俗存在就是"静止的""僵死的"。所以，伦理行为"否定"了自我与道德共同体的同一状态；但是，同时也扬弃了"道德自我"的无知、无力的"非现实的阴影"的生存状态。而且，在现时代的语境中，"也不像旧希腊文化所具有的伦理；在这里伦理也可以指一种对朴素伦理的更高规定，即当它在道德之中对自己进行反思之后再次显现出来的形式"；⑤ 这是现代"单子式"社会所不同于传统伦理共同体中的"伦理"的根本所在。因而，伦理实存的方式不再是"自然""朴素"的形态，而

---

① ［德］黑格尔:《精神现象学》上卷，贺麟、王玖兴译，第236—237页。
② 萧琨泰:《精神世界掠影》，江苏人民出版社1987年版，第150页。
③ ［德］霍耐特:《为承认而斗争》，胡继华译，上海人民出版社2005年版，第41页。
④ ［德］黑格尔:《精神现象学》下卷，贺麟、王玖兴译，第20—21页。
⑤ ［德］黑格尔:《哲学史讲演录》第2卷，贺麟、王太庆译，第41—43页。

是道德理性"建构"下的结果；这一形式被黑格尔称为"和解"（Recon-ciliation）。

"和解"是从外部返回于自身、返归于本质的精神，从外部的判断意识、有用性的真理知识中回归伦理自我，以便普遍意识能在它那里认识到其自己。对"和解"的认识可以从两个方面展开：其一从程序上讲，就是要统一道德世界中的自我意识在"被规定"与"起规定作用"的活动之间的区别。相对前者来讲是"行动意识"，而相对后者来讲就是"判断意识"，和解指的就是二者对"各自"的普遍本质的直观，"亦即在作为绝对存在于其本身的个别性的那种纯粹自身知识中"。从结果上说，这种"相互承认"的行动本身，"也就是绝对的精神"。在此，和解"这个词就是这样一种实际存在着的精神"；"两个我都是在和解性的'是的'（Ja）中抛弃它们相互对立着的实际存在的，这个'是的'就发展到了一分为二的那个我的实际存在。"①"和解"为伦理的意识形态葆有了"精神"；而真正的"和解"则要深入精神的更高形态——宗教之中，黑格尔在《精神现象学》的"宗教"② 部分讨论基督教时，着重点就放在"和解"上。当然，这是另一个话题了。

## 二　行为的"为他性"欺骗与"外在性"自欺

因而，我们关注的黑格尔思想体系中有关"伪善"的部分，其中主要的线索就是围绕着"伦理行为""行为意识"而展开的，而至于"自我意识的判断""判断意识"在这里只是辅助因素。这其中原因有二：其一，伦理道德上的"判断""论断"发生的伪善，主要表现在"宗教"领域，正如《圣经》告诫我们的"论断别人也是论断自己"，法利赛人每每将耶稣置于"不义"的境地而诘难，但是，殊不知这也暴露了法利赛人与上帝之间的分裂、不和。因而，"自以为义，喜欢论断别人，评判别人"也成为法利赛式的伪善特征之一。其二，在伦理精神的历史发展过程中，在第一个环节——实体性的"伦理世界"中，自我意识"达到了

---

① ［德］黑格尔：《精神现象学》下卷，贺麟、王玖兴译，第176—178页。
② 实际上，对"伪善"的认识和考察，我们整整走了一个圆圈，从《圣经》中人类始祖的"第一桩罪"开始，到黑格尔以"和解"方式解决人与神之间的"不和"。这不是一个"巧合"，而是对人类自身生存状态的一贯关注。

伦理的规定并按照此规定而生活"①，被认为是一种"幸运"，因为这一"幸运"是有特殊的伦理"意境"（家庭、民族）的。同时，在这一特殊的伦理"意境""世界"背景下，行动就不再发生，②行为者抛弃自己的"性格"，而认识到自己的命运。然而，这一"幸运"是低级的，因为它是在一特殊的伦理实体之中，或者说这一幸运是自然的现实存在；因而要想推动这一运动的发展，行动的个别性与普遍性、对象性与目的性、规定性与被规定性之间的冲突就在所难免。所以，"伪善"的形态表现就集中在道德行为上，这也是我们要聚焦的方面。

（一）两种"和解"，两种"颠倒"

"行动"在伦理世界中是一"否定性"的因素，因为"行动（Tat）破坏着伦理世界的安定组织和平稳运动"，而在伦理世界里表现为"相互协调一致的东西"，变成"两个相互反对的本质之间的一种过渡，在这种过渡中，每一种本质与其说表明自己在证实它自身和证实另一本质，倒不如说是在消灭它自身和消灭另一本质"。但是，这种自然存在的伦理本质在相互消灭中，"人"从其悲剧命运的潜伏状态中作为现实的自我显现出来，成为自在自为的个人。③于是，个体的"伦理行为"在与"伦理实体"的关联之中就发生了"规定"与"被规定"之间的不统一，这些"不同一"的存在又被"颠倒"为自我意识的"自我同一"，从而产生"欺骗"和"自欺"的伪善行为。

"和解"就是与道德自我意识之外的"他者"的和解，而在黑格尔思想的历史框架中必然包含两种不同的"他者"，这就是：其一，作为类似于古希腊共同体社会中的"普遍性""共同性"的"他者"；其二，作为启蒙运动之后以"有用性"为真理的市民社会中的"个体间"的"他者"。而且，实际上这二者之间也存在着一条"鸿沟"，这就是说，"道德的东西具有两重意义：在故意中的普遍物与意图的特殊方面"；④而要如何将二者有机统一起来，成为"同一"的存在，就成为主观性道德所面

---

① ［德］黑格尔：《精神现象学》上卷，贺麟、王玖兴译，第235页。

② 这一点也符合我们在上一节中"意向"对道德行为的中断作用，因为在一个设定的道德世界中，行为是被既定的伦理规范"规定"了的存在，而且这种"存在"是行为规定的本身；因而道德"行动"也就没有必要了。

③ ［德］黑格尔：《精神现象学》下卷，贺麟、王玖兴译，第20—21页。

④ ［德］黑格尔：《法哲学原理》，范扬、张企泰译，第124页。

临的最大问题，也是伦理客观性存在的终极任务。

而之所以"和解"被区分为两种形态，是因为随着现代社会的发展，共同体性质的本质早已失去了存在的可能，这就意味着"资产阶级社会存在着一个作为政治国家的公民之身份与心灵关系的颠倒、矛盾与分裂"。在这个异化的世界中，"由于主人在历史的进程中早已失去了本质的作用，作为奴隶的个人在进行各种各样的奋斗时，所获得的承认只能是现代奴隶——资产阶级市民之间的承认，而不是主人的承认"。所以，这样一来，整体而言，教化世界中的真理就是"虚假"的，而作为对"义务"规定的自我意识就处在矛盾的状态，因而它的真理就不是"自为的（为自的）"，相反，"为他性"成为真理。而且，更进一步讲，在伦理意识对"行为"的规定上来看，"自为的"道德行为的真理性却依赖于"外在的"现实性之中。这也将依赖于自我主观性"良心"的道德行为陷于"真诚"与"伪善"的冲突之中。

于是，伦理精神以"和解"形态的葆有，并没有从根本上解决道德的主观性存在特征；相反，使得这一特征更加凸显出来，最终是以"主观性"真理的形式存在的。

（二）"为他性"价值规定的欺骗

在伦理学对"善"的希求上，是要深入内心深处的，但是，这就可能造成在"道德行为的客观方面和内在方面——即主观动机——之间隔着一条鸿沟"；于是，"意欲的善"对现实存在的"善"的替代，就是"伪善"的发生。因为，"当自我意识把其他一切有效的规定都贬低为空虚，而把自己贬低为意志的纯内在性时，它就有可能或者把自在自为的普遍物作为它的原则，或者把任性即自己的特殊性提升到普遍物之上，而把这个作为它的原则，并通过行为来实现它，即有可能为非作歹"。①

这种作为主观价值性存在的"善性"就处在作恶的待发点上，并且"道德和恶两者都在独立存在以及独自知道和决定的自我确信中有其共同根源"。由此，我们不难看出，道德与恶的根据都在于主观性根据——道德意向之中，而这一"根源"的确立又是在"自我确信"之中的。因而，"知善"而"行恶"，"恶行"而"得福"的种种背反的道德现象就出现了，同时，这种"道德经验"的产生和沿袭直接败坏了道德行为的"动

---

① ［德］黑格尔：《法哲学原理》，范扬、张企泰译，第124、142—143页。

机"。但是，这一道德"现实"中出现的问题，实际上并不是"真实"的道德现象，而是一种"道德假象"，而这种道德假象出现的真正原因就在于人们对道德的虚假认识，以及在虚假认识中继而产生的虚假的"道德经验"，虚假的道德经验在人们的道德意识中逐渐"强化"，并最终成为一种所谓"普遍性"的道德观念。这就是伦理道德在"观念"上的价值性存在的欺骗，在其根源上是"伪善"的表现。同时，这也告诫我们，在社会外在条件的变革时期，人们会以种种借口和理论宣称自我的"真诚"，而不公正的是外部因素所造成的善恶"因果关系"的断裂。但是，事实上，问题并不在"外部"，而仍然是内在的道德动机出了问题，甚至我们还会一味地"天真"地欺骗自我，将其罪责归之于外。不仅如此，"道德理论"自身的罪责也在所难免，这一状况的出现不是外部的社会现实、伦理生活的现实出了问题，而恰恰是道德理论在"认识"这一现象时自身出了问题，作出了错误的判断，错误的引导，从而形成了错误的道德知识。

这样的"道德理论"最终是要把道德价值的确立诉诸外部"为他性"的"功用"价值，这就是对道德价值的"规定性"，同时，伦理意识"自欺"地认为在这里找到了自我意识。在这一形态中也包含双重的欺骗：其一是以国家权力、财富为表征的普遍本质的伦理现实；其二是启蒙运动所带来的个体理性的"觉悟"，而实质上仍是"有用性"的本质表现。这些都是在教化世界中伦理意识的"异化"，这种"教化"无论如何都是具有虚假性的。狄德罗笔下的"小拉摩"就是这一社会意识状况的写照，黑格尔大段引用了其中的描写，"是既高雅又庸俗、既有正确思想又有错误观念、既是完全情感错乱和丑恶猥亵，而又是极其光明磊落和真诚坦率的一种混合物"[1]。这里集中体现的就是"混杂""分裂"以及"颠倒"。这种"颠倒"又是如何造成的呢？是小拉摩自我为之，显然不是，"小拉摩"的行为代表了当时历史性的社会意识的状况，因为"精神所述说的"是"一切概念和一切实在的颠倒，是对它自己和对于别人的普遍欺骗"，而且，这种"谎言""欺骗""恬不知耻"地成了真理。因而，小拉摩不愧是时代的产物，他代表了"时代精神"，当然，这一精神状况及其"代表"的认识是通过黑格尔揭示出来的。在这一精神状况表明"普遍性"

---

① ［德］黑格尔：《精神现象学》下卷，贺麟、王玖兴译，第 67 页。

的精神已经不存在了，而伦理的意识还要在现实中寻找其"自我意识"的显现，就是"财富"与"国家权力"，但是，在这二者身上"自我意识"发现自我的存在，不是"自为的"，而是在为他的"有用性"上。这一点也明显地在启蒙运动中表现出来，因为启蒙运动标榜"真理"——自由理性，最终这种"理性"的行动并不是以"自为"为目的的，而是保存自我的"有用性"。这样，就出现了一个十分有意思的"背反"，伦理的意识在"自我意识"的自我确证的真理认识上，本是以"为我性"的自为存在为目标的，而结果却是在"为他性"中确立自身，因而，在教化世界中伦理精神就是一整个的"颠倒"，自我意识"是其所是"的确证成为"不是其所是"的"欺骗"。

（三）"外在性"伦理现实的自欺

上一种伪善的表现，实际上可以被看作是先于"伦理实体"的自我意识在义务"规定性"上的不同一而造成的；这里，将要探讨另一种形式，这就是后于"伦理实体"的自我意识在义务的"被规定"上的不同一而造成的自欺。

因为在教化世界中，社会成员个体性的自由行为带来了很大的麻烦，"普遍的自由，既不能产生任何肯定性事业，也不能作出任何肯定性行动；它所能做到的只是否定性行动；它只是制造毁灭的狂暴"①。因而，到最后"绝对自由摧毁了其自身的现实王国，过渡到有自我意识的精神王国，于是产生了道德精神"；② 道德精神，简单来说，就是对自身具有确定性的精神。

这里发生了一个重大的变化，否定性的"道德行为"成为主角，而"道德行为"成为被伦理意识"规定"的对象，伦理行为意识对自身的"确证"就不再是"外在"结果——幸福——及其规律（德福同一），而是行动本身。因为行动"抬高了自我意识……因为它同时既是普遍的自我意识又直接在它自身中具有着法则"，这样"道德"便是对自身具有确定性的精神，因为它知道"对它而言，只有这个自我表现本身才是对象和目的"③。然而，我们要发掘的不是这一中规中矩的过程，而是在这一

---

① ［德］黑格尔：《精神现象学》下卷，贺麟、王玖兴译，第118—119页。
② 萧琨焘：《精神世界掠影》，江苏人民出版社1987年版，第161页。
③ ［德］黑格尔：《精神现象学》上卷，贺麟、王玖兴译，第239页。

过程中所出现的"颠倒""自欺"的伪善。从黑格尔所预想、设计的过程来看，这其中至少有两个方面出现了"颠倒"，也就是说自我意识"自欺"地认为所实现的自我确证只是一种道德假象——伪善的表现。

其一，"德福同一"的自我意识的确证，实际上将"义务"的规定性放置在了道德行为的"外在"因素上。黑格尔对这一伪善现象揭示的理论背景是在"道德世界观"中，因而，道德的自我意识认识到"它不得不一方面把自己表述和呈现为对象性的表象但同时又明明知道这样做只是一个蒙混、颠倒"①，因而，道德自我意识的这种行为本身就是"伪善"。这正如人们对待道德是否能够完成以及"德福不一"问题上的观念一样，都是一种自我意识的"自欺"。同时，这也标示着道德的自我意识将"伪善"作为自身发展的一个环节来看待。也正如黑格尔对道德意识并不严肃对待自身的"颠倒"的评价一样，在此，对待"伪善"，黑格尔的态度也并不严肃。

其二，道德良心对行为的"规定性"，实际上只是一种善的"宣称"，它最终不能成为"德行"，从而也无法确证自我，成为精神的现实。在这里伪善得到严肃的对待，因为它阻碍了真正道德行为的发生，道德"和解"的可能，乃至伦理精神的葆有。"伪善由于它承认义务和德行的虚假表象并用以掩饰它自己的意识和外来的意识的假面具，就算已经证明它是尊重义务和德行的了；仿佛就在它这样地口头上对其对方的承认中它就自在地含有同一性和一致性了"②。这种"好像""仿佛"的同一性，而实际上并不是，就意味着自我意识"是其所是"的确证成为"是其所不是"的"自欺"。

### 三　伦理行为向外超越的"中断"

实际上，无论黑格尔如何克服道德主观性所存在的弊端，随着现代资本主义市民阶层、市民社会的兴起，作为普遍的伦理实体在现实世界中也一直缺少其"代表"③，虽然他在后期认为普鲁士政府就是这一代表，但是，其真正的动机受到怀疑。这就造成一个问题，伦理精神的"和解"

---

①　［德］黑格尔：《精神现象学》下卷，贺麟、王玖兴译，第146页。

②　同上书，第169页。

③　当然，在科耶夫的解读中，拿破仑所代表的"世界精神"就意味着一个"普遍同质国家"的到来，主奴对立关系的克服，世界历史的终结。

难以得到最后的完成，而在这一过程中的"颠倒"现象可能会继续存在，并带来更大的社会性危害。因为拥有国家政权及强制权力，具有现实的客观的"行动能力"，而这种行动能力的"普遍性"价值至关重要，因而，一旦遭到替换、僭越，以普遍性的道德价值流行于社会中，其影响将是灾难性的。

另外，虽然我们对道德与政治之间的"同构性"保持着警惕，但是，黑格尔开辟的这一思路仍然把我们导向"政治"高于"道德"，道德"更高"的逻辑阶段是政治的道路上。虽然，这仅仅只是一个开端——黑格尔在其后期的著作中也没有展开论述，当然这一话题也日渐远离他的思想中心，而我们也打算在第六章中对其进行系统的讨论——但是这一开端及其思路的转向（政治）对"伪善"的深入探讨也极为重要。

（一）伦理行为的主观性形态

在《法哲学原理》一书"道德"篇章的最后一部分里，黑格尔对"伪善"的揭示就不再是以伦理精神的自我发展过程中的一个环节的形式，而是对其产生的根据及其根本特征予以论述，其目的也正如我们在谈到阻碍"和解"发生时的态度一样，这里，黑格尔面临着从"道德"向"伦理"过渡的任务，而伦理行为的这种"主观性"另类特性正是阻碍这一过渡的关键，因而要严肃认真地对待之。

在此，黑格尔把伪善发生的"因素"与"程序"进行了一次"合演"，其目的就在于要揭示以"伪善"为依据的行为的"主观性"特征；而这种"主观性"是自由发展阶段"道德"的根本标志，要完成向"客观性"伦理的过渡，就要克服道德的"主观性"。但是，这里伪善发生的三个阶段、形态，黑格尔描述的对象、依据仍然是针对"康德式"的伦理道德行为，因而可以说没有多大的新意，甚至还不及在《精神现象学》中的认识，只不过更加清晰，层次分明而已。实际上，即便是在"伪善"三种形态的分类与特征的表述上，也类似康德对于人性"根本恶"的三个层次的内容。如果我们对事物现象的认识习惯于逐步深入本质的话，那么黑格尔对"伪善"的揭示就是"相反"的方式。他首先揭示伪善的本质是"具有恶的意识的行为"，但是这一本质在现实中并不一定就表现为伪善。于是，伪善的形成还要有一种"形式"上的规定，"即首先对他人把恶主张为善，把自己在外表上一般地装成好像是善的、好心肠的、虔敬的等等"，也就是说，要为自身本恶的行为作"辩护"。于是，这种

"黑白颠倒""变恶为善"的"辩护"在具体的表现上可以分为三种形式，简单地说，分别是"概然论""纯粹的主观意图论"以及"主观信念论"①。这三个层面的伪善认识，深度是逐渐发展的，从心理上的"心安理得"到"主观意欲"再到个人行动的"信念"，从而也意味着欺骗的程度和隐蔽性逐渐增大。

但是，"伪善"自身最终也被吞噬、湮没在"主观性"之中，纯粹的伪饰、掩饰代替了主观性的动机，而自我意识把自身所做的一切看作是"善"的本身。这就是说，"如果自我意识对着他人号称自己的行为是善的，那么这种主观性的形式是伪善。但是，如果它竟主张它的作为本身是善的，那么这是自命为绝对者的那种最高峰的主观性"②。在这里，从一种"恶的意识"中经过"伪善"的辩护，最终成为一种"善的意识"，这一认识是更为彻底的"主观性"；但同时也正是这种彻底的"主观性"确立了一个具有主体意识的独立人格，从对一切的否定、虚无的世界中转而肯定一个普遍的绝对的"伦理"的存在。

在这里，黑格尔明确了"伪善"行为的道德"主观性"特征，以及伪善对道德行为的"客观性"存在形态的影响。因为这种行为"对别人说来这是伪善，对他自己说来，这是主张自己为绝对者的主观性的最高度娇作"，并且在这种伪善的行为中自我意识是"自知为实行这种曲解的力量从而是绝对者的这种意识，乃是道德观点中的主观性的最高峰"③。

（二）伦理行为的命运与超越

在黑格尔伦理精神的自我展现的历史发展中，个体的命运无疑是"悲剧性"的，个体也成为悲剧性的存在，因而"悲怆情愫""苦恼意识"都是用来描述个体面对"实体"时的无奈与苦恼。但是，虽然个体的最终命运是悲剧的，这是命运本身的意义，但在历史中个体的"行动"决不应是"悲情""消极"的。于是，自从历史上出现了个体性的"行为"之后，伦理"行为"就面临着两种命运：其一，是主观形态的反讽；其二，是客观形态的"共同体"；对于前者而言，"这种形态的主观性不仅使权利、义务和法的一切伦理的内容变成虚无——它就是恶，甚至是彻

---

① ［德］黑格尔：《法哲学原理》，范扬、张企泰译，第 14 节。
② 同上书，第 158—159 页。
③ 同上书，第 146 页。

头彻尾的普遍的恶，——而且还加上它的形式是一种主观的虚无性，它知道自己是缺乏一切内容的虚无，并在这种知识中知道自己是绝对者"。于是，这一心灵上的"绝对者"最后就成为毫无行动力的"优美灵魂"，这样"一种更高贵的主观性怎样地把一切客观性都目为虚无，从而连自己也因丧失一切现实性而消灭；这种美的灵魂乃是主观性的另一种形态"①。对后者而言，自我意识在"自我"之中并不能实现不受外界侵扰与怀疑，于是它就组成一种"共同体"。这一共同体的作用就是作为"权威"的存在，黑格尔指出，因为现代社会的高度文明化，露骨的谎言容易被拆穿，于是就只能借助于"权威"。于是，"行为人"②这样"行为"似乎逃不脱主观性的命运。但这只是低一层次的认识，如果我们将视野放置在客观性、制度化的伦理形态再行审视时，这一主观形态正处于转折点上——客观的主观性阶段。

这就是"伦理行为的向外超越"——伦理国家。在这里黑格尔要解决的问题就是在"和解"的两种形态中，作为个体自我与普遍共同体、实体之间的"和解"；而这种"和解"的实现，按照黑格尔在《法哲学原理》中的思路，仍是以伦理"行为"为推动的，而最终把行为提升为客观的主观形式，真的东西在胜利中得到"提高"。

（三）伦理"客观行动"中的自我取消

在伦理行为的主观性"高峰"的认识过程中，为伦理的"客观性"行动做了最后的准备。因为在这一过程的伦理悲剧③中，我们并非一无所获，而是把伦理悲剧中"潜在因素"表现出来，成为现实的。因为在伦理行为的推动下，伦理世界的平衡被打破了，其中的潜在因素就被释放出来，从而为新的阶段和发展提供了可能。

在黑格尔伦理精神自我确证的历史中，伦理"悲剧"分别在"伦理世界"与"道德世界"中出现，两次出现都摆脱了既有的道德秩序，创造了新秩序；而且，这种新秩序是与道德意向的重新确立，乃至道德主体的信念选择紧密相关的。在伦理世界中的道德"悲剧"，黑格尔所举的例证是"安提戈涅"。伦理"行为"的发生打乱了既有的伦理秩序，神与人

---

① ［德］黑格尔：《法哲学原理》，范扬、张企泰译，第 158 页。
② 同上书，第 159 页。
③ 在这一世界进程中，既揭示出了虚假的东西之无价值；同样也充满了悲剧，因为有价值的东西也相继遭到了毁灭。

的规律互相冲突，家庭与城邦互相对立；这两种规律都屈服于命运。但是，命运的真理性，其体现者是人，人从其在悲剧中的潜伏状态中作为现实的自我显现处理，从阴影上升为现实，成为自在自为的个人。①而在道德世界中的悲剧，是以"耶可比"为例证的，说明这种道德自我孤芳自赏，静观自己的纯洁，而不采取任何行动，最终变成"一缕烟雾"。实际上，这一"道德自我"的命运是"不幸"的，但是，道德自我的存在并非毫无意义。因为道德自我至少从外在的屈辱中回到"内心"，从一种完全的虚无、彻底的否定状态转变为对自己良心、自我信念的坚持，所以它才能以"自我"的信念对抗"权威"的信念（"讽刺是伪善的一剂良药"），同时，在这种"对抗"中二者同归于消灭，同归于尽。然而，这一道德悲剧并非全无意义，在这一"悲剧"中至少实现了道德自我"信念"的转向，不是信与不信之间的转变，而是真假之间的转变，道德自我"重新"确立了对信念"肯定性"的价值信仰，这是尤为重要的。同时，这也鲜明地表示出"道德意向"的基础性作用仍然有效。另外，这也是道德的自我意识由"主观性"提升为"客观性"伦理的前提。

实际上，在此我们不难看出，伦理"客观性"阶段的到来，并不是依据于伦理自身的"客观性"因素，相反，它来源于道德主观性中的"确证"；但是，它在道德阶段并没有显示出来，而是在伦理国家的客观性行动中得以显现的。这即是说，"这种最高的东西并没有在它的现实中作为无价值的东西显示出来，这一点正是实在的伦理性的实存即国家所企图达到的目的，并予以实行的，也是伦理性的自我意识在国家中所占有、直觉和知道的东西，以及能为思维的认识所理解的"②。但是，我们要再一次追问的就是这种"错位"，伦理行为的客观性表现就与其基础、本原性的东西发生了"隔离""分裂"。③

而"国家"是一种现实的有能力的行动者的普遍代表，所以，一个特殊伦理实体的时代到来了，这就是"国家"政治的时代。伦理国家以其特有的"机器"保障其行动能力，于是，再一次个体的行动被取消了，

---

①　转引自黑格尔《精神现象学》下卷，贺麟、王玖兴译，第20页注①。

②　［德］黑格尔：《法哲学原理》，范扬、张企泰译，第156页注②。

③　这里，我们似乎能够揣测到伦理与政治、哲学与政治之间的一些不同的方面；同时，我们可以深刻地体会到康德所说的"真正的政治不先向道德宣誓效忠，就会寸步难行"（《历史理性批判文集》）这句话的深刻意涵。

而且，当客观性的伦理行为在历史中显现的时候，"伦理"就自我克服，被历史性地取消了。

另外，在国家中还有一种情况导致了"伦理"的自我解构乃至消失，这就是作为"既没有权利也没有义务的穷人"，如果这一部分人没有能力获得权利与义务，那么他们就必然游离于伦理秩序之外，那么"道德实践行为也就无法继续进行"，道德实践行为的"中断"就不可避免。于是，"当一个社会的规约系统不能再实现自身的伦理原则时，那么这套社会伦理系统也将自我消解"①。在此意义上，马克思声讨资本主义道德的"虚伪性"就是理所当然的。因为，相对于无产阶级而言的资产阶级伦理规范与秩序是"非现实的"即将自行消解的存在；在此之前作为"穷人"的无产阶级在伦理世界中被"排除"与"消解"了。因而，一个非人性的世界也就成为无产阶级"革命"和"改造"的对象。于是，在通过对"世界"的改造中获得全新道德的人性基础，而不是以一种不变的人性理念作为道德的基础，这正是一个崭新的阶级所带来的新道德，它完成了对旧道德的一次全新的"颠倒"，因而，它也有权利揭示旧道德的"伪善"本质。

## 第三节　道德精神上"同一性"的分裂

伦理学的一个重要目的在于通过道德实践活动达到人自身本真的生存状态，或者说，伦理道德作为人类的实践技艺之一种，构成了人类生存的原初结构和图景，因而，道德世界是作为人类原初本真的生活世界而存在的。但是，伦理学一直受制于目的论的"对象化"哲学操作的模式之下，这本身就是一种"颠倒"。因而，抽离于具体情景之外的道德法则和规律，往往成为一种空泛的"道德说教"；而对于这种"说教"故意歪曲和利用就成为一种道德教化的"工具"。这就是把自身生存的基本可能当作外在于生命的"工具""技术"来对待。

于是，作为人的基础存在样态的伦理道德也就变为机械的"价值""尊严"的体现者，而得到特殊的"对待"与"追求"，这就是"伪善"。伪善的出现实际上也就意味着作为人类基本的生存实践活动之中

① Allen Wood, *Hegel's Ethical Thought* (Cambridge University Press, 1990), pp. 254 – 255.

的道德实践出现了"异化"，这种"异化"是对人类原初生活世界的"背离"与"超脱"，但同时也是一种只有"在高度文化的时期才能产生"① 的现象。所以，伪善对伦理道德生活的危害，不仅仅是对伦理道德的认识、道德行为的实践方面，更为重要的是对原初本真的道德生活世界的"背叛"，对这个原初生活世界中生存实践的"异化"。因而，在此所讲的道德实践活动是在生活世界背景中的，是作为人的本真生存的一种实践技艺。伪善对道德价值的本真形态的"颠倒"，道德实践就呈现出"工具化"倾向，而道德价值就仅仅与道德的行为规范联系在一起，就脱离了人、人本身的人格价值基础，从而显示出道德超越"主观"的内在可能性的中断与失败。

实际上，我们不难看出，作为一门实践科学——伦理学在其作为独立的学问出现之初，就在于其作为反映、认识和研究人类生活状况最基础的一个部分而存在。但是，实践学科由于其独特的"目的性"，在逻辑、历史的发展过程中容易出现"异化"，背离原初、本真的目的存在形态。在道德实践中，对"善"的希求就逐渐变为对善所能带来的"价值"，而不是善本身的道德生活，以致偏离于这一生存目的的行动还要认定"恶"即为"善"，这种完全的"颠倒"，使得人们彻底割断了与自然世界的联系，进入一个理念、思维、想象的人工世界，更为重要的是，这一颠倒了"本然""自然"的人工世界中，伦理道德的实践不是为了"生活"本身，而是在其预设的"价值"下的指导行动。

因而，"伪善"作为道德行为"中断"的表现形式之一就是道德实践的"工具化"存在形式，即"道德行为"实践目的性的"对象化"操作；因而，之所以是"伪善"就在于其"掩盖"了其作为本真生存形式的道德实践行为的发生，而误认为"对象化"的认识与行动即为伦理道德的原态。

## 一　工具化的道德实践

在人的生活世界中理解道德实践，就摒弃了单纯道德评价的功能性存在，而将其还原回真实的生存状态、生命感受以及道德经验之中。因为我

① ［德］黑格尔：《法哲学原理》，范扬、张企泰译，第160页。

们长期以来已经越来越习惯于一种所谓的客观伦理学的描述，我们每一个人都只是道德评判者而不受评判，我们习惯于一种"中立者"的姿态来论断别人，而自己只是一双"生活之幕"之上无辜的眼睛。于是，长久以来，我们可以理直气壮地指责别人以致社会中任何一种不合理、不道德的现象或问题，而这些现实并不会被纳入自己道德世界的经验中，因为自我真实的道德经验实践是要为自我的利益服务，哪怕被指责也问心无愧。这多少有点儿"为了穷人而盗窃，为尽家庭义务而搞腐败，为了报复而杀人或者杀光坏人而使世界更干净"①的意味。这些普遍的大众性的道德经验提升到道德理性知识层面，就是道德实践的"工具化"。因为要想彻底透析这一问题，就必须从头开始，这就是作为"实践哲学"的伦理学在人的本真存在上的价值、意义。

（一）"目的论"的实践哲学

道德实践如何成为人的一种真实的生存方式？古希腊时期，人们的生活又是如何显现和证明这一论断的呢？在黑格尔对希腊伦理道德生活的怀念、向往的美化描述中，我们还不难发现这样的句子，"智慧与德行，在于生活合乎自己民族的伦常习俗"②。早在亚里士多德的《尼各马可伦理学》著述中，他就写道："每个人似乎都以某种方式说出了这个道理：德性是一种合乎明智（phronesis）的品质。德性不仅仅是合乎正确的逻各斯（logos）的，而且是与后者一起发挥作用的品质。"③从这一论述来看，亚里士多德把作为一门独立学科的伦理学的研究对象，定位为"人所特有的实现活动"，而这种"特有"的活动就是人作为人的存在特征的体现——道德实践，"即人的实践的生命的活动"④。于是，在此基础上，亚里士多德又区分了"实践"与"制作"，"实践不是一种制作，制作也不是一种实践"。因为制作的目的外在于制作活动，而实践的目的则是活动本身；而在实践与制作之间的"技艺"更为特殊，因为"所有的技艺都

---

① 这种伪善是深入内心层次的，而一个内心缺乏层次的人甚至可能完全没有意识到自己的伪善（参见邓晓芒《康德黑格尔论伪善》，北京大学纪念《精神现象学》发表200周年学术会文集，2007年，第61页）。

② ［德］黑格尔：《精神现象学》上卷，贺麟、王玖兴译，第235页。

③ ［古希腊］亚里士多德：《尼各马可伦理学》，廖申白译，商务印书馆2003年版，第189页。

④ 同上书，第XXV页。

使某种事物生成"①，但是，作为人的真实存在的本质实践活动却不是使人生成，同时，也正是在实践中显示的自我真实的人（所谓的生成之物）的存在是实践活动的原因。这也正是"实践"与"制作"不同的根本原因之所在，实践指向人的生命、生活的特殊存在特征，而制作的技艺则是指向外在于"人的存在"之物。但是，在作为人的"道德德性"的表达上，亚里士多德又明确表述道："德性如同技艺一样，都是先运用它们而后才获得它们"②。这两种不同背景之下的不同表述似乎有冲突，实际上这种冲突并不是"实践""技艺"以及"制作"之间的冲突，而是"伦理"自身的冲突。简单来说，在伦理的"理智德性"的存在表现中，亚里士多德要限制伦理"逻各斯"的实践技艺的一面，同时显示"伦理"伦常习俗的本质；相反，在"道德德性"中，就要限制其伦常习俗的现实性，要它"活动"起来从而成为"活生生"的存在。③

于是，黑格尔为了准确地指出"伦理"的这一特征，就创造了"Sittlichkeit"一词，一直到现在该词的翻译还众说纷纭，其主要原因就在于其含义的丰富性，在《牛津哲学词典》中，我们看到，该词在德文中意为"道德性"（morality）、"伦理生活"（ethical life），这是比较中肯的；同时，在黑格尔哲学语境中是"一种在世界中的存在方式（a way of being in the world），它体现为伦理生活和政治生活（involvement in the ethical and political life）"④ 两个方面。这就是说，黑格尔的"伦理"一词既保留了传统中作为"生活世界"生存方式的一面，又显露其"实践性"与"伦理性"的一面。更为重要的是，黑格尔在这一概念中并没有强调"伦理生活"对人的存在的本真性地位，因为随着历史时代的发展，伦理生活已经不仅仅表现为古希腊"自在"的自然—伦理世界，而且更高级的形态是"反思"的自由—伦理世界——道德世界的形态。另外，虽然黑格尔伦理思想中充分整合了"伦理"一词的传统意蕴，但是，伦理世界

---

① ［古希腊］亚里士多德：《尼各马可伦理学》，第 171 页。

② 同上书，第 36 页。

③ 这一点如果仅仅只是关注"实践"与"制作"在"技艺"上的区别和反思，是很难梳理清楚这一关系的（参见马万东《实践智慧与技艺之喻》，载《现代哲学》2007 年第 1 期）；另外，这种关系进一步追问下去就是"存在"与"好好存在"之间的"第一哲学"问题（参见柯小刚《建筑的伦理基础：一个现象学考察》，载《江苏社会科学》2006 年第 6 期），可见，对于"伦理"以及黑格尔所创的"Sittlichkeit"一词所蕴含的形而上学意义值得深究。

④ 布莱克波恩：《牛津哲学词典》，上海外语教育出版社 2000 年版，第 352 页。

作为人的生存、生成和自我完善的"世界"基础被历史性地消除了。因而，黑格尔"Sittlichkeit"一词就同时蕴含了"道德性""伦理性"① 的含义。所以，现代人必然是在"无家"状态中"思"家，寻找"归"家之路。

实际上，在此之前，人类的先哲们还完成了一个转向，即由宇宙世界转向人自身、人的生活的追问和反思，人应当如何生活？如何转换为更为真切、现实的问题，就是"人应当如何生存？"对于生活与存在问题的追问与沉思，就是要获得一种"知识"，因而，苏格拉底有"美德即知识"的名言，而要获得"知识"哲学的方式就是"沉思"。因而，一直到亚里士多德仍然认为，"沉思"是最美化的生活形式。

但是，这样一种由"沉思""静思"而获得的知识，及其对人的生存的真实保障也有一定的风险性。阿伦特在提出她所认识到的"倒转"时就说："在存在与现象相分离，真理不再向观看者心灵的眼睛显现、泄露或揭示自身之后，就出现了一种必须在欺骗的表象背后追寻真理的真正需要。对于获得知识和接近真理来说，再没有比被动的观察和纯粹的沉思更不值得信任了"。因而，阿伦特提出"这里的关键不是真理和知识不再重要了，而是真理知识只能靠'行动'，而不再靠沉思而获得"；由此，"信任做而不是信任沉思或观察的理由，在最初的积极探索获得成功之后变得更有说服力"②。所以，哲学所关注的"知识"的获得方式上也发生了改变，"实践"本身成为一种知识，一种哲思的方式，这或许就是哲学要达到的；但是，"实践"本身所包含的远大于此。在这一"倒转""颠倒"之下，道德的世界秩序就发生了变化，传统的依靠于"沉思"的伦理世界就"解体"了。

（二）伦理世界的"解体"

这里，道德实践作为人的本真的生存方式，其前提条件就是一个"伦理世界""道德共同体"的存在，共有一个精神共同体。在此，个体的存在和消亡都是在"普遍意义""共同价值"背景下发生的，以致个体

---

① "Sittlichkeit" 翻译为 ethicality 是由斯特林（Stirling）博士创造的，出现在张颐的《黑格尔的伦理学》著作中；邓安庆也明确提出"Sittlichkeit"一词的"伦理性"含义（参见邓安庆《哲学要回归伦理性的生活世界》，载《复旦哲学评论》第 4 辑，上海人民出版社 2008 年版，第 268 页）。

② ［美］阿伦特：《人的境况》，王寅丽译，上海人民出版社 2009 年版，第 230 页。

的喜怒哀乐都会有"共鸣"，个体的存在是有"根据"的，个体的行为是有"缘由"的。同时，在这里"世界"与"伦理"的现实存在是统一的，伦理世界是一种"非对象性"的存在与显现；反而，当我们能够发现"世界"的某种形态的存在时，"世界"就被以一种"世界性"的方式而获得，而"伦理"也以"伦理性"的方式而存在。

伦理世界由"背景式""非客体"的存在变为"伦理性""世界性"的存在，这也标志着伦理世界作为人的生存的本真世界被"异化"了，伦理生活秩序被"倒转"了；同时，这也是伦理世界"解体"的最重要的体现。其一，从伦理世界的"伦理性"与"世界性"的存在与显现方式上来看。早在古希腊时期，人们就认识到"人应当对他自己的生活状态负责，这一点具体地表现在共同生活中"，这也就是说，"人必须超越出他们各自特殊世界的兴趣状态的本己，并在一个共有的世界中相互遭遇，而后才能在做出辩解的过程中通过承担责任来认真地对待生活"；①而这个世界就是最原初的真正的"伦理世界""政治世界"。但是，这种"共同性"一方面是作为我们生活的普遍的"境域性"的背景而存在，另一方面这一境域并不独立于我们的行为，而仍然是作为我们主体性的东西而存在。在胡塞尔哲学中，这既是现象学所要面对的问题，又是我们面对生存世界所面临的问题。于是，"世界"从"自然"关联物变为"知识"关联物，因为我们试图通过另一种非自然、非原初的方式去认识世界，这一主动的意向本身就暴露了这一方式的不足。于是，带有知识论、客观主义色彩的"伦理性""世界性"诞生了，它们关注的不是世界本身，而是一种世界与我们"关联"的"某种"关系性。于是，伦理世界的存在就不是"关联物"，而是某种"关联性"，成为一种主体的单纯属性；而把"伦理性"还原到世界背景之中，"伦理性"又能兼具世界的"普遍境域性"及其"主观性"的特征，所以，伦理性在客观主义语境中的"对象性""客体化"的存在语境加以还原，"伦理性"也能获得其本原的存在意义与价值。另外，这一"世界"存在方式的改变，在很大程度上决定了伦理世界中生活秩序的变化。

其二，从伦理生活秩序的"倒转"来看。从苏格拉底开始，他从仰望星空到关注人的自我生活世界，从"城邦神"到"内心神"的召唤，

---

① ［德］黑尔德：《世界现象学》，倪梁康译，三联书店2003年版，第13—14页。

其所言所行就在于"颠倒"现有的伦理生活秩序。同样,"柏拉图所要求的哲学家的转身(periagoge),实际上是对荷马的世界秩序的倒转";因为"处在洞穴的地下世界里的,不是在荷马的冥府那里的死后生活,而是尘世的普通生活;灵魂不是身体的影子,而身体是灵魂的影子"。不仅如此,阿伦特指出:"这个原初的倒转在很大程度上决定了西方哲学的思维模式,不管某种西方哲学最初是被什么伟大和独创的哲学动力所推动的,几乎都会陷入这个思维模式"①。同时,这个思维模式也提醒我们,这也是一种二元性的结构存在,而且,第一哲学总是试图把其中一个元素作为"第一位"的或是"逻辑在先"的存在,这又使得我们不断地在"颠倒"与颠倒"颠倒"中推进哲学。

于是,以上两个方面就构成了一种意思上的递进关系,第一方面表明了一种"世界"存在及其与"人"的关联上的关系,显示出原初、本真的伦理世界的"跌落"与我们哲学反思之间的背反关系;而在第二个方面,我们更是触及了"哲学"内在操作方式上的二元"倒转"关系。而且,这两个层面上的"伦理世界"解体都是与作为第一哲学的形而上学的思维及其操作方式有关的,而一种"伦理性"生活世界作为本真的存在,或许对两个层面的伦理世界都有帮助。这也许就是康德所认为的作为伦理学的形而上学才是可能的,约纳斯所提出的作为第一哲学的"伦理学"。

同时,伦理世界"颠倒"的一个重要表现就是"个体"的兴起,个体性的存在代替了实体性的存在。个体性的道德实践就意味着"功用性""无精神"的非真实,道德实践的"本真性"丧失,或者道德实践的"自然—真实性"丧失了,于是就走向了"工具性"存在。

(三)道德实践的"工具化"

从以上论述中可以看出,伦理世界的"消解"在道德形而上学的影响下就表现为道德实践的出发点不再是为了人自身的生命、生活,不再是为了自我的发展、完善,乃至自我"向上"超越的可能;而是为了某种外在于自身的目的而存在。在海德格尔的分析中,这种"用具世界"的存在状态,不是"存在"本身,而是"为了"什么、"用于"什么。因而,"正是'为了作'这种指引关联使用具之间构成一个整体,但是这个

---

① [美]阿伦特:《人的境况》,王寅丽译,第231—232页。

整体并不是无限的，而是有限的。因为它的目的在他而不在己"①。实际上，这种"为他性"的存在在《精神现象学》中就被黑格尔揭示过，只不过在那里是作为"精神"的异化状态的存在，并且显示在伦理学领域中就是个体道德实践价值性的"有用性""功利性"的存在，道德行为只能在对"自我"或"他人"的有用性上，而非道德行为"自我"价值（自为性）的显现。因而，这种关联于人的生存方式的实践活动"异化"了，其异化的表现就是一个外在的"教化世界""用具世界"或者"冲突的身份世界"（萨特）。

同时，当这种外在性的价值存在返回到"自我"之中时，是否就意味着一种"真实""原初"的存在状态呢？在近现代伦理学史对"伦理性"的认识过程中，我们不难发现，这种相对于"主观准则"的"纯粹的理性自律"，在黑格尔看来，依然是主观性的"道德性"。于是，"这样的'伦理性'价值如果不能在制度性、实体性的法中得到实现，纯粹主观的善就会变成伪善；单纯主观意志的法在社会机制性的伦理生活中是完全'抽象的'，如果不能体现为实体性的具体的法，就会成为'非法'并继而出现'犯罪'"②。所以，"伦理性"不能止于单纯主观的、形式的"良心"至善，作为"活的善"，"伦理性是要成为现成的自由世界的理念"，要"通过行为达到它的现实性"③。然而，这种"现实性"的实存又是依据于道德主观性根据的；于是，道德实践的"真实"存在在现代世界中只能是以一种"和解"的形式出现；二元性的对立是以其相互承认而"和解"的，而且，这一"和解"本身被认为是伦理精神的实在形态。

于是，在人类文明史的历史发展过程中，我们可以发现道德实践"工具化"的两种表现：其一是外在性的，为了现实生活中的"有用性""便利性"而为之；甚至行为者并不清楚自我的所为。其二是内在性的，这一内在性是与个体性相连的，"内在性"诉诸良心的普遍性真理，而事实上是以"主观性"替代"客观实存"，其方式只能是"自欺"。这两种方式，由于我们在前面的章节里已经作了详细的说明，在此就不再赘述。

---

① 马万东：《实践智慧与技艺之喻》，载《现代哲学》2007年第1期。

② 邓安庆：《哲学要回归伦理性的生活世界》，载《复旦哲学评论》第4辑，上海人民出版社2008年版，第268页。

③ ［德］黑格尔：《法哲学原理》，范扬、张企泰译，第164页。

另外，这种"工具化"的表现，在黑格尔的思想体系中即便是一种"异化"，也是必需的，是伦理精神自我历史展现过程中的一个环节，在其工具化的环节基础上，伦理精神才能获得最终客观真实的存在。

## 二　道德价值非人格属性的表现

道德实践作为人的本真存在的行为活动，是人的生命价值的表征，是生存意义的体现。这在亚里士多德那里被称为"德性"，这一德性又被看作是"道德德性"与"理智德性"的统一；但不可否认的是，这一"德性"的两个方面是以人、人的存在甚至人的存在属性为基本依据的。因而，实际上这两个方面构成了作为人的目的论的德性的不可或缺的组成部分，而且，这是体现人的本真存在不可分裂的两个方面，构成了"本真之善"存在的整体性以及能动性的形上框架。而且，在这一框架内，一直影响到了西方道德形而上学发展的近现代形态结构。

近代，随着启蒙运动的深入，传统的经由道德经验的道德生活就无法进行下去，"道德经验"本身受到了质疑。现代性道德世界中充斥着"善的缺失感"，从而极力要求对传统道德的批判与重建。在这种"缺失感"的促使下，对传统道德观念的怀疑与否定情绪一直支配着道德理论的发展和变化。于是，在道德意识的传统与现代、有罪与无罪以及有限与无限之间都充满着矛盾与冲突；而在启蒙人学的不断深入中，一方面强化着伦理学的人学基础与前提的条件；另一方面，在宗教文化血脉中因素也发挥着作用，制约着人的理性、情感的肆意发挥。因而，在诸多两极分裂的道德意识之下，伦理道德的完成与实现就成为最重要的问题；同时，这也是伦理道德价值实现的问题。所以，在"判别"何种道德行为具有道德价值的问题纠缠之下，道德行动对伦理道德的实现能力成为突破口。但是，这一努力悬置了"道德意识"本身的"原罪"，而要在现实的尘世世界中展现其可能性。这样，伦理道德实践行为就剥离出"主词"的范畴，反而向着"普遍性"进发，最终伦理学的善、正当成为独立的概念；以致人们无法用另外一个词来界定、解释善这个词的确切意义。因为"事实上，善是人们用来说明人的生活事务的一种特别性质的谓词，而这个谓词是特殊的，不可能由其他谓词得到说明"[①]。这样，实际上，这里的道德实践、

---

① 廖申白：《论伦理学研究的基本性质》，载《中州学刊》2009年第3期。

伦理行为就缺少一个行动的"主词"根据，而且这个主词根据本身又是具有超越性的实在，正是它决定了人们的行为并且伴随着行为的始终，构成道德行为的根据——道德人格。

（一）道德价值的"力量化"倾向

在西方，从亚里士多德开始，理智德性就蕴含着道德行为的选择能力，而在一个城邦的伦理共同体内，道德行为只是一种是否符合"中道""中间"原则的选择，因为其行为选择的原则是不会受到"怀疑"的，在当时的伦理情境中"没有人故意为恶"的信条还是牢固的。但是，伦理共同体的解体所遭受到的打击最根本的方面就在于行为选择的原则与根据的败坏，这也是伦理共同体所赖以存在的关键。于是，中世纪伦理学至少发生了两个方面的变化：一是道德、伦理不再只是纯粹人的本性或哲学层面上的，而具有了超越性，因为道德律与上帝诫命合二为一；二是伦理学在天主教形而上学的支撑下，"圆善"得以实现，天主教道德学统一了普遍律则与经验幸福的对立。这样，一个建立在上帝诫命基础上的行为原则，信众们自然就形成了一个上帝国的伦理共同体。但是，这一状况在近代受到了颠覆，所以，重新回到道德行为选择的原则和根据之上，是启蒙时期道德哲学的主要任务。

康德在这方面的贡献无疑是最为卓越的。康德将道德价值的探索重新恢复到"善良意志"之上，只不过这种意志也要受制于"理性"之下，因为"理性，作为实践能力，亦作为一种能够给予意志以影响的能力，所以它的真正使命，并不是去产生完成其他意图的工具，而是去产生在其自身就是善良的意志"①。这样，康德就把道德价值与道德行为的法则、规律联系在一起了。因为，只有在道德性的规律指引下的行为实践才是"道德的"。于是，康德还将不同行为的规则分为三类：技艺规则、机智规劝和道德戒律（规律）。第一类命令可以称之为技术的（thchnisch），属于工艺的命令；第二类是实用的（pragmatisch），属于福利的命令；第三类才是德行的，属于自由作为，属于道德的命令。②这一理论的出现有其时代背景，启蒙的社会变革与动荡的时期，康德认识到只有通过自身自由的行动才能为自己赢得尊严和价值，而道德价值也应该包含在这种自由

---

①　[德]康德：《道德形而上学原理》，苗力田译，上海人民出版社 2005 年版，第 12 页。
②　同上书，第 35 页。

的"行为规则"中。

因而，康德道德哲学论证的关键就在于为道德价值的行为能力奠立基础——实践理性的纯粹性，有没有一种不受到外在影响的纯粹实践理性的存在，是决定康德先验世界的道德价值确立的基础。因为在康德看来，一旦在先验世界里确立道德价值的基础，那么现实的尘世世界的道德状况无论怎么混乱，人的道德价值和尊严的基础及其再生就是可能的，所以，道德价值的存在成为人的一种行为能力的考量。

但是，在这种行为能力基础的确定上，又出现了一个背反：道德行为的主观性根据——道德意向的"持续"性，它一方面是作为主观性的内在"信念"，另一方面又是在道德行为的普遍规则下的普遍感受，这二者必须是统一的。于是，这就可能造成舍勒所指出的"谬误"："在伦理学中被实现之物对感性感受的反作用，而且这种反作用至少对于人的价值来说是有差异的，因而本能及其方向和质料对于人的价值来说也就是有差异的。"当然，在康德伦理学中，对此问题的解决是建立在"能然"与"应然"的统一基础之上的。但是，无可厚非，道德价值的（行为）能力化的倾向是一目了然的，而这一普遍化的行为能力之下的道德价值的确立，就容易出现道德意向的"欺罔"，所谓的法利赛式的伪善，以及由于不同个体对于"哪些客体能够对他们的可能举止起作用——以及据此才能焕发起感性感受"[①]，不同的心灵秩序也就必然受到忽视，因而，道德行为的普遍能力基础的论证，必然是对以道德人格为基础的心灵秩序的僭越。

（二）道德价值的"实体性"确证

康德通过对道德行为的实践理性基础的论证，确证了道德行为价值的先验性前提和基础；但是，这种道德价值的确证仍然具有很强的主观性与形式性，反而，道德行为很可能是一种无须行为结果的"根本"恶——伪善。因而，黑格尔在经历了早期的道德神学思想之后，道德价值的"实存"问题已经找到了自己的确证方式——和解。黑格尔认为："对基督的信仰作为对一个历史的个人的信仰并不是以实践理性需要为根据的一种信仰，而是一种基于他人证明的信仰。"[②]这也就意味着，伦理道德价值的存在是世界性的，是通过法权的、伦理的生活，通过人群的生活，通过

---

① ［德］舍勒：《伦理学中的形式主义与质料的价值伦理学》，倪梁康译，第192页。
② ［德］黑格尔：《黑格尔早期神学著作》上卷，贺麟译，第71页。

国家的生活（所表现的必然性）而确证的。因而，道德价值不再是一种主体的道德实践能力的确证，而是在伦理生活中的具体结构和要素，这就是黑格尔所谓的伦理实体的展现。

在伦理实体、伦理精神获得自我确证之前，道德价值的存在形式不仅是在主体上的体现，这一"价值"还得到了扩展，即从"自我"到"他者"的价值依据；当然，这一"他者"仍然是以"对象化"的方式得以存在的。以致当今法兰克福学派的新锐霍耐特在黑格尔耶拿时期著作中发掘出"承认"理论，这多多少少与其之后的理论有一定的关联，这就是主体之外在物——"他者"。因而，无论是作为绝对的普遍物还是同样处境的个体，自我与"他者"之间的关系决定了道德价值的确证方式。

这其中还有两条路线之争：这就是在《法哲学原理》中黑格尔所提到的："在考察伦理时永远只有两种观点可能：或者从实体出发，或者是原子式地进行探讨，即以单个的人为基础而逐渐提高。后一种是没有精神的，因为它只能做到集合并列，但精神不是单一的东西，而是单一物和普遍物的统一。"[1]于是，从原子的个人出发就是道德价值的"无精神"扩展，这种方式发展的极限、历史的顶端就是具有自我确证的道德精神，道德主观性的真理——良心的诞生。但是，这一主观性的道德实践行为并没有得到承认，只能返回"自身"，从而对自身道德价值的确信成为道德抵抗的工具。在此，道德个体以自我的"不行动"来表白自己的"伪善"已经不可避免，但是，道德意向的坚定与持续，也成为"道德价值"客观化的主观性起点。

于是，在这里黑格尔并不认为这一历史过程就是无意义的，其实质是将道德看作伦理精神的主观过渡的阶段，作为伦理精神自我发展、展示的阶段还是具有历史意义的，就是因为在这一时期以这种形式——它（自我意识的历史现实）——"确证"了道德价值。

（三）道德价值的"非人格"显现

经过以上两个方面的论述，我们可以看到近代尤其是随着启蒙运动的不断深化，德国哲学家对道德价值存在形态的规定与确证，而在其中"价值在感受而非理性中的原初被给予性"被遮蔽了，这也就是舍勒、别尔嘉耶夫等人所认为的对道德价值"非人格"形态的僭越。

---

[1]　［德］黑格尔：《法哲学原理》，范扬、张企泰译，第173页。

　　从康德到黑格尔对道德价值的认识，别尔嘉耶夫认为仍然处在客观化、对象性的认识论的解释之中，他问道："认识论意义上的主体的先验意识或世界精神对人，对活生生的具体个性的恩赐和高尚作用是什么，在人之中，并且是在给定的人之中，而不是在人之外的领域里，认识的力量和稳定性是如何展现的？"不仅在康德那里，而且黑格尔也没有给出明确的回答："在黑格尔那里，不是人在认识，而是世界理性，世界精神自己，最终是神自己在认识。"所以，进一步讲，这只能显示出"人只是现实完全是非人的目的的工具、手段和途径"①。舍勒更是通过道德意识（经验）的"内在心性"与"外在社会"结构的双重变迁，来批判作为伦理核心的道德价值的"非人格"的存在形态。而且，这一"非人格"的状况，在伦理学史上有着一个悠久的传统，从宗教的律法主义（法利赛式的伪善）到道德形式主义，其中还有道德功用主义。这些非人格的道德价值形态，使得伦理学成为无感受性、无精神实在、有限世界下的学科。于是，作为一项原初的、无限的事业，却被非原初的、有限性的存在所决定，这就是"颠倒"与"倒置"。

　　这一颠倒、倒置将道德实践原初的生活世界中的道德经验整个颠覆了，以致"'除了重新开始'伦理学已经别无选择"②，萨特如是说。其一，作为道德价值"内在心性"的伦理意识的结构上，善恶的价值载体是道德实践的理性活动，而不是"一个人格的行为"。因为舍勒认为，康德伦理学把"意愿行为视为善恶的原初载体"，而且"对他来说，只有当一个生物 X 是一个本身非人格的理性活动、首先是实践的理性活动的实施者时，这个生物 X 才是人格"。这就在道德价值的内在感受上颠覆了其"原初"的根据，"人格的价值只有通过人格的意愿价值来规定，而不是人格的意愿价值通过人格价值来规定"③。而且，"人格"相对于意识而言是第一位④的，是更为本源的存在。但是，无论如何，舍勒的伦理学现象学的努力使得道德实践对于人的本真存在的"世界"意义和价值重新显

---

　　① ［俄］别尔嘉耶夫：《论人的使命——悖论伦理学体验》，张百春译，学林出版社2000年版，第15—16页。

　　② 转引自弗林斯《舍勒的心灵》，张志平、张任之译，三联书店2006年版，第12页。

　　③ ［德］舍勒：《伦理学中的形式主义与质料的价值伦理学》，倪梁康译，第32页。

　　④ 在此，舍勒的现象学就与胡塞尔的现象学发生了分歧，人格的首要地位类同于海德格尔对"此在"的分析。

现出来了；这也是舍勒在其伦理学名著中一再批判的传统伦理学"伪善"特征的所在——对价值本源（世界）的"颠倒"。其二，是作为外在的具体的社会历史形态的伦理意识结构问题，这就是资本主义社会的具体的道德评价对"超历史的伦理意识的公理法则"的取代，这同样是一种"颠倒"。这种对社会伦理意识本源根据的颠倒，同样也是一种"伪善"；而且，这种"伪善"所造成的社会危害更为严重。

### 三　道德价值经验感受的中断

实际上，从以上诸多方面的分析中我们不难发现，从道德理性认识到实践理性、道德行为，其中"伪善"现象的出现都是由脱离本真、原初的道德经验带来的，因而，从现象学开始，从舍勒质料的价值伦理学开始，人们开始关注道德经验、道德感受，道德价值的"在感受中而非理性中的原初被给予性"这一点是尤为重要的。因而，在康德、黑格尔的德国古典哲学伦理学中对"伪善"中彻底的主观性的"反讽"是一剂良药的话，那么，整个伦理学对付"伪善"的一剂良药就是回复到原初的道德经验中。这不仅是对真实的道德价值形态的复原，而且更为重要的是，这恢复了道德实践对于人的生存意义与价值，"伦理世界"重新成为人的原初的生活世界与精神家园。

（一）道德价值回溯的经验方式

从伦理学诞生之初作为人的生存样态的关注到中世纪一切科学成为神学的奴婢，再到近代认识论的转向，伦理学一直处在作为第一哲学的形而上学的影响与"庇护"之下。随着形而上学越来越远离生活世界，伦理学也日渐脱离生活世界，试图形成科学的法则、逻辑学的原理。于是，作为"科学"的伦理学一时成为启蒙运动中的一个发展方向。但是，伦理学的研究对象使得这一学科注定离不开"人"，因而，人们将哲学伦理学的视野重新回到"人"，以致认识到"哲学人学才应该成为伦理学的基础"[①]。但是，这一句话中的"应该"仍是一个不确定因素，为此，近代伦理学才从卢梭、休谟、康德开始，回复到一门人学的伦理学的努力已经进行了四五百年的历史。因为在初期一门确定的依附于哲

---

① ［俄］别尔嘉耶夫：《论人的使命——悖论伦理学体验》，张百春译，学林出版社2000年版，第62页。

学本体论，类同于认识客观性的伦理学仍然处在形而上学"第一性"的阴影之下。

黑格尔对作为"绝对精神"客观阶段的伦理经验的现象学分析，从精神意识的角度给我们呈现了一个试图颠倒"颠倒"了的道德形而上学的努力，而不无遗憾的是，这仍然是在唯心主义的形而上学层面对伦理学问题与现象的"再颠倒"。因而，虽然黑格尔并没有从形而上学的"捕蝇瓶"中冲出来，但是，他的努力足以给人们启迪——另一种伦理经验的发现。所以，之后的克尔凯郭尔、尼采、舍勒以及俄国的别尔嘉耶夫等宗教哲学家都先后投入"伦理经验"的发掘中，并且，由此上溯直到发现这一掩盖伦理经验事实的"道德心理"的变化，并有其道德类型（人格）上的根由；这一巨大的道德感受经验的转变，也从根本上扭转了道德"肯定性"的价值感受，而代之以"否定性"的。这不仅对后世伦理学的基本存在形态、价值判断形成了巨大的影响，更具影响性的是它改变了伦理生活原初的经验感受，是对"伦理世界"情态的根本败坏，从而形成一个幽怨、无力、病态的价值世界。这一"伪善"是更为根本性的，是对人的"本真生存"的伦理世界①的根本败坏，是对人的"德性"形态的僭越。

因而，恢复伦理道德的经验性与感受性成为 20 世纪伦理学发展的趋势，在这一方向下，又有两条不同的道路：其一是哲学的努力，主要是现象学伦理学对道德价值的"质料""情感"本原载体的恢复与论证；当然也包括尼采发起的对基督教伦理学的整体攻击，重估价值、重视自然生命的哲学力量摧枯拉朽。其二是宗教方面的变革，主要是在哲学现象学以及存在主义的影响下宗教哲学主动变革之后，对伦理道德对人的存在经验的揭示，进而论证宗教经验的有效性。但是，无论如何，这两个方面的发展，在一定程度上都对"道德价值"的存在形态进行了"清理"，克服了哲学理性主义、客观主义以及认识主义的不良影响。当然，我们在此关注的是，伪善对道德价值的"非人格"僭越；而这种僭越的发生，是在伦理世界中道德经验感受上的变化。

---

①　这里，我们对"伪善"发生逻辑的揭示，逐步形成三个层面：一是对本真的道德人性的败坏；二是对实存的道德现实的败坏；三是对本真的生活世界的败坏。于是，这三个层面构成了伪善发生的基本领域。

（二）道德价值"否定性"经验的转变

这一伦理世界中源初道德经验"感受"的变化体现为两个方面：其一是由肯定形态变为否定形态；其二是这一变化孕育出一种否定的道德心理——怨恨。舍勒是首先在哲学伦理学的理论中自觉到几乎已经成为"共识"的伦理观念的，这些伦理观念不仅停留在民众的日常伦理生活的经验之中，同样也成为伦理学者甚至伦理学家未经"反思"的观念预设。因而，这也从"反面"印证了道德经验感受的源初性与本真性的特征。舍勒以康德的道德哲学为例说，"这样一些预设大都是他与新近时代的整个哲学所共有的预设，或者是他未加考虑和检验就从英国经验主义者和联想心理学家那里接受过来的预设。"①因而，祛除掉伦理学中非本真、非本原的价值载体，才能排除伦理学发展上的桎梏，使得伦理学及其所造成的伦理世界保证其本源性，而不被"异化"。由此，舍勒就在现象学伦理学中开始一项回溯原初"道德经验"的工作，一方面在哲学现象学领域中，要还原出"道德价值"的真正载体——道德人格，这是最为基本的支配人们价值观念的意识结构；另一方面是要在历史社会学领域中，审查支配资本主义社会的现代人价值观的伦理意识结构。

这样一条道德价值"原初经验"的追溯，舍勒是遵循尼采的探索，认同现代人的道德经验根源于"怨恨"。而尼采之前对于伦理史的梳理工作，正式为此奠定了基础。尼采认为："道德是人的等级秩序的学说，因而也是人的行为和事业对于这种等级秩序的意义的学说：人对一切人性的进行评价的学说。"②所以，可以说是通过人（格）而成就了道德行为（价值），而不是相反，通过道德行为成就了人（格），人、人格才是更为根本的东西；同时，人格也才是道德价值的载体，而不是相反，否则一个好人做一件坏事就成了坏人，而一个坏人做一件好事就成了好人，这无疑是荒唐的，但传统的道德理论对此却无能为力，而且近代的道德理论却为此"张目"，其根源就在于"颠倒"了道德的存在形态，道德价值的"行为标准"的自由化与平均化趋势。

与此相反，道德行为上"无能""无力"的人也仍然追求道德价值，

---

① ［德］舍勒：《伦理学中的形式主义与质料的价值伦理学》，倪梁康译，第4页。
② 戴晖：《从人道主义世界观到现代对世界的省思》，南京大学出版社2006年版，第106页。

于是"怨恨"成为现代人的基本道德经验，但它本身并不是价值的根源，它是通过否定外在的价值而肯定自身，因而怨恨的功能恰恰在于"增值或等值"的价值伪造，因为"一旦伪造的价值依然存在并生效，可能的比较对象便具备有正价值和高价值的特征"①。这样一种既"正"又"高"的道德价值是"伪善"的结果，伪善在此是一种动态的生存样态的伪装，是变"否定"为"肯定"，变"无能"为"强大"，真可谓是"化腐朽为神奇"。

（三）无"行动力"的道德生存现状

由此，我们就将"伪善"追溯到道德存在论领域中"实践"无力的生存现实之中。因为，在这里，这种真实的生命体验就是"欠缺""缺失"与"不足"，这种"亏欠"是决定了的，是人无可超越了的距离。但是，如果我们试图通过"道德行为"作为超越的手段，那么结果就只是一个：伪善。

这样也就从"反面"确证了人的存在地位与领域的独特性，他不同于自然界、动物界，当然又低于神；这就是"人"在宇宙中的位置，同时这也标识了人的独特"位格"（person）。舍勒认为，这其中产生了两个方面的反应：其一是人的这一生存状况及其价值行为的表现，都说明一个客观的基本的"价值秩序"的存在；其二，人在这一价值序列中价值性的载体正是人的"位格"。因而，"人格"是道德价值内在感受的原初根据，甚至可以说无"人格"不"道德"。这里对人的生存形态的"伪善"现象的追溯，就是对这一价值根据的"人格"的追问。当然，这一现象的存在依赖于人的行为，但是，"人的行为不过是价值的载体，人的行为的运动和相互作用，才产生负罪的可能"；人的行动就是价值显现的工具，"动物界和自然秩序中是不会产生欠负或负罪的"②。但是，在传统上我们习惯把这一"行为"作为价值本身的存在来看待，因而，道德价值面临"工具化"的后果。当然，这也深入了人的源初性的实在领域与形式；所以，这又关涉到人的基本"生存态度"问题，一种本真或非本真的生存态度。因为，生存态度是与生存一起被给予的，然而，态度可以被

---

① ［德］舍勒：《道德建构中的怨恨》，罗悌伦译，刘小枫校，《价值的颠覆》，三联书店1997年版，第23页。

② 刘小枫：《罪与欠》，华夏出版社2009年版，第26页。

一种"情调"激活而重新发现，因而可以在具体的情境中显现。于是，在这一具体的显现中就暴露了人的"有力"还是"无力"的生存现实。但是，无论二者如何，最为关键的是二者都要使人意识到某种"价值秩序"的力量。

　　由此看来，无论是"动物"还是"超人"的选择，在人的道德价值的本源上，都是"伪善"，因为它伪装、掩饰了人的本真的生存样态。而作为人的存在，就是要固守"人本位"的位格（person）。

# 第五章　客观性形态(一):人格化现实

从主观性形态到客观性形态,不仅是伦理道德辩证发展的重要环节,也是作为伪善的道德形而上学形态的一次重大转变。因为对于伪善的发生,人们一般会将其概括为知行问题,但在形而上学的客观性领域,伪善似乎没有作用的空间。但是,实际上,这并不是说在客观经验世界中伪善就被自然地克服了;相反,伪善的"外在反思"恰好颠倒了主观性与客观普遍性之间的关系。这意味着,伦理的客观普遍性并不是先验的实在,"自欺"的存在论分析挑战了道德经验王国的上升逻辑。同样,在道德王国的现实历史中,"抽象的道德原则"与"现实的恶"(历史逻辑)之间和谐共存的现实世界(国家)的伪善以及"活生生的人"(人格性)的道德伪善,切断了对"现在"(人或世界)的批判性否定因而不断地接近成为现实的可能。

## 第一节　从"宗教罪"到"道德恶"的转换

本节以《圣经》及后世的释经为线索,探究康德所言述的作为"《圣经》中第一桩罪"的"说谎",这种"恶"何以作为人性中根深蒂固的"伪善"倾向?在文本分析中,我们可以分离出伪善发生的人类原初经验的两个环节——对世界的扭曲以及超越人(性)限度的愿欲。依据此,我们可以推测和判断"伪善"最初作为宗教概念的基本含义,以及后世伦理学中伪善的两个基本含义。在此基础之上,我们寻找"罪"的伦理学转向的依据及其契机,在人类原初的神话、传说及《圣经》中寻找人类从自然秩序进入伦理秩序、从自然世界过渡到伦理世界过程中"伪善"之"罪"(恶)的作用及其可能的空间,从而将伪善概念从宗教领域引入道德领域。最后,还要描述这种个体性的人性之恶转变为总体性的世界之恶的宗教世界观以及道德世界观的基本状况及特征，在宗教世界里我们可以看到从原罪观念到约伯信仰的转变中"世界"的黯淡，道德世界中"个体恶"转变为"总体恶"标示着"道德世界观"的根本变化，伪善也会随着道德世界背景的"褪去"而变得无意义。

实际上，传统研究在宗教与道德的结合处，既缺乏对宗教的严肃对待，也缺乏对道德的严肃对待。在此，我们的伪善问题从严肃对待宗教开始。

### 一　《圣经》中的"第一桩罪"：先验的人性结构

作为文本的《圣经》，被诠释最多的可能就要属《创世纪》了，《创世纪》中最受关注的就是前三章的内容，与本书相关的就有三个版本的诠释：一是康德在《单纯理性限度内的宗教》以及《道德形而上学》的"德性论"中的释经；二是现代政治哲学的大哲施特劳斯《论解释〈创世纪〉》；三是现代著名的神学家朋霍费尔在《创世与堕落》中的诠释。历史的发展往往都是在断裂之处寻求文化的连续性。这三次释经都体现了这一特征，康德是在启蒙时代理性狂飙突进的时代反思人的理性的改恶迁善的自主性可能及其限度；政治哲学家施特劳斯就要反思政治自由主义的现代三个浪潮对"政治—神学"根基的破坏；朋霍费尔更是以自己的生命历程去宣扬耶稣基督"实体性存在"的事实。

这故事中间孕育的世界开端，人的堕落，以及人的世界的遮蔽，是人类最原初的生活经验和事实，每一次的出发再到回归，意味着人再次聆听神的警示，从而使得人的始祖的后代能够逐步走向成熟。这个故事的梗概是这样的：

> 耶和华神用地上的尘土造人，将生气吹在他的鼻孔里，他就成了有灵的活人，名叫亚当。
>
> 神将人安置在伊甸园，使他修理看守。耶和华神吩咐他说："园中各样树上的果子，你可以随意吃，只是分别善恶树上的果子，你不可吃，因为你吃的日子必定死。"
>
> 耶和华神说："那人独居不好，我要为他造一个配偶帮助他。"耶和华神就用那人身上所取的肋骨造成一个女人，领她到那人跟前。那人说："这是我骨中的骨，肉中的肉，可以称她为女人，因为她是

从男人身上取出来的。"因此，人要离开父母与妻子连合，二人成为一体。当时夫妻二人赤身裸体并不羞耻。

蛇对女人说："你们不一定死；因为上帝知道，你们吃的日子眼睛就明亮了，你们便如上帝能知道善恶。"

于是，女人见那棵树的果子好作食物，也悦人的眼目，且是可喜爱的，能使人有智慧，就摘下果子来吃了，又给她丈夫，她丈夫也吃了。

后来，神知道了此事。于是，耶和华神说："那人已经与我们相似，能知道善恶。现在恐怕他伸手又摘生命树的果子吃，就永远活着。"耶和华神便打发他出伊甸园，耕种他所自出之土。又在伊甸园的东边安设基路伯，和四面转动发火焰的剑，要把守生命树的道路。

康德在《道德形而上学》中谈道："值得注意的是：《圣经》记下的恶借以来到世间的第一次犯罪不是（该隐的）谋杀兄弟，而是第一次说谎（因为本性毕竟是反对谋杀的），并且把它当做一切恶的始作俑者，成为元始的说谎者和谎言之父；虽然理性不能对人那毕竟必须是先行的伪善倾向（Esprit Fourbe）作出进一步的说明……"① 在此，康德认为，人类说谎的伪善倾向是"无善恶"的非理性选择条件下的自然本性表现。但是，人的始祖在此所犯下的是不是一种"蓄意的罪"？赞成者认为，康德曾论述道："道德法则如同它在人这种并不纯粹而是被性好所诱惑的存在物这里所必然的那样，最初是一种禁令。"一旦"他开始怀疑那排斥其他任何动机影响的诚命的严肃性，并自作聪明地把对那诚命的顺从降低为一种手段的仅仅（在自爱原则之下）有条件的顺从"。由此出发，"他最终把感官冲动对出自法则的动机的优越性纳入行动的准则，罪也就是这样发生的"②。但是，这中间我们得注意两个问题：其一，康德在此说到的是"恶"而非"罪"，因为康德也认为"恶的开端是从自由产生的"，而"罪被理解为对作为上帝的诚命的道德法则的逾越"，所以，"恶并不是从作为基础的趋恶倾向开始"，而从

① ［德］康德：《康德著作全集》第6卷，《道德形而上学》，张荣译，第441页。

② ［德］康德：《单纯理性限度内的宗教》，李秋零译，第29—30页。

作为基础的趋恶倾向开始的是"罪"，恶与罪是人的完全不同的两种状态。其二，这种所谓的"蓄意的罪"的根据或动机是什么？康德的明确论述是颠倒了感性动机与道德动机的次序，而打着道德的旗帜为自己的感性动机服务。这也就是说，人的始祖因为"好作食物""悦人眼目"的感性欲望而违背了上帝的诫命，从而产生了"罪"。但是，这种根据与说法，同样是对"恶"的描述，但是"恶"的产生使得"罪"明确地显现出来，没有恶的引导，"罪"永远只是一种"潜在"的"未发"的状态。因为，即便人的始祖处于"罪"的状态，仍然是"天真无邪"的罪状态，因为其"不知"罪。所以，这种"蓄意的罪"的说法是不成立的，恶是"蓄意"的，罪则不能。这种罪在康德看来，是与人天生的本性相连的，"它是先于自由在经验中给出的一切应用（从孩童时代一直追溯到出生）而被奠立为基础的"。① 虽然在理性的基础上，但对人的基本认识康德仍然遵从基督传统，为人性保留了理性认识能力之外的"自然倾向"。所以，这种"宗教罪"在人的本性上的体现就是伪善的"自然倾向"，这是伪善概念善恶形态的第一个表现，但却是极易被忽视的一种存在形态。

最为根本的是，这种混乱来自于对伪善的"宗教罪"与"道德恶"两个层面的混淆，从而以道德意志"消弭"了更为原初的本体性存在的"善恶知识"，而一味地认信实践理性的道德知识，试图彻底忘却那"知善恶"的全能者。

实际上，这种带有伪善倾向的"说谎"之所以成为人性的自然倾向，是因为人的始祖试图以"人之为人"之知僭越"全能"之知，而又在上帝面前通过"为人之知"为自身的"罪"寻找借口（好作食物、悦人耳目）。因此，不难总结出，伪善之"善"在西方《圣经》文化源头中并非是后世伦理学之"善"，而是上帝全能的"善恶知识"，而在这种"便如上帝能知道善恶"蛊惑之下的"人之为人"之知，也因这次不成功的"越界"而将伪善之"罪"永久地楔入人性，从而也标志着"人为之知"成为另一个新的开端。施特劳斯就认为："吃知识树上的果实在圣经中意味僭越，因为人的眼睛因此明亮了，而拥有自主的善恶之知，而根据既有

---

① 李秋零：《康德论人性根本恶及人的改恶向善》，载《哲学研究》1997 年第 1 期。

的善恶之知这种自主之知于人是有害的。"①

于是，我们就能预告说，"伪善"的根源是在上帝的国度，是属于宗教领域的，而一旦产生，就坠落到了人的世界，人在这种自我的伪饰和遮蔽之下去辨别"善恶"。② 因为"人按照自身的可能性，亦即他可能是善的、也可能是恶的来理解自身，这样，他也就把自身理解成善恶之本源。Eritis sicut deus（你们将如上帝一般）。'那人已经与我们相似，能知道善恶。'——上帝说"③。因而，这些认识的成立基于这样几个问题的回答：人的始祖能否辨别上帝与人的界限？人的始祖生活的世界与上帝的世界到底是一种什么关系？人的始祖试图超越"人之知"的根据与意义何在？

在上帝的国中，人的始祖能否辨别上帝与自己的不同？亚当只是听到神吩咐他说："园中各样树上的果子，你可以随意吃，只是分别善恶树上的果子，你不可吃，因为你吃的日子必定死。"这其中有两个方面：第一，人是作为"人之为人"的存在，所以人是要遵从神的禁令的；第二，作为不同于神的存在，你不能超越于"人之为人"的限度去渴求"知善恶"。然而，在这里，不清楚的是作为"人之为人"的存在，作为与神有界限的存在，人的始祖、后世人的命运是否必然意味着"有死性""知善恶""超越界限的罪"，如果这是人的一种必然性的命运，蛇对女人所说的话就不是欺骗，而是"启蒙"。但是，这种必然的命运为什么还要以"违背禁令"之"罪"而加负在人的身上呢？而且，在人的始祖吃下智慧果的时候仍然是在"不知善恶"的"无善无恶"的状态中，所以，这种"罪"的获得也并非"自由选择"的结果。而唯一要惩罚的是对人在"知道上帝"，从而也就知道"人之为人"的条件下，仍然愿欲超越界限的东西——善恶之知。因为，蛇对女人说："……你们吃的日子眼睛就明亮了，你们便如神能知道善恶。"但是，神并没有处死人的始祖，而是以人自身的命运来承兑神之言，于是将人的始祖逐出伊甸园来背负"有死性"的宿命。所以，我们基本上就能清理出一条线索，人在上帝对其言说（禁令）之时，就看到了自身生

---

① 陈建洪：《耶路撒冷抑或雅典》，华夏出版社 2005 年版，第 53 页。

② 所以，在《伦理学》一开始，朋霍费尔就指出：知善恶看来是每一种伦理学思考的目标。基督教伦理学的首要任务就是扬弃这种知（参见朋霍费尔《伦理学》，第 39 页）。

③ ［德］朋霍费尔：《伦理学》，胡其鼎译，魏育青、徐卫翔校，第 40 页。

命和生存的界限。但是，人仍然愿欲超越"人之为人"的"善恶知识"，于是被逐出上帝之国，带着自身伪善的"本性"之罪去"耕种他所自出之土"。

在这条线索之中，我们应注意两个关节点：其一，在听到上帝之言的时候，人的态度是什么？其二，具有超越"人之为人"限度的愿欲，是人在上帝之国的"自然本性"还是"非自然本性"？对这一问题的回答，直接决定了人对上帝之国颠覆的"罪责"以及人被驱逐后在"世俗世界"中伪善的"人之本性"根基的判断。对于第一个问题，朋霍费尔进一步追问道："这不明善恶的亚当，这无辜者，这无知者怎么可能理解对他作为禁令的上帝之言"这一问题，上帝确实没有指望被创造者能够理解，但是，这起到了一种区分、划界的功能，对人是一种防止僭越"人之为人"界限的"警示"。于是，可以理解的是，"禁令包含着双重含义：其一，对亚当的人之存在、对他的自由（'为了……'〔für〕和'摆脱……'〔von〕的自由）的揭示，正是亚当，据其作为人的存在而被言说的亚当，这一点亚当是明白的；其二，向这个作为自由者被话语指称的人指出他不可逾越的界限，即他的被创造物品格"。所以，"亚当的知植根于他为了上帝的自由，植根于他对上帝之全然无损的顺从，这是来自被创造物自由的知、生命中的知、处于无知状态之知"①。这就是被创造者所应有的"知"的状态。但是，一旦人觊觎着"人之为人"之外的永恒、快乐、幸福，他就濒临死亡。这就涉及第二个问题，有限者超越了"人之为人"的限度，于是面临着"你吃的日子必须死"的命运。这种死亡并非是"被创造状态被取消，而是不再可能在上帝面前生却又必须在他面前生……"②而这时的人"知道上帝为他的永福在做或已做了什么，并不是根本的，因而也不是对每个人都必要的，但是知道为了配得上这种援助，每个人自己必须做些什么，倒是重要的，对每个人都必要的"③。这样，就通过恶作为中介，"有死性"的人就返回到他原本的自身，返回善，从而获得了"向善的禀赋"，这一根据犹如"罪的根据"超越"恶的来源"一样，"向善禀

---

① 〔德〕朋霍费尔：《第一亚当与第二亚当》，朱雁冰、王彤译，华夏出版社2004年版，第145页。

② 同上书，第147页。

③ 〔德〕康德：《单纯理性限度内的宗教》，李秋零译，第40页。

赋"的根据同样超越于作恶的"自然倾向"。所以，我们就可以解答说，如果说"向善的禀赋"根据于"善恶的本原之知"的话（通过回返而获得的），那么，超越"人之为人"限度的愿望，就是作为"无善恶"状态时的人性自然倾向而存在。

总之，这里伪善的发生有两个步骤：其一，是对上帝之国、世界的扭曲，对上帝的禁令说"不"，其结果是使人以"恶"的象征物进入自己的世界；其二，人的始祖对上帝禁令违抗的目的是对"人之为人"所能希望的东西（善恶知识）超出了"人"的限度。因而，人才要说谎，通过说谎去"掩罪"，从而把这种人性的"根本恶"说成是"善"，因而，伪善的倾向也得以产生。同时，这也规定了伪善的"罪"的基本形态：第一，对以"人之为人"（人性）为要求所应当做的破坏；第二，对以"人之为人"为限度所可以希望的超越。这两个条件的违背，康德称为"内在说谎"与"外在说谎"。

这种本原意义上伪善的发生，似乎是一种不可能，人的始祖完全没有必要违逆上帝的"禁令"，从而把自身理解为"善恶之本原"。但是，这种不可理喻的不可能之处，事情就真实地发生和存在着，对于人类不仅仅是一个"悬而未决的疑问"，更是一个"确凿无疑的警示"。实际上，对以上两个问题的回答，在释经者的诠释过程中，我们已经处在"意义建构"的过程中，那就是确立——不可能的可能性，理性的尽头就是"上帝"的存在。

同时，对西方文化源头的行动，无论是《圣经》的编撰者还是后世的释经者，我们无不抱着一种失落、欠缺的情绪在思考和言述，我们正是在上帝之国生活过，所以才对"善的欠缺"有着莫名的紧张，以至于在被逐出伊甸园之时，这种"能知善恶"的"有限存在者"的"善与恶"状态，在人的世界中以何种面目出现仍未可知！

这就是我们所要言明的，而又是无言之前本源性的"伪善"经验，或可成为人性或道德意识中的"阿喀琉斯之踵"，[①] 也转变了善恶本原的"另一种"伪善的形态——宗教之"罪"。

---

① 据《荷马史诗》记载：海神之子阿喀琉斯，母亲曾把他浸在冥河里使其能刀枪不入，但因冥河水流湍急，母亲捏着他的脚后跟不敢松手，所以"脚踵"是最脆弱的地方，一个致命之处。

## 二 罪的伦理化转向：道德主体的诞生

在人的始祖堕落之后，人就带着"罪"来到自己的世界。于是，"恶和罪就是通过'某一人'而进入世界中；乃是在这个世界上出现恶的标志。就是在'亚当'这个名字上，已经包含了这个象征的本质——'亚当'就意味着'恐怖者'和'泥土造成的'（le Terreux）；'亚当'这个人，既然由泥土块造成，他就自然注定要回返成尘土"[1]。这样，在人类自身的创世"世界"中，人是"恶"的标志。这其中，"罪"实际上暗含着两种变化：其一，"恶"不是"罪"，但是"罪"是通过"恶"来显形的，而"罪"一旦成为"现实的恶"，"世界"就发生了变化，从一个无善无恶的"自然状态"进入"伦理状态"；其二，面对自身的罪恶，我们是否感受到自己"有罪"？而"有罪无非就是准备忍受惩罚并使自己成为惩罚的主体"，于是，"有罪"是罪获得的"内在性"。这种"罪"的内在化的转变，还意味着上帝的言说和神的禁令的对象就不再是"那人"，而是"责任的主体""我"。[2] 这样，伪善的"原始的罪"就变成伦理世界中的"恶"。但是，要提醒的是，这一伦理世界并非是近代主体意义上由道德理性、道德意识建构而来的"世界"，仍旧是基督宗教—伦理视域中的"世界"概念。

（一）自然世界向伦理世界、自然秩序向伦理秩序的转向

在上古初民的世界中，伦理一类的作恶尚未与譬如疾病、苦难、死亡、旱涝灾害一类自然及生理的遭恶区分开来。这里面，有两个词语的变化最能体现这一特征，一是"洁与不洁"；二是"亵渎"。首先来看"洁与不洁"。在先民的生活中，"洁与不洁的区分不是依从人的有意或无意的主观动机，而是依从是否在事实上违背据说是神的禁忌""不洁违背了神的命令，会引起正义神的'发怒'"，因而是"依从敬神和渎神的区分"。于是，在这里不洁的意识中就可以对畏惧情感进行意向分析："首先，对报复的害怕已经夹杂了一种要求，要求一种公正的惩罚。其次，通过一种公正的惩罚的预期，这种预期夹杂了希望，希望对报复的害怕本身

---

① 高宣扬：《利科的反思诠释学》，同济大学出版社2004年版，第98页。

② ［法］保罗·里克尔：《恶的象征》，公车译，上海人民出版社2003年版，第105—107页。

将会从有良心的人生中消失。"显然，这已经是一种伦理的目标，而不是肉体生理的目标。所以，报复引致受难，由于惩罚的中介，整个自然秩序被纳入伦理秩序。这样，在自然世界中，是"经由害怕而不是经由爱，人类才进入伦理世界"。

　　其次来看"亵渎"。亵渎是一种已被遗忘的过错意识，其原因在于，"一则是因为我们的良心不再承认古时的价值标准，对于被当时传统下的良心看作亵渎的东西，不再就是我们看作罪恶的东西；二则是由于古人对亵渎的规定（譬如在立法中）也有缺漏，他们也处在遗忘进程中"。因而，这就是所谓的"象征哲学家"的任务，"唤起对这些遗忘的东西的回忆，修补和充实被遗忘的体验"。而神话的创造和流传本身，也是一种对"亵渎、罪和有罪的内在体验所形成的初级象征的一种再创造"，从而便于人们"表现和揭示人的体验中隐蔽的意义"。① 于是"罪"的"内在化"转向就不可避免了。

　　（二）罪的"内在化"转向与"罪"的主体归责

　　在奥古斯丁"深入到精神的自由之中，从而发现恶的渊薮"之前，在 2 世纪左右，恶成为一种实在，与上帝对立的存在。在这里，蛇成为独立的力量，一个神的和反对神的形象。《巴录启示录》作为关于原罪的一个诺斯替派的变种，讲了下面的事情：

　　　　上帝对米迦勒说："用力吹号，号召起天使，以便他们礼拜我创造的、我双手的杰作。"米迦勒天使用力吹，所有的天使聚集一处，按顺序对亚当表示尊敬。但是撒旦没有施礼并说："我不尊敬黏土和垃圾。"他又说："我要把我的宝座置上云端，将与至高无上者一般无二。"为此上帝把他同自己的天使们一起从自己的眼前赶走……于是撒旦走去，找到蛇。他变成虫，对蛇说："请张开嘴，把我吞进你的肚中。"他爬过围墙进入天堂，意欲引诱夏娃。"为了她的缘故，我被从上帝的壮丽那里赶走。"蛇把他吞入，而他进入天堂，找到夏娃。他说："上帝命令你们从天堂欢乐中享用什么？"夏娃说："我们吃天堂的每棵树的果实，上帝命令我们不许吃这棵树的果子。"当撒旦听到这个时，就对她讲："上帝妒忌你们的生命，你们能长生不

---

① ［法］保罗·里克尔：《恶的象征》，公车译，上海人民出版社 2003 年版，第 5—7 页。

老。不过请摘果子吃，这样你会看见，也给亚当吃。"于是两人都吃，两人双眼明亮，发现自己赤身裸体。

　　从早期基督教时代，当诺斯替派和摩尼教的宇宙观尚未起作用时，流传下了众多类似的记载。恶成为魔鬼，成为了人类的灵魂而战的上帝的对头。[①] 这种诺斯替派的变种以及摩尼教的"自然主义"，实际上，都是将恶看成是由"物质基础"的显现，是人的感性欲望的结果。但是，同时它也忽略了"罪"的"内在性"维度。"为此，我们并不必感到惊讶，为什么《福音》一再强调：罪恶先于外显的行为，而且在许多情形下，与外在行为无关，内在同意已经是一种行为，显示在天主之前，正如外在行为显示在人之前，所以，意志内在合或不合天主的律法，便足以确定一种在道德上完全明确的服从或违犯。"这又可以称作"道德的内在化。"(the interiorisation of morality) 早期的护教学者，为反对外教的法治主义(legalism) 和犹太的法利赛主义（pharisaism）经常表示，人的行为再如何谨慎，单只有这类对法律的物质性的遵从，并不使吾人成义。从而也就在外在物质世界中隔离"伪善"提供基本的保障，[②] 舍勒更加明确地表示了这一状况："一个行为举止的有用性和有害性本身已经足以将它标明为受到好的或坏的赞誉与责难的，但在此同时明确地将单纯有用的和有害的'作为'好的和'作为'坏的来意指。只有这时，真正的'法利赛式的伪善'的事实情况才被给予。"[③]

　　在这一转变中，奥古斯丁无疑是一个关键的人物，他回忆年轻时洗劫一棵梨树的情景，他说，他当时并非为了享用梨子而去掠夺梨子……而是因为违法这件事吸引他。他想要恶，因为那是恶。以至于奥古斯丁说道："我却愿意偷窃，而且真的做了，不是由于需要的胁迫，而是由于缺乏，厌倦正义，恶贯满盈。……我也并不想享受所偷的东西，不过为了欣赏偷窃与罪恶。"在对主的呼唤中，他继续说道："罪恶是丑陋的，我却爱它，我爱堕落，我爱我的缺点，不是爱缺点的根源，而是爱缺点本

---

[①] ［德］吕迪格尔·萨弗朗斯基:《恶——或者自由的戏剧》，卫茂平译，云南人民出版社2001年版，第12—13页。

[②] ［法］吉尔松:《中世纪哲学精神》，沈清松译，上海人民出版社2008年版，第277页。

[③] ［德］舍勒:《伦理学中的形式主义与质料的价值伦理学》，倪梁康译，第215页。

身。"① 所以，道德的"内在化"道路在奥古斯丁这里，"他关心的是要表明不只是在世界中，更重要的是在人的根基上（用现代语言）发现上帝；上帝是在自我在场的密切性中被发现的"。因此，"如果忏悔的话，那是因为犯罪；如果有罪过的话，那是因为有意愿；如果在原罪中包含有意愿的话，那就意味着强迫我们的并非一种本质"。② 结论就是，这种世界的恶、外在恶并不是我们作恶的根据，必须转向"内在"，但是这一"内在"转向并不是自我的"幽闭"，而是内在的自我超越，这一点是另一方向的突破（在第二节里详述）。因此，如果以一种恶的非个人的力量为自己开脱，就是"自我欺骗"，即"伪善"。这样，具有了自身意愿的人就是"罪"的责任主体。

### 三　从人性恶到世界恶：伪善逻辑的弥散

根据以上的分析，可以得出，对于人类原初的"罪"有两种并非兼容的观点：其一是在无善无恶的自然世界中，人的始祖的行为将潜在的"罪"实现出来，"人的恶行"成为"罪"的表现；这是存在论的观点，是后世释经者对人类始祖所犯下"原罪"的无奈接受，看似不可能的现象，但却是真实地存在着，于是，"惊讶"成为我们认识的起点。其二是在人的堕落行为发生之后，人带着"罪"离开伊甸园而走向尘世世界，这是发生论观点，是基督徒的忏悔和心理独白，是把这种结果作为自己言语、行为、思维的根据，于是，"畏惧"才是我们知识的源头。因此，可以说有两种善恶之知，一种出于人自身，但导致了人的堕落；另一种来自启示，是对尘世之人的拯救。于是，在这两种知识结构中，"伪善"最初是以"人性"的"根本恶"的形态和性质出现于"上帝的国"中；而在"人的世界"中上帝隐去了，世界昏暗了，伪善就表现为尘世之人的"承罪"以邀宠。

与这一问题一贯相连的是，我们仍要追问，为什么是"人"要承受这一"恶名"？我们在面对上帝的忏悔和赎罪中，不正是要面对"昏暗"的世界而承担起我们无法承担的责任，这一重负不就是"世界"的"恶"？

---

① ［古罗马］奥古斯丁：《忏悔录》，周士良译，商务印书馆1963年版，第29—30页。
② 转引自高宣扬《利科的反思诠释学》，第98页。

（一）"罪"的人性表达

这是在混沌未分的自然世界之中，"人性"所担受的一种向恶的"自然倾向"，即被称为"伪善"。这种由"人性"之名承受的"罪"的实现，是建基于人被"预定为"善，而又"倾向于"恶这样一种"预定"与"倾向"的悖谬式逻辑结构之中的。卢梭、康德揭示了这种矛盾的逻辑，而保罗·利科通过神话、传说对此进行了进一步的诠释。

施特劳斯在解释人在堕落之前的"世界"状况时说："一个存在可以被禁止追求善恶之知，也即能够在一定程度上理解善恶之知对它来说为恶，那么这存在必然拥有这［善恶］知识。"因而，施特劳斯认为原初状态的人可能知道善恶，而且是完整意义上的人。但黑格尔在《宗教哲学》中有着相反的看法："吃知识树上的果实意味着超越，即人超越其动物性或自然性，因此成为人和精神。"① 这种二元的对立，各执一词，而且很难拿出令对方信服的证据。在"罪"的人为性与自然性之间，人本身也被分裂，前者要把人看作有意犯"罪"者，而后者要把人看作"无辜者"；相对于前者，人应当"万劫不复"，因为他的灵魂像"恶魔"般，相对于后者，人就会在"人"与"精神"的历史进程中不断完善。有罪者就要承担责任，即便如此，人还可能"改恶迁善"吗？而无辜者本身的行为与历史进程就是一种"无辜"，人的"善恶"还有意义吗？于是，我们对人类的始祖在上帝国所犯下的"罪"必须保持"沉默"，我们无法言说，在"上帝的国"中我们只是听到过上帝的言说（禁令）；而我们同时又在自己身上看到了"罪"的现实。所以，始祖犯下的"罪"，并不是哪一个人的罪，而是我们所有人身上的罪，每一个人都要承受这一"罪"。于是，我们就有了共同的本质性——人性，而这种"共同的性质"本然地标示了原初状态中"善禀赋"与"恶倾向"的矛盾统一性。这就是"人性"，这就是人本性的自然状态——伪善。

利科从神话人类学的角度诠释道："在传述堕落这一不知其来源的事件时，它给人类学提供了一个关键的概念：那忏悔者总是近乎要称作他恶的本性的根本之恶的偶然性。因此，这神话宣布那根本之恶的纯'历史'性，而不把它看作原罪。这个罪也许比其他罪'更古老'，但清白又比它'更古老'。可以说，清白'先'于'最古老'的罪是一个意义更深远的

---

① 转引自陈建洪《耶路撒冷抑或雅典》，第53页。

人类学事实的暗示。"在这个事实中，"就保存了相互依附的被造的人的善和历史的人的恶，尽管被神话当作人的始祖的第一个罪去传述的'事件'是把两者'分割'开来的"。实际上，这就是康德所称的将恶的时间来源与理性来源分开的做法。同时，也是"卢梭天才地领会到的东西：人'生来善良'，但我们是在文明——即历史——的统治下只把他了解为'堕落的'"①。这样就把人性"预定为善"而"倾向于恶"的原初状态描述出来了。但是，预定的善与倾向的恶又不是同一个层面的存在，我们所应负责的正是"恶的倾向"，而这一"恶"使得"预定的善"坠落下来，成为人自以为的"人为之善"（伪善）；同时又保存了人"向善"的根本依据和可能。这或许又是利科所强调的恶的"瞬间性"与"行动性"的原因所在，恶通过"人的行动"来到"世界"，而这个"世界"已经不是原初的世界了，"人为之善"也必将充斥在"人的世界"中。

（二）道德世界的"昏暗"与"拯救"

面对尘世的世界，上帝隐去，我们能否承受这一"重负"？是真实地向上帝哭诉与呼号，还是声称自身的罪有应得，而甘愿面对现世的煎熬与折磨。

在此，约伯是坚忍与忠贞的，但他向上帝呼号，因为他知道没有上帝的"拯救"自己是没有办法获救的，他的行为使他认为"上帝与他同在"。而那种通过伪事奉的邀宠，则与此恰好相反，表面上愿意承揽一切罪责，但这种罪恶是尘世之人所无法承担的，最后只是以此为手段的"邀宠"；而且，在本质上，这种行为并没有使他相信"上帝与他同在"，上帝只是为他获救的必要的"倚靠"。所以，在昏暗的"世界"里，伪善成为一种邀宠的伪事奉，而事实上并未获得"与上帝同在"，只是一种自我的欺骗，上帝之国也并不能因此在尘世建立。于是，在尘世世界中的个体伪善的"自然倾向"就扩散成为"世界之恶"。这一"世界之恶"至少有两种内涵包括其中，其一是作为"人的世界""尘世世界"的堕落之域，是"人性"之"根本恶"的自然扩展；其二是指在这个尘世的"堕落之城"中上帝再次降临的根本困难，一方面是人性的伪善倾向的自然属性，另一方面则是社会"伦理上的自然状态"的侵袭。更为严峻的是，这种社会化的"恶的状态"会以一种"伦理共同体"的形态出现，从而

---

① ［法］保罗·里克尔：《恶的象征》，公车译，上海人民出版社2003年版，第256页。

形成一种地上"上帝之国"的假象。这在近现代的自由主义政治观中变成现实，给人类造成至今无法弥合的"大灾难"，这种情形会在第三节中具体阐述。

总之，无论是人性中伪善的"自然倾向"，还是这种自然倾向的扩散而成为"世界之恶"，在这一阶段上，我们所能把握到的"伪善"还是个体性的存在，是由人类的始祖——那"一个人"的行为而在人类身上所留下的共同记忆和道德经验。因而，这种原初统一的分裂，是"伪善"历史经验的开端，又是永远无法克服和改变的事实，而我们能认识到和归结在我们身上的，就是这种"人性"的自然倾向的"恶"。所以，康德将"伪善"的根源归结于"人性"根本恶的自然倾向，这也是理性的道德形而上学所能认识到的"伪善"的限度。

## 第二节　伦理实体性的个体呈现与异化

人类学家萨林斯在考察现代性文明的断裂与传承的关系中，发现"人类在知识的精致方面经历了一次全面的退步。在一个人与另一人以及在人性与世界之间划了一道沟壑。由此，人类接受了对现实的双重（社会的和自然的）掩饰。男人和女人在用面具掩盖自身的同时，将欺骗引入了所有交流之中"。① 因而，在自然世界的意义上，人为之善就是"伪"善，是从"实体性"善向"个性性"善的堕落。但是，人的堕落又不可避免，在一个堕落的世界里，人又如何为善呢？首先是人能否为善，其次是要经过哪些转变？其中，最大的问题就是"堕落之人如何回到上帝之国"？在尘世上，我们要与上帝同在，一方面要真心地恪守上帝的律法，另一方面要等待上帝之国的尘世降临。但是，在恪守上帝诫命以及祈求上帝之国的尘世降临过程中，以律法代替上帝、以教会的教权教阶行使上帝的拯救权利，实质是对上帝实体的僭越，同时也向外"宣告"了自我与实体的分裂状态。所以，在人的堕落之后的尘世世界中，"法利赛人"的"乡愿"成为伪善之人的代名词，而对上帝律法的"假意"恪守与教会的"异化"成为伪善的新形态。这是人与上帝之间的不和、分裂之后的伪善形态表现，是道德从实体善到个体善形态的转变。

---

① ［美］萨林斯：《甜蜜的悲哀》，王铭铭、胡宗泽译，三联书店 2000 年版，第 6 页。

### 一　法利赛人与乡愿之徒

法利赛派，是前 2 世纪至 2 世纪犹太教的一派，标榜恪守犹太教传统，主张同外教人严格分离。法利赛派曾从拘守律法①的角度来指责耶稣及其门徒，而耶稣驳斥法利赛派为"伪善"。所以，以后"法利赛"成为"伪善"的代名词，"凡对宗教教义或道德规范的假装遵守而心里却不以为然的现象"，都可以称作"法利赛式的"，即"伪善的"。这种伪善，"根据《圣经》中的记载，具体表现为三个方面：其一，只说不做，对人布道，但自己却做不到；其二，内心想的与外部表露的不一致；其三，自以为义，喜欢论断别人，评判别人"②。同时，这也是"法利赛式的伪善"所带有的三个基本的特点。

乡愿，是孔子和儒家最鄙薄、最痛恨的一种道德人格，指貌似忠信廉洁，其实毫无道德原则，只知媚俗趋时之人。所以，孔子说："乡愿，德之贼也。"③ 孟子也曾论述道："同乎流俗，合乎污也，居之似忠信，行之似廉洁""言不顾行，行不顾言……阉然媚于世也者，是乡愿也"④。朱熹在谈到"乡愿"时说："乡愿是个无骨肋底人，东倒西擂，东边去取奉人，西边去周全人，看人眉头眼尾，周遮掩蔽，唯恐伤触了人。"⑤ 不难看出，东西方对伪善的认识是大体相似的，伪善者都是以个人履行道德要求为幌子，达到欺骗众人的目的。

这些总结和认识难免是从道德生活层面的"教化"意义而言的，我们在第一章"伪善的对象形态"中对此也有过论述，而且，这种传统一直延续到十七八世纪的启蒙时代，黑格尔不就在其早期著作《耶稣传》中保留并在康德"道德神学"的意义上对"法利赛人"大加讨伐了一番吗？当然，我们并不是否定这种探讨方式，而是要在此基础之上，将之推进一步："伪善"之所以"为善"，而我们又不得不称其为"恶"，这说明了道德领域中一种深刻的"分裂"，言与行、言与意的矛盾性，道德指

---

① 关于这一点学界也有不同的认识，但至少有一点是很清楚的，希伯来传统中重视律法，但更为核心的是律法的基础，作为道德法律的基础，还有某种更为原始、更为根本的东西。因此，我们不能简单地仅从后期的一些表现而完全否定其意义。

② 倪梁康：《论伪善：一个语言哲学和现象学的分析》，载《哲学研究》2006 年第 7 期。

③ 《论语·阳货》。

④ 《孟子·尽心下》。

⑤ 《朱子语类》。

称与所指的不一致性,道德形式与质料的分离。因而,在"善的分离"之中产生了伪善,而伪善表征了这种分离。下面就将具体分析这一问题。

"法利赛""法利赛式""法利赛作风"(Pharisaism)等说法,都是对其道德"形式主义"的指责,而"法利赛人"得名也是来源于希腊文"Pharisaios"的音译,意谓"分离者""隔离者"。①这种"分离",舍勒在阐释耶稣所说的"无人是善的,唯有上帝除外"(即善属于他的本质)这句话时有精当的表述:"他并不想说,没有人在这个意义上是善的:没有人能够具有善的特征的特征。他只是想说,'善'本身永远不会外在那种可以从概念上给出的人的特征之中——恰恰有别于那样一些人的看法,这些人想要根据可给出的实在的、从属于表象领域的标记来区别善者和恶者,就像区分山羊和绵羊一样,这就在某种程度上构成了法利赛式的伪善的永恒范畴形式。"②法利赛人的行为,就从根本上将善从其本质性存在领域中分离出来,而试图在另一个领域显现出来。因而,"对于法利赛人来说,全部问题就是:在这世界上,怎样效忠上帝?"③因为我们处在一个渎神的环境中,我们是在一个堕落的世界生活中行善。所以,法利赛人对律法的恪守及其与耶稣之间的冲突,能够更好地展示世界堕落之后"知善"的限度、行善的可能及其方式。

法利赛人一般是指"律法书文士",而又遭到"道德奴化"的传统谴责之人。因为,我们有种先入之见:"律法书文士可能就是那些墨守成规、道德奴化、铁石心肠、死守条文的人。"④然而法利赛人之所以恪守"律法书"原因何在?法利赛人与耶稣之间的冲突又表明了什么呢?这对于我们理解、认识尘世世界中的"善恶之知"以及伪善的现世形态的表现至关重要。

犹太经师及法利赛人对律法书的重视及其道德信仰生活中对律法的恪守,是因为律法之与犹太人也是具有特殊意义的,而犹太民族对律法的强

---

① 朱贻庭主编:《伦理学大辞典》,上海辞书出版社 2002 年版,第 48 页。另注:先知和法利赛人之间的一个重要环节无疑就是哈西德(Hassidim)派或团体,那些"虔诚者",那些祈祷守护人,接近于讲授悔罪、宗教仪式和道德教训及实施夜间祈祷律纪的利未人和先知。他们已是"隔离者",如同后来的法利赛人那样("法利赛"原意即隔离)。参见《恶的象征》,第 151 页。

② 〔德〕舍勒:《伦理学中的形式主义与质料的价值伦理学》,倪梁康译,第 14 页。

③ 〔法〕保罗·里克尔:《恶的象征》,公车译,第 125 页。

④ 同上。

调是有根由的。"这一由'伦理'与'历史'的联系所产生的律法，对犹太人来说，永远不可能在一种非世俗的道德自然神论中完全被理性化和普遍化；因为律法和历史事件密切相关，所以它本身就是一个良心的事件……"这种寓意包含着双重的特性："一方面，以色列人的一神教是伦理的一神教：上帝赐予的律法（la Loi）支配着从埃及出走、漂泊旷野和拓展伽南……以色列人的所有历史体验都从伦理方面去阐明。而另一方面，以色列的一神教又是历史的一神教：上帝赐予的律法并不是抽象和非世俗的……"所以，犹太民族的"伦理观本身完完全全是历史的；它是一个被选民族的伦理观"。同时，这也是有着时代背景依据的，而这一时期也象征着人在尘世上重建上帝之国的努力及其可能。这就是在摩西精神的引领下，犹太人回到耶路撒冷，重建圣殿，以图在废墟上复兴。可是，如何回复到原来由律法指引并依靠律法的生活？"这就是被恰当的称为律法书宗教的时代（Nomos，律法）。它不再是激励和促动人们在旷野说教的时代，而是律法学者和注释者的学院时代；不再是创造的时代，而是解释的时代；也不再是挑战的时代，而是生活重建与指导的时代。它也不是无限欲求的时代，而是根据环境与实情进行周详实践的时代。"① 因为"律法书意指教导、教训，而不是法律。律法书的法既是宗教的又是伦理的：因其要求、命令，所以是伦理的；因其是上帝有关人类旨意的明白传达，所以是宗教的"。因而，犹太人经师们正是要通过这种伦理的训诫，使得人们保持一种真实的宗教体验——审慎；但同时，也正是这种"审慎良心"的"仪式化、积淀、隔离"演变为后世对法利赛人的意见，而"一旦审慎良心泯灭，审慎就将沦为伪善"②。这是法利赛人遭到误解之处，同时也是理解法利赛人"信靠"的唯一"出口"。

于是，在法利赛人这种"他治式"的信靠范式中，存在着内在的本然悖论，对上帝信靠的宗教体验是"审慎良心"，而审慎的外在表白却是"恪守"律法；越是恪守律法越是良心审慎的表现，这本来也是没有问题的。孔子不也说过："祭如在，祭神如神在。"③ 但是，律法与上帝诫命之间的关系不是建立在二者已然分裂的基础上吗？这是律法本身所无法克服

---

① ［法］保罗·里克尔：《恶的象征》，公车译，第122—125页。
② 同上书，第138—139页。
③ 《论语·八佾》。

的历史与启示之间的矛盾,这也是法利赛人"伪善"面孔最无辜的原因。但同时,以律法为依据对别人的(善恶)"论断",显示出法利赛人的行为却仅仅是他"知"善恶的一种表达,因此"也是他同其他自身不和的一种特定表述";而"实际行为则产生于人同他人以及同自身的重获的统一"。因为"论断"意味着对上帝"知善恶"的僭越,"论断他人始终意味着自身行为的中断",亦即"把善恶之知贯彻至极者,乃是假的行为,乃是虚伪"①。也即是说,法利赛人以律法为依据的行为还是一种"无辜"的恶——伪善的话,那么这种以律法为权威基础的"论断"就是一种"蓄意"的恶——伪善,因为后者真正暴露了"与上帝不和以及分裂"的本质。

另外,我们还要再考察,耶稣是如何对待"律法"的呢?有一次,一个富庶的年轻人问耶稣:"师傅,我该行什么'善',为永生?"耶稣对他说:"如果你愿意进入生命,就该遵守诫命。"然后耶稣列举了十诫中的一些诫命,从而也就承认了这些诫命的有效性。在这里,可以肯定的是"耶稣并没有抛弃犹太法律本身"②。那又为什么会有法利赛人与耶稣之间的冲突呢?

法利赛人与耶稣之间的争执出现在各类《福音》书中,其中有耶稣对法利赛人的指责,"围绕着餐前的洗手礼展开的,根据传统,餐前必然要洗手,但耶稣指出,这些传统是不必要的负担。这些传统只是人自己的传授,它们甚至和天主的诫命相矛盾。'这样你们便为了你们所传授的遗教,废弃了天主的话',耶稣这样指责经师和法利赛人。以同样的方式,耶稣再三忽略关于安息日休息的规定,尤其是当救助病苦者的时候,因为耶稣认为'安息日是为人立的,并不是人为了安息日'。"还有就是法利赛人对耶稣的指责,耶稣"和他的门徒们也不遵守传统的守斋礼仪,他还和罪人与税吏同席吃饭,这对一个遵守法律的犹太人来说是不允许的"。③而且,法利赛人还将耶稣置于种种的冲突环境之中,看他如何经受考验。

因此,法利赛人对律法的恪守及其与耶稣之间的冲突,最大程度上显

———————

① [德]朋霍费尔:《伦理学》,胡其鼎译,魏育青、徐卫翔校,第48—49页。
② [德]卡尔·白舍客:《基督宗教伦理学》,静也、常宏等译,第38页。
③ 同上书,第39页。

示了一种"分裂"。这种分裂既是法利赛人遵守上帝律法的"无奈"之
举，同时又是耶稣之所以"痛斥"法利赛人之处。因为，一方面，犹太
法典告诫说："对于那正确使用律法的人来说，律法是生命的良药，对那
些错误地使用律法的人来说，它是致死的毒药。"① 另一方面，在耶稣看
来，法利赛人已经觉知了这种分裂（从他们所设置的种种生活冲突难题
中可知），但还要一味地以恪守律法证明"与上帝的同在"，这是一种
"蓄意"的欺骗，自我欺骗，就应当成为后世（警戒）"伪善"的代名
词。而耶稣的做法就是超越这种分裂的境地，重新回到"同上帝的统一，
同本源的统一，源自人和上帝的不和已被克服的状态"。因而，在关于上
税的钱、死人的复活和最大的诫命的盘问，以及有同情心的撒玛利亚人的
故事和关于安息日治病的谈话等冲突中，我们就不难发现，"所有这些辩
论的关键之处在于，耶稣不让人逼自己对这些冲突中的任何一件作出决
断。……他每次答复都超越了冲突的环境。面对来自法利赛人的恶意刁
难，耶稣总是高明地避开巧设的陷阱，法利赛人总被取笑一番"。② 归根
结底，二者对于冲突所处的位置和状态不同，而法利赛人对耶稣的诘难，
总是暴露出其关于人与上帝的分裂、不和的状态；而要摆脱这种困境，就
要重现考量提问和思考的出发点。这里，我们联想到黑格尔的伦理思想，
在《法哲学》中他提出："在考察伦理时永远只有两种观点可能：或者从
实体出发，或者原子式地进行探讨……后一种观点是没有精神的……"③
在此，精神何在？精神的源头何在？结合上文，"精神"的文化内涵在这
里得到了恰许的说明。

　　另外，儒家所批驳的"乡愿"，虽然没有超越意识的层面，但同样是
对真正德行的损害，因为乡愿之徒对狂狷之士的评断，公然歪曲德行的认
识与表现。"何以是嘐嘐也？言不顾行，行不顾言，则曰：'古之人，古
之人。行何为踽踽凉凉？生斯世也，为斯世也，善斯可矣。'阉然媚于世
也者，是乡愿也。"④ 而且，乡愿的行为在实现生活中有更大的危害性和
隐蔽性，而实际上是对尧舜之道的背离。"一乡人皆称原人焉，无所往而

---

① ［美］弗吉利亚斯·弗姆编：《道德百科全书》，戴杨毅、姚新中等译，湖南人民出版社
1988年版，第219页。

② ［德］朋霍费尔：《伦理学》，胡其鼎译，魏育青、徐卫翔校，第47、46页。

③ ［德］黑格尔：《法哲学原理》，范扬、张企泰译，第173页。

④ 《孟子·尽心下》。

不为原人"，而且这些人"居之似忠信，行之似廉洁，众皆悦之，自以为是，而不可与入尧、舜之道，故曰'德之贼'也。"① 晚明东林士人对"乡愿"的评论更为精当和深刻，顾宪成分析道："乡愿何以为无善无恶也？曰：其于流俗污世不为倡而为从也；即欲名之以恶而不得矣。其于忠信廉洁不为真而为似也，即欲名之以善而不得矣。是谓无善无恶。"② 因而，伪善即"非倡而从，非真而似，非善无得（德）"的总结不可谓不精辟。所以，如果说法利赛人是一种"自欺"的伪善的话，那乡愿之徒就是一种"无德"的伪善，而且后者的"媚俗"的嘴脸与"寡廉鲜耻"更让人憎恶。但是，二者共同之处就在于与"道"的分裂，伦理实体解体之后的"自以为是"。

这种分裂具体地表现为人与上帝、实体性的存在与个体性的存在，而这种分裂的事实最终要在价值形态上得以评判，这就是"实体善"与"个体善"之分，善的实体形态与善的个体形态之分。于是，在这种分裂的事实面前，道德就面临着从"实体性"向"主体性"形态的转变。

## 二　伦理实体性向主体性转变

道德从实体性形态向主体性形态的转变，一个先在的条件就是"善的分裂"，自然无辜状态的结束。在世界的开端处，人类始祖的"原罪"就转变为现世人性恶的"道德经验"感受及其认同，而这种"恶"的克服以及"善的缺失感"就成为尘世中追求德行的动力和理论思考的出发点。同时，这种对世界的原初感受与认识，也推动着道德形态的变化，这种变化又孕育在这种原初"恶"的归宿与克服的道路选择上。于是，恶的克服可以分为内在人性与外在历史的两条道路，而二者都将对"恶"的消除以及向着实体世界的回归，归结到人的主体性能力及其限度之内。

在这里，道德的存在形态就从实体状态中"异化"出来，而成为一种"个体性"的存在形态，同时，也是人的自由意志和意识逐步发展和

---

① 《孟子·尽心下》。

② 顾宪成：《顾端文公遗书》卷 9，《还经录》卷 11，《证性编·罪言上》，齐鲁书社 1995年版，第 176 页。

成熟阶段，实体性的精神也在摆脱"无意识"状态而向"自为"的方向前进。这种自为的道德意识，一方面，在伦理道德的内在化转向的基础上，企图寻找内在的超越道路；另一方面，在无辜的历史发展中，人逐渐超越其自然性与动物性，而成为精神存在的人自身。

（一）"内在性"的超越之路

实际上，这一阶段的道德及其伪善的表现形态是在人的始祖堕落之后的世界里的情形。这一时期，人类自身有了"自主之知"，而且道德怀疑论也把思考的对象转向人类自身，道德主体的自觉开始从人自身寻找"配享幸福"和"终极回归"的可能和根据，这就是道德主体的内在性超越之路。但是，要言明的是，这种内在超越的道德形态的关键在于，现世的尘世世界中我们如何体验和确证道德的存在，是将其实现在现世世界中的为（伪）善，还是这种"超越性"在人身上的体现不是"善"，而是"恶"，恶体现的就是"走出现实生存世界的有限范围的启示，向'恶'的问题的背后——'彼岸世界'进行'超验的'探索的启示"①。舍勒不也说过，"人可以使他的本能冲动欲望的能量崇高化为精神活动"，而"精神，归根到底，乃是存在者本身的一个属性（ein Attribut des Seiende Selbst'）；这个存在者，在人类的'个人'中，表现为自身聚集的集中化的统一性（die Konzentrationseinheit）的形式"②。这种"统一性"的丧失，是在人的恶行下"原罪"的初始道德经验轨迹，所以，就有上下两条道路，"原罪"向下的推演是在"恶"的行为中的显现，然后是"内在化"的主体道义的归责；而另一条道路就是向上的"反观"，是为在"最完满的自我在场表明上帝的形象"，这是一条"从内在走向超越的路"③。问题的关键是，这种"内在的"能否超越以及如何超越？奥古斯丁与康德为此提供了自由意志的"内在"道路，这一道德主观信念的败坏（假装的虔诚）则会导致更严重的"伪善"，这一层次的"伪善"也就是在这种内在的"超越性"基础上产生的。

而这种内在的"超越性"道路在"恩宠"与"自主"之间的前进，

---

① 高宣扬：《利科的反思诠释学》，同济大学出版社 2004 年版，第 86 页。

② ［德］马克斯·舍勒：《人在宇宙中的地位》德文 1988 年版，第 56—57 页；转引自高宣扬《利科的反思诠释学》，同济大学出版社 2004 年版，第 82—83 页。

③ ［加］查尔斯·泰勒：《自我的根源：现代认同的形成》，韩震等译，译林出版社 2001 年版，第 202 页。

在这里，我们简单叙述这一历史过程。"自我良知的无限主观性和自由第一次出现在了苏格拉底那里，因为，他不应该被看作'道德教师'（moralischer Lehrer），好像道德似乎是某种外在的东西，他应该被看作'道德发明者'。"这样，作为"道德的人""即能通过他自己良知的自我反思和内在性超越客观性的人"①。这种道德在知识论上就是道德怀疑论，道德怀疑论颠覆了道德实体主义，从而在道德主观性上开辟了道路。

吉尔松在叙述西方伦理学的演进时说："天主教伦理学家首先以意志的行动（voluntary act）作为道德价值之根本，并将一切道德价值归附到意志的行动上，同时又将人类行为之美与荣誉等观念统摄于一个更具广包性的观念——善，然后再把善归摄到一个本身便已允受一切荣耀的超越原则，德性才成为值得荣耀的。"从与德性相反的"罪"的定义中——奥古斯丁说道："罪就是任何违反永恒律责的言语、行动或欲望"——我们不难得出，这里的善与恶，就不再是仅仅服从还是违反人本性的行动或倾向，更高的是神的意志与理性。于是，恶的超越性就在于，恶行直接违反的是人类理性的规则，间接违反的是神的永恒之律责；同时二者又是合一的。恰恰也正在于此，人的德行为人内在的超越性提供了可能。因为，"看到此律责自身即是看到，但看到天主乃今生绝不可能出现之事"②。然而，人犯了罪，如何才能使道德意志恢复正直呢？如何才能改恶迁善呢？更深层的问题涉及"人为什么要为善"？一是因为人作恶在前（原罪），二是因为人想获得其配享的幸福。但是，这个问题在古希腊时期是现世的和无超越性的，行为符合本性即为善，而且这样行为的人获得幸福，否则就会失去幸福。但是，在中世纪，作恶即意味着对神圣秩序的破坏，同时，天主教徒们发现"本性的道德本身要求超性事物来作为它必要的补足"，总的来说，"若要将自由意志从罪之奴役中挽救出来，恩宠是绝对必要的"，而不是诉诸自己的德行、廉正和功劳。也只有这样，"人们才能在自己的不法和神圣的公义间的无限鸿沟上，架起一座横跨两方的桥梁"③。但是，获得上帝的恩宠是不是意味着无须做任何事情，而只是一味祷告，并不完全如

①　[意]洛苏尔多：《黑格尔与现代人的自由》，丁三东等译，吉林出版集团2008年版，第312页。

②　[法]吉尔松：《中世纪哲学精神》，沈清松译，第261、270页。

③　同上书，第272—273页。

此；这样在"恩宠"与"自主"之间就产生了矛盾。在《单纯理性限度内的宗教》中，康德逐步将"恩宠之功"过渡到"自主之力"上。将人性的根本恶认定为，"先于自由在经验中给出的一切运用（从孩童时代一直追溯到出生）而被奠立为基础的，被设想为随着出生就同时存在于人里面的"①。这是一种作恶的道德经验前提，同时这也是"自由"意志与选择之前的事实；那么在堕落之后的善恶之别就是"道德秩序的颠倒"，人完全有能力通过自身"道德意向"的转变而重新向善，成为新人。这其中康德解决了"恩典与自由"的矛盾诘难，同样设计了一个"矛盾的设置"：其一"先于自由的人的本性"的恶，是需要"恩典"的，但是在"自由"之前，因而即便有恩典也是"消极"的；其二，人的自由的道德意向是能够自主选择的，所以能够"自主"的改恶迁善，在此即便是"消极"的恩典也不需要了。

所以，在道德自主及其主体意识之下，无视自身罪的"无辜者"，而标榜自身的"清白"因而也无须恩宠，实际上是无视分裂的事实，这是"伪善"；而认识到自身的罪，仅仅是祈求天主的"恩宠"而脱罪，同样是"伪善"；更不用说，试图以"人的律法"妄加论断别人的法利赛人。

（二）"外在性"的历史之路

同时，这种道德的主观性不再在现存的伦理实体中认识到自身这个事实所导致的分裂，同样也是"伪善"，法利赛派为此提供了历史性的"外在"律法的道路。但是，这又是道德自我意识与实体之间的"和解"之路，这是与内在的主观超越之路相反的一条道路。在这里，精神的外化及其历史过程是必然的，是无辜的，是最终回归"绝对精神"的必由之路；但是，在这一过程中，主观性的道德如果仅仅固执于其自我形态里面，同样也会产生分裂，"伪善"也是不可避免的。

黑格尔在精神的经验发展史中，解释了道德世界中"伪善"的道德自我面目及其最终的归宿，通过道德语言达到的与实体的和解。实际上，与内在性的超越道路类似，外在性的历史道路是要通过伦理实体而确证道德自我，而这种伦理实体又是历史性的呈现。于是，这一道路，一方面"制造"着历史形态的"伪善"；另一方面又企图在历史进程中消灭"伪善"。但是，或许这种历史形态的本身相对于主观性超越来说就是"伪

① 李秋零：《康德论人性根本恶及人的改恶向善》，载《哲学研究》1997 年第 1 期。

善"之路，然而，它在清理出"道德自我意识上的逻辑层次和结构"之后，也为"伪善的扬弃指出了一条现实可行的方向，也就是历史主义的方向"①。法利赛人不正是第一个试图走"历史主义"道路的人吗？所不同的是，他们通过"律法"与上帝对话，后世的黑格尔是通过"精神"外化了的自我意识而逐步达到"绝对精神"的。

这一道路开端有一"无罪"的设定，即认为"原初状态的人是完全不知善恶。吃知识树上的果实意味着超越，即人超越其动物性或自然性，因此而成为人和精神"。② 而且，这一精神的外在化经历，最终是通过辩证法回到自身的。良心的真诚与伪善就成为相互对立的两个方面、两个因素。我们可以断定的是，良心的内在规定与普遍意识是对立的存在，所以，良心出于本心宣称其行动的一致性，是"出自义务感和本诸良心的，所以是伪善"。良心，这一"道德自我"的伪善可以剥离出三重认识的层次：第一层次，在情感上表现出对自在存在的精神的"蔑视"，而实际上是一种"承认义务和德行的虚假表象"和"假面具"，其作用是"用来掩饰它自己的意识和外来的意识"。第二层次，是"恶"的道德"示威"③，它通过"招认自己是恶的"而否定"现实的良心"的可能，其作用是更深地隐藏自我良心的个别性，因而，伪善也就无法"揭露"和"扬弃"。第三层次，"伪善"是自在精神的"自为形式"的另一种形态，因而伪善是不能被"论断""判断"的，"当普遍意识斥责伪善是坏的、卑鄙等等时……反而给了恶的意识以同样成为自为存在的权利"④。综合以上三个层次的认识，我们可以得出，在道德自我的自为意识阶段，伪善成为其"合法"的存在形态，而道德自我的真理就是达致"和解"的知识。这是道德世界观的极限，而且，在道德世界观中"虔敬"的主观信念并没发生变化。可以想象，在一个异化了的道德世界（恶的总体化）以及假装虔敬的状况下，即便所伪之善也是不可能的了。

①　邓晓芒：《康德黑格尔论伪善》，载《北京大学纪念〈精神现象学〉发表200周年学术会议论文集》，2007年，第65页。

②　陈建洪：《耶路撒冷抑或雅典》，华夏出版社2005年版，第53页。

③　这一层次的现实经验版本是在2008年"5·12"汶川大地震中一范姓教师不顾学生安危，独自逃出课堂，事后在其博文中公然记述了这一经过及感慨，其人其行被俗称为"范跑跑"。

④　［德］黑格尔：《精神现象学》下册，贺麟、王太庆译，第169—170页。另注：此种分类参照了樊和平先生《〈精神现象学〉讲习录纲要》中的分析框架，特此说明。

### 三　从律法之恶到教会的异化

在这一阶段，无论是法利赛人的"律法"，还是道德共同体——教会——中的异化"伪事奉""教权制"，其根源在于道德的自我意识与主体精神的作用。通过一种自为的意识，我们宣称对"上帝之律法"的遵守而确证自我的实体性存在，抑或是设立"类国家"的道德共同体——教会而免受"恶"的侵袭。不难得出，其中的矛盾在于：人试图以"有罪之身"重返"无罪之境"。由于是在现世的个体世界中，因而"自为"的自在精神，在两个层面上反对"异化"的自在精神存在：其一是对自在精神的"自为"欺骗，比如法利赛人的"律法"之恶、乡愿之徒对真德的"偷窃"；其二是单纯以精神的"自为形式"替代自在精神，基督徒的"伪事奉"、教会的教权制包括其中。这属于人在堕落之后的分裂世界中的"伪善"表现，但两种形式都是尘世世界中"为"善而不"得"善，无"德"也就"无得"，所以是"为善"的异化，而沦为"伪善"。下面我们就再作一具体分析。

其一，为什么说"律法之恶"是一种精神的"自为欺骗"呢？

在此，我们重述法利赛人的"守法"以及乡愿之"德贼"，是要展现出"伦理精神"的主观性形态，这种通过道德主观掩饰而试图证明客观精神的实在，实际上只是一种精巧的"自欺"。

在这两种行为表现中，要揭示其"自为的"欺骗性，还要从其内在逻辑上发现它的矛盾性。法利赛人的"律法"作为"人与世界"统一的基础，逻辑上是否合理呢？乡愿之人以"迎合世道""谄媚世人"而谋得"乡愿"之名，是否意味着其真正有德呢？在这一阶段中，我们必须立定"人与世界"的状况，这时"知善恶的人最终摆脱了生命，亦即摆脱了源自上帝的挑选的永恒生命。……现在人的生命是与上帝的不和，是与人、与万物、与自身的不和"。而伦理学则是为"重新寻获的统一、和解成为谈论的基础"，这成为"特殊伦理体验的决断点"[1]。无疑，法利赛人是以"律法"为统一基础的，而乡愿之人是以世俗、乡愿为行为基础的。因而，对于法利赛人来说，"最后的也是最严正的谴责是指责他们用词句扼

---

① ［德］朋霍费尔：《伦理学》，胡其鼎译，魏育青、徐卫翔校，第41、45页。

杀精神"①，而对于乡愿之人则是对"尧舜之道"的背离，而事事都要"迎合世道""谄媚世人"。这其中的矛盾之处在于，一方面，圣保罗认为，"律法本身是罪的根源：它'因犯罪而补加'"，因而，律法本身只能引起"知罪""记罪"，而不是"引起生命"。这就是在堕落的世界中人们感触"有罪"的"有"的意识，而非与天主统一的"无"意识。另一方面，在这种"有"（罪）的意识之下，任何"律法"只是一种假托，假托上帝之诚命，因为它的出发点是有（罪）意识的冲突。因而，法利赛人也好，乡愿之徒也罢，二者都是对自在精神的"自为"欺骗，是"不虔诚""不诚"的表现。

其二，为什么说"教会异化"是一种精神的"自为僭越"呢？

如果说法利赛人的"守法"与乡愿的"德贼"还只是"自欺"的话，那么教会及教徒信仰的"异化"则是一种"欺人"，是一种有意为之而达到欺骗的目的。那么，教徒的祈祷及其道德共同体的"教会"就是一种掩盖欺骗的工具和手段，当然，这种欺人的手段可能从根本上讲还在于道德意向的主观性颠倒。

下面我们就来探究一下"伪事奉、教权制的原因"。康德认为，其原因在于"宗教妄想的普遍主观根据"。因为，很显然人们把出于对"上帝信仰"的道德意向的价值不是赋予目的而是赋予手段。也即是说，将"信仰上帝的手段"作为行为的价值根据，而错误地将主观的自以为是（表现为自以为能把握自己信仰的狂妄）的信仰准则提升为法则。不仅如此，把这种历史启示性的信仰置于单纯的理性信仰之前，不仅倒置了事奉的顺序，还会导致教权制。因为康德坚定地认为："凡是人自认为为了让上帝喜悦，除了善的生活方式之外还能够做的事情，都纯粹是宗教妄想和对上帝的伪事奉。"② 在此，不可或缺的是道德意向，以偏离的准则行事，事事都是任意的；而最终教徒的事奉与教会也会"异化"，这是对自在精神的"僭越""假装的虔诚"。

最后，从一种"律法之恶"到一种"教会异化"，伪善之恶的形态也就从一种"个体性"的恶转化为"总体性"的恶，对伪善的揭示的内在要求及其功能也从一种"为"善转变为"抑"恶。这一转变的具体形态

①　[法] 保罗·里克尔：《恶的象征》，公车译，第 127 页。
②　[德] 康德：《单纯理性限度内的宗教》，李秋零译，第 179 页。

及其功能将在下一节中具体论述。

## 第三节　从"极端恶"到"平庸恶"的现实

在"伪善"的"善恶"经验形态的第三个层面上，人与上帝之国、自我与实体之间的分裂已经不可避免，成为一种堕落的事实。在这一分裂的经验事实基础之上，上帝的"地上之国"——教会的"异化"（教阶制）以及教众的伪事奉，使得尘世之善再次面临"伪善"（蓄意之恶）境地。在这里——分裂的世界中，伪善显示出"赤裸裸"之恶，伪君子比乡愿之徒在伪善的目的性上更为明确，伪君子知道什么东西在自己身上没有而又要故意伪装，而这种伪装的行动本身也是一种"道德实践"。这种状态之下的人，也就是"异化的人"。

### 一　伪君子与异化的人

"伪君子"相对于"乡愿之徒""法利赛人"在伪善的表现上，是主动与自知的。因此，著名教育家陶行知在《伪君子篇》中认为："人之为伪，不必居乡，凡率土之滨皆可居。人之行诈，不仅假愿，凡君子之德皆可假。然必假君子之德以行诈，始谓之伪。故总名之曰：伪君子，从广义也。"① 在陶先生看来，伪君子是扩大版的"乡愿"；二者所表现出来的共同特征就是"假"与"诈"，假借君子之行以行诈。但是，二者还是有细微区别的，乡愿之所"假"，而"同乎流俗，合于污世"，大多是因为他们对"狂狷"之士行为的不认同，是所谓"行何为踽踽凉凉？生斯世也，为斯世也，善斯可矣"②。不难看出，乡愿是以自以为是之"道"混淆了"尧、舜之道""故曰'德之贼'也"。相对而言，伪君子自以为是的并不是自身之"道"，而是假借"尧、舜之道"而得到自我的实惠。孔子就认为："论笃是与，君子者乎？色庄者乎？"这其中意思是说："总是推许言论笃实的人，这种笃实的人是真正的君子呢？还是神情上伪装庄重的人呢？"③ 因而，"后世论者以'色庄者'指的就是伪君子。这种人格类型

---

① 陶行知：《伪君子篇》，中国陶行知研究会网；原载 1913 年 11 月《金陵光》第 5 卷第 6 期及《金陵光》第 5 卷第 7 期。

② 《孟子·尽心下》。

③ 杨伯峻：《论语译注》，中华书局 1980 年版，第 116 页。

的本质是一心谋私利，价值理念上如同小人，但是在行为选择上则善于作假，标榜君子。平日里对人对事，不失其君子之风，以致令人确信是君子。一到关键时刻，特别是关系到自家名利，就会原形毕露，丑态立见"①。所以，伪君子在道德人格上有着"更高"的独立性，同时在认同上也有着更大的分裂性：一方面是做出君子般的道德姿态，另一方面是对个体自我世俗利欲的极度关心；也正是这种内在的分裂性将伪君子与乡愿之徒彻底地分别开来。如果说乡愿与法利赛人是在"求善"之中的伪善代表，那么伪君子无疑是彻头彻尾的"恶"，个体之恶，个体道德实践之恶。更深刻的是，在个体恶的动机之下，道德行动获得了原动力，"恶"具备了道德的行动能力，而"善"却丧失了这种行动能力，这或许就是伪善存在的历史经验依据。

在西方"伪君子"表示人的伪善品质而与"真诚"相对立，是发生在 16 世纪早期。然而，"真诚"一词"最初用法主要不是指人，而是指物，包括实体的和非实体的物"，而在表示人的人品与生活时是在比喻的意义上，"一个人的生活是真诚的，是指完好的、纯粹的或健全的，或其德性是一贯的"；但是不久"它就开始指没有伪饰、冒充或假装"。欧洲社会对于"伪饰、冒充和假装"的着迷，多少也显示出这种恶或被歪曲的人的邪恶本性的行动能力。这种表现更多的是在文学、戏剧作品中的人物形象，从而表述了当时一个极为流行的观点："世人所知道的我，并不是实在的我"，莎士比亚笔下许多道德高尚的人物在他们生命的某个时刻都说过这话，以致哈姆雷特一听完鬼魂的话就决意做他所不是的人，他要装作一个疯子。但是，毕竟伪装是恶人的伎俩，因而伪善倍受道德关注，也是我们关注的对象。而"'坏人'一词最初所具有的社会意义决定了它后来的道德意义，这个语含轻蔑的词过去是指封建社会身份低贱的人，而戏剧和小说中的坏人就是企图超越他的出身的人"。因而，"坏人"就不是他所是的人……因而，就其本质而言，他是一个"伪君子"，也就是说，他在演戏。②

在这样的时代，一个人只能在假借另一个角色来表达自己的行为欲

---

① 葛荃：《作为政治人格的狂狷、乡愿与伪君子》，载《东岳论坛》2008 年第 6 期。

② [美]莱昂内尔·特里林：《诚与真：诺顿演讲集》，刘佳林译，江苏教育出版社2006年版，第 14、17 页。

望，这类行为说明：一方面，行为主体的自我主动性的"欺骗"，却是自我真实的存在表现，或者说这种冒充、伪装的角色才是"真实"的自我；另一方面，这种主体的欺诈行为更多的是与社会环境相关联的，因而，这种欺骗的恶行就逐渐与社会制度密切联系起来，而不是个体的品性和道德责任。所以说，相对于个体而言的伪善之"恶"是可以救治的，个体内在的自我约束以及对外的自我证明，即是真诚的表征；而对于社会总体而言的伪善之恶则是无可救药的，其中隐含的是革命的逻辑和思维。在这二者的背后，一个重大的变化是："在16世纪晚期17世纪早期，某些类似于人性变化的东西发生了"，这个后世所熟知的"新型人格就是我们所说的'个体'：在历史的某个时刻，人成了个体"①。而且，随着这种个体化的形式出现的是"一种个人化的认同"，即"我所特有的，我在自身之内发现的认同"②。一旦这种独特性自我的道德需要得不到满足的时候（即"承认"），就理所当然地衍生出"伪善"。

这之后，我们就要追问：何以个体性的伪善之恶是可以克服的，而总体性的社会之恶就需要"道德"之外的政治革命的手段来完成？或者说，这是一个悖论的逻辑，个体的伪善之恶只有在个体回归"共体"的社会性存在，才能真正克服伪善和个体虚无的存在状态；而在历史的特定时期，这一逻辑被"颠倒"了，个体的道德自我意识完全错乱了吗？不是，最为根本的原因在于：这是一个个体与实体、自我与世界、人与上帝彻底分离的时代，"个体"成了真实的存在形态。于是乎，个体的"伪装"与"欺骗"最终会在自我内心的检讨声中得到"扬弃"，这种忠实于自己的证明在于"自身经验的真实性和他对于启蒙信念的坚定程度"，这些在当时都是清晰可辨的，甚至"包括他真诚的语调"③。同时，也有另一种倾向的出现转移和影响着这种回归内心、自然状态的个体化方向，这就是实体性、社会化的力量。但是，这两种力量是一种相互交织的存在，谁是促进伪善之恶的力量？谁是救治伪善之恶的力量？一直是启蒙时期以来争辩的话题。在这里，一方面是个体性真实存在论的倡导者们认为道德个体的真实表达是自我的反思与自然回归，这

---

① [美]莱昂内尔·特里林：《诚与真：诺顿演讲集》，刘佳林译，第19、23页。
② [加]查尔斯·泰勒：《承认的政治》，董之林、陈燕谷译，汪晖、陈燕谷主编：《文化与公共性》，三联书店2005年版，第293页。
③ [美]莱昂内尔·特里林：《诚与真：诺顿演讲集》，刘佳林译，第23页。

是道德行为价值判断的基础和出发点；而被异化和扭曲了的社会形态在一定程度上是对自我真实存在的"障碍"，是应该被批判的对象。这其中合理性的因素在于，看到了社会制度形态的"异化"对人的真实本性的扭曲，对于这种社会历史发展中的"总体性"恶的形态应持有批判的态度。然而，在批判社会制度形态的过程中，我们回到自我的内心世界，但是自我良心的自然状态和个体道德的自我意识并非一种完美的存在，道德情感的泛滥、道德理性的僭越以及良心处于作恶的待发点上等问题说明，"个体"的出现远非一种成熟的形象。而启蒙的目标就是要实现人敢于运用自身的理性能力，运用这种理性能力对自身进行批判，真正厘清人性中自然倾向以及向善禀赋，同时将个体的实践—冲动限制在一个合理性限度之内，从而真正变人的个体性自然存在为一种高尚的人的存在方式。另一方面则是日益扩大的社会共同体——市民社会与国家如何保证自身的"真实性"以得到合法的存在，这就是对"世界"本身的批判。

在这种环境中，"伪善"的存在形态恰是自我的社会性存在，而恰恰相反，这种社会性存在的人是"异化的人"，因为这种人所存在的世界是一个"异化了的精神的世界"。因而，在黑格尔的《精神现象学》中我们第一次看到在人的存在的经验意识历史中，"绝对精神在运动中异化或外化"出的现实经验世界中作为"异化"而在的人。"异化"是精神"现象学"中的重要概念，"精神使自己变成他物，然后扬弃这个他物，并从这个扬弃中返回自身的运动"①，被称为"异化"；在精神世界中"异化"所导致的结果是一个"教化世界"，因而"精神"最终要达到自我的确证，这就是一个道德世界。"异化"是精神的外化、现实化，而在这种"外化"过程中，构成了道德自我意识的辩证发展中的一个环节，这时道德自我以其对象性的表象确证自身的存在，于是"伪善"就出现了。"伪善"就是这一客观的精神在实现自我过程中所必不可少的一个否定性的环节，即道德自我意识在其对立对象中"实现"自身。"异化的人"作为伪善的一种人格形式，就是在于他"不能不一方面把自己表达和呈现为对象性的表象"（这是一种外在化的欺骗形式），同时"又明明知道这样

①　[德]黑格尔：《精神现象学》上卷，贺麟、王玖兴译，第23页。

做只是一个蒙混、颠倒"①。因而，这事实上就是"伪善"，只不过黑格尔把这种人格化的力量隐藏在普遍、客观化了的实体精神、伦理习俗或者是整个的民族精神、生活意识中了。

在这里，重要的是，黑格尔认为，伪善也正如"人的异化"形态的存在一样，是精神自我运动、发展的历史过程中的一个环节，一个否定的环节，一个与自由意志、自我选择相关的环节，于是，伪善就成为"道德"自我确证的历史"无辜"。在精神现象学中对"异化"的关注以及马克思主义以"人的异化""劳动异化"对资本主义的批判，都展现了"异化"本身的批判精神和历史进步作用。在《1844年经济学—哲学手稿》中，马克思认为："《现象学》是一种暗含着的、自身还模糊不清的、带有神秘色彩的批判；但是，既然《现象学》紧紧抓住了人的异化，那么，在它里面就潜藏着批判的一切要素……包含着对宗教、国家、市民生活等等整个领域的批判的要素。"② 因而，在人类自身发展的历史中，"人只有把自己彻底分裂，把自己异化，才能在他迄今艰难的历史路程中实现自己的进步"③。马克思在资本主义社会环境中实现对人的异化的批判，事实上也表明："没有这种现实的、普遍的异化作为媒介，共产主义和全面发展的个人就永远不过是一个美好的神话。在马克思看来，试图撇开普遍的异化来谈论个人的全面发展，乃是一种'浪漫主义观点'。"④

这样，我们不难总结出，从中世纪的基督—神圣世界中走出的人，在以伪装与冒充的形式反抗、脱离出旧世界之后，这种"个体性"的自我能够主动地进行理性批判，从而认清自我道德行为的自然界限与理性可能，伪善的道德世界的革命武器变为自我革新的武器。同时，在伦理世界的实存形态上，一开始就与个体性存在形成了尖锐的对立（自然状态的异化），但在历史发展中获得合理性的同时，这种历史逻辑的强化必然面临着政治实践的异化——暴政、独裁、极权主义——伪善。这样，"个体"的理性批判必须过渡到"世界"的政治—经济学批判。这是在人的堕落之后，人与世界彻底分离之后"伪善"的善恶经验认识的逻辑思路。

---

① ［德］黑格尔：《精神现象学》上卷，贺麟、王玖兴译，第146页。
② 马克思：《1844年经济学—哲学手稿》，刘丕坤译，人民出版社1979年版，第115页。
③ 贾泽林：《南斯拉夫当代哲学》，中国社会科学出版社1982年版，第162页。
④ 俞吾金：《从道德评价优先到历史评价优先》，载《中国社会科学》2003年第2期。

## 二　从理性批判到世界批判

在人与上帝之国分离之后的世俗社会中，"伪君子"就是一种社会性的表达，即道德之真善的存在要在人与人之间得到证实、得以确证，这种人与人之间的道德证明就需要一种组织，这就是市民社会，就是政治国家。因而，在追寻"伪善"概念的善恶经验形态的过程，即从实体性的到个体性的，然后在这种主体间的形态发展中，"本真之善"逐渐丧失了"实践性"，而被指称为恶的个体性与历史性因素逐步呈现出来，展现其在社会历史中独特的自由创造能力。所以，在面对历史主义的评价体系时，我们不可因为"伪善"是在一种精神的历史环节中产生，也必然要在历史发展中克服，而盲目相信历史主义的超越和克服功能。因为在历史主义对道德理性学说的伪善性的揭露和批判中，同样对历史主义伪善性的揭露和批判也可以在理性主义学说中发现。正因为如此，当我们在康德的著作中看到"假教会""假信仰"或"奴性信仰"的概念时，就不难看出：康德所说的"绝对的恶"就是这种虚假的"总体化"制度中表现出来的现象，是在实现"复活"的希望中的一个过程，是可以被"希望"最终克服的。①

因此，对伪善的理性批判与世界批判是相互交织在一起的，是不可以一者取代另一者的。毕竟，道德主体的理性逻辑与道德意识的历史逻辑在对待伪善问题的关注点和解决方式上是不同的。对这一方面的代表康德与黑格尔来说，克朗纳早就有言："如有论者试图自一黑格尔的观点，以一傲慢的态度回头俯视康德，而把康德之'反省哲学'（Reflexion Philosophie）视为一褊狭闭塞的心灵的创作成果，又或有论者以为单单康德的理性批判才是唯一可严肃地称为科学的成果……这两种态度都是不足取的。"②因而，在此，我们拟打算对"伪善"的理性与世界两个方面分别加以论述，以彰显近现代以来的伪善经验形态。

不可否认的是，在这里，我们要面对的道德意向对道德秩序的"颠倒"以及道德意识对现实的"自我欺骗"，都是"伪善"在世界中所表现出的最高形态，同时也是最具有隐蔽性和难以发现与克服的。

---

① 高宣扬：《利科的反思诠释学》，同济大学出版社2004年版，第81页。

② ［德］里夏德·克朗纳：《论康德和黑格尔》，同济大学出版社2004年版，第32—33页。

（一）道德主体的理性批判

从康德开始，人们开始反思启蒙运动对人的影响，何谓"启蒙"的解答中一个重要的标准就是对人自身成熟的衡量。启蒙就是要改变人的自然状态，同时也反对"由于自然的方式而成熟"（naturaliter maiorennes），因此，启蒙"就是人类脱离自己所加之于自己的不成熟状态"①，尤其在道德方面。这就是"启蒙所鼓吹的这样一种理想，即一般意义上的批判思维。从此，拥有自主性，理性，持续性和普遍性的批判精神就被确立了下来"；另外，这种批判的意识和精神，并不是仅仅"用一种新思想来改变人们的旧思想"，或者是"用一种想法来代替另一种想法"。批判思维、批判精神的关键在于"人的主体性"②。因而，对道德主体的道德成熟程度的理性批判，理所当然地成为启蒙中的主题；当然对伪善的批判也被纳入"理性批判"之中。另外，对"伪善"的道德理性主义的批判也是置于"道德自我"的真实存在及其有限性的理性自觉之中的。

因为，按照时代发展的状况来看，当时决定人们对道德善恶价值判断的知识主要是经验的情感主义以及路德教派的反权威主义，而二者共同承载的便是"人的良心"。可是，这种"自然"的良心可以作为道德的源头和根据，但是，"自然"的良心并不是"成熟的人"的标志，所以启蒙对"人的成熟"的探索还要继续；同时也标示着对人的"自然良心"与"道德理性"本身也要进行批判。这正如康德所言："我们的时代特别是一个批判的时代，一切事物必须接受批判。"③ 这就是说，康德哲学的先验逻辑，既要确立理性的合法性，又要对理性的僭越作出限制。

众所周知，卢梭对康德的影响是通过"康德的传记作者告诉我们：他那间大有斯巴达之风的书房，简朴无华，只有唯一的一件装饰品——墙上的让·雅克·卢梭的肖像"。而当年届四旬的康德写道："……我鄙夷那班一无所知的芸芸众生。是卢梭纠正了我。盲目的偏见消失了，我学会了尊重人性，而且假如我不是相信这种见解能够有助于所有其他人去确立人权的话，我便应把自己看得比普通劳工还不如。"④ 这种影响便确信无疑了。但是，康德更为深刻地看到，卢梭那个时代的道德真诚的

---

① ［德］康德：《历史理性批判文集》，何兆武译，商务印书馆1990年版，第23页。

② 谢文郁：《良心与启蒙：真善批判权问题》，载《求是学刊》2008年第1期。

③ ［德］康德：《纯粹理性批判》"序"，邓晓芒译，人民出版社2004年版。

④ ［德］卡西尔：《卢梭·康德·歌德》，刘东译，三联书店2002年版，第1—2页。

表达是很成问题的，而且这种内在的约束是无法证明的。以致像卢梭也不得不采取自传（《忏悔录》）的方式，首先"执著于内心生活检讨，意在让读者接受这样的结论，即写作者无论如何不会欺骗他人，因为他始终忠实于他自己，过去是，现在仍是"。然后，才能"有权直言不讳，有权质疑社会的方方面面"①。在此，我们就必须注意在这样一个"人成了个体"的历史时刻，人的"自然良心"还有多大程度的"普遍"认同性和说服感。②黑格尔认为，良心是创作道德的天才，针对的正是这种情形；但又说良心也可以是处于作恶的待发点上，在此也同样得以体现。因而，没有经过理性的批判，"良心"只是一种主观能动性，而一个行动的普遍性就在于道德准则转变为道德法则，是"要只按照你同时认为也能成为普遍规则的准则去行动"③。这就要求对"纯粹实践理性"的合法性进行论证，这主要是在《实践理性批判》中。因此，对自然性的良心要进行理性的批判，而对于道德理性自身的限度仍然要进行划界。

　　同时，为什么又要对理性自身进行限制呢？问题就在于：有限的理性存在者在做了所应当做的事情之后，必然期待"可以希望什么？"对此问题，道德实践理性如何作答？甚至说，对此人能否作答？康德早在《纯粹理性批判》中就对传统神学的知识论基础以及理性的超验运用进行了批判。康德认为，必须考察理论理性的功能、范围和界限，以便为理性的合法使用提供基础。针对前者，康德严格限定了现象与物自体之间的区别，并认为现象背后的物自体是不能作为知性的对象来把握的，否则就会出现"先验幻相"。在此基础上，康德分别批判了传统神学的知识论基础——本体论、宇宙论和自然神学论，从而摧毁了传统神学认识论的形而上学基础。针对后者即理性主义的泛滥、理性的误用，康德认为，面对上帝、灵魂不朽等理念，理论理性无能为力，也就是说，在理性领域认识上帝、证明上帝存在是完全不可能的。但必须指出的是，康德认为，思辨理性虽无法认识和证明上帝存在，但也无法否定上帝的存在，只不过上帝存

---

①　［美］莱昂内尔·特里林：《诚与真：诺顿演讲集》，刘佳林译，第23页。
②　实际上，卢梭在《忏悔录》中对"真实"问题的认识，是交杂在不同的"真实"丛中的，这包括"卢梭如何看待哲学真实、事实真实以及任何一种可能的真实之间的关系"（参见凯利《卢梭的榜样人生》，黄群译，华夏出版社2009年版，第一章）。
③　［德］康德：《道德形而上学原理》，苗力田译，上海人民出版社2005年版，第39页。

在不是在人类的认识层面，而是在价值层面得到存证的。但是，即使是在价值层面、实践领域之中，人的幸福问题能否在"此岸"得以解决，仍未可知！至少康德的答案是把"人的幸福留在了上帝的彼岸"①，后世的韦伯在谈到康德的这种"信念伦理"（Gesinnungsethik）时仍然认为："恪守信念伦理的行为，即宗教意义上的'基督行公正，让上帝管结果'。"②当然，立足于"价值中立"的社会学立场，以此来区分其"责任伦理"也无可厚非。但是，康德的真实用意在另一维度上被遮蔽了，这一消极的"限制"对于人这个有限的理性存在者来说是必要的。人对于自身的愿欲可以无知无畏地希望吗？可以超出人"作为人"的限度吗？当然不能，即便是在启蒙理性高扬的时代，康德当然是把人所可能获得的幸福限制在"人的德行"的配享之内。这不是"神秘主义"的伪装，更不是对所谓信仰的"拯救"；而是道德主体的自我批判和警醒反倒更能彰显人性的光辉和尊严所在。

（二）道德意识的世界批判

康德的理性批判并且认为"实践理性"的优先性，使得形而上学"沦为现代的科学概念压力之下的牺牲品"③ 的命运重新扭转过来；而且，还进一步将道德的实践理性提升为"纯粹"实践理性，这是对道德实践行为在形上学层面的确证。于是，"康德以理性的自主性原则为出发点，把实践规定为理性规定意志并通过意志达到目的的活动，从而确立了他的自由概念。但这样做也使康德的实践哲学并不以人的实践行为，而是以理性反思实践行为的超历史的先验形式为对象，人的伦理行为的终极基础也被规定为体现为'善良意志'的主体性。其后果是，真正的实践问题在康德的先验哲学中被取消了，康德对行为先验的分析和规定使之成了一个只是证明道德先天原则的形式概念"④。无疑，康德的理性批判的成果主要保留在道德主体的"形式"层面。因为"人是一种形式的存在。人使得世界具有了形式意义。相对于人自身，当然是人才使人成为人。……就是说，人具有使人成为人的根据。这个根据

---

① 杨祖陶：《康德哲学体系问题》，载《德国哲学》第 16 辑，北京大学出版社 1997 年版，第 87 页。

② ［德］马克斯·韦伯：《学术与政治》，冯克利译，三联书店 2005 年版，第 107 页。

③ ［德］伽达默尔：《科学时代的理性》，国际文化出版公司 1988 年版，第 42 页。

④ 郁建兴：《实践哲学的复兴与黑格尔哲学的新发现》，载《浙江学刊》1999 年第 9 期。

逻辑上先于或更本质于人的感性存在"。同时"人的存在是有内容的……就人对其自身所具有的各种力量（The various cognitive faculties）的认识而言，无论是认识的、道德的还是审美的活动，也都是具体的，有内容的"。于是，康德之后，"尽管黑格尔、费尔巴哈、叔本华都把目光转向人，转向人的自我意识，但却都强调的是进入人的意识的某种内容性存在，即人的各种内在力量，而不是意识本身的形式存在"①。因而，这种内容性即是一种"世界性"的存在，表现在理性批判时代就是对"世界"的批判。

　　具体地以黑格尔为例。黑格尔认为："形式本身就有内容，这也正如说逻辑就是历史一样，都有一个共同的前提，即只要谈到意识（形式、逻辑），就必须首先假定有一对象（内容、历史）进入意识。"② 在此背景之下，道德意识的经验历史发展造成了"自我的异化"，人的异化是在道德自我意识的世界形态中产生和克服的，因此，认识和解释这种"伪善"形态就必须以"世界批判"为基础进行。哲学把消除意识与意识对象的对立作为自己的任务，而道德意识与道德意识对象的分离与对立，造成了一个重大的道德现象与问题，这就是"伪善"。因而，对伪善进行批判的分析，除了进行理性形式主义的批判之外，就是意识经验主义的"世界"批判；而且，这是一种"内部批判"，即是说是在伪善的产生之处进行的"自我克服"。

　　对于黑格尔而言，这种批判形式的转变是从"批判手段"的转变开始的。以致黑格尔在"高度评价康德确立的理性自主原则后接着指出：'但这个原则却老是停滞不前'。这样，'黑格尔虽然以康德为基础'却给予这个自主原则一个全新的转折。这个全新转折就是黑格尔把康德的'心'（Gemüt）学发展为他自己的'精神'（Giest）之学"。③ 所以，我们可以看到，黑格尔在界定理性与精神之间的转换时说，当"理性已意识到它的自身即是它的世界、它的世界即是它的自身时，理性就成为了精

① 陈家琪：《主体的纯粹形式与文化人类学》，载张世英、朱正琳编《哲学与人》，商务印书馆1993年版，第59—60、66页。

② ［德］黑格尔：《哲学史讲演录》第4卷，贺麟、王太庆译，第5—6页。

③ 转引自郁建兴《实践哲学的复兴与黑格尔哲学的新发现》，载《浙江学刊》1999年第9期。

神"①。因而，这种在精神世界中的批判，就是防止道德意识与道德意识对象之间的"颠倒""错位"，这里的道德意识是要求其普遍性的形式与对象内容是直接的同一，因而才会有虚假、欺骗等现象。于是，不可避免的是，在教化世界中出现了"教化的虚假性"，在道德世界中出现了"真诚与伪善冲突"的现象。②

简而言之，在教化世界中由于道德意识的对象是"个体性"的存在，因而作为普遍物本质的道德意识在这一阶段就必然处于（自我）"否定"阶段；然而，道德自我意识试图把自己教养成普遍的东西，进而占有普遍性，那结果可想而知。由此，教化世界中的一切便沦为虚妄，"唯一肯定性的对象便是纯粹的我本身"。另外，在道德世界中，当然，黑格尔在此所针对的对象是"康德的道德世界观"，批判的是良心的"非现实""无普遍性"的伪善。从道德主观性出发的"真诚"、自我的"本真性"只是一种分裂的"苦恼意识"，道德的纯粹自我意识在其"表象与本质之间的不同一性"③是产生伪善的根本原因。

### 三　从人性之恶到制度之恶

对于伪君子与异化的人的形象，我们该如何认识和把握？是将其归结于人性之中还是社会历史的一个必要环节，但无论如何二者都是恶的表征，因而伪善的形态也就有从"人性之恶"到"制度之恶"的形态和转变。

（一）作为人性"根本恶"的伪善

康德认为，伪善是人性"根本恶"的标志和显象，因为伪善是人性的自然倾向，是人所犯下的第一桩罪；但是，恶又不是理性所能解释和认识的，追根究底，理性是无法把握"恶"的存在根据的，因为康德认为，恶毕竟只是一种倾向而不是人的"禀赋"，是在有限的人的理性中没有根据的。因而，利科也认为，恶在世界上是没有根据的，当然是在这个理性的、有限的世界上；它是随着一次（堕落）行为而被带入世界的，同时由于这种人类最初的道德经验，又使得恶被"普遍化"为原罪的道德感

---

① ［德］黑格尔：《精神现象学》下卷，贺麟、王玖兴译，第1页。

② 对于道德意识的自我颠倒及其"政治化"所造成的"伪善"将在第六章中集中分析，在这里只是对这一分析、批判的形态作一阐述。

③ ［德］黑格尔：《精神现象学》下卷，贺麟、王玖兴译，第146页。

受。于是,伪善是"个体"的(那个)人的行为造成的,同时又被感受为普遍性的"人性"之恶。

对于这种"人性恶"的归纳,实际上是理性启蒙时期道德责任的"人"的比附。康德将恶分为三类予以区分,而从这三类中又进一步区分了"自然性的趋恶倾向和道德性的趋恶倾向"。于是,这种作为"人性之恶"的伪善,可以从两个层面进行把握,其一是指理性认识之外的"自然倾向"造成的;其二是指对道德秩序的"故意颠倒"造成的。前一种情形说明"人天生是恶的";第二种情形说明"恶何以是现实可能的"以及"恶的起源必须在道德理性中得以追究"的问题。因而,从康德处开始,"伪善被归结于人性中的根本恶"①。

这样,康德通过对"恶的起源的追溯"展开了对伪善的"人性论根源"的认识,对于此问题的回答,仍然保持了二元论特征。因为康德所讲的人性中恶的起源,并非时间上的起源,而是"一个结果的最初的原因",即恶的"最初根据"。而恶的"最初根据"是什么呢?历史上有三种说法:"族类的遗传、祖先的继承或者原罪的强加"②。这种方式仍然没把善恶区分开来,于是"必须仅仅追问其理性上的起源"。结论就是:恶是从"罪"(超越性)开始的,而"罪"又是一种道德法则的逾越。

对于前者,康德对"人性"做了深入剖析,认为人性不仅有天然向善(禀赋)或向恶(倾向),而且人性还有天然以善掩恶的倾向。虽然这是处于无善恶选择的阶段(伊甸园中),是善恶"先行"的行为,但当我们反思道德的人性基础时,除了或善或恶的情形外,"伪善"理应成为情形之一。康德对伪善的人性层面的发掘,体现了道德理性的自觉性和自由性,即是说虽然这一阶段伪善的发生并不是理性的直接作用使然,但是通过理性的反思、反省,伪善作为人性的最初或发生形态是存在的,甚至可以说没有伪善就没有先祖对自我本性的认同,也不会有区别于"神性"的"人性"。这一认识无疑是深刻的、持久的,而且使得堕落世界中人类的子孙时时刻刻保持着警醒、警惕的道德态度,在完善自我的德性方面永远无法"骄傲"。

---

① 邓晓芒:《康德黑格尔论伪善》,《北京大学纪念〈精神现象学〉发表200周年论文集》,2007年,第52页。

② [德]康德:《单纯理性限度内的宗教》,李秋零译,第17—19页。

对于后者而言，伪善作为人性恶的表现就在于其"颠倒"了道德次序，使得道德准则"不是与道德法则保持一致"，而是"要与自己的谎言保持一致"①。在这里，简单来说，康德并不是从道德义务本身的纯洁性、道德行动之"出于"道德法则的严格性来论述伪善的；而是在一个有感性欲求的人的道德行为中论述伪善的。因为前者把"实践理性"提升为"纯粹"实践理性，从而确立实践理性在形而上学上的可能。同时，对于一个有限理性的存在者——人来说，是有七情六欲的，否则就不是一个真实的人。但是，人毕竟是一个有理性的动物，在个人的欲望与道德律则相矛盾时，而且在做了以道德准则服从"个人性好"的道德选择之后，如何使得这种行为看上去像"道德"行为呢？于是，"这就迫使他想出一个'两全之法'，即一方面在行动的动机撒谎能够服从感性的需要，另一方面又不与理性的道德法则相冲突，并且往往就把这种不与道德律相冲突的行为标榜为一种真正的（出自道德律的）道德行为，因为反正他内心的真正动机别人永远也不会知道"②。

（二）作为制度之恶的伪善

同时，对于康德人性之伪善的"绝对的恶"的认识，不仅仅是一种个体性的实践，而且还是一种总体性的政治实践。这种认识在利科"反思的诠释学"中表现出来，"过去的哲学家，以黑格尔作为典型，都未能正确理解康德关于'绝对的恶'的论点的深刻含义，只满足于简单地给予'形而上学'空洞结论并加以抛弃"。利科认为："仔细地体会和回味康德关于'绝对的恶'的结论，可以看出这一论点并不是'对于一种禁忌的违反'，也不是'对于法律的破坏'，也不是某种'不服从'，而是'总体化著作的一种欺诈'（la fraude dans l'oeuure de totalisation）。"说到底，"人的恶只是在'国家'和'教会'中，即在'总体化'的、作为集合性的制度的'国家'和'教会'中才表现出来"③。这种将"恶"的起源归结于"人"，"个人"已是不可能，因为"普通人可以做出离奇的恶来……在这个世界上，大多数离奇之恶都是在环境和组织的社会力量影

① ［德］康德：《单纯理性限度内的宗教》，李秋零译，第23页。
② 邓晓芒：《康德黑格尔论伪善》，《北京大学纪念〈精神现象学〉发表200周年论文集》，2007年，第52—53页。
③ 高宣扬：《利科的反思诠释学》，同济大学出版社2004年版，第80—81页。

响下（由普通人）做出的"①。但是，伪善在这里获得的普遍化的呈现，容易被警觉和认定为恶的伪善表现。不仅如此，在这种"恶的欺诈"的基础之上，还有一种为了"善的目的"而被肯定的伪善。因为，"国家"或"教会"本身是被人认作社会性存在的标志，从而"在政治里有最大限度的谎言，形成了生活的虚假的外围"。所以，伪善也在社会化的过程中形成了更大的伪装性，在这里除了一种以个人的行为进入此世的伪善表现之外，社会化生活的"虚假外围"使得伪善又一次出现，而且这种"伪善已经不被认为是恶，而被认为是义务"。因而，在严格的宗教意义上，整个的"国家、家庭就在文明生活中，个性生活中都充满着这样的谎言，这样的伪善。君主政治、民主政治、贵族、官僚、资本主义和无产阶级都靠伪善和谎言生存"②。不难看出，无论是在宗教意义上，还是在日常生活层面上，伪善都不仅仅是一种理性把握之外的人性之自然倾向，还是一种社会政治生活层面的"制度之恶"。

这种作为"制度之恶"的伪善，是对道德世界的"政治化""制度化"异化而造成的。这其中包含两个层面：其一是指"制度化"的道德世界（如教会、社团）表面上作为一种价值共同体的代表，而实际上是一种"总体化"的欺诈；其二是指在这种被"异化"的价值共同体（如国家）中对人性的异化，人为了获得某种好处而作恶，事后对这种恶行还无反思，这是一种危害更为严重的"伪善"。而且，这两种伪善形式还会相互交织，相互依赖，成为一种"一体两面"的结构存在。

这种形式的"伪善"主要表现在近现代的两种价值共同体中：一是"教会"；二是"国家"。首先，在教会中，教会的"教权制"与信众的"伪事奉"构成了"伪善"的两个方面。那么，出现伪事奉与教权制的原因以及二者交织存在的原因何在呢？对于伪事奉，康德认为是在于"宗教妄想的普遍主观根据"。因为，很显然人们把出于对"上帝信仰"的道德意向的价值不是赋予了目的而是赋予手段。也即是说，将"信仰上帝的手段"作为行为的价值根据，而错误地将主观的自以为是（表现为自以为能把握自己信仰的狂妄）的信仰准则提升为法则。这种"上帝的拟人论"（认为仅凭自己就可把握不知认知的"上帝"的法则），以为仅凭

---

① 徐贲：《刽子手与制度之恶》，载《读书》2008 年第 5 期。
② ［俄］别尔嘉耶夫：《论人的使命》，张百春译，学林出版社 2000 年版，第 219—220 页。

讨好神灵的献祭、自祭和无助的牺牲即可使上帝感动，为我们赐福。同样，在这种心理欲求之下，作为价值共同体的教会就用"教权""教阶"等制度来"迷惑"人们，满足人们的求福赐福心理。

其次，在现代国家中，政治领域成为一个"手段和目的分裂以达到最大限度"的领域，从而"政治制度"形成了"生活的虚假外围"。比如"议会是实现民主的目的的手段，而获得人民的幸福就与这个目的相关"。但是，"议会制及其渴望权力的党派的统治，为了达到目的不惜一切代价，利用虚假手段，但同时它却忘记了这些目的，自己变成了目的本身"①。于是，"价值共同体"就异化为"政治共同体"。当然，在政治共同体中"个人"如何保持自身的德行呢？第二次世界大战之后，对于集权政权内的"大屠杀"所带来的反思，为我们提供了一个视角。因为，在纳粹时期整个德意志民族几乎没有抵抗运动，只有极少数依赖个人良知的抵抗者。以致在集权主义体制下的受害者们会随着加害者的道德堕落而丧失自己的人性，乃至使整个社会道德沦丧。② 另外，二者的交互性是必然的，"纳粹之恶归根到底是一种制度之恶。纳粹的极权制度使人心安理得地作恶，纳粹的极权环境使人不得不作恶。在极权的特定环境下，整个社会的道德意识被扭曲，正义行为规范被破坏。国家社会中充斥着暴力和谎言，成为一个无恶不可作的世界。在这样的世界里，单靠人性不能抵御作恶的诱惑或压力，因此任何普通人都有可能离奇作恶，作离奇大恶。这种恶又加强并放大极权统治的制度之恶"③。这是从政治共同体向"个体"所追问的道德责任。从个体的道德价值出发确证"共同体"价值也会遇到"合法性"难题。因为，当革命者以自我的道德良心来论证社会革命的合法性时，其结果必然是"伪善"。汉娜·阿伦特在《人的条件》中更是一针见血地指出："一旦善行为别人所知或与众公有，它就失去了善的特征，变成了仅仅为了行善而行善，当善公开出现时，善就不再是善。"④

于是，在这种恶的外围环境之中，在面临着"恶的循环"的危机当中，人的道德责任尤为重要。对于此，人不仅仅"要'诚实'和'不说

---

① ［俄］别尔嘉耶夫：《论人的使命》，张百春译，学林出版社2000年版，第218页。

② 孙传钊编：《耶路撒冷的艾希曼：伦理的现代困境》"导言"，吉林人民出版社2003年版，第3—4页。

③ 徐贲：《刽子手与制度之恶》，载《读书》2008年第5期。

④ ［美］汉娜·阿伦特：《人的条件》，上海人民出版社1999年版，第56页。

谎'"，还有更高一层的要求，"那就是拒绝人在谎言中的自身异化"①。宗教伦理对此有更深刻的觉悟，别尔嘉耶夫早就说过："应当在社会日常性中生活，但不能接受其中的谎言"②，其根本意图就在于葆有一个不被世俗社会、有恶世界所"异化"的人类纯净的"心灵"。

① 不难看出，在现代有恶世界中，单纯的"诚实"或"不说谎"已经丧失了价值意义，道德问题的关键转变为"如何在有恶的环境中保障人不被异化？"（转引自徐贲《人以什么理由来记忆》，吉林出版集团2008年版，第190页）因而，人对自己"成为人"负有绝对的责任，即"人是目的"的道德命令尤为重要。

② ［俄］别尔嘉耶夫：《论人的使命》，张百春译，第221页。

# 第六章　客观性形态(二):社会化现实

从亚里士多德开始,伦理学就被作为一门"实践"的科学,甚至可以说,被作为"实践的技艺",是为了"人的目的"存在的现实行为依据。然而,这样一种关于人类生存的行为方式,在中世纪宗教哲学以及近代认识论的影响之下,被彻底"颠倒"为一种在道德知识论意义上的生存意义的探讨。于是,一种被形而上学"颠倒"了的道德形态,实质上成为"静态的""形式主义"的道德认知学科,道德形而上学形态的"颠倒"表现为具体的道德实践、道德生活中就是"伪善";"伪善"作为人的"道德性"存在形态的颠倒,就根源于中世纪以及近代的道德形而上学结构的颠倒,由此使得道德学的"实践能力"受到进一步的"遮蔽"。不仅如此,道德认知论对道德形而上学结构的"颠倒",危害最为严重的就是对"道德行为"的"观念化"和"分裂化",道德的存在成为一种纯粹观念意识或是理性思维的结果,这就导致了道德认识在现实道德生活中"无力""无行为"的实践,而由此形成的道德评判标准就是更为严重的"伪善"——对道德行为的"中断"。

同时,在经过对"伪善"的人性根本恶、道德行为的"主观性"形态存在以及伦理生活世界中道德经验的败坏等发生形态的梳理之后,无论在社会现实层面还是理论认识层面,一种"综合"的理论解释与社会现实促使我们对"伪善"的认识进入一种"综合"的状态,无论是逻辑与历史还是理论与实践之间的"统一";而表现在我们的主题中就是道德实践的中断与生活世界异化之间的互构。于是,"伪善"成为这二元因素相互影响的产物,这也提醒我们,这样就成为二元因素交互作用下"伪善"在现代世界的具体表现。因而,这一"荒谬不在世界,亦不在人,而在这二者的关系"① 之中。这也决定了本章主要涉及的论题，即政治与道德关系②领域中的伪善问题。因为在一个非人性化的世界中，也会发展出一种"特殊"的人性；而这种特殊的人性状态又维护着这一世界的存在，因而，现代世界中"伪善"的存在再也不是"单一"的形态，而是复合式的，或许单纯从某一方面探讨都很"棘手"，这也许正是现代性道德问题的难点所在。

或者说，这样"伪善"产生、发生的一种逻辑，是另一形式的"晚飞的猫头鹰"，它不在人与世界、人性与伦理世界之间相互作用的表面，因而，伪善也就不是二者交互作用的"表象"；而是二者互构之后的结果，是人们对抗这个虚假世界的"努力"，是为了在这个堕落世界中生存的"权宜"之策，但是，这又深深地侵蚀着人的灵魂，钝化着人的道德感受，泯灭着人的道德良知。

这是"伪善"所能达到的登峰造极的地步，它不断地侵蚀着"人"的道德存在的象征，从道德动机到道德行为再到道德经验、道德世界，它不断替代着"人"的存在的确证，从主观性到客观性再到感受性，最终，道德动机被替换为"伪善"本身，道德行为成为纯粹的掩饰活动，道德世界也就不再是（道德）人的世界，道德的人所能在世界中的存在根据被"铲除"了。因而，当尼采宣布：上帝死了，他的意思实际上是"道德的"上帝死了；而当福柯宣布人死了的时候，实际上他的意思是"道德的人"死了，世界不再能够容纳有道德的人存在了。从此，"无德"也就无伪善，伪善在剥夺了人的道德存在的一切特征之后，自己也走向了"寿终正寝"，伪善在现代世界消失了，或者准确地说，伪善在现代世界已经变得没有必要了。这是一个方面，体现为人性与伦理世界互动情势下人性的"自败"，而在伪善的发生机制上表现为道德个体的"无行动"性：在盲目遵循道德的客观性行为的信条之下，相信社会和个体的道德状况会随着历史发展而必然进步。因而，在"不可逆"的社会历史条件下

———————

① 徐贲：《人以什么理由来记忆》，吉林出版集团 2008 年版，第 19 页。

② 关于这一点，尼布尔早在《道德的人与不道德的社会》一书中就敏锐地指出了道德与政治在个体与集体行为表现上的不同。但是，尼布尔似乎只注意并强调了以"道德教化"形式替代"政治斗争"的妄想与无力，但没有提供"政治行动"对伦理道德的影响；而后者正是我们想要强调和论述的（参见［德］尼布尔《道德的人与不道德的社会》，蒋庆等译，贵州人民出版社 1998 年版）。

个体的行动美德就是"服从",从而,无论是社会个体的故意"献媚"还是自我之"恶"的"检讨"与"表白",道德个体仍然难逃"伪善"的命运,而成为无反思、平庸的个体存在。

另一方面,是伦理世界的社会现实层面的。虽然,我们在上面已经提到这里的"伪善"是二元因素互构下的产物,而二者的互构是"背景""场景",在这一帷幕之下还隐藏着实质性的欺骗。关于这种"欺骗",上文已简述了道德个体的层面,这里探讨社会政治、制度、关系所组成的"政治世界"① 的层面。这一"虚假"的生活世界,表面上为道德实践行为提供了可能发生的前提和制度保障,但实际上,由外在制度、技术所构筑的世界"底色",已经完全与"世界"本身无关了,而由政治革命、媒介、资本所虚构出的世界图景,表征着人的本性的"统一性"、价值的"普世性"、感受的"同一性",从而在虚假的"同一性"下进行着美好生活、明日幸福的真切"欺骗"。

在这样虚假的生活世界中,政治世界彻底异化着其"道德"本质,从而实现了人们在认同上的"政治"对"道德"的僭越。这一影响是重大的,它直接"缔造"了社会现实中的谎言:其一是"犹太人问题"的政治谎言;其二是"道德真空论"观念论上的社会谎言;二者在现象上虽然相差悬殊,但是在"伪善"的本性上却是共通的。

## 第一节　现代世界"脱罪化"的个体行动

实际上,在此,我们所要关注的道德个体,其出发点并不是单纯的"个体",而是正像我们在上文中提到的那样,这样的道德个体是在二元结构互构环境影响下的个体因素。当然,面临着一个困难:我们在另一个因素没有得到准确论述之前,就对它的存在和作用影响作出具体的描述。但是,我们在此也只能设想一个二元因素相互作用的世界或场域,在此背景之下,对其中的元素逐一进行论述,这里是"道德个体",下一节是

---

① 在此所指的"政治世界"并不是在现象学还原下的作为本真生活世界可能的"政治世界",在黑尔德的《世界现象学》中,他指出了这一点,并在阿伦特的指引下试图推进这一工作;而我们在此所指的仅仅是作为外在的表象的那个"政治世界"。但是,不容否认的是,随着现代社会中"妇女"走出家庭(黑格尔认为母亲是家庭这一伦理实体的守护神),政治国家成为唯一能够葆有伦理精神的现实世界。

"生活世界"，它们都处在这样一个相互作用的"场域"中。因而，不仅是这里而且在下一节展开论述的背景都是相同的。

因而，在此二元关系背景之下的道德个体的行为就不再仅仅只是受个体主观性的支配，而且是在社会角色的制约之下，从而形成的"道德角色"的客观性道德行为代替了个体相对的不确定的行为模式。但是，这一由"主观"向"客观"的转变并不是依据于道德人格或是道德意向的转变，而是受社会体制性规约的影响，因而"伪善"是不可避免的。于是，在这里就存在着"道德角色"之间的冲突，每个道德角色代表着一个不同的"道德世界"，但是，在这些世界中个体的道德感受都不是"真实"的，其中显示的道德本质也只不过是一种"预设"。然而，在这样的世界中共同规约着个体的行为，从而塑造着个体的"美德"——服从；服从你的道德角色，服从社会所赋予你的道德义务。生活于这样的"非人性"的世界中，最终，个体被塑造成无反思能力的"平庸的人"。

## 一　道德角色现实行为的欺瞒

道德行为的"客观性"实存，就要求必须按照"客观化"的形式来实现，这种要求就是道德行为的"角色化"，道德主体的"角色化"存在。与此同时，正如道德价值的独立有可能出现"价值欺罔"一样，道德角色的客观行为可能造成主体真实存在的"欺瞒"。

道德角色产生的可能，是在道德行为客观性要求下社会机制"规范"的产物；但是，我们也不是要将道德重新置于主观性的"泥潭"之中。因为现代道德理论似乎形成了一个共同的前提，"价值，尤其道德价值，都只是人的意识中的主观现象，离开人的意识，价值就不存在，就没有任何意义可言。价值不过是我们欲望和感觉的影像而已"；而这一现象的结果就是得不出"确定的东西"。于是，在此之下，就可能出现"一个可代替真正的价值客观性的代用品，一个所谓普遍有效的'类意识'，它以一种干脆命令式的'你应该'强制对每个人有效：对一种意愿和行为的普遍承认或其'可承认性'，应该代替所缺少的价值客观性"[1]。

但是，这一"角色化"道德客观行为的背后却是对"真实"的欺瞒，

---

① ［德］舍勒：《道德建构中的怨恨》，罗悌伦译，刘小枫校，《价值的颠覆》，三联书店1997年版，第128—129页。

而通过这种道德角色的"规训",道德行为的发生就只是对道德角色的预期,而与具体的道德行为者个体无关,于是,道德个体就成为"道德角色"掩饰下的存在,无关角色的道德责任、义务都可以全然不理;这就是道德行为客观"角色"化的后果。而且,就道德个体而言,道德行为不是真正的(主体)行动,就是道德角色"扮演",就是道德的"角色要求"而非出于自我的道德认识、道德感受,也没有内心的道德冲突、道德责任,而显现出来的是另一个我的行为与形象。同时,道德角色也不是真正自我的道德状态,这与自我的道德生活完全无关,因而,自我的道德行为不是"我"的道德表现,而我的道德表现不是"我"。这就是在消除道德行为的主观性基础之后,道德行为的客观性存在所带来的——道德角色,道德角色的"欺瞒",不仅仅是对道德行为的"人(性)"根据的否定,而且还要对一种"无责任"的有恶世界的产生负责。

因为"人性"无法作为道德经验的源初的基础与根据,这一点早在康德的道德哲学中就有所揭示;只不过康德是将人性中"原罪"因素——伪善性的欺骗,从时间性的维度中转变为逻辑性的存在。因而,康德在逻辑上转换了道德经验的发生源头之后,也在道德行为及其道德责任的根源处埋下了"隐患"。这样,黑格尔在追溯道德价值的"道德经验"时就不再关注"人性",而是采用了"意识",因为道德意识既是伦理精神的现实存在本身,又是对自身的认识方式,因而二者的"辩证关系"就构成了伦理道德的发展史。但之后,现象学通过对"伦理意识"结构的分析表明,根源于伦理意识的道德价值"独立性"的存在形态,同时也会产生"价值欺罔"。因为这一"价值欺罔"是建立在那些"我们虽然感受到、但却知道无能去追求的价值"或者是"感受为否定价值的价值"之中的,因而舍勒认为,"一门理论想把这种价值欺罔的形式变为正常的和真正的价值把握形式,甚至变为一种对价值的创造,那么这门理论是完全谬误的"①。因而他们要追问的是:道德决断(判断)的根据到底是什么?从而在道德价值产生的道德经验"感觉"的源头匡正这一被遮蔽、掩饰了的道德源初经验。

萨特就通过"自我"存在的角色意识的分析,揭示这一前意识的自

---

① [德]舍勒:《伦理学中的形式主义与质料的价值伦理学》,倪梁康译,三联书店2004年版,第43页。

我欺骗的可能，当然，这一揭示在一定意义上表明，道德意识的本源性地位受到了"颠覆"。在萨特的著作中，他详细地分析了"说谎"与"自欺(不诚)"，从而揭示了这一被掩饰的主体间的"共在状态"以及人的实在的虚假性。首先，对于"说谎"它不仅仅是一种主体间的相互欺骗，而且它还对你我的实存属性进行欺骗。因为"它设定我的实存，别人的实存，我的为他的实存和别人的为我的实存"，从而，说谎仅仅通过意图的掩盖，就达到了人们对"共在"的认可。但是，通过说谎也暴露了"意识肯定了意识的存在从根本上讲是对他人隐藏着的；它自己的利益而运用了我和他人之我这本体论的二元性"①。同时，这里又说明了"说谎"是一超越性的行为。其次，在自欺中，"它用'这个'和'我'的二元性取代了欺骗者和被欺骗者的二元性——这个说谎的根本条件，它把'共在'的主体之间的结构引入我的主观性最深处之中"②。于是，在自欺中萨特就通过两个生活观察中的实例来具体说明这一自欺的征兆。其一是一位初次赴约的女子，通过她如何面对男士的暧昧举动来展现"自欺"的可能，从而也从根本上表明了人的存在"是其所不是"的可能。但是，这种状况被我们认为是"不应该"的，作为真诚的人及其存在，我们应该"是其所是"。然而，正是在"是其所是"的原则下又出现了第二种自欺，这就是其二，一位咖啡馆里的侍者。这位侍者有着专业的服务技能和技巧——微笑、礼仪以及动作，但是他自己清楚得很，这一切都是作为侍者角色的要求使然。因而，作为一位侍者的"是其所是"的存在要求正强迫着他完成一个"自欺"，因为他明确地认识到这一切(存在)"不是其所是"。于是，作为人的本真的源初意识经验在人的真实的存在中左右为难，因为人对自身的存在往往试图实现一种无所依靠的"自由"；这也是一些近现代思想家的理想追求。

于是，为这门受到污染和误导的学科重新提供一个存在的基础，就是十分必要的。因而现代西方多位著名哲人都没有一部伦理学专著，但是，这并不表示他们对伦理学没有热情，③ 只不过他们认为，伦理学已经不是

---

① ［法］萨特：《存在与虚无》，陈宣良译，三联书店1997年版，第82页。

② 同上书，第85页。

③ 这一名单至少包括马克思、海德格尔、萨特等人；以海德格尔为例，"海德格尔对伦理学基本概念的拆解，只是把硬的打散了，把紧的疏通了，从而去伪存真，走出现代文明所臆想的'大伪'世界"(参见韩潮《海德格尔与伦理学问题》，同济大学出版社2007年版，第21页)。

最为紧要的工作了，更为紧要的事情就是要为人的存在奠立基础。在现象学思潮之下，更为本源的价值载体的追寻就成为核心问题，同时也成为哲学中争论的根本问题。现象学的创始人胡塞尔就认定人的意识是"纯粹的"，而舍勒则认为，"纯粹意识就其自身而言只是一种虚构：它除了是一个位格的意识外，在我们的意识中根本没有关于它的其他经验"；而且，这一认识也预示了"海德格尔在其《存在与时间》中对于'此在'所做的分析……与自我相比，'此在'就像位格一样也更为本源"①。萨特的无神论存在主义也揭示出："本体论向我们揭示了价值的起源和本性；我们已经看到，那就是欠缺，自为就是比照着这种欠缺而在存在中把自己规定为欠缺的。"② 这表明，萨特对其时代的伦理学的"虚无"存在本体做出了总结，同时，也意味着其伦理学研究的出发点和目标。

实际上，随着现代哲学现象学以及存在主义思想的发展，人们发现伦理学中的道德实践与伦理世界已经丧失了作为人类源初生活世界的地位，而且，在还原一个生活世界的现象学努力中"伦理学"也成为一项"毫无希望"的事业。例如萨特就是如此认为的。而且，没有专门伦理学著作的他，在其名著《存在与虚无》的结尾处表达了对伦理学的期待，他指出，虽然"本体论本身不能进行道德的描述"，但是，"它让人隐约看到一种面对处境中的人的实在而负有责任的伦理学将是什么"③。

因此，我们能对这 ·伦理学作些什么样的展望呢？但是，首先这一确切的伦理学展现的道路和工作是尤为重要的。以"人道主义"为例，海德格尔认为，存在主义的人道主义反对以往的一切人道主义，而"以往的人道主义不是人道主义的直接原因在于'人的无家可归状态'"，而这种"无家"状态下的"人道主义或者建基于一种形而上学中，或者它本身就成为了这样一种形而上学的根据"④。这里，我们就可以得出，"从存在本身来规定的人之本质才有在家之感"⑤。由此，"伦理学这个名称说的是它深思人的居留，那么，那种把存在之真理思为一个绽出地生存着的人

---

① ［美］弗林斯：《舍勒的心灵》，张志平、张任之译，三联书店2006年版，第14—15页。
② ［法］萨特：《存在与虚无》，陈宣良译，三联书店2008年版，第754页。
③ 同上书，第754页。
④ 我们可以真切地感受到，这哪里是对"人道主义"的言说，分明是对伦理学现代命运的"谶语"（参见［德］海德格尔《关于人道主义的书信》，孙周兴译，《路标》，商务印书馆2000年版，第398、376—377页）。
⑤ ［德］海德格尔：《关于人道主义的书信》，孙周兴译，《路标》，第408页。

的原初要素的思想,本身就已经是源始的伦理学了"①。显然,这一"源始"的伦理学的工作是在伦理学之外得以解决的,或如尼采所述"善恶彼岸"的伦理学才是有希望的。

## 二　无责任的服从

行文至此,我们面临着两个问题的回答:其一是在社会机制规约之下的所谓的客观道德行为,还能否称作是"道德行为",道德行为何以可能?而且,更何况这是在"上帝死了"的时代背景之下,道德行为是否被"中断"的命运尤其引人注目。其二是在此状况之下的道德行为的发生,我们是否还能为其负责?道德行为的责任问题也就成为另一重要的课题。

道德的行动本身是直接与责任相联系的,因为只有出于责任的道德行为才具有道德价值,"责任就是由于尊重(Achtung)规律而产生的行为必要性";② 因而,一种道德的行动就是出于责任的行为必要性。可以说,无责任也就没有道德行动,而一个道德行为的实施必然是与道德责任紧密联系在一起的。但是,这一无责任的道德自我是如何产生的呢?鲍曼在《后现代伦理学》一书中,给我们提供了有力的说明。他认为,首先"伦理学以一种假设为前提,即在每一种生命境遇中,与无数种错误的选择相对,有一种选择可以并且应该被颁布为正确的,因此在所有境遇下的行为可以是理性的,行为者正如他们本来应该是的那样,也应该是理性的"。这也就是说,作为理性的道德行为是在一种"假设"的前提下产生的,而对道德理性行为的论证本身也是"应然"的,而非"实然"的存在。这就导致了"这种假设遗漏了在道义上真正道德的东西。它把道德现象从个人自治的领域转换到靠权力支持的他治领域。它用可习得规则之知识代替由责任组成的道德自我。它把在以前应采取道德立场时曾经是他者和道德的自我良心的责任转给了法典的制订者和守护者"③。于是,作为一种客观性存在的道德行为就从"主观领域"转移到"客观领域";同时,由于在这一转换过程中割断了道德行为的主观性"纽带",那么,不难想

---

① ［德］海德格尔:《关于人道主义的书信》,孙周兴译,《路标》,第420页。
② ［德］康德:《道德形而上学原理》,苗力田译,上海人民出版社2005年版,第16页。
③ ［英］鲍曼:《后现代伦理学》,张成岗译,江苏人民出版社2003年版,第13—14页。

象，道德行为的主体也就处于"免除"责任的境地，而全部转移给外部的他治的"律法"。

这样，无责任也就无道德行为，道德自我反而可以在外部律法、法典的社会性规约之下"为非作歹"，因为很明显的事实是，即便是"自我"的行为，它毕竟也"不是我所是"，我的真实存在并不表现在这种受外在规约而约束的行为中，我是"我所是"。但是，我们毕竟不能完全抛开作为世界存在的生活环境，而且我们也不能生活在一个自我的真空世界中；我们的道德感受不是靠一双黑幕上的眼睛观察而获得的，而是我们在生活世界中的真实道德情绪和感受的结果。因而，一味的道德行为的客观性存在的要求使得道德责任沦丧，道德个体的"服从"也只能是多了一副"道德面具"，其结果只能是孕育出"伪善"的道德品性。

这里，我们可以通过回溯这一悖反的道德局面的理论根源，来对此进行更为深入的探讨；其中重要的问题就是"道德行动"的可能性以及主观性的道德冲动行为是促使了道德行为的发生，还是销蚀了道德的客观存在？同样我们在此要明确一个问题，这就是我们不是为道德的主观性"张目"，而是说明道德行为及其责任的履行是不能割裂与道德主观性的联系的。

但是，道德行动原始的"罪性"特征却加大了这一问题的复杂性，而且，这"脱罪化"的举动直接影响了现代社会中道德行为发生的根据及其责任的归责问题。在黑格尔《精神现象学》中第一次展现了这一问题的历史发生过程，个体的"无行动"出现在两个方面：其一是道德意境之中的"无行动"；其二是在道德世界中"无行动"而导致的"判断意识"与"行动意识"之间的斗争。

在第一个方面，黑格尔指出，在特殊的伦理意境中，"伦理行为（Handlung）本身就是具有罪行的环节"①，而且，"行为者不能否认他的罪行和过失；——行为乃是这样一种东西，它使没运动的运动起来，使当初仅只封闭于可能性中的实现出来，并从而把不知道的与知道的、不存在的与存在的结合起来"②。于是，"完成了的行为改变了伦理意识的看法；行为的完成本身表明着凡是合乎伦理的都一定是现实的；因为目的的实现

---

① ［德］黑格尔：《精神现象学》下卷，贺麟、王玖兴译，第24页。
② 同上书，第25—26页。

乃是行为的目的”。而且，伦理意识与行动之间也达成了相互承认，“伦理意识必须承认它的对立面是它自己的现实，它必须承认它的过失”①。但是，在此，伦理行为的“命运”就是一种“非现实的”“消极的”伦理意境——悲怆情愫。其原因就在于两个方面：其一，是消极的伦理意境中，具有一种不再发生行动的伦理态度；其二，行动的发生与普遍的共体之间发生了脱离，道德行为的“脱罪化”意味着行动“个性化”时代的到来——法权状态。于是，伦理“行动”发生的第一属性是“罪性”，在伦理行动中没有“罪性”意识，那就根本不是具有自我意识的“道德行为”，而且，罪性意识代表了行动的实体性根据。而现代道德行为的自由意志的理性根据，就在于把这种共体性的“罪性”意识变换为个体性的“欠缺”意识。但是，颇为吊诡的是，在革除了“罪性”意识的现代道德行动中，普遍性的国家实体规约却成为“个体”行动无辜的“挡箭牌”，消逝在社会机制约束之下的“服从”与个体“无责任”的生存状态混杂在一起。

　　第二个方面是在对自身具有确定性的道德世界之中，良心“在把它的自身确定性设定为纯粹的自我并从而设定为普遍的自我”之时，在道德世界中就发生了两种影响：其一是伦理的自我意识就返回到“我＝我”的直观之中；其二是普遍性在行为的“形式”中被设定为现实的。于是，接下来，在伦理自我意识的“形式”存在形态中，虽然它已经纯化到了纯粹的程度，但同时也就意味着成为“最贫乏的形态”，因为对于它来说“本质并不是自在的存在，而是它自己”。在这种情况之下，伦理自我意识就变成“无行动”的存在，“自我意识生活在恐惧中，生怕因实际行动和实际存在而玷污了自己的内在本心和光明磊落”。于是，无行动的伦理自我意识，成了以“概念”为对象的“虚无”存在；而要达至宽恕与和解就必须以“行为的方式加以考察”②。同时，这里所要解决的问题主要有两个：其一是个别与个别的对立；其二是个别与普遍的对立；而这两种对立及其克服都是在伦理自我意识的“行动”中完成的。

　　其一，良心的行动在不同的个别性之间的不一致，直接导致了“真

---

① ［德］黑格尔：《精神现象学》下卷，贺麟、王玖兴译，第26页。
② 同上书，第164、166—167页。

诚与伪善的冲突"。因为，作为特殊的个别性的行动，它"宣称它的行动
是与它自己的本心是一致的，是出于义务感和本诸良心的"①，但是这并
不表示它的内心生活与普遍物是一致的；反而是如果一味地宣称二者的一
致性，就成为"伪善"之恶。这也就意味着道德自我"坚信"出于良心
的行动是善的，片面地坚持道德行为的"主观性"，服从良心而拒绝承认
自身的恶；只要是出于良心的行动就是"无罪"的。其二，是行动意识
与判断意识之间的不一致。这里的判断意识是作为普遍性的自我意识的另
一种显现，是指"普遍意识停留在思想的普遍性里，只限于进行理解，
它的首要的行为就只是判断而已"②。但是，判断意识割裂了行动，制造
出"行为自身"的不一致，因而，同样是一种伪善。这说明固持于伦理
道德的客观性，而对一切道德行为起"判断"作用的行为，是一种"不
负责任"的论断。在此，我们可以将此引申到耶稣对法利赛人的对"别
人论断"的评论上，论断是一种分裂状态，表明自身与"主"的不和；
但是，这一行动却以"主"的律法作为标尺，但是上帝的诫命与道德法
则的统一，不仅是一种衡量的标尺，更重要的是要在道德行为中显现出
来。因而，这一判断表面上显示出对于上帝的"无责任的服从"的伪善，
而本质上却是一种分裂（论断成了对自身的论断），自我的分裂，并为自
身行为的"脱罪"。因此，本于良心的服从以及无责任的道德判断，也成
为追求个体自由并束缚于社会规约的现代人的道德行为特质。

　　一种存在主义伦理学的努力，就是要为道德自我的"行动"与"责
任"奠立存在的本体论基础。萨特在《存在主义是一种人道主义》中指
出，存在主义是一种"行动和自我承担责任的伦理学"③。对于"行动"，
作为无神论的存在主义者萨特可能有着特殊的敏感，因为他知道，陀思妥
耶夫斯基有一次写道："如果上帝不存在，什么事情都将是容许的。"这
对于存在主义来说，就是起点。因为，这里不再有"行动"的普遍性的
实体根据，而且，行动也就无所谓"罪性"，反倒是"自由"成为行动的
基础。于是，"他在这种无依无靠的情况下就只能决定一件事，即把自由

---

① ［德］黑格尔：《精神现象学》下卷，贺麟、王玖兴译，第 168 页。
② 同上书，第 170 页。
③ ［法］萨特：《存在主义是一种人道主义》，周煦良、汤永宽译，上海译文出版社 2005 年
版，第 20 页。

作为一切价值的基础"①。因而作为一个自由存在的人，人因对自己的一切行动负责；或者说只有在"行动"中人才是自由的，而同时"行动"的价值就体现为人的自由存在。所以，"我既不能从内心里找到一个真正的行动冲动，也不能指望从伦理学里找到什么能帮助我行动的公式……"因为，除掉行动之外，没有真实。"人只是他企图成为的那样，他只是在实现自己意图上方才存在，所以他除掉自己的行动总和外，什么都不是；除掉他的生命外，什么都不是。"② 然而，这种"行动"使得人能够在自身之外获得存在，"人靠把自己投出并消失在自身之外而使人存在"；并且，这一存在成为"超越自己"的存在。这或许就是萨特所说的："人在自身（主观）之内，又在自身之外实现自己"。这样，我们就不再难理解，"主观主义"……的双重含义，一方面是指"个人的自由"，另一方面也指"人越不出人的主观性"③。这也就是身处上帝不存在的时代，人如何在"行动"与"责任"中获得自身的存在。而且，在另一种意义上，"做人意味着过似乎与存在之中的存在不一样的生活……是我维持着他者，是我应当为他者负责……我的责任是不可转移的，没有人能够代替我。事实上，就是说我作为人的身份开始于我的责任……"④ 而丧失了责任就意味着丧失了自我存在的根基。

　　同时，这也是萨特反对伪善"自欺"的解救之法，在自欺中我们以为这不是自己的"主观决定"，就没有责任了；但实际上，一方面人总是试图超脱出自己的"主观性"，另一方面是忽略掉了"人是在自身之外实现自己"的事实。而这两个方面都是为了自身行动的"脱罪化"，前者是寻找道德角色"客观化"的社会机制，并试图隐藏在"服从"的个人美德之下而生存；后者是以绝对自我而否定他人的存在，而单纯在"自我自身内的自由"就表现为"良心"，它试图否定自我在世界中的责任。因而，如果人否弃了自身在世界中的责任与行动，那么自我的个体存在只能是以"虚无"而消失。

---

① ［法］萨特：《存在主义是一种人道主义》，周煦良、汤永宽译，第11、27页。
② 同上书，第14、18页。
③ 同上书，第31、7页。
④ ［英］鲍曼：《后现代伦理学》，张成岗译，江苏人民出版社2003年版，第90页。

### 三　无反思的平庸个体

然而，在现实社会生活中我们看到，一个即便抛弃了道德行动责任的人，也不会虚无到一无所有，最多只是一个平庸的存在者，实际上这是人对自我的"缴械"，对自我的"嘲讽"，自我的"降格"；然而，现代社会是一个生产"平庸的人"的世界。同时，也正是在一个"极端恶"的社会中，一种"平庸的人格"诞生了，而且，这不是哪一个人或一类人的个人禀性，而是在现代社会中对作为类的人来说所有共同面对的人的重新"堕落"，禀有的新的"人性"。

然而，我们不由得要反问，在一个败坏了的世界，或者干脆就是一个专制制度下的社会中个人应该负有什么样的道德责任呢？实际上，我们在上一小节中就在理论上论述到这个问题，那么个体就会隐藏在普遍性的社会规约机制之下而成为"无辜"，成为"无责任"的透明人；因为他们只能服从，他们是服从的对象。但是，也正是在这样的社会机制下，"公然取消'你不应杀人'或'你不能做伪证'这样的人类道德诚信，而把杀人和说谎变为公民应服从的法律命令；过去的专制政权仅止于迫害反对此政体的'政治敌人'，但极权毫不留情地歼灭服从它的'顺民'，过去没有一个政权的领导如极权一般狂妄地认为自己的力量无比伟大，而得以用'历史或种族必然法则'来从事人性的改造"①。但是，我们这里先不对"政治之恶""制度之恶"进行反思与批判，而要从这一背景之下揭示出个体的存在状态，及其"无责任的服从"的道德生活状态。

但是，对这种人的道德生活状态的认识，必须是与外部的社会条件结合在一起而得到理解的。因为这有两个方面的原因：其一是理论层面的，因为对自我虚假的道德动机的隐藏从而获得恩赐、幸福的伪善欺骗在康德道德哲学中可以被归结为人性的"根本恶"，因为这种恶是一切恶的"始作俑者"，而且，"在一切恶中，只有这种恶才是不视其后果而单视其动机就被判定为恶的"②。因而，阿伦特在其《极权主义起源》中同样也以类似的口吻和思路来界定"根本恶""极端的恶"，因为这是一种前所未

---

① 徐贲：《平庸的邪恶》，载《读书》2002 年第 5 期。

② 邓晓芒：《康德黑格尔论伪善》，载《北京大学纪念〈精神现象学〉发表 200 周年学术会文集》，2007 年，第 51 页。

有的激进的恶。但是，这一认识中一个典型的缺陷或者说误判就在于，这是单纯的在主体的道德动机考量下对"恶"的人本性的追踪，是在无他人的非共同存在下的道德理论。其二是现实实践层面的，在第二次世界大战之后审判艾希曼改变了阿伦特对恶的看法。阿伦特对艾希曼的描述是：艾希曼讲了一些无休止的陈词滥调，给不出任何痛恨犹太人的证词，他只是由于作为一个"守法公民"而感到骄傲。在审判过程中，阿伦特惊奇地发现在艾希曼身上找不到任何邪恶的动机或狂热的信念。他身上似乎没有任何引人注目的特征能把他和他所犯的罪行联系起来。这种现实促使阿伦特思考人的"穷凶极恶"并不是犯下滔天大罪的必要条件。于是，阿伦特得出："恶可能是一种平庸的形式，不仅魔鬼可以毁灭世界，像艾希曼这样平庸的人同样可以毁掉世界。"①

　　这里，在二者之间虽然对于人的"道德本性"的认识归纳有很大不同，但是，二者里面同样的是一种努力：对恶行的道德主体的"归责"。相对于前者，康德所生活的时代以及哲学家自己的宗教信仰都使得他不可能放弃"原罪"的意识和观念影响，但是，如何让人在现世的行为中为此"负责"而避免成为一种道德"借口"，这是康德所要面对的理论与时代难题，于是，他把这种"先在"的时间性的遗传（文化与血液）"原罪"改造为逻辑上在先的"原罪"，同时，为了防止"理性"的张狂而宣称对此的克服，他还借"圣经"故事，重新释经，② 将此"伪善"行径解释为一切人的"先验的人性结构"。此可谓用心良苦，同时也时刻警示我们作为类存在的人"逃脱不了"的道德责任。因而，现代人道德意识、道德行为的"脱罪化"也是道德问题的根源。

　　另外，在阿伦特所描述的"平庸的恶"这里，同样饱含着对恶行所应负的道德责任的关注；而非像一些学者所认为的是一种对道德主体责任的否弃，是一种倒退。因为在阿伦特这里，"平庸的恶也不是指行为或者这些行为背后的原则，而是指作恶者本人的精神（mind）或性格（char-

---

　　①　乐小军：《平庸的恶与无思想——道德问题史中的汉娜·阿伦特》，复旦大学2005年博士学位论文。

　　②　在《道德形而上学》一书中，康德对《圣经》故事中人类始祖堕落的故事的重新阐释，显得十分抢眼，对我们主题的思考启发尤大（参见《康德著作全集》第6卷，《道德形而上学》，张荣译，中国人民大学出版社2007年版）。

acter）的一种特质"①。然而，这种道德性格或特质正是一种"欠缺"的表现，这种"性格"产生于现代的个体自由的观念之中，但是在极权主义的社会氛围中对道德行为的客观性存在有着"莫名"的希冀，因而个体的道德行动就不再"服从"于个体的良心，而是外在的国家命令、政治宣言、行政手段。由此，康德以及阿伦特所界定的"根本恶"之所以能够成立的道德行为的主观性根据就成为"泡影"；而那种先验的人性结构中的"恶"的追寻可能也随之"泡汤"。但是，我们又不能将此罪恶滔天的行径置之度外，尤其是在对艾希曼的审判中所表现出来的，肯定是某些方面出了问题。

这就要重新"反思"现代人道德行为的人性根据与气质，因为尽管个体的行动是作为国家公民和社会的一分子，但是，当这些谎言下的社会规约违背最为基本的人性原则的时候，为什么我们又"甘于"履行。道德行动被"彻底"中断，甚至被视为恶行也在所不惜；这样，伪善就成为一种"不必要"的恶，因为作为社会性的谎言，行为者对此毫无悔意；而且，即便行为是真正的恶行，行为者也会对此供认不讳。这里，善被彻底"颠倒"为恶，恶被彻底"颠倒"为善。在这种善恶颠倒的社会背景之下，道德个体应该如何行动？个体还能否为自己的行为负责？

黑格尔早就在《精神现象学》中演示过此类精神的历史命运，"回到自身内心"，内心里的"反抗"，那就成为一个"优美的灵魂"，而且"诺瓦里斯"也已成为历史。那么，"行动"而且得到共同承认的行动，就是抛弃"良心"、服从良心的行动准则，投入国家统一的行动中。这一"行动"不仅是"客观"的，而且是"无责任"的。这些行动中除了强大的集体约束性之外，作为个体的存在性依据就在于"平庸""日常"对"深刻""根本"的颠倒，作为一种表浅的道德"行动"本身对于"价值"的渴求。这同样是一种现代气质，内在于现代人"人性"之中的道德性格，伦理道德并不"深刻"，而就在作为表浅的行为与日常生活的表现之中，试图重建道德的价值秩序。

因而，这其中另一重要因素就是作为道德行为的社会机制的谎言，被颠倒了的道德价值秩序，这其中又包含：其一，道德价值作为"心的秩

---

① Seyla Benhabib, "Arendt's Eichmannin Jerusalem," The Cambridge Companion to Hannah Arendt (Cambridge University Press, 2000), p. 36.

序"的颠倒;其二,现时代的道德秩序对永恒的价值秩序的颠倒;而无论是哪种"颠倒",都是对"世界"、原初的"生活世界"的颠倒。

## 第二节　作为"虚假外围"的生活世界

生活世界何以成为虚假的外围世界?这其中还涉及这个世界中的"存在者",没有存在者的参与,世界的变化及其"真""假"之争都是毫无意义的。因而,生活世界的"虚假化"成为一种欺骗的外围幕帐,最终还是为了在其中存在和生活的人们。所以,对这一生活世界虚假情形的揭示,同样是与道德个体结合在一起的,或者说,生活世界的虚假外围的存在形态是如何在道德个体的影响下产生的。这同样也是在二元因素"互构"下的结果,但是,在探究生活世界的"异化"状态之时,伦理世界中的主体"人格"因素发生着微妙的作用,因而,伦理生活世界的异化,实际上意味着同一的、普遍性的伦理本质"沦为"外在化、工具性的存在。于是,同一性的伦理本质的沦丧,道德价值与伦理现实就必然会发生"异化",这就是作为虚假"同一性"的生活世界中的伪善。

首先,这种从整体性的存在中的剥离,伦理生活的非客体性属性和地位变为"客体化"的存在,成为个体、自我之外的"外围"世界,因而,这种沦为工具化的价值世界就是作为伦理本质的谎言与欺骗,是伦理本质的"异化"造成的伪善。其具体的表现就是作为虚假的"外围世界"的形态,其一是道德普遍本质沦为道德价值判断的工具;其二是伦理实存性沦为政治合法性行动的工具。

其次,作为道德生存实践的本真、源初性存在的生活世界,在现代社会条件下,日益的"制度化"和"技术化",制度化的生活世界中编织了一个个的"谎言",使得道德个体成为绝对"服从"的"制度人";而在无法阻挡的"技术化"浪潮下,技术的"单向性"促使技术性的实践与责任相分离,技术实践成为"无责任"的发展状态。于是,"世界"无疑处于一个高风险的运行状态之中。

在这一状况下,生活世界逐步形成一个"人工"的非自然的"同一性"基础,这一基础正逐步取代道德人性成为道德价值的基础。因为道德生存实践的世界已经被转变为"有恶的世界",因而,在这一世界中"伦理"的同一性本质被"废除",伦理的首要任务成为"抑恶"而非

"求善"，抑制由于"技术化""制度化"而带来的恶；而伦理学的"抑恶"本身也就成为"求善"，道德彻底丧失了人本性的基础，或者说，道德的"抑恶"所求之善就是为人的生存创造一个人性的世界；而一个全新的伦理生活世界也保证了伦理本质的实存性存在特征。

## 一　虚假外围世界的两种路径

### （一）伦理道德为何需要一个"世界"

简单来说，伦理道德的价值性不能仅仅停留在"应然性""理想性"上，而且还要体现在"存在性""现实性"上；同时，这一"价值"不仅仅是"为我"的存在，还要其本身就是有价值的存在，即"凡对我而言是好的或坏的，其本身也是好的或坏的"。[①] 因而，伦理道德的存在形态就不仅仅是存在主体反思的理念世界，更为重要的是能够在"伦理生活"（ethical life）中显现。这是黑格尔在现代伦理学的发展中所做的独特的贡献，他将伦理道德定位在"实在"与"合理""理想"与"现实"的统一中来理解。瓦莱士的一段话准确地说明了这一点："在哲学中划一条明确、固定的线来区分伦理的特性与非伦理的特性至少是困难的，确切些说是可能的……众所周知，康德企图这样作，但其结果是他被迫怀疑：纯粹的道德行为能否说是存在的，更确切点说是否表达了这种确定无疑的事实：即使有纯粹的道德行为，它也是永远无法观察的。"[②]

因而说伦理道德的存在需要一个"世界"，当然这有时还要归结到"人的存在"上，但是，作为一个整全的人，一方面，"人的道德性和精神性不可能是纯粹的精神状态，而必须被表述为自然界和社会活动中的用于实现精神自由的功能，即是说必须经过自然与社会这两种中介"；[③] 另一方面，伦理道德作为社会精神性的存在，在保证一个社会有序、和谐的发展中是确切存在的，因而，伦理道德的社会存在也是现实的。所以，"伦理"是一个民族的活生生的时代精神的体现，而伦理学也应扩大成为对民族的全体生活的说明。

而且，在由一个主体性存在向主体间性存在的过程中，我们也不难发

---

① 萧琨焘：《精神世界的掠影》，江苏人民出版社 1987 年版，第 150 页。

② ［英］瓦莱士：《黑格尔精神哲学评价》，第 118 页；转引自张颐《张颐论黑格尔》，侯成亚、张桂权、张文达编译，四川大学出版社 2000 年版，第 105 页。

③ 张颐：《张颐论黑格尔》，侯成亚、张桂权、张文达编译，第 106 页。

现伦理道德存在方式的变化。实际上，从康德的道德哲学开始，人们就开始扩展"伦理"概念的内涵，从在《实践理性批判》中对"实践知识"的扩展，从而试图把"德福一致"的道德知识纳入纯粹实践理性之中来；再到《单纯理性限度内的宗教》，康德把"伦理"内涵的扩展放在了人性知识上，把人性"原罪"的历史时间性结构改造成理性逻辑结构，使得人有能力为自身的恶行"负责"。而且，我们还可以看出，这一伦理内涵的不断扩展，都是与"人"本身紧密相连的，因而，在一定意义上我们可以说，"人学"是道德学的前提，而康德将此人学基础界定为"先验的人学"。在黑格尔那里，这一孤立的原子式的人学结构已经不能满足"伦理"扩展的需要了，伦理的"普遍性"与"个体性""质料"与"形式"的现实统一性，意味着我与他人之间存在着一种实在的普遍性，这就是一种作为相互性的普遍性。于是，伦理"普遍性"的本质就在他人的带领下进入社会领域。这一互主体性的结构，将"自然与精神结合起来，把一种自然关系归属于一种精神性关系"①，从而在现实世界中寻找到伦理精神存在的可能。这种先验人学的现实世界转变的基础就是这一主体性哲学模式的转换。

同时，伦理道德的存在是一种主观性的"信念"还是一种在现实中的"确证"，相对于后者而言，就现实确证的本身而言就是一种"世界"存在；而前者的"主观信念"的保证同样是通过一个共同体而达到这一心理要求的。在《单纯理性限度内的宗教》中，康德说到，没有一个"共同体"的道德个体就会不断受到"恶"的侵袭，道德个体还有可能回复到恶的状态中。在共同善的至善追求中，关键在于保证人与人之间道德心理的默契，即防止"每个人心中善的原则不断受到侵袭"的伦理自然状态。而要走出人与人之间的伦理自然状态，则要设定"一个更高的、道德的、最圣洁的和全能的存在者"② 作为最高的立法者，为人们的心灵立法，而以努力改善灵魂的信仰作为优先。不难看出，在此即便是一个道德共同体中，康德也仍然认为这一共同体形式的信念基础在于个体扬善抑恶的道德意向，在于道德主体"心灵"的转向。

因而，这一"世界"的存在形态，在其非功能的"功能性"（世界

---

① 郁建兴：《自由主义批判与自由理论的重建》，学林出版社 2000 年版，第 146 页。
② ［德］康德：《单纯理性限度内的宗教》，李秋零译，第 151 页。

性）上来说有两个方面：其一是保证伦理道德的"普遍性"本质；其二是伦理道德实存性的现实存在。但是，在现实的伦理生活中，这种普遍性、现实性的"世界"往往会被以一种"工具"性的形态呈现出来，从而造成了"世界性"的欺骗与谎言。

（二）作为"判断"的道德普遍性

"世界性"的欺骗与谎言，意味着伦理道德的"世界"存在不再是一种非客体、无客体化的存在，而是一种"功能性""有用性"的有限存在，其工具化、客体化的现实存在"异化"了伦理本质，成为与"恶"平等对立的存在，这就是伦理世界的伪善化。在具体的表现形态上，可以分为两种类型：一类是变"普遍性"为价值判断的"工具"，这在历史上的体现是作为道德共同体的"教会"以及教士阶层的欺骗。另一类是变现实性为行动合法性的工具，这在历史上表现为作为现代实存的伦理共同体的"国家"及其统治阶级的"政治谎言"。

实际上，作为个体的道德存在始终面临一个困境，这就是个人摆脱了恶原则的统治但人（个体）仍生活在"恶的社会"中。康德认为："处于人们中间时，妒忌、统治欲、占有欲，以及与此相联系的怀有敌意的性好，马上冲着他那本来易于知足的本性。甚至连假定这些人们已经坠入恶，假定他们为教唆的榜样也没有必要。他们在这里（他们包围着他），他们都是人，这就足以相互之间彼此败坏道德禀赋，并且彼此使对方变恶了。"于是，走出伦理的自然状态，就要"建立一个持久存在的、日益扩展的、纯粹为了维护道德性的、以联合起来的力量抵制恶的社会"①。这就是伦理共同体；而这种"伦理的—公民的状态"又是以一个"教会"形式来实行的。但是，如果我们把这种"善的生活"方式当作一种得到酬报的方式，那么，在他们身上只有"伪善"。另外，作为"教会"与民众之间交流、沟通的教士阶层也利用这一特征，欺骗人民以获得自我的私利。这两种都是"显见"的伪善，因为它体现为个体对普遍性的"僭越"，而又通过个体行为来"掩饰"，因而很容易把其中的"虚假"揭示出来。②

---

① ［德］康德：《单纯理性限度内的宗教》，李秋零译，第87页。

② 至于随着基督教及其教士阶层的兴起而对原初本真的道德经验的否定性改变，从而导致一种怨恨、否定的"道德心理"则是另一层面上的问题，前文也做过论述，在此主要关注作为普遍性存在的"伦理世界"中的伪善形态。

但是,还有一种更为隐蔽的方式——它试图以"言说"的方式表明自身的"普遍性"。但同时它只是道德语言,而它又耐不住寂寞,于是就沦为道德价值"判断"的工具。这就是伦理"普遍性"的跌落,从本质性的存在下降为与恶同等的境况。这一伦理本质的逻辑发展演变的形态,在历史形态中就体现为法利赛人的"论断"。

在《精神现象学》第六章的最后一个部分"罪恶及其宽恕"一节中,黑格尔这里的"罪恶"主要就是针对这种颠倒是非、混淆黑白的"伪善",但是,这种伪善的伦理自我意识是不容易被揭示出来的,因为它本身就是自我意识的一个环节。于是,在第一部分"真诚与伪善"的揭示中,伪善作为一种个别的特殊的自我意识,它自我宣称它与普遍性的"同一性"与"一致性";因而,可以看作是一种"个别意识"的伪善形态。但是,普遍意识在斥责伪善时,自身也就丧失了普遍性,沦为一种抽象的缺乏现实性的思想存在;这可以被看作是一种"普遍意识"的伪善形态。因为这一"普遍意识"本身不但没有现实性,是一种思想性的存在;同时它"只是以表述卓越心意的言词而不以行动来证明其正直性",这是其"伪善"的特征之一。另外,它不仅"不行动",而且,还以自身的"纯洁性"揣测、论断其他行为对象的道德意识。因而,这种"判断意识"中本身就显示了一种"分裂",自我的分裂;而且,还硬要"把自己同它所判断的那种行动意识放到同一个水平上",于是"它就被行动意识认为是和自己一样的东西"[1]了。

这种普遍意识沦落为"判断意识",于是成为"伪善",法利赛人的行为特征就是这一历史性显现。但是,法利赛人对耶稣的指责和诘难,仅仅体现了一种"判断意识"的分裂,与行为意识分裂开来,与主的同一的属性分裂开来;而仍然是以"主"之名——上帝的律法为言说对象。因而,严格说来,法利赛人的行为仍然不能算作是"普遍意识"的伪善;而真正作为普遍意识形态出现的"欺骗"——伪善,是在政治共同体中,而且这一表现是围绕伦理本质的实存形态而展开的。

(三) 作为"现实"的政治实存性

在黑格尔的《法哲学原理》中"国家"是伦理精神的现实化存在,因而,现代实存的"伦理共同体"就是国家。伦理国家成为现代社会中

---

[1]  [德] 黑格尔:《精神现象学》下卷,贺麟、王玖兴译,第172—173 页。

公民"自由"行动的最后一个环节，在这里公民的自由是具体的现实的，"自由"的行动意识达到了自己的终极目标——个人现实与其实体的统一。

但是，在黑格尔的伦理学说中"最为显著的特征是道德伦理与现实的统一"，尤其是在《法哲学原理》中对"伦理国家"的论述上，因为，"在他看来，政治哲学和道德哲学的任务不是创造乌托邦，像那些人可能想象的那样，而是分析权利、义务和道德现存体系，以便为它们提供可理解的和能以某种方式证明是正当的理由"。因而，在此伦理道德就不再是对伦理生活的应然性指导，而只是反映伦理生活的现实性工具；而且，沦为在国家的政治行动中论证其合法性的工具。这是对伦理生活的"玷污"，同时又是通过"颠倒"伦理生活的现实基础，以维护政治话语的"欺骗"与"谎言"，并保证人民的"服从"。所以，我们有理由怀疑，在《法哲学原理》一书中，其"目的不是想设计理想社会的道德秩序，而是想理解和解释存在的现实，即指出现存形式中的合理的方面，从而尽力使人们适应现实"①。当然，这一欺骗性并不是作者本身的意图，或者正如黑格尔对道德主观性的论断一样，认为它具有"内在的固有伪善的倾向"；② 而"伦理国家"是否能逃脱这一命运呢？

在这里，让我们想得更多的是这种"内在的固有伪善的倾向"，在康德晚期的著作中也有涉及，他不是把它作为"道德主观性"的弊端，而是更进一步，将其归结为人的先验人性结构——"伪善倾向的说谎"，并且这一"人性"的先验结构是逻辑的而非时间—遗传的，从而在承认对于道德个体主义无法克服的弊端的同时，为人有道德责任的而不断努力的道德行为留下了空间。相对于"伦理国家"，作为道德人格的实体性存在，从其伦理意识的历史发展阶段来看，它超越道德抽象性以及主观性的弊端而上升为客观性存在。但是，具体分析"个人现实与实体统一"的结果，黑格尔将现实生活世界分割为不同的领域，这一反现代性政治、社会哲学分析框架，结合了古希腊城邦社会的特色。马克思从市民社会入手，以阶级二元的方法找到了批判的突破口，从而揭示了在资产阶级伦理

---

① 张颐：《张颐论黑格尔》，侯成亚、张桂权、张文达编译，四川大学出版社 2000 年版，第 88 页。

② Allen Wood, *Hegel's Ethical Thought* (Cambridge University Press, 1990), p. 130.

规则系统中对"穷人""无产阶级"的排除。因而,一个作为普遍性的伦理国家在现实世界中却不是"全人类"的代表,所以,其普遍性的"宣称"只能是一个政治伪善的口号而已。同时,在另一层面上,这一伦理精神的现实体现——国家——沦为政治行动合法性的"面具"。因而,这一客观的伦理行动也形成了一个"颠倒",伦理世界不再作为人们生活世界的基础而存在,永恒的人性也无法支撑起道德价值基础。所以,伦理学的首要任务与目标就在于"改造世界"。

当然,对此种状况原因的追究,还必须在对"生活世界"及其现代发展形态作了基本的判定之后,这一"异化"的过程才能清晰地展现出来。

## 二　生活世界的制度化与技术化

### (一)　伦理学视域中的"生活世界"

在这里,我们并不是全然在现象学意义上使用"生活世界",相对于"伦理"自身而言,"生活世界"意味着"伦理"概念内涵领域的转向,从时间—逻辑领域向空间—历史领域的转向;但是,我们也将通过道德实践产生的源初世界的"异化",揭示出其中的伪善。这其中,异化"世界"对伦理的影响,伦理对非人性"世界"的改造,是双重的关系;从而需要重置道德的人性基础,将"颠倒"的世界重新颠倒过来。但是,在此我们的任务主要不是针对"颠倒"的再颠倒,重点还是在于展示这一"颠倒"的生活世界。

黑格尔早在《信仰与知识》(*Faith and Knowledge*)(1802)一书中,就提出"sittlichkeit"一词以区分他所认识到的"伦理"与"道德",即以"ethical life"区别于"morality",并且描绘了"伦理生活"的框架*System of Ethical Life*(1802—1803;未发表)。但是,古希腊城邦社会的解体,以及现代社会的个体原子主义的弊端,使得二者都不能成为真实的伦理生活世界,于是,黑格尔通过对二者的双重改造并吸取二者的优点,试图在现代社会中构建一个"伦理国家"的绝对实存的伦理生活世界。因为,毕竟现代伦理学的目标就是应对"现代伦理生活对哲学的要求",而在黑格尔看来这一形而上学成果就体现为"sittlichkeit",即"ethical life"。

在哲学现象学意义中,生活世界是与普遍性境域联系在一起的。"人类一切可能想象得到的境域，通过意义的相互指引，都共属于作为唯一万能的'那一个'世界"；胡塞尔将其称为"普遍境域"。"这个'普遍境域'是一个通过它的开放性将一切涵容于其中的指引联系。在所有科学发生之前，或者在所有科学之外，我们人类在其中度过我们具体生活的世界——我们以其为家的世界——就是这样一个境域性的世界。"于是，在胡塞尔的最后一部著作中，他将这样一个"境域性"的世界在术语上确定为"生活世界"（Lebenswelt）。因而，对于伦理道德的行为举止而言，"在每一种行为举止中，我们都处于对已经事先给定的生活世界的依赖状态中"①。

在舍勒看来，生活世界不同于"周围世界"（Umwelt），"周围世界只展示着那些对于一个身体单位来说重要的并且在它之中被体验为起作用的那些内容选择"；② 而与"世界"（Welt）相对的是"人格"概念。于是，"世界"与人格的相连，使得"世界"与伦理学紧密联系起来。因为世界不仅是一个场域，而且还是一个本真的道德经验的源头；在这里，伦理学的质料价值获得了存在的合法性，以及道德价值感受性（情感）的先验存在。这其中获得与世界联系的"相关项"就是"人格"，而且，"唯有人格才永远不会是一个'部分'，而始终是一个'世界'的相关项，即一个人格在其中体验到自己的那个世界的相关项"③。于是，一个道德行动与道德价值在源初世界中的"直观"意识就是人格，这是人在世界存在的本质基础与宇宙位置。

因而，生活世界对伦理学而言的意义在于：其一，生活世界不是"预先给定"的存在，预设一个生活场域，实际上是一种空洞、无力的道德法则的表现；其二，生活世界不是一种对主体发生外在作用的存在，它不是对身体的限制，而是随着人格化的行为而一起被赋予的存在；其三，生活世界不是一种客观的被给予的存在，而是随着主观现象、行动一起出现的，是一种直观显现。

---

① ［德］黑尔德：《世界现象学》，孙周兴编，倪梁康等译，三联书店 2003 年版，第 200 页。

② 在此，舍勒详细区分了几对相关的概念：人格—世界；身体—周围世界；自我—外部世界；躯体身体—死的躯体；心灵—身体自我（参见舍勒《伦理学中的形式主义与质料的价值伦理学》上卷，倪梁康译，第 174 页注）。

③ ［德］舍勒：《伦理学中的形式主义与质料的价值伦理学》下卷，倪梁康译，第 480 页。

所以，生活世界对伦理学的意义就在于将伦理行为发生、伦理价值意义等方面，重新"境域化"，把道德的现代性发展从"脱域化""祛魅化"道路上引领回来，回返本真的道德实践的生活场域，克服"生活世界的制度化的客观规制"，克服"技术化实践与责任"关联的中断。因为在其中，现代科学就是以对生活世界的深刻彻底的"遗忘"为基础的；所以，现代"道德实践"的语境，一方面要克服纯粹的客观性的幻想，另一方面，还应关注纯粹主观主义的虚无。因而，一个在道德行为中具体显现出来的"伦理世界"就成为现象学伦理学的独特贡献。

（二）制度性的异化

对于一个"共同体"来说，"制度"不仅仅是一种功能性的存在，而且还是作为共同体成员的个人的现实存在方式。因而，"制度是人的现实存在方式。这个存在方式是在人的社会性意义上而言，其所揭示的是人在社会结构中脱离其抽象性而成为现实的人"。当然，"这里的存在方式不是在作为外在形式、呈现方式意义上而言，而是在人的本体、人的本质规定意义上而言"① 的。但是，这种认识只是说出了问题的一个方面，而"制度"对人的本真存在的"遮蔽"与"异化"的方面被忽略了。这实际上是从反面提醒我们，要注意制度之恶，注意制度异化对人的生活世界的破坏。因而，制度性的社会生活是一种"日常"意义上的生存形态，这一方面使得人们的现实生活得以有保障地进行；但是另一方面也要警惕日常生活中的"颠倒"——对生活世界中的心灵秩序、价值秩序的颠倒。

在现世的宗教信仰的共同体（教会）中，"只是为了一个教会——一个教会可能有各种各样的同样好的形式——的目的，才可能有规章，即被看做是神圣的规定，它们对于我们纯粹的道德判断来说，是任意的和偶然的"。但是，如果我们"认为这种章程性的信仰对于一般地事奉上帝是根本性的，并且把它当做使上帝喜悦的人的最高条件，这是一种宗教妄想"② 。这就是一种在规章性的宗教中对上帝的"伪事奉"，而这种伪事奉的制度化的历史现象就体现为"教权制"，一种对善的原则的伪事奉的管理制度。于是，在这种教权制之下，人们的信仰屈从于某种规章、制度，并以这种自欺式的方式求得上帝的恩赐。当然，这种历史性的教会制度的

---

①　高兆明：《制度概念的存在论辨析》，载《南京师范大学学报》2007 年第 4 期。

②　［德］康德：《单纯理性限度内的宗教》，李秋零译，第 175 页。

维持，还与教阶制、教士阶层的特权等方面结合在一起。对于前者而言，"无论教会的体制（教阶制）是君主制、是贵族制、还是民主制，这都是仅仅涉及组织，教会的宪章在所有这些形式中都是并且始终是专制的"；对于后者而言，"如果信仰的规章被归入宪章的法则，那么，实行统治的就是教士阶层，它相信可以完全用不着理性、甚至也用不着《圣经》学问；因为它作为不可见的立法者的意志的唯一有资格的维护者和诠释者，有独自掌管信条的权威，并且由于具有这样的权威，可以不用说服，而是仅仅发布命令"①。因而，在教阶制以及教士阶层特权的双重"异化"之下，教会就不再是人们精神、心灵的家园，而进一步导致宗教也丧失其精神实体的地位；在现世的生活世界中一个"至善"王国的桂冠从上帝手中滑落，一个全新的伦理性实体——国家兴起了。

在政治生活的共同体中，对于一个普通的个体来说，是以绝对"服从"社会制度为美德，还是在"不服从"中实现自我真实存在的责任召唤；这对于现代社会中的公民来说，是一个两难的选择。如果脱离具体的社会制度，这个问题不难回答，但是，在个体现实的生活世界中就是一个难题，其根本原因就在于制度之"恶"，从而造成对我们本真的道德价值经验的"颠倒"。

在反思纳粹的恶行时，华勒解释道："我们之所以对作恶有这种简单化的想法，是因为它让我们相信，这个世界毕竟还是公正的，还是可以预测的。……它让我们自己还敢走进这个世界，也让我们还敢把自己的孩子带进这个世界。……如果在一个世界里，连普通人都能做出离奇的恶来，那在心理上就太让人不能忍受。"华勒指出，制度解释对恶的直觉个人起源观提出了质疑。制度解释强调："普通人可以做出离奇的恶来……在这个世界上，大多数离奇之恶都是在环境和组织的社会力量影响下（由普通人）做出的。"因而，在其中"纳粹之恶归根到底是一种制度之恶。纳粹的极权制度使人心安理得地作恶，纳粹的极权环境使人不得不作恶。在极权的特定环境下，整个社会的道德意识被扭曲，正义行为规范被破坏。国家社会中充斥着暴力和谎言，成为一个无恶不可作的世界。在这样的世界里，单靠人性不能抵御作恶的诱惑或压力，因此任何普通人都有可能离

---

① ［德］康德：《单纯理性限度内的宗教》，李秋零译，第190页。

奇作恶,作离奇大恶。这种恶又加强并放大极权统治的制度之恶"。①

因而,生活世界制度化不仅仅为人的现实存在提供了可能,同时强化了"服从",并销蚀了对他人的责任意识,从而最终在"世界"中把人自身的面孔抹去。

(三) 技术性的异化

通过"技术筑造"的生活家园可以摆脱"责任"而存在吗?脱离人的责任、对他人的责任、对世界的责任而进行的技术构造,是对"世界"的统治与破坏,世界的异化就在于技术实践与责任的脱离。因而,在此生活世界的"技术"异化,就表现为逐步递进的两个方面:其一,是"技术性"行为对人的本真的道德实践而产生的原初世界的"异化";其二,这一"异化"的实质在于技术行为与对世界责任的分离,从而造成了技术的工具化,技术脱离了人的合目的行为的范畴。

在现代性生活中,"技术"不仅仅是一种人的本质力量"外在化"的显现,而且这种力量还作用于人自身,在不断改变着人的自然—本质属性。尤其是在干预生命的医学技术上,基因技术发展导致道德哲学革命的最深刻的原因,在于它颠覆了"自然人—自然家庭"这个"文明时代"一切道德哲学的基础。② 不仅如此,在人、家庭以及民族的社会性存在之外,人的身体、身体感受的颠覆构成了现代道德哲学危机和革命的另一原因,是更为直接和基础的因素。因此,现代生命干预技术对现代伦理世界图景的挑战,哲学基础上就在于突破了现代主体世界观,而解释了身体异化的事实。但是,现代生命干预技术对人的存在的解蔽,人继而以技术化的存在为其现实的存在,技术成为人本真的存在本质。但是,人的技术化生存使得人的存在等同于物件;另外,技术化的客观本质使得人的生存成为一种无身体感受的"存在暴力"。这样,现代理性世界图景中人的不真实存在被还原成单一有限的,命运注定无法超越的终其一生的存在。因此,海德格尔才不无悲情地将人生认作"被抛状态","烦"是人的在世生存的主线。通过技术化的生存,我们认识到在世的身体是认识自我的"他在",在世的身体被注定是命运的存在,因而是一种"存在暴力"。

另外,在这样一种切近"技术"的世界中是否能追问到技术的本质

---

① 徐贲:《刽子手与制度之恶》,载《读书》2008 年第 5 期。
② 樊浩:《基因技术的道德哲学革命》,载《中国社会科学》2006 年第 1 期。

呢？海德格尔的答案是否定的，他认为："由于技术之本质并非任何技术因素，所以对技术的根本性沉思和对技术的决定性解析必须在某个领域里进行，该领域一方面与技术之本质有亲缘关系，另一方面却又与技术之本质有根本的不同。"① 这就关切到"技术"对人的存在的观照，是技术在对世界的"责任"中显现出来的。因而，在一定意义上，技术在合乎目的的行为实践中所获得的价值意义，是与其在"世界"中所承担的"责任"成正比的。一个没有责任意识的技术，最终只会给世界带来更大的风险，因为技术本身的行为方式中、践行原则中就显现着对人的责任、对他人的责任以及对世界的责任。因而，从根本意义上讲，技术作为在"人的实践行为"考量的行列中，在扩大人的自由行动的同时，"技术"还体现在人与人（尤其是代际）之间的责任关系上。因而，现代技术的风险，在根本性上还在于个人无责任的生存状态；而技术行为的"异化"，进一步凸显了这一无责任的状况。②

### 三　伦理同一性基础的抛弃

现代生活世界的"异化"，无论是制度性的表现还是技术化的表现，都意味着"世界"的一个重大的变化，即对"至善世界"的追求到"世界之恶"（制度之恶、技术灾难）的抑制。这一生活世界的基本特征的变化，意味着一系列的"伦理"变化，从世界的"伦理性"变化，到伦理同一性本质的丧失，再到从"求善"到"抑恶"的伦理目标的变化。这一切的变化最为本质的表现在于"人本性"的异化，道德价值无法再通过一种永恒的人性作为基础而建立，而必须通过"改造世界"，重置道德的"人性"基础。这无疑构成了一幅全新的伦理生活世界的图景。

（一）生活世界是一"有恶"的世界

现代哲学、伦理学提出向生活世界的"回归"，但是，生活世界是否还能按照传统形而上学的模式认信其为"可信靠"的世界呢？如果是，这一"生活"世界与传统形而上学抽象的、先验的世界有何区别；如果不是，那么这种非抽象的、可经验感受到的生活世界，其回归、期待性必

---

① ［德］海德格尔：《演讲与论文集》，孙周兴译，三联书店 2005 年版，第 36 页。
② 约纳斯的《责任原理》（*The Imperative of Responsibility：In Search of an Ethics for the Techno-logical Age*）一书对技术与责任之间的关系，以及技术化时代责任伦理学的必要性进行了详细的论述。

然是否定的。因而，在回归生活世界的哲学愿望中，我们可以揭示出其
"矛盾"的一面；而且，在寻找现代人的精神家园的同时，我们也坚决杜
绝"虚假"的精神世界。但是，我们这种认识仍然是在一种传统思路中
的诘难，而没有具体考察现代生活世界其"伦理性"本质的变化。这或
许是现代性伦理区别于传统伦理的一个重大变化——伦理生活世界的
"伦理性"。

　　在现代性起源中，无论是马基雅维里、霍布斯还是卢梭、康德，无论
对现代世界的经验判断还是理论前提预设，都是建立在"恶"的基础之
上的。这是对"无福的社会现实"的真实感受，是从实践上探寻克服
"恶"的知识努力。因为传统形而上学的理念论与基督宗教的彼岸信仰共
同维系了一个"无恶"的道德世界，并把求善的道德生活推到另外一个
世界。无恶的道德形态是由两种道德传统"合谋"的结果，最终形成神
学—本体论的道德世界观。而现代哲学对传统形而上学的批判和虚无主义
文化性情的渲染，宣告"上帝死了"，对于伦理学意味着彼岸的道德世界
的瓦解，而受驱逐和诅咒的"恶"被招回世界。

　　从道德世界的预设到有恶世界的真实，恶的"附体"使世界生存感
受发生改变——恐惧、怨恨、烦恼……现代开端的"世界"伦理学，理
性的伦理生活拒斥生活经验，伦理学成为非体验的伦理学而先后出现了
律法伦理学与救赎伦理学。在理性和彼岸世界的规制下，无感受的生存
拒斥和无感受的彼岸希望成为伪善的面具，也成为掩盖真实生命悖论的
帷幕。克尔凯郭尔终其一生都生活在"恐惧"之中，对现实生活的恐
惧，对与上帝分离的恐惧。因而其哲学揭示出"虚假的生存状况"，即
依赖感性原则的生活和依赖理性原则的生活。"美感—理智原则在于，
除非其存在已消融在可能中，现实就不可能被思想和理解。伦理的原则
是，除非可能已变为存在，可能性就不可能被理解。"而这两种原则的
生活都不是现实的，"唯一为个体而存在的现实是他的伦理的现实（生
存）"[1]。而尼采更为彻底地认为，基督教所源出的罪的体验和感受就是
怨恨，怨恨就是有限性，就是罪性，只要"有死"就有怨恨，问题的
关键在于如何面对"怨恨"？面对"怨恨"的态度就是对待"生命"的

　　① ［丹］克尔凯郭尔:《结论性的非科学附言》，普林斯顿大学出版社1968年版；转引自杨大春《沉沦与拯救——克尔凯郭尔的精神哲学研究》，东方出版社1995年版，第60页。

态度，生命的斗争最终走向超人；而反生命的奴隶道德通过基督教构成世界。尼采终其一生就是与这一虚构的世界及其虚构的主体作斗争，揭露其虚假性、虚无主义的本质与自我欺骗的历史。因而，在这个虚假的至善世界中，人的生命力的恢复需要"恶"，所以查拉图斯特拉大呼，"为了至善，至恶是必要的"。不仅要面对基督教道德的虚假世界，在转向西方传统形而上学时，海德格尔称其为"本体论—神学—逻辑"三位一体。在其中个体是被抛入"世界"的，个体的生存感受就是"烦恼"，个体在"此在"的生存中才能触碰到道德、伦理。西蒙娜·薇依是在更贴近"现世恶"的侵扰中展示其真实的生存感受的。薇依认为，"欧洲人从 1914 年以来就受到'内病'的侵蚀，发生原因在于取消了——人应该永远直面的善恶之选择的问题"。而"恶是上帝的仁慈在尘世中具有的形式"，只有在恶的担待的不幸生活里才能与上帝的爱相遇，上帝之爱永远与人间的不幸、与不幸的人相依共存。在此，薇依虽然选择了否定的道路，但是显示了她无比坚毅的生活态度。她告诫我们："远离上帝的一切才是有益的，拯救灵魂，就是绝对异于上帝之处（虚无、恶）寻找并爱上帝。"① 这种"异于"上帝的感受和态度，使其坚定地生活在"有恶的世界"之中，不逃避，不埋怨。

　　传统道德哲学对"无恶世界"的维系，还体现在"行动"以及行动的现实性上。在传统道德世界观中具有实存性的行动，逻辑上是被先在地认定为或"出于义务动机的"或"符合大多数人的幸福的"；否则，与之相反的行动则被斥为"病理学的"，而一厢情愿地取消了"恶的行动"，否决了非道德行动的"行动能力"。现代道德世界就打破了世界的"纯善"的抽象性、先验性，恶被现实地引入世界，并且成为具有"世界性"的存在因素。在经验的、现实语境中，非道德动机寻找到了"行动"的缺口，因为"既然符合义务而不是出于义务而行动是可能的，那么显然也可能有一个道德上正确的行为而只有一个非道德的动机以按它来行动"②。因而，现代"有恶世界"的突破口就在于非道德行动的可能性，非道德行动取得了自我现实性存在。

---

　　① ［法］薇依：《重负与神恩》，顾嘉琛、杜小真译，刘小枫校，中国人民大学出版社 2003 年版，第 8、28 页。

　　② ［美］芭芭拉·赫尔曼：《道德判断的实践》，陈虎平译，东方出版社 2006 年版，第 21 页。

（二）伦理"同一性"的抛弃

于是，在面对有恶的世界时，伦理世界中无论是"先验的"还是历史"现实的"同一性本质就消失了，被弃置了。在现代性的伦理形而上学的结构形式上，出现了伦理生活的历史意义转换为个体的生存意义的转变。

从康德虔信派传统对自身生存状态的谴责，到克尔凯郭尔的个体对生存无意义的恐惧，这一变化意味着现代性世界彻底丧失了其精神的外观，我们对世界与肉体发生的断裂而恐惧；更有尼采对这一状况的总结"上帝死了"和"价值重估"。针对此种状况，保罗·利科在《人格主义的死亡和个人的复原》一文中有过深入的探讨，他强调指出："主体"的丧失意味着一切理性的宇宙论（cosmoligie rationnelle）的终结，也意味着"人"与"神"之间一切协议的丧失，意味着"生存世界"（Labenswelt）的消失。……更为严重的是，这意味着"关于善良的良心的一种伦理学的死亡"，意味着以往一切靠"善"作为精神支柱并因此而获得启示的道德上的柏拉图主义（甚至可能还包括一部分的康德主义）的失败，因为他们往往疏忽了"天"的昏暗的可能性。① 在这里，问题的关键是"主体的丧失"与"天的昏暗"之间的逻辑次序，这就涉及二者的关系方面，是前者导致了后者，还是后者决定了前者？但我们至少从中看到：现代"主体性"哲学与至善的世界是同构的，主体的丧失决定了世界的昏暗，昏暗的世界中也意味着主体的丧失。更深层次的是，"天的昏暗"意味着一种"对哲学要求"的现代"世界"的变化。

另外，"灵知主义"的现代性启示为"有恶"的世界提供了另一种文化形态的证明。灵知、灵知主义之所以成为显学，在于灵知主义的二元性结构能够构成与现代性之间的相互阐释，而这一洞见的贡献者就是约纳斯。简单来说，灵知主义的二元论将人与神置于世界之外，"这个二元论是人与这个世界之间的二元论，同时也是这个世界与神之间的二元论"，于是，这个"世界就是知识的反面的产物……它所揭示的是无明的、并因而是邪恶的力量……"而这一状况之所以造成了与现代性的互释，因为现代性把价值的支撑归于一个"超越的世界"，而神就是这个理念与理想之域的名字；而这个领域的消失，即"神的死亡"，就"不仅意味着最

---

① 高宣扬：《利科的反思诠释学》，同济大学出版社 2004 年版，第 54 页。

高价值的真正贬值，而且也意味着强制性价值之可能性的丧失"①。于是，现代性伦理生活背景同样是在"神"的缺场下的一个有恶的世界的"统治"。在恶的世界中，获得自我的自由存在，灵知主义的观点是，"这不是魂（psyche）的事……而是灵（pneuma）的事，它是存在的无可名状的精神核心、外来火花"②。这就为现代性中维持人性的可能提供了有效的路径。

（三）"抑恶"优位于"扬善"

如何定位"有恶的世界"以及对现代伦理学的影响呢？为了至善，康德说"上帝是必要的"，尼采说"至恶是必要的"，由此形成了两种悖反的"道德公设"。康德伦理学中没有"上帝"的道德公设就不能满足"至善"的实践知识扩展的理性要求，就无法保障有限理性存在者对"根本恶"和"恶的侵袭"的抵御，人类的"目的王国""道德世界"也只是幻影。而尼采的新伦理学为了完成"至善"的创造性革命，"至恶"是必要的；而且，这一"必要"的存在"设定"又不会与"永恒轮回"的循环相对立。不同之处在于，前者是理性与历史的互证，后者是被迫坚持未来的历史现实的存在意义。只不过无论是上帝保证下的"至善世界"，还是"上帝死了"之下的"至恶世界"，二者的共同之处在于都是为了"善"而进行的道德公设，"有世界"的伦理设定（对"形而上学"的要求）。凡此种种，现代伦理学彻头彻尾地转变为"有恶世界"的伦理学；更为重要的是，现代伦理学的伦理品性与任务正在发生根本的变化。在此情状之下，道德世界就演变成为一个非人性的世界，而在这样一个有恶的世界中，道德的任务与目标也就发生了颠倒性的变化。

"抑恶"优先于"扬善"，而不是相反，或者说"抑恶"即是"扬善"。这一思路体现在整个现代性伦理的发展过程中，明确的表述最早可以追溯到启蒙运动时期，卢梭对自然良心与社会文化之间的利弊衡量，败坏了的社会历史文化维持了社会的不平等状况，于是防止这种"社会恶"的侵犯就是回到自然状态的良心。从路德的宗教改革到卢梭的启蒙思想，"良心"成为真善判断衡量的标准。③ "回到良心"在这里有着独特的伦

① 约纳斯：《灵知主义、存在主义、虚无主义》，张新樟译，载刘小枫选编《灵知主义与现代性》，华东师范大学出版社 2005 年版，第 41、42 页。

② 同上书，第 50 页。

③ 谢文郁：《良心和启蒙：真善判断权问题》，载《求是学刊》2008 年第 1 期。

理价值，但是，我们要反思的是回到"良心"为了"求善"还是"抑恶"？当然，卢梭整体的伦理思想是属于"求善"的伦理学①的，但这种"善"的超越性持守恰恰是以"抑恶"为前提的。到了康德，这一思路更为明显。在人这个有限的理性存在者自觉到"重建向善的禀赋"之后，人仍然处在恶的侵扰之中，这被康德称为"伦理的自然状态"，使得人时时刻刻都有可能重新陷入恶的统治之下。如何摆脱这一状况呢？如何走出伦理的自然状态，而成为伦理共同体的一员呢？这是仿效政治共同体的"伦理共同体"②的建立。在康德这里，对自然状态的理解虽有所不同，但相同的是，在现代社会中"扬善"必须"抑恶"。而后世利科对此有着更深入的解读："人的恶只是在'国家'和'教会'中，即在'总体化'的、作为集合性的制度的'国家'和'教会'中才表现出来"③。这一虚假的"总体性"的制度、社会形态恰恰构成了现代性伦理的生存背景，是无可避免的，这种打着"总体化"旗号的异化了的专制主义和教权、教阶制度是"向善"道路上的"障碍物"，因而首要任务是"抑恶"。这一对于总体化制度中的"抑恶"，对于伦理共同体中的成员来说就是"扬善"，这标志着一个"正派社会"对公民的尊重和承认，意味着公民在社会中不会受到制度性的"羞辱"和"歧视"。④ 这是"总体性"的制度恶对个体的影响，反过来，个体对整体的责任和义务就体现为"底线伦理"。底线伦理的语境是在公共社会生活背景下的个体道德，说这种伦理是一种"底线"，是相对于共同的社会生活环境与秩序而言的，而不是对于个体道德品质的要求就是"最低限度"的。因而，个体行为一旦逾越了这一界限就会损害整个伦理秩序，伦理共同体同样面临倾覆的灾难。所以，对于现代性条件下共同的伦理生活与秩序，底线伦理的功能同样可以说是"抑恶的"，但是"抑恶"的伦理本身就意味着"扬"共同体之"善"。

---

① 谢文郁认为，卢梭的"良心"概念是与柏拉图"善"的理念论与奥古斯丁的恩典思想一脉相承的；但卢梭放弃了恩典概念，从生存即善的角度赋予良心以绝对的善。于是乎，只有从良心出发，善的超越性与绝对性才能得到保存（参见谢文郁《自由与生存：西方思想史上的自由观追踪》，张秀华、王天民译，上海人民出版社 2007 年版）。

② 参见康德《单纯理性限度内的宗教》"关于善的原则在尘世建立上帝的国时取得胜利的哲学观念"一节。

③ 高宣扬：《利科的反思诠释学》，第 81 页。

④ 参见徐贲对玛格丽特（Avishai Margalit）《正派社会》（The Decent Society）思想的介绍。

"恶"从"个体性"变为"总体性"的存在，使得善恶价值判断脱离了"人性"根据，道德世界就从"属人的世界"中遭到"驱逐"。这是产生现代人道主义"大灾难"的原因之所在。如何反思"大屠杀""难民营"是现代性伦理必须面对的尖锐问题。现代性确立之初的"个体之恶"转变为"总体之恶""制度之恶"，或者说"恶的世界"，在有恶的世界中"求善的意志"体现在自由主义政治观和历史主义进步观之中，"恶"成为推动历史发展的动力，同时也必将在历史进步中得到根除。这样，善恶的价值判断就脱离了"人性"的根据，在"总体恶"的社会制度中人（性）被恶异化，道德责任被消解，人类处于无恶无善的"真空状态"。因而，无论是对"大灾难"何种形式的归因，归根结底在于现代性伦理在面对"恶"的挑战时，脱离了"人性"之根，道德世界也就"滑脱"出"属人的世界"。以致阿伦特在归纳这种恶的存在时，也认为是由"极端的恶"向"平庸的恶"（Banality of Evil）的转变，想必最为根本之处就在于这一"恶"的世俗化和制度性的本质所在。在这里，对伦理学的重要影响是无论善恶对于个体来说都是"无必要"的，善恶的存在在个体身上无法归因，个体也就成为"道德真空"中的存在。从而在现代性开端，道德意识的"自我认同"之恶转变为共同体社会中的"公民认同"之恶；前者所造成的影响是"伪善"，而后者带来的影响就是赤裸裸的"恶行"。这一状况对于个体的影响来说，"恶"成为具有实践能力的存在，而"善"却丧失了实践性，最为典型的案例是个体恶的"道德示威"①。

## 第三节 政治世界中道德实践的异化

从社会机制性规约对个体道德行动及其道德责任的压制，到个人出于"自我保全"的理性的"服从"；从判断意识对伦理同一性本质的分裂，到现实伦理世界的"异化"。伦理道德在克服主观性、力图客观化的发展道路上举步维艰，甚至是"劣迹斑斑"，因为现代伦理始终摆脱不掉主体

---

① 这一问题的现实经验版本是在 2008 年"5·12"汶川大地震中一范姓教师不顾学生安危，独自逃出课堂，俗称为"范跑跑"。然而，事后他在其博文中却公然记述了这一事件的经过及道德感慨。为恶者反倒"光明磊落"，其人其行，在现代社会，在当下中国是一典型案例。

性的出发点,而且,传统道德的宗教—王权的威权基础也随之消失。因而可以确定的是,"现代伦理的取向(此岸)、基点(良知感)和评价原则因此均与古代伦理不同",所以,现代伦理"不得不重新寻求一种形而上的此岸宗教的奠基,以便使道德最终能够与生存的终极意义不断线"。[1]同时,这种与终极意义之间的连接也发生着变化:一方面是作为源初的道德经验世界的伦理世界在现代生活中的不断异化,使得传统意义上生存的先验基础缺失了;另一方面,在启蒙运动以及现象学思潮的影响之下,一种终极意义上的世界是对真实"境域性"世界的还原。因而,道德生活的本真事实是在此世此在中"呈现"的。在现世的现实生活中听从道德使命的召唤,承担人的道德责任,在此之中获得的道德意义和价值才是真实的。因而,道德行为与道德价值在现代性世界中寻求"信靠"的基础,其最终的实现只能是在这种"祛魅"了的国家实体中,即便如此,也只是一种饮鸩止渴。因为康德之后,现代道德主体"实践理性"的非理性倾向的发展过程中,"当个体因为进入普遍性而感到无力维护自己的个别偶在性时,个体必处于一种精神磨难之中"[2],于是,洛维特指出,克尔凯郭尔的"宗教情感论"与马克思的"国家革命论",就是从两个截然相反的方面来解决这一现代性难题。最终,宗教信仰的个体心性的感悟与体验终究不能成为一种外在、客观的存在基础,它只能是针对个体的心性感受而非现实存在;于是"国家"实体的现实就成为现代道德唯一的"信靠"基础,但是,在这一转变了的政治世界中,带来的不仅仅是道德改造,更多的是道德实践的"异化",政治行动的谎言与道德灾难。

这主要表现为在道德主体"此岸"的现实信靠基础上,价值认同秩序上出现颠倒,"政治认同"优先于"道德认同";而且,在这一有限性的现实生活世界中,"道德"的社会决定性及其改造功能在现实生活中就会酿成灾难——道德灾难,而这些"灾难"都是在政治世界中"现实"的道德实践。在此,伪善发生和存在的"世界"条件被进一步拓展,社

---

① 刘小枫:《现代性理论绪论》,三联书店1998年版,第166页。

② 陈俊辉编译:《祁克果语录》;克尔凯郭尔:《恐惧与颤栗》等;转引自刘小枫《现代性理论绪论》,第1170页。

会 "体制性" 的伪善①氛围就形成了，而且，这种 "伪善" 哪怕被称为恶都 "无怨无悔"。因为 "只说不做是一种伪善，而把说的和想的现实地做出来，哪怕洪水滔天也在所不惜，认为这一切都是必要的、善的，这是另一种更高的伪善"②。因而，这种形态的 "伪善" 是一种 "社会化" "普遍化" 的形态，但是它与真实的伦理普遍物又是不一致的，它一方面冒充普遍意识而对一切道德行为行使着价值判断的权力，它在否定正当的道德实践行动的同时，对异己的行动者进行 "迫害"；另一方面又对自己实施着 "观念" 上的欺罔，形成一道 "虚假外围" 的道德观念。所以，在一定意义上，本节就是探寻这一虚假的道德观念得以生成的 "世界与人" 的原因。

## 一　政治认同对道德认同的优位

这种 "伪善" 的出现，首要的原因在于人的 "公共性" "现实性" 的生活领域的变化，这种现实的普遍性生活世界不再是以 "伦理世界" 形态显现，而是以 "政治世界" 形态显现，这样就形成了 "政治世界" 作为生活世界的独特意义。从古代、近代以至于现代社会的发展变化，在城邦世界中只有公共性的政治生活才是 "一种完整意义上的生活（bios）"，而随着柏拉图哲学与中世纪宗教生活的影响，这种实践生活日益被一种 "内在化" 与 "个体性" 的 "沉思" 所替代，以至于对近现代的公共生活领域的恢复造成很大的困难。

这样，正如我们在本章开头所提到的，政治与道德之间的相互替代，③就发生了两重层面上的伪善：其一，基于公共领域的 "去私人化" （deprivatized） 和 "去个体化" （deindividualized） 现实存在特征，就如

---

① 邓晓芒先生在《从康德的道德哲学看儒家的 "乡愿"》一文中提出儒家道德哲学是一种 "体制性" 伪善；在《康德黑格尔论伪善》一文中在总结黑格尔《法哲学原理》一书时对伪善的认识中也谈到这一点，这是 "客观理由" 与 "主观动机" 的统一（参见邓晓芒《从康德的道德哲学看儒家的乡愿》，载《浙江学刊》2005 年第 1 期；以及邓晓芒《康德黑格尔论伪善》，《北京大学纪念〈精神现象学〉发表 200 周年学术会文集》，2007 年）。

② 邓晓芒：《康德黑格尔论伪善》，《北京大学纪念〈精神现象学〉发表 200 周年学术会文集》，2007 年，第 62 页。

③ 从具有现代性意义的政治哲学思想开端以来，无论是出于道义与良知目的的政治革命（以卢梭为代表），还是出于社会政目目的的道德改造（极权主义等），实际上都面临着自我的悖论，对善本身的颠倒；而这两个方面都造成了 "伪善" 的结果。

"爱情如果被用于政治目的,例如用于改变或拯救世界,就变成虚假的或扭曲的了"① 一样,个体的良心与道德情感的客观性呈现——或运用于社会革命或运用于政治行动中——也必然是"伪善"。因为,这其中有一个致命的"替代","所有人共同的要素不再是世界,而是某种类型的'人的本性'"。或如18世纪的理性主义与情感主义,"他们只不过是同一事情的两个方面而已;……理性或情感都只是已经失去的、共同且可见的世界的心理替代物,而这些替代物又局限于不可见的领域之中"②。于是,"伪善以及揭露其真面目的激情,在法国大革命后期,扮演了举足轻重的角色"③。但是,这一状况是被作为哲学的"前现代"表现而对待的;并且,其"哲学进入政治"的逻辑道路与现代模式格格不入。因而,无论是在现代性的时代背景下,还是"政治进入哲学"的现代逻辑思路,都表明现代性逻辑结构的独特性,在伪善上的表现也是如此。其二,在一个有恶的世界中,如果社会性组织仅仅"教导人们去行善,而非'去抵制恶',结果'邪恶的统治者可以为所欲为地做恶'"。在近代这种社会性组织就是"改革后的教会",而在现代这种社会性组织就是"极权主义"的政权;因为"来自隐蔽处的恶不仅厚颜无耻,而且直接破坏着公共世界;来自隐蔽处并假扮一种公共角色的善不仅不再是善,而且会自行腐化堕落,走到哪里,就把它的腐败带到哪里"④。这种"隐蔽的腐败"就是伪善,因为这里的"伪善"并不是一种自觉,而更多的是一种对"什么才是真正属于人的本真、原初的生活方式"的忧虑与对传统方式的颠覆。

政治世界中人的自我实现,现实的存在形态。实际上,从亚里士多德对政治生活(bio politikos)的定位中我们就不难看出这一用意。他认为:"劳动和工作不够有尊严,不足以构成一种完整意义上的生活(bio),一种自主的和真正属于人的生活方式;因为劳动服务于必需的东西,工作生产有用的东西,它们都不能独立于人的需求。"因而,"亚里士多德的政治生活(bio politikos)显然只用于人类事务领域,强调建立和保持人类事务领域的行动、实践(praxis)"。因而,阿伦特认为,一种积极生活(vita activa)的情态,就是人在世间给定的生活的一种基本境况(the bas-

① [美]阿伦特:《人的境况》,王寅丽译,上海人民出版社2009年版,第34页。
② [美]阿伦特:《黑暗时代的人们》,王凌云译,江苏教育出版社2006年版,第14页。
③ [美]阿伦特:《论革命》,陈周旺译,译林出版社2007年版,第83—84页。
④ [美]阿伦特:《人的境况》,王寅丽译,第51—52页。

ic condition）；而在其中复数性的行动就是政治生活特有的条件，因为这里不需要以"物或事"为中介，这是一种人与人之间的事情，是指人们"生活在地球上和栖居于世界"①。因为这一存在的境况是特殊的，区别于"劳动"和"工作"的，前者是作为生命本身的存在，后者是一个"人造"的世界，是世界作为"世界性"的显现；唯独只有"行动"能代表人的独特的存在特征，而对政治生活的"生活世界"的还原就成为防止"世界"异化，祛除"隐蔽之恶"对人性生活的危害最为重要的哲学目标。

传统上"自柏拉图和奥古斯丁以降，哲学往往以多样的方式把政治世界宣告为非本真的世界，并且'与实际相反地'，把政治世界与一个恰恰被公共状态掩盖了的本真状态对立起来"②，因为传统所认为的本真的世界是一种哲学"沉思"的状态，这一范例从柏拉图至善的"理想国"到阿奎那的"上帝之城"再到现代哲学中"理想的交往共同体"，可以略见一斑。同时，也正是基于这种"无行动"的世界境况，传统的世界经验已被否弃，现代性生活世界的经验就出现了"中断"，被掩饰、遮蔽的虚假的善的经验和状态就成为一种应对"虚无"的消极行动。

于是，在现实生活中发现、证明本真的生活的可能就成为哲学的重要贡献。与此同时，"汉娜·阿伦特为当代哲学发现了公共生活空间的世界性"，因而，黑尔德声称："如若今日我们可以一种哲学上可证明的意义上谈论'政治世界'，那样归功于阿伦特。"③ 因而，人如何具体地达到本真生存的世界经验呢？甚至更进一步说，如何在阿伦特的启示中揭示政治生活的本真性质，成为哲学现象学的努力目标。这就要在哲学现象学的"生活世界"的显现与公共生活空间之间寻找契合的可能，并进一步使二者敞开一个可以相互理解的空间基础。

生活世界以"政治"形态显现出来，就需要一种"事务"性的焦点关注才能成为可能的。因为"工具性行为原初地由生命保存的必要性所引发，所以人们将作为这种行为之境域的世界称为生活世界"④。于是，

---

① ［美］阿伦特：《人的境况》，王寅丽译，上海人民出版社 2009 年版，第 6、2 页。
② ［德］黑尔德：《世界现象学》，孙周兴编，倪梁康等译，第 218 页。
③ 同上书，第 219 页。
④ 同上书，第 225 页。

行动与世界之间就出现双重的"显现"：一方面是"世界"从其隐蔽状态中出现，而且是作为提供众多行动可能性的空间向度而出现的；另一方面是行动本身也由在生活世界中的"潜隐性"变成了"公共的"。这样，最终"世界便获得了一种全新的性格；它变成为公共事务的指引联系，亦即变成了政治世界"。因而，政治世界就是作为工具性的"政治行动"与生活世界之间交互作用而获得的存在"性格"与"气质"特征。在这一政治性行动中，达致两个目的：其一，是这一本真性的行动本身是无须"超越"的行动，这也决定了这一伦理行为本身的"有限性"本质特征；其二，在生活世界敞开时，个体在其行动中使得个体的自由存在成为可能。因为对于前者而言，在其工具性的行动中达到了本真性的存在，因而是不可超越的；对于后者而言，对于一种社群性的存在，其首要的功能就是使得其中的个体的"行动可能性之明确的可能存在成为可能"①，对于个体的自由是一种实现。

实际上，无论是"政治世界"还是"伦理世界"作为生活世界的根据，都在于对一种"伦理性"的本真生活经验的揭示；因为，无论是以政治世界的公共生活空间中事务意见的"判断"行动为具体活动，还是以一种伦理性经验与形而上学经验之间的"原初"契合性，二者都是为了寻找行动的"一种伦理（ethos）的共同性为前提"。因为这一"伦理性"的基础，在存在论上看是一种人的存在的原初的真实的道德经验，而在现实的行动中是与他人相互理解的基础。因而，这一基本前提是必要的，它是伦理学本身可能的前提，同时又是我们的行动成为所有人"可预期"行动的前提。这从"伦理"的存在意义上显示了伦理性存在的真谛，伦理的约束力"恰恰是由于它无须特别通过'第一决定'而'得以生效'，伦理只能在已生效用的状态下被发现"；而在一种规范性伦理的论证中，恰恰显示出是无根基的"伦理"状况。那么，选择依靠于一种"政治判断"来对抗未来的不确定性，其现实可靠性上是远远大于"反思判断"的。

因而，在人的生活世界中，对"政治"的认同"优先"于道德认同，这是现代生活世界的一个重要变化；因为只有在现实世界中的行动才能"表达"自我，显示自我的存在。而且，由于在伦理学基本问题的多元观

---

① ［德］黑尔德：《世界现象学》，孙周兴编，倪梁康等译，第231—233页。

点的争论，善恶话语形态的伦理学一直不受重视，甚至于对现代性伦理或后现代性伦理的界定和推断长期来源于"哲学伦理学"（道德形而上学）话语，而道德经验和伦理事实常常与之出入，从而造成缺乏"善恶观"的伦理话语言说，或者说就是一种缺乏"善恶观"的伦理学。施特劳斯就认为：现代人常常忘了"好与坏"的标准本应逻辑地先于"进步与倒退"的标准，因为只有先有"好坏"的标准才有可能判断某一历史变革究竟是人类的进步还是人类的败坏。① 然而，正是由于这种历史社会发展逻辑的"颠倒"，使得人类的公共性的政治生活中对"政治"认同优先于"道德"认同，政治认同的"优位"成为现代认同的基础。

　　但是，同样让我们疑惑的是，作为人的一种现实完整的生活世界——政治世界，那么为何现实生活中的非伦理非人性的现象往往又是政治行动的结果？而且，这样反人性反人类的行动是如何可能的？因而，"由于伦理丧失了约束力，政治共同生活的共同性即失去了根基。……这样产生了一种极权主义式的诱惑，引领人们去规定一个社会的伦理"。这本身是伦理建构上的一种"僭越"与"颠倒"，这样一种人为的根基是无法起到保障"世界"的作用的，并由此成为"判断善恶"的根据，脱离有限性的生存。②

　　或许这只能意味着政治世界中道德实践的"异化"。这种"异化"使得原来的那种"隐蔽的恶"变成"赤裸裸的恶"，变成有现实载体、有世界场所的恶。因而，这种恶"正因为它是恶的它的本质才与它的客观存在相一致"。③ 它表现为两种形态：一是道德行动个体的自我怀疑、否定，政治运动成为唯一合法的生活形式，而在这一生活形态中个体进而成为受（罪）恶者；二是"道德观念"上的欺罔，进而成为道德"无意识"乃至"虚无主义"的幌子，并最终削弱伦理学的功能性价值，使其从"抑恶"弱化为"释恶"的学科。

## 二　从宗教罪到社会恶的转化

　　在现代性发展中，政治世界中"国家"成为伦理的根基，因为政治

　　① Strauss, *What Is Political Philosophy?* (The University of Chicago Press, 1959), p.10. 转引自施特劳斯《自然权利与历史》"导言"，彭刚译，三联书店 2006 年版，第 8 页。

　　② ［德］黑尔德：《世界现象学》，孙周兴编，倪梁康等译，第 239 页。

　　③ ［德］黑格尔：《精神现象学》下卷，贺麟、王玖兴译，第 168 页。

行动具有现实的强制力和有效性,通过国家行动似乎能够恢复伦理的约束力。同时,在对"伦理"的根基性作用的发挥上,其主要就在于对他人行动的可期待性和未来的可预期性,而恰恰在这一点上,现代国家具有无比的优势,能够将其发展到极限。于是,一种"反思判断力似乎可以让位给一种归属性政治判断力了",生活世界的"政治"规划替代了"伦理"的共同性。于是,最终政治生活以其现实性的伦理功能的存在,替代了"伦理",人们的意见争论、行为交往就以一种政治纲领为依托。这就否定了其有限性的界限,而真正否定的是人自身的有限性,一个虚假的"大写"的人出现了。

而对这一问题的集中聚焦是以"犹太人问题"为核心的,而且,"犹太人及其大屠杀"也成为现代社会中超越了种族历史意义而被哲学、社会学、政治学诸多学科严肃对待的课题。或如鲍曼所说:"大屠杀并不仅仅是一个犹太人问题,也不仅仅是发生在犹太人历史中的事件",因为"大屠杀在现代理性社会、在人类文明的高度发展阶段和人类文化成就的最高峰中酝酿和执行,从这个意义上来说,大屠杀是这一社会、文明和文化的一个问题"①。在此,鲍曼就把犹太人问题归结为现代性文明、社会发展中的一个具有"普遍性"的问题。而这种恶之所以变成了现实,就与人们对待"恶"的非超越性的现世认识的"颠倒"有着直接关系。

而且,尤为重要的是,这种认识及其对最终大屠杀的事实造成的影响,不仅仅是与那些执行"恶"的纳粹暴徒、刽子手有关,而且还与受罪者、受恶者的犹太人本身有关;因为,在现代性的视野中,他们共同禀受着对"恶"的认识,对恶的人性否定性的共识。因而,从一定意义上而言,受恶者、受罪者本身不也应该承担一定的责任?因为这种在自我沉思、内在世界中的"受恶"的行动方式,并不能消除恶的"世界性"影响;相反,这一行动本身就"可能丧失了部分人性",受恶者的认识是与作恶者一致的,同样是对人性的"异化",对一个非人性世界的维持。因为在一个有恶的世界环境中,"他们都处在一个绝对的无世界状态中,与一个所有人共同的世界毫无关系",因而,"在这样一种无世界和非现实状态中,很容易推论出所有人共同的要素不再是世界,而是⋯⋯'人的

---

① [英]鲍曼:《现代性与大屠杀》,杨渝东、史建华译,彭刚校,译林出版社2002年版,第5页。

本性'"①。于是，一旦这一健全的本性被"异化"，出现一种"特殊的人性"——要么是对人本性的无限降低，要么是对人本性的无限上扬，但是无论如何都不是对人本性的"本真"认识，其基本的道德形态表现就是"伪善"。

因而，我们不仅要追踪犹太人及其大屠杀所造成的现代文明问题，而且，还要更深一步追究这一问题的根源上的真实。也即是说，大屠杀所造成的事实之恶，是不容怀疑的、不容否认的，但是，造成这一恶的历史文化又是什么呢？甚至更进一步讲，我们还要追思人们在现代性政治世界的生活经验之中形成的道德观念，在多大程度上影响或以何种方式影响、决定现实世界中恶的产生。从而我们不难看出，对于特定历史阶段的道德观念的反思，就不仅是以"恶行"或"受恶"为判断标准，而是二者都要面对同样的"审查"。因为，只有这样我们才能在一个有恶的世界中，获得一个整全的生存经验，从而在积极行动中抵抗恶，过有人性、有尊严、有关爱的生活。

所以，在考察这一荒谬的存在状况时，我们不仅关注世界，而且关注世界中生活的人；不仅关注世界对人的生存状况的影响，而且注意人所受世界生活经验而生成的道德观念；而且，这一荒谬状况下的道德观念不仅影响作恶者，同样影响受恶者，这些都是相互作用关系下的产物。因而，我们就准备从两个方面谈论：其一，从作为整体性的恶的发生的道德观念来看，也就是说，恶的双方在对待"恶的观念"上发生了"颠倒"，致使恶得以现实的发生以及以"惩恶"为掩饰的作恶。其二，在面对这一有恶的、荒谬的状态时，作为异化世界的"极权主义"否弃了自身的有限性，同时与无责任的受恶者——人同样逃离了公共空间的生活，回撤到"内在的"自我世界，不是其中的一个方面，而是二者的相互作用，共同导致了荒谬的世界，一个虚假的生活外围。

首先，作为一种整体的恶的社会现象，这一恶的发生是与当时社会生活的道德经验分不开的；在这一道德经验世界中熏陶出了一种普遍的、虚假的道德观念认识。而在这些观念认识中，一个至为重要的是：恶的"有限性"下降，从"宗教罪"到"社会恶"；这种恶的有限性下降，就为对犹太人的大屠杀等暴行提供了可能的认识论基础。因为，这

---

① ［美］阿伦特：《黑暗时代的人们》，王凌云译，江苏教育出版社2006年版，第14页。

种对犹太人的恶行就是在有政治目的操纵下的行为,与"宗教性"的反犹主义有着根本的区别;因而阿伦特也认为,"政治反犹主义是一种新现象"。在宗教上,"他们既是基督教世界可敬的先驱,同时又是心怀不满与怨恨的诋毁者。……他们的存在对基督徒论据的当然性构成了永久的挑战"。因而,"要击退这个挑战,或者至少降低它的危险,就只能把犹太人的冥顽解释成恶意的蓄谋、不良的企图和道德的败坏"①。但是,这种恶是宗教世界中的,同时,这种恶在一定意义上也保障了基督教社团的团结。因而可以说,这种宗教上犹太人"恶"的观念,就像"原罪"的观念一样,是先验的,或者说具有无限性,现世人的经验行为是无法企及的;所以这种基督及其他者(犹太人)之间的关系也就构成了"世界"的伦理性②基础。

　　但是,随着现代世界的"市民化",犹太人又被作为一个受攻击的阶级身份出现在现世世界之中。"在活人眼中,犹太人是死人,在本地人眼中,犹太人是外来者和游民;在穷人和受剥削者的眼中,犹太人是百万富翁;在爱国者眼中,犹太人是没有国家的人。"③ 这时,在现代的世俗世界中,伦理日益失去了约束力,而"似乎人们只能通过一个立意使失去的伦理再次生效的'决定'来回应这种无根基状态"④。于是,在伦理文化中"极权主义"就应运而生。同时,在基础存在主义哲学的认识中,"原罪"成为一种生存经验而被给予了,"堕落、原罪并不是来自于上帝,而是人自己进入到这种状态的",于是,原本是善的造物,而现在以这样一种方式存在,其根据在于"当下与上帝有关的本源或非本源状态"关系而决定的,因而"罪"或"无罪"就是在自我的当下存在中被给予的。⑤ 这样,"罪"就被从一个无限、先验的存在下降到此在的生存经验的空间中。以上诸多方面的原因表明,极权主义对犹太人的大屠杀之恶的产生是一种现代文化、文明之恶,是对人、现世、政治权力等有限性的僭

---

① ［英］鲍曼:《现代性与大屠杀》,杨渝东、史建华译,第49页。

② 只有有了基督的"他者",我们才看到了"恶"的出现,才有了主动避离恶而与至善的主保持"统一""和谐",这就是善恶的世界性的显现,因而构成了"世界"中一切道德行动的伦理性基础。

③ 转引自鲍曼《现代性与大屠杀》,杨渝东、史建华译,第54页。

④ ［德］黑尔德:《世界现象学》,孙周兴、倪梁康等译,第239页。

⑤ ［德］海德格尔:《存在论:实际性的解释学》,何卫平译,人民出版社2009年版,第35页。

越，极权主义就是试图为现世世界重建世界的伦理性基础。

受恶者则是回撤到无责任的"内在"世界。这是因为受恶者是限于个体的，而且个体行动力量的薄弱性，使得个体很容易躲避到自我的内在世界之中，从而脱离与公共领域的联系，进而丧失其存在的现实性。这里要对"个体"与"政治（集体）"的行动之间的关系有一个区分，阿伦特认为："力量（strength）与权力（power）并不是一回事。权力只在人们一起行动的地方，而非在人们作为个体变得更有力量的地方才会产生。"这样，就造成了个体行动的力量在面对代表集体行动的政治权力时，屈服的总是力量。因而，在一个黑暗的政治环境中，"无论人是多么渴望屈从于这种诱惑而躲藏到自身灵魂的避难所中，人对现实性进行抛弃的结果，都永远是一种人性的丧失"。为什么会如此呢？这是因为，"当逃离无法通过绕开或遗忘现实来完成之时，正如有人认为自己过于善良和高贵，以至于不能与世界相对抗，或者他无法面对蔓延世界的绝对'否定性'，这时即使是彻底的逃离和反抗力量，也要受制于既定的时代"①。这也就是说，即便个体通过自我躲藏，仍然不过是一种自欺，因为他败坏了人（性）的生存状况，而他自以为的善良和高尚也只不过是一种更为高级的伪善。

因而，"也正是由于人对自身的存在失去了把握，在孤独和焦虑中无所适从的情况下，极权统治的未来世界蓝图才有可能打动人心，它的国家机器才有可能名正言顺地行使暴力和恐怖"②。所以，极权主义以某种普遍性为"掩饰"去行恶，从而发生了大屠杀、羞辱与不承认。而且，这种虚假的普遍性的影响就集中体现为对"个体"良知的影响，对个体生存的公共领域的"异化"。在《耶路撒冷的艾希曼》一书中，阿伦特描述了一个消灭犹太人政策的执行者——艾希曼的证词，而他之所以忠诚地执行大屠杀，其中除了对犹太民族的排斥之外，还有两大关键因素："其一，他接受了党卫队首脑海因里希·希姆莱特别鼓吹的观念，即大规模杀人乃是一种英雄的任务，需要有极大的勇气、对元首的忠诚……其二，在他逐渐习惯了看到身边死尸环绕时，他采取了（如艾希曼自己的描述）'另一

---

① ［美］阿伦特：《黑暗时代的人们》，王凌云译，第20页。
② 徐贲：《人以什么理由来记忆》，吉林出版集团2008年版，第16页。

种个人态度'：'我们已经不在乎自己今天还是明天死去'。"① 因而，在有了自我良知的转向以及履行职责的义务支撑之下，艾希曼对于对他的审判很坦然，而且包括对其执行死刑的时候。所以，纳粹的恶行从根本上扭转了人（性）的存在可能，而将自身升格为伦理共同性的代言人，以此掩饰自己的恶行；因而，这是地地道道的"体制性"伪善。

　　二者共同作用的结果就是受恶者在肉体和精神上的双重迫害。在现代社会中，个体道德行为的心理因素②在"制度层面"得到了保障，而一旦制度异化，"恶"对人的伤害不仅仅是"肉体性"的，更是"精神性"的，而且是从"肉体伤害"向"精神压抑"的转化。利科认为："传统的道德只谈到道德上的恶，只谈到有罪的人，却很少谈人们所遭受的恶，很少谈痛苦，很少谈到受罪的人——恶的牺牲品。"③ 从而把"恶的遭受者"所面临的肉体上的痛苦揭示出来，这一点在康德著作中有些许阐述。这一主体性启蒙精神在福柯的著作中得以继承，而这一精神性的压抑的直接后果就是"人死了"。于是，有恶的世界将"人的面孔"涂抹掉之后，"天"真正昏暗了；而天的昏暗又进一步销蚀着"人"（性）的存在，人的尊严，人的价值。

### 三　道德真空中的恶

　　"道德真空"的观念论，是以中国 20 世纪 80 年代以来改革开放时期的道德生活所展现的道德经验为背景的，在这一独特的社会转型的历史时期中，道德生活经验感受也是多维的，道德的现实状况与人们的普遍的道德期待之间的差距，使得人们在道德观念上逐步产生了一种自欺式的观念形态——道德真空论。在这里，我们就试图展现这一道德观念产生的多方面原因，及其对当前的道德生活所造成的伤害——善恶的颠倒，作恶者自诩良心清白，善行者却无法理直气壮。在这些荒谬的道德现象背后，不难发现道德"伪善"问题的纠缠，而且，在今日的中国也尤为突出地显露在公共领域的空间生活中。

---

　　① ［美］阿伦特：《耶路撒冷的艾希曼》，第 106 页；转引自扬·布鲁尔《阿伦特为什么重要》，刘北成、刘小鸥译，译林出版社 2009 年版，第 3 页。
　　② 即我是否能保证在我行善的同时别人也如此行为，而不是别人利用我的善行为自己谋利益；康德认为，这需要道德心理上的保证，而一个道德共同体就是必要的。
　　③ 高宣扬：《利科的反思诠释学》，同济大学出版社 2004 年版，第 48 页。

不知从什么时候起，"道德真空论"成为孱弱的伦理学用语中最有解释力、也是最具影响力的一个词语。它的大概意思是说，"传统的道德体系完全崩溃，而新的伦理道德体系没有形成"。这种"表述"近年来得到了"多元化"的发展，但是其核心内容和意思一直没有发生变化，一直延续着。

"道德真空论"是一种道德态度上的"失望论""无奈论"。"道德真空论"的形成正如有些人对混乱的道德情形的"忧思"一样，是对社会道德秩序的一种失望，更是一种"无奈"。眼见社会道德状况与理想、与传统之间的变化、距离越来越大，因而失望、无奈、无助；于是，在"哀叹"传统道德体系崩溃的同时，又"希冀"新的道德体系的建立。这不能不说是一种"正常"的心态和"常人"的思维逻辑，但同时，问题也正是出在这个"常"字上面。因为我们应当清醒地看到和清醒地认识到，我们不是在一个社会"常态"发展的时期，而是处在一个"非常态"的过程里。更为重要的是，作为一种道德学科，对社会道德状况的理解和认识以及在此之上形成的"观点"是有责任的，因为一种"观点"在社会中就会形成一种"观念"。弗兰克纳在《伦理学》中曾以苏格拉底为"伦理思考的范例"警告说："我们不能以常人的想法来回答这些问题，他们可能是错的。"①

"真空论"从"观点"到"观念"就深深地印刻在一代人的心中，我们总是与这个"混乱的社会秩序"作斗争，但是我们又无奈地生活在这个社会中。于是，无法排解的"义士"只能选择"离开"，以表白自我的真纯的信念。这或许就是现代版的哲学家用思想"杀人"的实例，因为"真空论"中只有两个出口：要么摆脱这个混乱的社会，要么在这个混乱的社会中苟延残喘，前者是"道义"的，后者是无道义的。但是，这种无道义的生存，也有"道义"的借口，这就是"真空论"，我们之所以"活"是为了建立一个新的道德秩序，从而非道义者更是要挤占道义者的生存空间，甚至把自己伪装成"道义"本身。

这又是一种"冠冕堂皇"的道德"借口论"，不是对那些"有志者""有义者"的尊崇，而是为卑微的"自我"作排解。因而，无论是对作为道德真空论的"创制者"还是"说教者"抑或是"非道德"领域的"宣

————————

① ［美］弗兰克纳：《伦理学》，关键译，三联书店 1987 年版，第 2 页。

传者""实践者",我们都犯下了作为一个"相对应"的存在者所犯下的"恶"。

作为真空论的"创制者"所犯下的"恶"。这对于一个专门从事道德理论的研究者或者能够积极思考道德问题的人来说,提出或认同,再去宣扬"真空论",是一种"恶行",是一种不负责任的、不彻底的"恶行"。因为,作为一门具有"反思"特征的学科,伦理学科的存在特征就是"反思"逻辑。这就涉及是先有"道德行为"的事实,还是先有"道德行为"的意识的问题。我们认为这种行为是道德的、那种行为是不道德的,实际上,这有两重理论上的设计在其中:其一,是我们假设这种道德行为的人在行为动机上就已经是道德的,或者说这个行为者意识到这个行为的积极后果而后才去行动①的,因而这是道德的;其二,在我们的行为过程中,无论是道德行为还是不道德的行为,对行为的意识都是"反思的"和"确证的"。

但是,所谓的"真空论"者看不到道德意识对"行为"的反思性、反观性的认识特征——否则也不会有"真空"说了——只是一味地认为从一个人的不道德行为里,就可以推断出这个人的道德动机有问题,甚至这个人是在权衡之后的故意为恶,因而"道德"是被败坏了;然后用这样一个人就可以推断一群人,然后是整个社会。因而,我们的道德理论与其说是"求善"的,还不如说是"释恶"的;因为它关心的是对社会现实状况的(伦理)学科"解释",而不是一种学科关怀和解决之道。这是一种"畸形""颠倒"了的道德思维和理论观点。

实际上,在我们的文化血液中一直流淌的都是传统"心性""良知"那一套东西,哪怕是引进已久的"康德""黑格尔",何曾真正进入我们的"本心"。阿多诺说过:"作为理论学科的道德,其产生恰恰是在这样的时刻——我因此又回到伦理的概念那里,这个时刻就是当伦理、习俗在一个民族生活内部发生作用并且已经习以为常,然而却又不再发生直接作用的时候。"② 这典型地反映出道德、伦理学科本身的"反思"特征及其在理论描述上的"悖论"性特征;或者说道德的哲学认识论就是以"悖

---

① 实际上,在此不难看出,我们的现代性转向过程中,并不是韦伯所说的西方社会中由"义务"伦理向"责任"伦理的转变这一简单的问题,这种"责任"的伦理范式在当代中国社会同样是无效的。

② [德]阿多诺:《道德哲学的问题》,谢地坤、王彤译,谢地坤校,第18页。

论"形态存在的。西方自近代以来，康德道德哲学中"道德理性的逻辑悖论"（二律背反），黑格尔伦理精神的"实存性"悖论，都是"悖论"形态的体系；以致黑格尔专门发明了一个词"Sittlichkeit"（伦理性）来表达"伦理"的这一特征。现代新儒家牟宗三先生的良知的"自我坎陷"说，可以清楚地解释这一点，即意识到"它"（道德、良知）的同时"自我"却又坎陷了。而直到道德伦理的"历史意义"转换为"个体性"的生存意义，个体以真实的道德经验冲破道德理性的"牢笼"之后，人们才能恍悟：人类价值生活的本然面独就是一种"悖论"形态，任何试图通过道德理性对道德悖论的克服本身就是一种悖论。因为，伦理学对"道德"的把握包括两个方面：一方面是道德的实现要在"一个现实的伦理世界中"，因此"构成我的道德职责之基础的公共生活是已经在那里存在着的"；所以才需要另一方面，正是"我对这些职责的施行也就是我维持着和延续着它的存在"①，才使伦理世界处于活生生的实现中。所以传统道德学对生活中的所谓悖论的克服，就成为一种"悖论"的悖论，无法摆脱的悖论"阴影"。

这对我们当前的道德状况来说，就相当于每个人都手持"良知"而去寻找"良知"，每个人的"内心"都有道德，却是一个"无德"之人。这种道德理论上的说明不幸成为我们现代生活中的"真实"，是一"幸事"，抑或一"恶事"。但最起码，不顾道德"反思"性的思维特征，以及道德现象自身的发展规律，而做出的一些迎合"现实"的论断，本身就是一种"恶"。

作为真空论的"践行者"所犯下的"恶"。这里持有"道德真空论"的说教者，是在一个"无责任"的世界中宣扬"道德"，其无力、虚假性可想而知；而持有"真空论"的每一个行为者，同时也是为自我非道德行为的"辩白"。因为，既然旧有的道德秩序已经解体，而新的道德秩序还没有建立，道德行为的"失范"便在情理之中。

不仅如此，这种"真空论"者的自我辩白，不仅要把自己说成是一个"无辜者"，甚至在一定程度上扭曲了人们对"真善"的崇敬，而是视为一种可笑、愚不可及的行为。真是"高尚成为高尚者的墓志铭，卑鄙成为卑鄙者的通行证"！我们当前的状况甚至更坏，"真空论"者不仅要

---

① ［加］泰勒：《黑格尔》，张国清、朱进东译，译林出版社 2002 年版，第 575 页。

成为"无辜"者，甚至还要爬到道德"高地"去炫耀一番。典型的事例就是 2008 年"5·12"汶川大地震中一"教师"——范美忠的行为与辩白。一年之后，"范"对其行其言"不怨不悔"，其中一个重要的依据就在于，周边的人实际很坏，"范"打落在学校操场围墙之外的篮球、足球时常被村民捡走而无果；在景区吃饭时，兜售纪念品的商贩明知你不买，还要上前死磨硬泡……①因而，"范"认为周围的人与自己"无异"，甚至"更坏"，他们遇到自己当时的情况都会像自己一样"先跑"，而令"范"不解的是，为什么是"我"成了大家耻笑的对象，而"我"不和大家一样？这其中，可以"肯定"的一点是范毕竟认识到了自己生活世界中是"有恶"的；但是，有恶的世界中并不是说"承认恶"的行为就是"善行"。范在承认"自我之恶"的同时却没有得到公众的"认同"，从而"自我"虽然承认了自我之恶但"自我"仍然没有得到"承认"，于是只能抱着一个"失败的心"，回到"自我"，成为一个即将消散的"灵魂"；黑格尔在《精神现象学》中对"此类现象"作如是解释。从中我们也可以看到，道德世界中两个因素"个体性"与"普遍性"并没有"和解"，这至少说明，这个"自我"与这个"实体"（社会）都还是不成熟的，其结果是"道德精神"也无法在社会现实中得以葆有。

在这个实例中，还有值得我们关注的是那些并未把自己置身事外的人，他们就是那些持有"真空论"的"说教者"或"义愤者"。这种情景不由得我要引用《圣经》中的一个故事：一天，"文士和法利赛人，带着一个行淫时被拿的妇人来，叫她站在当中。就对耶稣说，'夫子，这妇人是正行淫之时被拿到的。摩西在律法上吩咐我们，把这样的妇人用石头砸死，你说该把她怎么样呢。'他们说这话，仍试探耶稣，要得着告他的把柄。耶稣却弯着腰用指头在地上画字。他们还是不住地问他，耶稣直起腰来，对他们说，'你们中间谁是没有罪的，谁就可以先拿石头打她。'""……耶稣就直起腰来，对她说：'妇人，那些人在哪里呢？没有人定你的罪吗？'她说：'主啊，没有。'耶稣说：'我也不定你的罪，去吧！从此不要再犯罪了。'"（约 8：3—7；10—11）这中间，文士和法利赛人就是道德的"说教者"，在悖德的事情面前"假装"的义愤者，他们轻易地

---

① 许十文：《范跑跑：为什么非得崇高？百姓不见得比官员正直》，载《南都周刊》2009年 5 月 13 日。

去"论断"他人，因而使得自身的道德行为中断，沦为"伪善"的代名词。他们"评判他人"、进行"道德说教"的行为，暴露了自我与自我、自我与他人的"不和"，出发点是与上帝的"分裂"状态。可以说，与"真空论"者同处于"虚无"的境况中。

其实，在生活中，你我、你我身边的一些人不是都充当着类似的角色吗？一群围观者，因为"轻生者"久久徘徊在死亡的边缘，而失去了"看客"的耐心，群而呼吁"快点跳"！人群中，我们不是也能看到自己的身影就夹杂在他们中间吗？

作为真空论的"看客"所犯下的"恶"。在看客、作恶者或者是义士的角色选择上，无论是"自以为善"的作恶者还是以生命"净空"自许的义士，注定是少数，注定是不被"承认"者。因为我们的"世界"是一种"无善恶"的真空状态，作恶者没有"愧疚"没有"耻感"，反倒认为自我是一个"无辜者""受害者"；为善者没有"自豪感""荣誉感"，反倒是一种自我深深的"罪责感"。为什么会出现这种善恶颠倒，为善者"反省"，为恶者"怨恨"的情形？

这就在于自认为"价值中立"的非道德领域的"看客"们，共同建造和维护了一个"谎言"的世界。因为，"当谎言获得某种社会标志时，它总是被当作善"，而且，"人们已经习惯把社会谎言当作真理"。在众多的社会生活领域中，"在政治领域里有最大限度的谎言，形成了生活的虚假外围"。当生活的"虚假外围"形成了，"伪善"就出现了，而"伪善本身已经不被认为是恶，而被认为是义务。整个灾难不在于被认为是恶的谎言，而在于被认为是善的谎言"。① 这个重大转变的"意义"是深远的，谎言被涂抹上了"善"的光辉，即便是"谎言"也是"善意"的。

这种情形在我们的社会生活中表现出一定的复杂性：一方面，如"奶品行业的人通知自己的亲戚朋友，不要喝自己生产的牛奶，要喝，可以到他这里来买特制的没有掺假的产品，或是直接到牛奶场上去挤。做红心鸭蛋的人自己是不吃自己做出来的蛋的，这个'自己'当然首先包括他的家人，其次是要好的熟人朋友"。由此，谎言是"善的"就在于从"内心说，他并不认为自己越过了道德底线，因为他的底线就是他不能伤

---

① ［俄］别尔嘉耶夫：《论人的使命》，张百春译，学林出版社 2000 年版，第 215、219 页。

害自己的亲友和熟人"①。另一方面，还有如"三鹿集团曾经在发现产品含有三聚氰胺之后，向政府提出报告:'请政府加强媒体的管控和协调，给企业召回存在问题产品创造一个良好环境，避免炒作此事给社会造成一系列负面影响。'"以致我们不禁要问:"为什么一家企业如此可鄙的意图，竟能用上这么义正词严的修辞去包装呢?"②问题很简单，就在于企业、企业家们认为这种"谎言"是"善意"的，是为了更大程度、更大范围的"善"。等等等等，不一而足。

实际上，可以看到在一个被"谎言"包围的日常生活世界中，"所被允许的只是人人都应遵守的、中等的，已经成为十分平庸的东西"，因而，在现实生活中的"恶"也是"平庸的恶"(banality of evil)。不仅如此，作恶者还振振有词，因为哪怕是他们在日常生活中的恶行也是为了"高尚的目的"。所以，投毒者才能"问心无愧"，因为他是"三个孩子的父亲"，言下之意是为了养活孩子才去"投毒";而杀人者更是为了"对得起兄弟"而死得当然。因而，阿伦特认为，这些行恶的"平庸之人"是缺少"反思"，但是"无反思"相对的是"过度反思"，"无反思"者即是指"自以为善"的作恶者，"过度反思"者是指"负有罪责感"的为善者。在二者中间，还有一类是在"反思"之外的形态，即是"虚假"的反思者，即那些经常用高尚目的的外衣掩盖自己的"伪善"者。因为，社会日常生活中是没有"看客"的;这些"看客"们在日常生活中同样也是被"蒙蔽"者，因为他们甘愿相信日常生活中的谎言，甚至说是一种"自欺"。

在日常生活中，道德"真空论"为日常生活中谎言的存在提供了"有益"的生长空间，因为无所谓善恶也就无所谓善恶的反思，社会日常生活的逻辑就是在现实生活中"实现"善的目的;而日常生活中"善的目的"只是"手段"，只是"真实的谎言"。但是，即便是充满"谎言"的生活也比"真空"中的生活来得"实在"和"充实"!因此，我们同样呼吁:"应当在社会日常性中生活，但不能接受其中的谎言。"③

最后，作为一种基本的道德观念，我们必须要扭转的是，我们不再是

①　邓晓芒:《对有毒食品泛滥的文化反思》，载《书屋》2008年第12期。
②　梁文道:《常识稀缺的时代》，载《文汇读书周报》2009年2月20日。
③　[俄]别尔嘉耶夫:《论人的使命》，张百春译，学林出版社2000年版，第221页。

生活在"道德世界"中，因而道德思考的"当然"的逻辑起点也就不是"道德世界"；我们的伦理学也不再是在"求善"的口号下做着"扬善"的善举，而是"释恶"的实际勾当。因此，我们必须面对"恶"，面对这个"有恶"的世界，面对"有恶"的自我，才能在现实世界中做到"抑恶"，才能在学理领域塑造一个从"释恶"走向"抑恶"的伦理精神的所在。

　　而这一切工作的前提，就是从观念上祛除"真空论"在道德态度、道德实践以及日常道德生活中的消极影响，所以，"道德真空论"可以休矣！

# 结语　伪善谱系的揭示及其意义

## 一　伪善的"谱系"形态

伪善在康德形而上学结构中是"内在"难题；舍勒第一次将"伪善"界定为道德形而上学问题。"伪善"的道德现象的出现及其判断，来自一种悖反的道德行为，即伪善者之"为善"而我们却称其为"恶"。这就显示了道德领域人们言行的矛盾性，道德的指称与所指的不统一性，以及道德的形式与质料的分裂性。不难看出，伪善最为本质的表现就是"对善的分裂"，言与行的分裂、言与意的分裂，道德的形式与质料的分裂、道德动机与道德目的的分裂等。同时，这又说明伪善之所以可能，就是因为伪善的"分裂本质"内蕴于"悖论性"的道德结构之中。这一层面的意思包含在上文"伪善"与"道德形而上学"的关系中。

另外，在这种悖论性的理论逻辑的背后，甚至说这种思维逻辑、意识观念的本身即是作为道德自我的"人"的体现；伪善的理论逻辑表现的本身即是人对道德的认识、人的道德生活本身的"伪善"现象。因而，我们如果像黑格尔一样为"伦理、精神"的发端确立一个思维意识的开端，"伪善"的经验意识的开端就是"道德人性的异化"。同样，它既是一个开端，也是一个完成；在开端处"伪善"是一种抽象的道德"异化"理论——道德悖论，而在经过人的思维和行为的孕育、成长之后，"伪善"成为"人的异化"中道德方面的重要组成部分，"异化"对象是"道德自我"本身。这也就是说，伪善在经历了"说谎""欺人"的形式之后，必然会回到"自欺"的形式。因此，这种"异化"是对"道德自我"的一种"异在化"反映，即对道德自我的"非本然性""无现实性"

存在的认识。这样，伪善就完成了在"道德自我"身上的开端、发育与成熟，最终"吞吃"掉道德自我，败坏了道德的人性与人格的根基。于是，最终"自我"也就成为道德灾难的"帮凶"，同时又在精神与肉体的两个层面"遭难"。这就是伪善在道德形而上学逻辑上"自败"的根本原因，具体看来可以分为三个方面。

伪善与作为主体的"人"之间道德维度的审视是在启蒙运动时期，或者说是伪善对道德内在的不统一性的揭示在"人"身上的显现，就是自我本身、自我与他人、自我与社会之间的不统一；这是道德自我"异化"的总体性背景。而与"异化"的状态相对，这就意味着"道德人性"有一个"本原"的状态，同时在经历一个发展阶段之后最终实现成为一个整全的"道德自我"。

"伪善"对道德"人性"基础的败坏，是基于人本性的"自然倾向性"与"合目的性"之间的区分、分裂为逻辑起点的；于是，在善恶价值判断上，本性之善与人为之善，本性之善的自然性与目的性，人为之善的手段性与合目的性这三对交错对立因素之间的关系，分别在"三个领域"① 中突出地表现出来。这样，在"人性"的文化范畴及其意义诠释中，"伪善"就在三个领域中显现出来，并将其"异化"。

（一）宗教领域

作为"宗教罪"形态而存在；"伪善"就是以人性本能的"掩（盖）罪"行为和功能而存在的。在基督宗教中，"伪善"是与如何信仰上帝联系在一起的，即人类的始祖在偷吃了智慧果之后所造成的人与上帝之间的"不和"，以及如何摆脱"堕落"的状态重返上帝之国的努力过程中的"真信"与"假信"之争。在此，人本性的自我发现和显现，也是人"堕落"的开始，人类愈是想通过"类"本质的活动来改变这一状况，愈是恶化"不和"的关系。因此，朋霍费尔在《伦理学》的开篇就讲道："知善恶看来是一种伦理学思考的目标。基督教伦理学的首要任务就是扬弃这

---

① 对此"三个领域"的论述和认识是与"道德意识"的本源根据与表现分不开的，倪梁康先生就将其分为内在的起源（与主体良知有关的道德意识）、外在的起源（与普遍政治法则相关的社会伦理意识）与超越的起源（与外在神性有关的绝对义务意识）三个方面，这与我们对"伪善"的善恶价值形态的基本区分有相类之处（参见倪梁康《道德意识的来源论纲》，黄克剑主编：《问道》第一辑，福建教育出版社 2007 年版，第 49 页）。

种知。"① 在这里，"善恶之知"就是人类"自以为是"的对善恶的价值判断，殊不知这种价值判断越是深入、细化越是暴露出人类远离上帝之国。"善恶之知"本身表明了人类试图摆脱世界的本源、本初状态，而寻求人本性的善恶知识。道家思想在其逻辑起点上与之有异曲同工之妙，老子就认为："大道废，有仁义；智慧出，有大伪；六亲不和，有孝子；国家混乱，有忠臣。"② 因此，在"善恶之知"的人本性、人为性与本原性、自然性之间就发生了冲突；本性之善与人为之善的"本真之善"的争辩也就开始了。善之本真与虚假，是在人类文化起源时期对"真善"与"伪善"的区别。而且，这一区别更多的是一种文化心理上的预设及其意义诠释，因而是在道德理性、意志选择之外发生的。但是，同时又是人类生活必不可少的"文化基因"，其通过民族成员的自然繁殖而得到继承，因而从对个体人的发展来看，无疑是一种"与生俱来"的自然"倾向"与"禀赋"。

即便如此，"善恶"的价值判断还是明确的，人之道、人为之善只要忠诚于本原之善、善之本体，即回到与上帝的统一状态，还是能够分有善恶知识的，是可谓"诚者，天之道；诚之者，人之道"。人道、人之为善的根本就是从本体的"天道"出发，忠实于它，在行为中体现；同时，反过来说，如果人不能忠诚于"道之本体"，人道、人性本身也就不能成立；二者是相辅相成的。于是，在本原的文化设计层面之外，在不同的民族文化生活中，人道与道、天道之间的关系问题，引出了最初伪善者的"原型"。中西方"伪善者"的原型分别是"乡愿"与"法利赛人"。因为这些人在人道与天道的统一过程中，试图掩饰二者真实的不统一，而虚假地进行"欺人"或"自欺"。孟子在揭批"乡愿"的危害时就认为，乡愿之徒是"阉然媚于世也者"，即这些人认为"善"就是对世事曲意逢迎、对世人诌媚卑躬。而这种行为正好掩盖和混淆了"真善"和"德行""而不可与尧、舜之道，故曰'德之贼'"③。而在西方的《圣经·新约》的福音书中，则是充满了耶稣对法利赛人的尖锐批判，并称法利赛人的行为为"法利赛式的伪善"。因为法利赛人每每将

---

① ［德］朋霍费尔：《伦理学》，胡其鼎译，魏育青、徐卫翔校，第39页。
② 《老子》第18章。
③ 《孟子·尽心下》。

耶稣置于"二难"（实际境况与律则之间的背反）的境地之中，诘难、考验耶稣，而耶稣深刻洞悉了这一点，对此的回答总是高明地避开陷阱，跳出具体的环境，而让法利赛人的"诡计"落空，反被耶稣取笑一番。之所以是这种结果，是因为耶稣的"答复源自同上帝的统一，同本原的统一，源自人和上帝的不和已被克服的状态"；[①] 相反，法利赛人的诘问本身暴露了自身与上帝之间"不和"的事实，其反倒要以上帝的"律法"为此做掩盖，"伪善"的事实就昭然若揭了。中西文化中的"伪善"原型有相似之处，但在具体表现上更多的是不同之处，其最为重要的一点在于，乡愿之徒是以现世的事事、人情关系为掩饰根据，而法利赛人是以上帝的"律法"为掩饰方式；其根源则在于中西文化的世俗性与宗教性的差异，同时这也规定了中西文化生活中对待乃至克服"伪善"的方式方法的重大不同。

（二）哲学领域

伪善作为人性"根本恶"形态而存在，其原因在于以感性欲求作为道德准则的基础，颠倒道德秩序，反而要故意掩饰"道德意向"，以达到"欺骗"的目的。但是，这里也有一个重要的问题，即在哲学领域里"伪善"不再被认为是人性的"根本罪"而是"根本恶"。这种由"罪"向"恶"的改变，首先一条意义就在于人必须为自我本身"恶行"负责，这是作为一个有限的理性存在者——人——所必须承担的道德责任，同时又是人的独特人性尊严、人格价值的所在；其次，"伪善"只有作为"恶"的存在，我们才能在道德理性中追溯到它的根源，从而寻找一条抑恶扬善、从恶向善不断进化的历史发展之路。但是，康德对理性本身的界划以及理性能力所能达到的范围给予了严格的限制，所以，对理性界限之外的"伪善"存在，我们仍然应该葆有一个"清醒"的头脑和一颗"警醒"的心。

康德、黑格尔以及舍勒都在道德哲学领域对"伪善"的认识作出了贡献。在哲学领域中康德对人性"伪善"的批评是深刻而又彻底的，邓晓芒先生对此有中肯的评价，他认为："康德对伪善的批评是一种深入人性的根子里面的批评，而不是对某一个人的虚伪意识的批评。在他看来，伪善不能归结为某一个人或某些人的特殊性格，而是一切人的先验的人性

---

① ［德］朋霍费尔：《伦理学》，胡其鼎译，魏育青、徐卫翔校，第47页。

结构，因此也是无法摆脱和克服、而只能认识清楚的。"① 康德从在先验世界确立"纯粹实践理性"为目的，开始清理道德动机里所混杂的感性和情感的东西，即伪善对道德源头的"污染"。这是在纯粹理性领域中的"出现"，同时，人作为有限的理性存在者，在本质上是二重性的存在。因而，伪善就在两个层面显现出来：一是在道德意识之外无法进行道德选择的层面，说谎是作为人类"先行的伪善倾向"（esprit fourbe）② 而被揭露；二是作为人性的"根本恶"而显现的，这是在"人做了应当做的"事情之后对"可以希望什么"的背景之下对人本性的认识；这种"根本恶"的伪善本性直接决定了人的现世幸福仍然要经过自我的"革新"。最终，在"教会"对人免受恶的侵扰的引导上，也存在着为博得上帝的恩宠而以德行为手段的"伪善"；同样，以在上帝面前的虔诚认罪，以期博得恩宠的伪善，似乎更为人们所反感。而且，对于前者只要善加引导，最终是会成为人们道德进步的历史阶梯的。因此，在《实用人类学》中，康德把"虚伪"称为"可以允许的道德假象"，因为在道德的历史性发展中，"伪善"毕竟只是其中一环，从而为道德的进步准备了自我意识的前提。

　　同时，这种清醒的意识也是植根在基督宗教文化中的，以致康德的后期著作《单纯理性限度内的宗教》一书对基督神学思想做了理性阐释，"对现代宗教思想的影响是不可估量的。没有一个人比康德的影响更大……（施莱尔马赫例外）"③ 在此基础之上，我们认为，康德不但没有狂妄地追求"道德理性"在现世生活中作用的最大化；相反，是给予了必要的限制。这种给予人性谦卑、谨慎的态度，继承和发扬了基督宗教文化中的两个基本要素：一是"不骄傲"；二是"不妄欲"。因为人"天生"就带有"伪善"的"自然倾向"，这是人类世世代代、时时刻刻都无法摆脱的"事实"，一不小心就会显露出来，因而，无论你对"应当做的"做到了什么程度和什么时候，下一刻下一件事都是一个新的开始。或许，正如毛泽东所言："一个人做一件好事不难，难的是一辈子做好

---

　　① 邓晓芒：《康德黑格尔论伪善》，《北京大学纪念〈精神现象学〉发表200周年学术会文集》，2007年，第53页。

　　② ［德］康德：《康德著作全集》第6卷，李秋零译，第441页。

　　③ ［英］利文斯顿：《现代基督教思想》，何光沪译，四川人民出版社1999年版，第152页。

事……"而在"不妄欲"上，是说作为一个有限性的存在者，人不要超过人本身、人本性所"可以"欲求的，不限制人自身的欲望，就会有"无妄之灾"。20世纪，人道主义大灾难的起因，不就是因为人对自身所祈求的"权利"超过了人自身的限度，才有以"惩罚"之名对犹太人的大屠杀吗？

黑格尔对伪善的认识也可以分为三个层面，一是在早期的神学作品中，深受康德道德神学思想的影响而写下的《耶稣传》，其中就对法利赛式的伪善展开了集中的批判。二是在《精神现象学》真实的精神—伦理环节中对伪善的揭示，这里主要是针对康德道德哲学的，因而在结构上与康德的论述属于同一层次；但是引起我们注意的是，康德用以针对伪善的道德哲学结构同样成为"伪善"的诞生地。三是后期著作《法哲学原理》中在由"道德"向"伦理"的过渡阶段，道德主观性与客观性伦理之间的纠缠而形成的"伪善"。在黑格尔哲学体系中，"伪善"成为伦理精神"自我确证"环节上的必然显现，同时也揭示了康德道德哲学中的内在悖论。另外我们认为，黑格尔哲学是宏大的哲学体系，但同时也带有很强的"宗教性"，在教化世界中"善恶"的出现、自我意识的判断、道德语言对行为的中断即"教化的现实"[①]等内容，都与人堕落之后的"善恶知识"的状况相契合。

舍勒是在现象学意义上展开对道德律令的先天形式主义所可能造成的"伪善"进行系统批判的，甚至认为形式主义伦理学就是"伪善伦理学"。在此，舍勒的"现象学伦理学"对康德、黑格尔哲学进行了批判，而且同样将传统伦理学指斥为"伪善"的伦理形式。因为，他认为现象伦理学只有清除了"伪善"的观念论、意识论的哲学基础，道德价值才能真正显现出来。

舍勒对"伪善"的揭示是随着对以康德为代表的形式主义伦理学批判而展开的，在"道德价值"上，舍勒认为，康德否定了这一概念而代之以"形式律令"，而道德价值的确立是在其实事性上的，因而道德的经验性与实在性就是道德必然领域，而非康德形式主义所规定的道德存在的"纯粹理性事实"，舍勒反问"在一个'纯粹理性的事实'与一个单纯的

---

① ［德］黑格尔：《精神现象学》下卷，贺麟、王玖兴译，第42页。

心理学事实之间的区别是什么"?① 或者说，这种先天的无质料的"理性事实"就是一种心理的臆想。由此可以得出，仅仅为了成为善人，或者说，仅仅为了善本身来行"善"，就已经是"伪善"了。在这个意义上，成为善人的意向与成为善人的可能正好成反比：成为善人的意向越是强烈，成为善人的可能性就越小。与此相反，"最善者是那些不知道自己是最善者的人，并且是在保罗的意义上的'不敢评判自己'（哥林多前书，I，4，4）的人"。② 同样，舍勒认为，功利主义伦理学会直接导致伪善现象的产生："一个行为举止的有用性和有害性本身已经足以将它标明为受到好的或坏的赞誉与责难的，但在此同时明确地将单纯有用的和有害的'作为'好的和'作为'坏的来意指。只有这时，真正的'法利赛式的伪善'的事实情况才被给予。"③ 总之，舍勒把一个人在自己面前显得善或一个人为满足自己的道德要求所做的善行都看作是"伪善"的。这从根本上是对作为"价值"支撑的根据的否定，"伪善"的产生正是由这些"虚假"的根据所支撑的。

因而，最终舍勒对"伪善论"的揭示是为了对"道德自我"的人格对价值的支撑、载体性作用，而反对"道德自我"被"异化"为"价值的一个预设"，或者说，"不是一个'评价着的'主体"，因为只有通过道德主体产生出的价值才是可以把握到的价值。④ 因而，在摆脱了伦理学中的形式主义，或者真正克服伦理学的形式主义，就是为"一门伦理学人格主义奠基"所做的新尝试。

（三）日常生活领域

伪善就是生活的外围世界（制度、主义）对人的"异化"，是人为了生存而进行的"自欺"。这是对"人性""人格"作为道德根据的败坏，是日常生活世界的"政治化"对人本性的否定。因而，日常生活世界中面临的伪善，主要是由于"政治"的主题，"人是政治动物"，政治作为人的生存世界的底色是无法改变的；但是，个体的德性与政治的合法性之间的关系上，公共领域与私人领域之间的相互僭越，在其价值合理性的论证上就会出现"伪善"。因而，日常生活世界中伪善主要表现为两个方

---

① ［德］舍勒：《伦理学中的形式主义与质料的价值伦理学》上册，倪梁康译，第55页。

② 同上书，第220页。

③ 同上书，第215页。

④ 同上书，第93页。

面：其一是个体以道德德性论作为政治合法性的基础，其结果是政治上的暴政与恐怖以及个体德性的根本"异化"；其二是日常生活世界的"政治化"，政治世界的合法性"僭越"道德权利空间，生成虚假的周遭世界，政治面具下的个人生活以及无责任的个体。

在第一个层面上所造成的政治暴政、极权主义是对"整个人类"的犯罪，所败坏的是人性的本质。所以，阿伦特认为："极权主义企图征服和统治全世界，这是一条在绝境中最具毁灭性的道路，它的胜利就是人类的毁灭。无论在哪里实行，它都在开始摧毁人的本质。"① 在第二个层面，在极权主义的社会环境中，对公民个体日常生活的道德判断和道德责任的"销蚀"，道德个体成为无判断、无责任的存在，整体人性的个体体现者也彻底消失了。"艾克曼的邪恶不在于他犯下了普通的罪行，而在于他心甘情愿地参与了极权统治将人变为多余的'伟大事业'，并毫无保留地将体现这种'伟大事业'的法规当作最高的道德命令。从根本上说，他所体现的邪恶平庸指的是无思想，甚至无动机地按罪恶统治的法规办事，并因而心安理得地逃避自己行为的一切道德责任。"因此阿伦特指出："在罪恶的极权统治下，（人的）不思想所造成的灾难可以远胜于人作恶本能的危害的总和。这就是我们应当从耶路撒冷得到的教训。"②

因而，这其中我们关注的伪善就体现在两个方面：其一，恶行是"外在的恶"，极权主义的邪恶也日益演变为"日常化的恶""习以为常的恶"，也就是说日常生活世界的"政治化"，使得德行的"世界"被异化；相反，在日常生活中极权主义的社会组织形式、制度化形式成为"善"的代言人，甚至社会历史发展的推动者。这就是外在的、政治化的"伪善"。其二，在这种伪善化的日常生活环境中，它败坏的是个体内在的道德认知、感受和判断能力，它不断消磨着人们的"道德底线"，使得意识形态化的政治要求逐步变为个体道德追求的善良目标。这一环境下的个体行为即便不是作恶，也是"无意识"的行善。因而，在无善恶的生活世界中，并非个体出于所谓善良的动机即是行善，行善可能就意味着恶行；而个体之所以表白自我的道德动机，实际上意图为自己的不当行为作

---

① 转引自徐贲《平庸的邪恶》，载《读书》2002 年第 5 期。
② 同上书，第 91—92 页。

"辩解"——身不由己、动机善良、上当受骗等——这就是日常生活中个体性的"伪善"。

## 二 道德精神发展的内驱力

（一）道德主观自由的"反讽"

如果说"反讽"（Ironile）是伪善的一剂"良药"，我们要确定的是，这不是"饮鸩止渴"！"伪善"在存在自由上的"主观"与"客观"之间的混乱、僭越，使得"最高的东西"或"真实的东西"同样没有得到承认、尊重，而无法在现实中实现出来，因而，一种"反讽"的生存态度就应运而生了。

黑格尔认为，在此的反讽是将道德这种"主观性"在其最高形式中"领会和表达"出来的方式，反讽是一种"方式""在个人谈话中所应用的一种方式"，其目的是"维护真理和正义的理念"。因而，"反讽"的出现是为了保存"真实"和"正义"的东西，但是，同时黑格尔也指出，"苏格拉底用讽刺的方式所处理的，只是那种类型的意识，而不是理念本身。"① 所以，反讽的"意识"是作为"思想"的手段而出现和使用的，这就造成了在柏拉图那里"独立的人格意识立刻就被收摄到理念世界和彼岸的神那里去了"，伦理性的"自我意识"变成了一种容易过时、僵硬的存在。因而，这种伦理实体中并不能保持鲜活的"自我意识"，这也是现时代具有独立意识的个体所不允许的。"伦理的实体性，即一种正确生活的可能性，从共同体赖以存在的诸形式而言，是先前作出的规定，而现在则是已经存在的，它们业已是过期作废的东西，但却没有新的实体性……"② 阿多诺在此的批判，实际上代表着对一种伦理性"自我意识"的国家形态保存的不满，因为这代表了这样的观点，即"哲学的任务在于提供足以取代宗教信仰的某种社会凝合剂，也在于显示启蒙主义的'普遍性'和'理性'观念乃是这种社会凝合剂的最佳选择"。不仅如此，后世的纳粹、极权主义都在现实层面上败坏了"实体性"选择。但是，这种批判也并不尽如人意，因为在黑格尔

① ［德］黑格尔：《法哲学原理》，范扬、张企泰译，第 155—156 页。
② ［德］阿多诺：《道德哲学的问题》，谢地坤、王彤译，谢地坤校，第 11 页。

处的伦理"自我意识"的实体（国家）现实，是作为对"思想"本身辩证发展的自我实现，并没有为现世世界中的国家辩解什么，最多只是要跨越伦理自我意识在理解上的"主观"与"客观"之间的界限，伦理性自我意识在"自我理解"上的螺旋上升。它由古希腊柏拉图理念观念中的"主观理念世界"到近现代启蒙时期的个体世界中的"主观心理主义"，再到一个更高的即"客观的主观性"的伦理国家阶段；在这个阶段，伦理自由意识才达到了自我实现的客观自由阶段。因而，"伪善"所造成的主客观的颠倒、混乱，只是伦理意识历史发展过程中的一个环节，随着绝对精神的发展，伪善作为一个逻辑环节而被必然克服。这或许才是黑格尔引入苏格拉底"反讽"概念的初衷，一种严肃对待"思想"的思维手段、逻辑环节。

那么，这种不能演化转变为"实体性"的东西如何才能保存自身呢？在后世哲学文化发展中，出现两条路径：一方面是宗教性的，以克尔凯郭尔为代表；另一方面是非宗教的，以罗蒂为代表。二者都是以"反讽"为主题。或许不能算作巧合，克尔凯郭尔的博士论文就是以"反讽"为题——《论反讽概念：以苏格拉底为主线》，并于 1841 年获得哥本哈根大学博士学位。在这里，"反讽"被作为伦理个体的匿名和伪装而保护其伦理的"内在性与个体性"。虽然论文由于或多或少的黑格尔的影响，而所获评价不高，但是，从中我们还是可以发现摆脱黑格尔，而在其后期著作中走向宗教的路向。我们的关注点在于，这种主观的自我如何安置自身呢？哲学无法保证其"无限的""不受限制"的最高形态，那么"被限制的""有限"形态呢？在有限的选择中，仍旧是"或此或彼"的伦理悖谬，因而走向直面的上帝的自我，就可能使得自我获得无限性的实存。因而，从苏格拉底、黑格尔、克尔凯郭尔再到萨特，我们不难发现，"反讽"的生存方式在这里的传承，还意味着一种形而上学传统，这就是自我"道德意识"的无限性、不受限制性，是最高的东西；无论是哲学还是宗教，乃至非宗教的存在主义。

但是，这种不受限制的自由意识是否就意味着或者能够构造出真实的道德存在呢？萨特之后，梅洛·庞蒂、列维·施特劳斯以及福柯都给出了否定的回答以及批判。萨特在《存在与虚无》中为自我命运负责的自我意识最终构造出的是一种"没有道德的生存论"；梅洛·庞蒂明确否认绝对自由观，他表示："如果我们愿意的话，自由无处不在，但也无处在。"

因为相对于"绝对的自由""被限定了的"我们的存在，即"我与他人"的共在，才是为社会共同体负责的"有道德的生存论"①。因而，这种"反讽"所追求的"主观自由"的无限性以及非理性的危险，在救济"伪善"问题上无异于饮鸩止渴。

在后哲学文化思潮中，罗蒂在《偶然、反讽与团结》中，尝试勾勒出一种"自由主义的反讽主义者"（liberal ironist）在重构社会团结上的有效性。这种"人类的团结"，罗蒂说，"以传统哲学的陈述方式来说，就是肯定我们每一个人内在具备某种东西——我们的基本人性，而这东西呼应着其他人所具有的同样东西"②。只不过，这种团结不是靠"反省"得来的，而是由个体"创造"出来的。罗蒂指责哈贝马斯所认为的"上自黑格尔下迄福柯和德里达的一路反讽主义思想，对社会希望而言具有破坏性"。但是，在罗蒂看来，"诸如黑格尔、尼采、德里达和福柯等反讽主义理论家，对我们形成一私人自我意象的努力来说，是无价之宝……"③而且，重要的是，并不像想象的那样，自由主义的个体势必会瓦解自由主义社会成员之间的紧密关系，反讽主义者否定传统形而上学、宗教所秉持的固有的社会理想，自我创造同样赋有社会团结的义务。最后，罗蒂所叙述的反讽主义，是要提出一个自由主义乌托邦的可能性，而且在这个乌托邦中，反讽主义在某种意义上具有"普遍性"。不难看到，哪怕是罗蒂，哪怕是后哲学文化氛围中偶然性的自我把握上也是具有普遍性的。

而且，同样要强调的是，罗蒂举例说，"团结"是在"奥斯维辛时代"下的观点，这一点尤为重要。在"历史动荡不安，传统制度与行为模式濒临瓦解，我们就会想要有某种超越历史和制度的东西。除了人类的团结，我们对彼此共通人性的肯定承认之外，还可能有什么？"④ 在这里，我们都有一项道德的义务，去感受我们和所有其他人类之间的团结感。因而，我们无法否认"共通"的人性，但是，这种共通人性的存在证明不是靠"反省"发现的，而是具有反讽主义的个人的创造，一种非宗教的、非形而上学"先在"设定的社会团结的可能，这似乎成了罗蒂标志性的

---

① 杨大春：《他人与道德意识》，载《社会科学》2008 年第 11 期。
② ［美］罗蒂：《偶然、反讽与团结》，徐文瑞译，商务印书馆 2003 年版，第 189 页。
③ 同上书，第 118—119 页。
④ ［美］罗蒂：《偶然、反讽与团结》，徐文瑞译，第 270 页。

论断。

在这里，自由主义的反讽主义确实能够剥除"宗教的""类宗教（哲学）的"外在虚假的社会道德义务，也有效防止了"伪善"的发生，并且认为社会性的团结伦理是由鲜活的主观个体创造出来的。但是，这多少有一种逻辑上重新开始的意味，并且这一自由个体并不是生活在一个真空性的纯净社会中；如何面向既有的社会生存事实而承担其责任，对于生活世界中每一个个体更有意义。

（二）道德生活责任的"反思"

何以是"反思"才能承担面向生存事实的道德责任？后现代哲学家对现代伦理"反思性"的理论特质大加挞伐，因为伦理道德的"反思"存在，使得伦理道德成为一种无条件的"诫命"与"原则"，而与主体的道德情感、感受无关；成为一种"（需要）在场"而又"不在场"的道德说教；反而成为制约道德行为"活生生"实现自我的障碍，自我实现的"无力"反而走向了"内在否定"的怨恨。如此种种都成为诟病现代伦理理论"反思性"思维认识的原因。但是，一种理论上的反思思维与行动上的反思审慎，作为一种面向生存事实的"人（性）"的特有属性，并没有做错什么；同时也不能否定我们身上的这种"类属性"，并且，通过这种类属性、类特征才有可能使我们过上有人性的道德生活。"反思"仍然是一种赋予我们敢于面对生存事实中的道德责任的能力，尤其是在堕落的、黑暗的时代。

在一个堕落、肮脏的世界中存在，就必须与这个世界"妥协"吗？是不妥协的独善其身，还是妥协后的为虎作伥，或许二者并不能清白的对立，也不是一个哲学理念能够"强制"选择的结果。但是，哲学追问"如何在一个黑暗时代生存？"无论现实生活中你做出何种选择，反思这种选择背后的权力、利益、个体感受与情感，我们通过这种方式——反思，获得一种可能的有价值存在，尽管这不是一种可普遍化的生存方式。

生存是行动的现实，要行动，就得有"反思""不间断地"反思；在这种意义上，"反思"成为一种可普遍化的生存方式，而推进这种进展的哲人就是阿伦特。因为我们都必须在世界中行动，有行动的生存，尤其是在面对强大的国家机器时，但是否就能无思想（Thoughtless）的行动，没有反思的行动，并不是真实的存在。阿伦特在列席了对德国屠杀犹太人的罪犯——艾希曼的审判之后得出了这样的结论，艾希曼的行动是罪恶的，但他本人并不是魔鬼，相反是一个非常普通的人。因而，人性中的"根本恶"以及"另一种人性"的说法是否能够有效地解释这一切呢？阿伦特给出了否定答案，尽管这惹起了她的犹太同胞的抱怨和批评。因为"无论人是多么渴望屈从于这种诱惑而躲藏到自身灵魂的避难所中，人对现实性进行抛弃的结果，都永远是一种人性的丧失"①。在此，大屠杀、道德灾难已经不是特指第二次世界大战中纳粹一批人所犯下的罪，这种罪恶并没有随着第三帝国的终结而结束，而成为应该由人类整体所承担的一种"罪"，这就是"不思考"，是没有判断力的行动。另外，勒维纳斯的绝对"他者"存在的伦理学，不也是在对犹太人的大屠杀、道德灾难之后的"反思"，对自我道德意识的"绝对自由"的限制吗？而且，无独有偶，勒维纳斯以宗教角度同样认为，受恶者应该为"作恶者"承担责任，这种"责任"就是面对生存现实的道德责任。

　　除此之外，在前文中我们所叙述的形而上学传统经历及其问题也教育我们，道德形而上学基本问题的探究并不是要再回到"物质"与"精神""思维"与"存在"的二元关系的老路上去。因为二者只是在"第一性"和"源始性"上的争执，而对人的生存状况的道德世界、精神家园毫无助益。不难得出："在伦理学上，道德优先于存在。但是在本体论上，没有什么东西是先于存在的，因为，在本体论上，'先于存在的存在'也是一种存在。道德是一种'先于存在的存在'，仅仅是一种在道德意义上的'先于'，即在变得'更好'的意义上的'先于'。……而且，每当这两种意义竞争时，本体论的意义就会占上风，道德自我只能是一个道德的自我。"② 因而，道德如果想要在形而上学的本体论世界里寻找自我的基础，那无异于"缘木求鱼"、得不偿失；而且，即便是一种权宜之计往往也只能是一种"自欺"。于是，我们是要在道德哲学的最新成果和现时代的精神视野中重新考察这一问题；同时，这也提醒我们，对伪善何以可能的追问，不是去寻找"伪善"可能或不可能的"根据""基础"，而是进行"反思"，反思伪善的产生条件、发生逻辑以及存在形态。

　　在这一问题之下，我们要"反思"的就是作为一个研究者自身的道

---

①　［美］阿伦特：《黑暗时代的人们》，王凌云译，第20页。
②　［英］鲍曼：《后现代伦理学》，张成岗译，第87页。

德态度。在此，应关注区分"精通实践哲学的人"与"一个实践哲学家"的双重身份特征。作为前者，道德的行（实践性）是道德形而上学的前提和基础，没有"实践性"的道德知识只是一种观念论、心理主义的表现，而道德的知（认识性）是道德形而上学的界限，因为作为道德形而上学毕竟只是一种道德行为实践在理性思维逻辑上展开和检验的。作为后者，"一个实践哲学家"，那么"就是使理性的终极目的对自己来说成为其行动的原理的人"①。因而，在面对知行关系问题时，实际上面对的是我们自己，作为一个从事道德"实践哲学"的人，我们该如何定位自己？康德认为，我们必然得选择后者，因为我们的道德知识只有同时是行动的动机之时，才是一种"德性"的表现。我们无法置身事外；黑格尔在《精神现象学》中就多次提到另一种情形，对于我们而言——从事现象学研究的人来说的状况。实际上，这就构成一个"三维"的整全视角，第一种是有知但不一定有行的情况，第二种是既有知也有行的德性，第三种是有行但不一定有知，即是有现实的行为但不一定具有这一行为的"自我意识"，有点类似于时代精神的"代言人"。因此，"道德修养无须外求，贵在自觉，率性而行，尽其在我，不计后果"。因此，"对个人而言，一生大节视其操守如何；但从救世济民来看，个人再好，如无力扭转乾坤，拯黎民于水火之中，仍然是枉度一生"②。萧先生在解读黑格尔"道德"一章时如此认识，可谓透彻，从个体德性走向伦常习俗、法律政令，"伦理"之功业也就在于此吧。实际上，让我们再次回顾启蒙成熟时期康德在形而上学层面对"伪善"的揭示，可能产生的普及性影响并不大。但是，这对于一个从事道德学研究的人来说尤为重要，因为一个从事伦理道德研究的人不端正自己的道德态度，没有科学严谨的认识能力，何来一个"道德"的道德理论；我们在思考中把自身置于自己的理论、学说之外而寻求道德真理，何来一个"真诚"的道德理论。在这一点上，我们认为在"道德真空论"现实危害的源头上，就是理论者的"失足"；否则就是"伪善"的道学家。或许，一个例外是不精通伦理理论、道德法则的普通人生活得更为道德，但是，反思的合理性（罗蒂）在于作为现实道德生活现象中的感知者、感受者，我们并不具有超越普通人更多的道德

---

① ［德］康德：《康德著作全集》第 6 卷，张荣译，第 387 页。
② 萧琨焘：《精神世界的掠影》，第 162 页。

知识，但我们能够更加自觉地反思我们生活于其中的道德境况，并揭示其中的问题。

最后，我们还应"反思"本书逻辑体系的立足点。我们在写作的过程中，思路一度纠结于"伪善"是理论问题还是现实问题，是伦理学问题还是哲学形而上学问题。因而，知行关系问题的引出是在"伪善"思路的指引和深化下的结果；而知性问题的明确也进一步确立了追思"伪善"问题的切入点。但是，尽管如此，本书在整体上仍然是一个分裂的结构，因为我们在思路的起点和行文之初没能提供一个"知行合一"的道德形上前提和根基。而且，这一基础的确立在此书结束之时仍未完成，而且对"伪善"的系统考察，恰巧进一步揭露出"知行分裂"的实质层面。因而，在此对"伪善"的分析就不仅仅是一种道德基本概念或现象的一般层次的分析，而且是由"伪善"揭示出道德形而上学体系、结构的基本问题；没有一个明晰、独立的核心问题，道德形而上学仍然只是作为第一哲学的形而上学的附庸，或者是一条"成全"形而上学"实践性"的渠道。因而，我们由"道德形而上学"的可能奠立基础、论证核心问题出发，为形成一个独立、完整的道德形而上学体系服务。

但是，我们可以看到，这一同一并不是"道德实践"的目的，而是作为一个整体的思想体系的"整一"本体的获得；最多也就如康德所求证的形而上学的"伦理学"可能。[①] 因而，知行关系问题的"笼统性"与"普遍性"在各文明源头都有丰富的思想资源，但是，这些思想认识最终的命运都是被一种"形而上学"的情结所吸引而投身其中。

## 三　作为道德存在者的坚守

人死了，所带来的更大影响，总是与一种未来形态的"形而上学"及其结构变革联系在一起。将"人"从形而上学的实体概念、本体论处境中解放出来，并不意味着另一种极端性的欲望、身体乃至动物性本质的宣泄，而且一种动物有机主义的心理分析的"滥觞"，都没有找到哲学"思辨"与"人"之间的结合点。那么，如何将"人"思入"哲学"，成

---

① 这一点在现代新儒家在面对西方哲学冲击下的努力中可以看出，牟宗三先生就是以康德道德哲学为基础力图发展出中国传统哲学的新天地。

为"主体",这在哲学上仍是有意义的,并且是一个重要问题。福柯指出:"批判不再是以寻求具有普遍价值的形式结构为目的的实践展开,而是深入某些事件的历史考察,这些事件曾经引导我们建构自身,并把自身作为我们所为、所思及所言的主体来加以认识。"因而,在这个意义上的人与形而上学之间的互构,"其目标也不在于促成一种形而上学,而是具有谱系学的方案和考古学的方法"①。于是,在这种历史事件的谱系学、考古学考察中,我们发现的不再是"道德行动的普遍结构"或根据"形式推演"的知识,因而,传统道德人学意义上的建立在"我们所是、所为或所思"基础上的道德行动、实践模式、目的世界等,都被拒斥为非法的。

因而,在此意义上,相对于伦理学而言的"人之死",它根本上破坏的是道德行为、实践模式以及意义世界所依据的形而上学结构与信念基础;而"这里的人"又是与这种形而上学结构紧密联系在一起的。人死了,其实际意义在于传统形而上学基础之上的"人的概念"不再有效,"人的概念"消逝了。在福柯的概念中,尽管"人并不是一个道德和伦理主体,是一个与道德无缘的知识形象""人,是一个概念的人,是知识学科建构和想象出来的人。人之死,是作为学科内容的知识形象的人的消失"。但是,"既然这个学科对象消失了,那么,在这个对象基础上所发展起来的伦理主题和人文主义当然也会随风飘逝"②。所以,对于传统的以人的道德形而上学概念为基础的伦理学,在现时代发展中,就成为不同意见之间的争论,而与真理无缘。

更进一步讲,在伦理形而上学层面,是追求"差异性"还是"同一性"成为两种截然不同的分水岭。在传统形而上学基础上,企图以"他者"伦理学对抗形而上学,从而塑造一种"差异性"的伦理,这条道路由勒维纳斯开辟,并且在诸多领域中得到响应、扩展。这一方面有利于解救伦理学自身的现代性问题,另一方面在于根治形而上学的病症,抑或可能将二者都拖入深渊。

这就是在对"伦理"不同本质的"差异性"理解、判断乃至包容、承认的语境下,是否可以完全拒绝"同一性";而在"同一性"可能的

---

① 〔法〕福柯:《什么是启蒙》,李康译,王倪校,《国外社会学》1997 年第 6 期。
② 汪民安:《文化研究关键词之一》,载《读书》2006 年第 1 期。

"伦理强制"、"平庸之恶"的可能恶果预判下，如何容纳个体性差异因素的合法存在。这对于二者来说都是可能的，也是必要的；并且在新一轮的后哲学文化反思中，单一的道路可能导致极端性的覆灭。勒维纳斯就试图把伦理学确立为第一哲学，以差异性的伦理学取代同一性的本体论，作为第一哲学的地位。当然，我们可以把勒维纳斯的哲学解读为一种"主体伦理学"，①而这种主体是"为他人"的伦理主体，他人是我要承担义务、担当责任的对象。这对于处于不断丧失责任的西方社会来说，对于"人的道德性存在"意义与价值的追求是一剂"强心针"。但是，这一变革仍然建立在伦理学与形而上学之间的颠倒上，哪怕是根本性的颠倒，而且，对他者的绝对责任也是依据宗教关系建立的。所以，"差异性"或"同一性"只是道德形而上学的建构方式，而对一种"伦理普遍性"的追求则是共同的。

最后，我们认为，对于一种新主体伦理学而言，关键在于"何种普遍性"的意义确立。曾几何时，在伦理学中"原子式"或"实体性"的两条路径还是泾渭分明的，在近乎教科书式的经典著作《法哲学原理》中，黑格尔指出："在考察伦理时永远只有两种观点可能：或者从实体性出发，或者原子式进行探讨，即以单个的人为基础而逐渐提高。"而从实体性出发的（伦理）精神，"不是单一的东西，而是单一物和普遍物的统一"②。但是，这种自为存在的现实精神，在阿尔都塞看来并不是绝对精神的历史展现，也不是主体本质的到来，由此"倡导人权的人文主义和抽象意义上的伦理学就不过是想象的建构——意识形态——而我们所要发展的则是他所说的'理论的反人文主义'"③。但是，对于这种历史实体主义"普遍物"的批判，并不是要最终否定"普遍性"本身，阿兰·巴丢并不赞成对于"普遍性"的否弃，而是试图证实另一种"普遍性"的存在，尤其是对于伦理学而言。

因而，传统哲学中普遍是与形式化联系在一起的，而且，"普遍性"的自我繁殖，直接导致了"虚无主义"的后果。而且，伦理学日益与自然死亡结合在一起，"它让死亡去'自行其是'，而不把它与抵抗的不朽

---

①　参见莫伟民《莱维纳斯的主体伦理学研究》，载《江苏社会科学》2006年第6期。

②　[德] 黑格尔：《法哲学原理》，范扬、张企泰译，商务印书馆1961年版，第173页。

③　[法] 阿兰·巴丢：《伦理学：关于恶的理解》，陈永国主编：《激进哲学：阿兰·巴丢读本》，北京大学出版社2009年版，第288页。

者相对立"。在事件、真理、主体与存在等条件的交织下，能否存在伦理"真理"，阿兰·巴丢对此给予了肯定的回答。"真理的伦理的目标不是让世界服从于律法的抽象规则，也不是与外部的、激进的恶作斗争。相反，它努力通过对真理的忠诚而避免恶——它在这些真理的负面或黑暗面识别出来的那种恶。"①

实际上，对于人自我的伦理性的生存，无论是作为超越人之上的道德命令，还是在历史事件中对自我主体的认识与建构，都让我们认识到，对自我——人——的道德性存在所负有的责任，并且，时时刻刻提醒着我们，要把自己当人，我们对自己负有成为人的责任，以及像"人"那样的生活。从而一种有限的理性存在者——人的"道德性"存在，无限的道德命令不是约束，而是在历史的不断的偶然事件中对于自己"成为人"② 所必须承担的道德责任。

最后，对我们子孙后代的道德教育中，还要加上康德的明示"对我们自己的敬重""如果人没有比他通过内部的自我审查觉得在自己眼中是可鄙和下流的更使他强烈地感到害怕了，那么任何善良的道德意向就都能够嫁接到这种敬重上来；因为这是防止我们内心的不高尚和腐败冲动入侵的最好的、甚至是惟一的守卫者"③。作为一个有限者，正是有限的被给予的价值感受及其可评判的对象基础上，敬重在人的价值感受中实现了自我超越，成为真正的"道德存在者"。

---

① ［法］阿兰·巴丢：《伦理学：关于恶的理解》，陈永国主编：《激进哲学：阿兰·巴丢读本》，北京大学出版社 2009 年版，第 303、330 页。

② 对于这一点中西道德哲学可以达成共识，中国传统伦理中就有"成人"哲学，康德对"人是目的"的强调，李泽厚综合二者提出"人性能力"一词，吸取传统伦理中的"情本位"与康德主体哲学中的道德心理因素，进而得出"人性能力由经验而先验，由传统习俗、教育而心理"（参见李泽厚《人类学历史本体论》，天津社会科学院出版社 2008 年版，第 253 页）。而在阿利森以及罗尔斯诸弟子的带动下以康德道德哲学为理论资源的康德式伦理学的当代发展，同样重视行动者、行动能力以及道德行动者的自我构成等问题（参见 Christine M. Korsgaard, Self-constitution: Agency, Identity, and Integrity, Oxford, New York: Oxford University Press, 2009）。

③ ［德］康德：《实践理性批判》，邓晓芒译，杨祖陶校，第 219 页。

# 参考文献

## 一　著作类

《圣经》。

《论语》。

《孟子》。

《庄子》。

《荀子》。

《老子》。

《中庸》。

亚里士多德：《尼各马科伦理学》，苗力田译，中国人民大学出版社2003年版。

亚里士多德：《尼各马可伦理学》，廖申白译注，商务印书馆2003年版。

奥古斯丁：《忏悔录》，周士良译，商务印书馆1963年版。

奥古斯丁：《道德论集》，石敏敏译，三联书店2009年版。

卢梭：《爱弥儿》，李平沤译，商务印书馆1978年版。

卢梭：《走向澄明之境——卢梭随笔与书信集》，何祚康等译，三联书店1990年版。

休谟：《人性论》，关文运译，商务印书馆1983年版。

休谟：《道德原则研究》，曾晓平译，商务印书馆2001年版。

康德：《道德形而上学》，《康德著作全集》第6卷，张荣译，中国人民大学出版社2007年版。

康德：《历史理性批判文集》，何兆武译，商务印书馆1991年版。

康德：《实用人类学》，邓晓芒译，上海人民出版社2005年版。

康德：《单纯理性限度内的宗教》，李秋零译，中国人民大学出版社2003年版。

康德：《纯粹理性批判》，邓晓芒译，人民出版社2004年版。

康德：《实践理性批判》，邓晓芒译，杨祖陶校，人民出版社2003年版。

康德：《道德形而上学原理》，苗力田译，上海人民出版社2005年版。

康德：《逻辑学讲义》，许景行译，杨一之校，商务印书馆1991年版。

黑格尔：《黑格尔早期著作集》，贺麟等译，商务印书馆1997年版。

黑格尔：《精神现象学》，贺麟、王玖兴译，商务印书馆1979年版。

黑格尔：《哲学史讲演录》，贺麟、王太庆译，商务印书馆1988年版。

黑格尔：《法哲学原理》，范扬、张企泰译，商务印书馆1994年版。

黑格尔：《历史哲学》，王造时译，上海书店2006年版。

舍勒：《伦理学的形式主义与质料的价值伦理学》，倪梁康译，三联书店2004年版。

舍勒：《道德价值的颠覆》，刘小枫编，三联书店1997年版。

尼采：《善恶之彼岸——未来的一个哲学序曲》，程志民译，华夏出版社2000年版。

尼采：《论道德的谱系》，谢地坤等译，漓江出版社2001年版。

尼采：《历史的用途与滥用》，陈涛、周辉荣译，刘北成校，上海人民出版社2005年版。

别尔嘉耶夫：《论人的使命——悖论伦理学体验》，张百春译，学林出版社2000年版。

马克斯·韦伯：《学术与政治》，冯克利译，三联书店2005年版。

胡塞尔：《逻辑研究》第1卷，倪梁康译，上海译文出版社1994年版。

海德格尔：《形而上学导论》，熊伟、王庆节译，商务印书馆1996年版。

海德格尔：《演讲与论文集》，孙周兴译，三联书店2005年版。

海德格尔：《存在论：实际性的解释学》，何卫平译，人民出版社

2009 年版。

萨特：《存在与虚无》，陈宣良译，杜小真校，三联书店 2007 年修订版。

萨特：《存在主义是一种人道主义》，周煦良、汤永宽译，上海译文出版社 2005 年版。

阿伦特：《人的条件》，竺乾威译，上海人民出版社 1999 年版。

阿伦特：《人的境况》，王寅丽译，上海人民出版社 2009 年版。

阿伦特：《黑暗时代的人们》，王凌云译，江苏教育出版社 2006 年版。

阿伦特：《极权主义的起源》，三联书店 2008 年版。

阿伦特：《论革命》，陈周旺译，译林出版社 2007 年版。

阿多诺：《道德哲学的问题》，谢地坤、王彤译，谢地坤校，人民出版社 2007 年版。

阿伦特等：《耶路撒冷的艾希曼：伦理的现代困境》，孙传钊编，吉林人民出版社 2003 年版。

扬·布鲁尔：《阿伦特为什么重要》，刘北成、刘小鸥译，译林出版社 2009 年版。

马克思：《1844 年经济学—哲学手稿》，刘丕坤译，人民出版社 1979 年版。

洛维特：《从黑格尔到尼采》，三联书店 2006 年版。

洛维特：《世界历史与救赎历史》，上海人民出版社 2006 年版。

卡西尔：《卢梭·康德·歌德》，刘东译，三联书店 2002 年版。

凯利：《卢梭的榜样人生》，黄群译，华夏出版社 2009 年版。

伽达默尔：《真理与方法》，辽宁人民出版社 1987 年版。

伽达默尔：《科学时代的理性》，国际文化出版公司 1988 年版。

朋霍费尔：《伦理学》，胡其鼎译，魏育青、徐卫翔校，上海人民出版社 2007 年版。

朋霍费尔：《第一亚当与第二亚当》，朱雁冰、王彤译，华夏出版社 2004 年版。

文德尔班：《哲学史教程》上卷，商务印书馆 1987 年版。

施特劳斯：《自然权利与历史》，彭刚译，三联书店 2006 年版。

黑尔德：《世界现象学》，孙周兴编，倪梁康等译，三联书店 2003

年版。

保罗·利科：《解释的冲突——解释学文集》，莫伟民译，商务印书馆 2008 年版。

保罗·里克尔：《恶的象征》，公车译，上海人民出版社 2003 年版。

萨弗朗斯基：《恶——或者自由的戏剧》，卫茂平译，云南人民出版社 2001 年版。

里夏德·克朗纳：《论康德和黑格尔》，关子尹译，同济大学出版社 2004 年版。

弗兰克纳：《伦理学》，关键译，三联书店 1987 年版。

薇依：《重负与神恩》，顾嘉琛、杜小真译，刘小枫校，中国人民大学出版社 2003 年版。

尼布尔：《道德的人与不道德的社会》，蒋庆等译，贵州人民出版社 1998 年版。

哈贝马斯：《现代性的哲学话语》，曹卫东等译，译林出版社 2004 年版。

阿利森：《康德的自由理论》，陈虎平译，辽宁教育出版社 2001 年版。

赫费：《康德的〈纯粹理性批判〉：现代哲学的基石》，郭大为译，人民出版社 2008 年版。

罗伯特·皮平：《黑格尔的观念论——自意识的满足》，陈虎平译，华夏出版社 2006 年版。

科耶夫：《驯服欲望》，李利、徐卫翔译，华夏出版社 2002 年版。

霍耐特：《为承认而斗争》，胡继华译，上海人民出版社 2005 年版。

约纳斯：《灵知主义、存在主义、虚无主义》，张新樟译，刘小枫选编，华东师范大学出版社 2005 年版。

鲍曼：《现代性与大屠杀》，杨渝东、史建华译，译林出版社 2002 年版。

泰勒：《黑格尔》，张国清、朱进东译，译林出版社 2002 年版。

泰勒：《自我的根源：现代认同的形成》，韩震等译，译林出版社 2001 年版。

查尔斯·泰勒：《文化与公共性》，董之林、陈燕谷译，汪晖、陈燕谷主编，三联书店 2005 年版。

弗林斯：《舍勒的心灵》，张志平、张任之译，三联书店 2006 年版。

洛苏尔多：《黑格尔与现代人的自由》，丁三东等译，吉林出版集团 2008 年版。

莱昂内尔·特里林：《诚与真：诺顿演讲集》，刘佳林译，江苏教育出版社 2006 年版。

库恩：《康德传》，黄添盛译，上海人民出版社 2008 年版。

沃格林：《没有约束的现代性》，张新樟、刘景联译，谢华育校，华东师范大学出版社 2007 年版。

布莱克波恩：《牛津哲学词典》，上海外语教育出版社 2000 年版。

弗吉利亚斯·弗姆编：《道德百科全书》，戴杨毅、姚新中等译，湖南人民出版社 1988 年版。

韦斯特法尔：《解释学、现象学与宗教哲学》，郝长墀选编，中国社会科学出版社 2005 年版。

吉尔松：《中世纪哲学精神》，沈清松译，上海人民出版社 2008 年版。

奥特弗里德·赫费：《康德的〈纯粹理性批判〉》，郭大为译，人民出版社 2008 年版。

斯坦利·罗森：《启蒙的面具》，吴松江、陈卫斌译，辽宁教育出版社 2003 年版。

萨林斯：《甜蜜的悲哀》，王铭铭、胡宗泽译，三联书店 2000 年版。

吉登斯：《现代性与自我认同》，三联书店 1998 年版。

马文·克拉达、格尔德·登博夫斯基编：《福柯的迷宫》，商务印书馆 2005 年版。

霍埃：《批判的循环》，兰金仁译，辽宁人民出版社 1987 年版。

地默尔·库兰：《偏好伪装的社会后果》，丁震寰、欧阳武译，长春出版社 2005 年版。

卡尔·白舍客：《基督宗教伦理学》，静也、常宏等译，三联书店 2002 年版。

利文斯顿：《现代基督教思想》，何光沪译，四川人民出版社 1999 年版。

王阳明：《王文成公全书·传习录上》，《四部丛刊初编》集部，上海书店 1989 年版。

顾宪成:《顾端文公遗书》,齐鲁书社 1995 年版。

冯友兰:《中国哲学史新编》上卷,人民出版社 2005 年版。

钱穆:《庄老通辨》,三联书店 2002 年版。

杨伯峻:《论语译注》,中华书局 1980 年版。

张颐:《张颐论黑格尔》,侯成亚、张桂权、张文达编译,四川大学出版社 2000 年版。

萧琨焘:《精神世界的掠影》,江苏人民出版社 1987 年版。

樊浩:《道德形而上学的精神哲学基础》,中国社会科学出版社 2006年版。

樊浩:《中国伦理精神的历史建构》,江苏人民出版社 1992 年版。

樊浩:《伦理精神的价值生态》,中国社会科学出版社 2001 年版。

何怀宏:《良心论——传统良知的社会转化》,三联书店 1994 年版。

何怀宏:《道德·上帝与人》,新华出版社 1998 年版。

张志伟:《康德道德世界观》,中国人民大学出版社 1995 年版。

万俊人:《萨特伦理思想研究》,北京大学出版社 1988 年版。

万俊人:《现代性的伦理话语》,黑龙江人民出版社 2002 年版。

包利民:《生命与逻各斯——希腊伦理思想史论》,东方出版社 1996年版。

陈家琪:《形而上学的巴别塔》,同济大学出版社 2003 年版。

陈家琪:《浪漫与幽默》,江西人民出版社 1998 年版。

刘小枫:《拯救与逍遥》,华东师范大学出版社 2007 年版。

刘小枫:《现代性理论绪论》,三联书店 1998 年版。

刘小枫:《走向十字架上的真》,三联书店 1994 年版。

刘小枫:《罪与欠》,华夏出版社 2009 年版。

邓晓芒:《思辨的张力》,湖南教育出版社 1992 年版。

陈嘉明:《康德哲学的建构与范导》,社会科学文献出版社 1992 年版。

倪梁康:《自识与反思:近现代西方哲学的基本问题》,商务印书馆 2002 年版。

李幼蒸:《形上逻辑与本体虚无》,商务印书馆 2000 年版。

高宣扬:《利科的反思诠释学》,同济大学出版社 2004 年版。

陈建洪:《耶路撒冷抑或雅典》,华夏出版社 2005 年版。

贾泽林：《南斯拉夫当代哲学》，中国社会科学出版社 1982 年版。

戴晖：《从人道主义世界观到现代对世界的省思》，南京大学出版社 2006 年版。

徐贲：《人以什么理由来记忆》，吉林出版集团 2008 年版。

黄裕生：《宗教与哲学的相遇》，江苏人民出版社 2008 年版。

王岳川：《后现代主义文化研究》，北京大学出版社 1992 年版。

田海平：《西方伦理精神——从古希腊到康德时代》，东南大学出版社 1998 年版。

曹础基：《庄子浅注》，中华书局 1982 年版。

许建良：《先秦道家的道德世界》，中国社会科学出版社 2006 年版。

汪子嵩、范明生、陈村富、姚介厚：《希腊哲学史》第 3 卷，人民出版社 2010 年版。

杜小真：《一个绝望者的希望——萨特引论》，上海人民出版社 1988 年版。

谢舜：《神学的人学化》，广西人民出版社 1997 年版。

张世英、朱正琳编：《哲学与人》，商务印书馆 1993 年版。

杨大春：《沉沦与拯救——克尔凯郭尔的精神哲学研究》，东方出版社 1995 年版。

高全喜：《论相互承认的法权》，北京大学出版社 2004 年版。

郁建兴：《自由主义批判与自由理论的重建》，学林出版社 2000 年版。

韩潮：《海德格尔与伦理学问题》，同济大学出版社 2007 年版。

谢文郁：《自由与生存：西方思想史上的自由观追踪》，张秀华、王天民译，上海人民出版社 2007 年版。

贺照田主编：《西方现代性的曲折与展开》，吉林人民出版社 2002 年版。

崔平：《道德经验批判》，上海文化出版社 2006 年版。

贺来：《现实生活世界：乌托邦精神的真实根据》，吉林教育出版社 1998 年版。

朱贻庭主编：《伦理学大辞典》，上海辞书出版社 2002 年版。

韦政通编：《中国哲学辞典大全》，世界图书出版公司 1989 年版。

## 二 学术论文

陶行知:《伪君子篇》,中国陶行知研究会网。

倪梁康:《论伪善:一个语言哲学的和现象学的分析》,载《哲学研究》2006 年第 7 期。

邓晓芒:《康德黑格尔论伪善》,《北京大学纪念〈精神现象学〉发表 200 周年学术会议文集》,2007。

邓晓芒:《从康德的道德哲学看儒家的"乡愿"》,载《浙江学刊》2005 年第 1 期。

单少杰:《当代中国:信仰危机缘于伪善之风》,载《中国社会科学》1994 年第 3 期。

寇或、徐华女:《论道德伪善——对人性的一种剖析》,载《清华大学学报》2005 年第 6 期。

刘传广:《走出"伪君子"与"真小人"的怪圈》,载《道德与文明》2005 年第 6 期。

葛荃:《作为政治人格的狂狷、乡愿与伪君子》,载《东岳论坛》2008 年第 6 期。

倪梁康:《〈色·戒〉VS〈断背山〉——或:道德本能与道德判断的对立》,载《读书》2008 年第 3 期。

倪梁康:《道德意识的来源论纲》,黄克剑主编:《问道》第 1 辑,福建教育出版社 2007 年版。

倪梁康:《伦常明察:舍勒现象学伦理学的方法支持》,载《哲学研究》2005 年第 1 期。

邓晓芒:《康德道德哲学的三个层次》,载《云南大学学报》2004 年第 4 期。

邓晓芒:《再议亲亲相隐的腐败倾向》,载《学海》2007 年第 1 期。

邓晓芒:《康德宗教哲学与中西人格结构》,载《湖北大学学报》1998 年第 5 期。

邓晓芒:《康德道德宗教精义》,载《德国哲学论丛》,中国人民大学出版社 1998 年版。

邓晓芒：《对有毒食品泛滥的文化反思》，载《书屋》2008 年第 12 期。

李秋零：《康德论人性根本恶及人的改恶向善》，载《哲学研究》1997 年第 1 期。

杨祖陶：《康德哲学体系问题》，载《德国哲学》第 16 辑，北京大学出版社 1997 年版。

赫费：《自然科学时代的道德——康德〈纯粹理性批判〉的一种异端的导读》，郭大为译，《世界哲学》2006 年第 1 期。

徐贲：《平庸的邪恶》，载《读书》2002 年第 5 期。

忧文：《应重视对恶的全方位研究》，载《道德与文明》1989 年第 3 期。

樊浩：《"伦"的传统及其"终结"与"后伦理时代"》，载《哲学研究》2007 年第 6 期。

樊浩：《基因技术的道德哲学革命》，载《中国社会科学》2006 年第 1 期。

田海平：《道德哲学的伦理思维进路》，载《哲学研究》2005 年第 11 期。

田海平：《"环境进入伦理"与道德世界观的转变》，载《南京工业大学学报》2008 年第 4 期。

俞吾金：《从道德评价优先到历史评价优先》，载《中国社会科学》2003 年第 2 期。

陈家琪：《康德、黑格尔及其他——关于新道德主义的一封信》，载《文景》2002 年第 4 期。

陈家琪：《普世价值与当代中国》，载《文景》2008 年第 9 期。

廖申白：《论伦理学研究的基本性质》，载《中州学刊》2009 年第 3 期。

邓安庆：《哲学要回归伦理性的生活世界》，载《复旦哲学评论》第 4 辑，上海人民出版社 2008 年版。

郁建兴：《实践哲学的复兴与黑格尔哲学的新发现》，载《浙江学刊》1999 年第 9 期。

谢文郁：《良心与启蒙：真善批判权问题》，载《求是学刊》2008 年第 1 期。

J. 史都华：《克尔凯郭尔对黑格尔体系中伦理学缺失的批判》，王齐译，《世界哲学》2006 年第 3 期。

张旭：《福柯论人文科学与教育》，法国哲学网，2007 年 5 月 3 日。

柯小刚：《建筑的伦理基础：一个现象学考察》，载《江苏社会科学》2006 年第 6 期。

马万东：《实践智慧与技艺之喻》，载《现代哲学》2007 年第 1 期。

乐小军：《平庸的恶与无思想——道德问题史中的汉娜·阿伦特》，复旦大学 2005 年博士学位论文。

高兆明：《制度概念的存在论辨析》，载《南京师范大学学报》2007 年第 4 期。

梁文道：《常识稀缺的时代》，载《文汇读书周报》2009 年 2 月 20 日。

许十文：《范跑跑：为什么非得崇高？百姓不见得比官员正直》，载《南都周刊》2009 年 5 月 13 日。

王宏：《伪善论》，中南大学 2011 年博士学位论文。

张雷等：《道德世界中从良心到伪善的精神运动》，载《前沿》2011 年第 6 期。

倪新兵：《伦理精神运动中的良心与伪善》，载《东岳论丛》2012 年第 3 期。

## 三　外文文献

Ruth W. Grant. *Hypocrisy and Integrity*：*Machiavelli*, *Rousseau*, *and the Ethics of Politics*. Chicago ：University of Chicago Press，1997.

James S. Spiegel. *Hypocrisy*：*Moral Fraud and Other Vices*. Baker Books，1999.

Béla Szabados，Eldon Soifer. *Hypocrisy*：*Ethical Investigations*. Broadview Press，2004.

Ricoeur，Paul. *Evil*：*A Challenge to Philosophy and Theology*，translated by John Bowden. London；New York：Continuum，2007.

Allen W. Wood. *Kant's Ethical Thought*. Cambridge University Press, 1999.

Allen W. Wood. *Hegel's Ethical Thought*. Cambridge University Press, 1990.

Batson, C. D. , Kobrynowicz, D. , Dinnerstein, J. L. , Kampf, H. C. , Wilson, A. D. "In A Very Different Voice: Unmasking Moral Hypocrisy." *Journal of Personality and Social Psychology*, 1997 , 72 (6) .

Robinson, Jonathan. *Duty and Hypocrisy in Hegel's Phenomenology of Mind: An Essay in the Real and Ideal.* Publisher: University of Toronto Pr. 1977.

Christopher P. Long. *The Ethics of Ontology: Rethinking an Aristotelian Legacy*. State University of New York Press, 2004.

Saul Smilansky. *10 Moral Paradoxes*. Malden, Blackwell Publishing, 2007.

Charles Taylor. *The Ethics of Authenticity*. Cambridge, Massachusetts and London, England, Harvard University Press, 1991.

Seyla Benhabib. *"Arendt's Eichmannin Jerusalem."* *The Cambridge Companion to Hannah Arendt*. Cambridge University Press, 2000.

Robert Williams. *Hegel's Ethics of Recognition*. University of California Press, 1997.

Robert B. Pippin and Otfried Hoffe( eds. ). *Hegel on Ethics and Politics*. Cambridge University Press, 2004.

Philip Blosser. *Scheler's Critique of Kant's Ethics*. Athens: Ohio University Press, 1995.

Gordon E. Michalson, Jr. *Fallen Freedom: Kant on Radical Evil and Moral Regeneration*. Cambridge University Press, 1990.

Stephen Gregory. *The Accusation of Hypocrisy in Matthew's Gospel*. Marquette University, 1985.

Theodor W. Adorno. *The Jargon of Authenticity*, tra. Knut Tarnowski and Frederic Will. Evanston: Northwestern University Press

Christine M. Korsgaard. *Creating the Kingdom of Ends*. Oxford; New York: Oxford University Press , 1996.

Christine M. Korsgaard, *The Constitution of Agency*: *Essays on Practical Reason and Moral Psychology*. Cambridge University Press ,2008.

Christine M. Korsgaard. *Self-constitution*: *Agency*, *Identity*, *Andintegrity*. Oxford; New York: Oxford University Press ,2009.

Bernard Williams. *Ethics and the Limits of Philosophy*. Harvard University Press, 1985.

# 学术索引

# 术语索引

# 后　记

记得,当年在硕士论文答辩时,答辩老师问论文所针对的道德问题,我迟疑了一下,但还是坚定地说"伪善"。不曾想,而后三年就是与"伪善"纠缠、搏斗。这或是一种巧合。

曾几何时,我默默检测自己专业认识的一个简捷的办法,就是讯问自己对"道德"本身的认识。三年前是一个回答,它影响到现在的学科思维、认识水平;三年后的如今又是一个回答,它等待着我更新的答案…… 因而,这更像是一种期待,自我的期待,向……而在的价值期许;我不畏惧可能的"轮回",也正是在轮回中释放出自我的生活活力。永恒轮回,这是生命(强)力的表现。这也不可能是一种线性的发展,有限的自我要能实现辉煌的生命。

在学术的"生产"上,我一直有着一种难以名状的"男性"心理,因为,我认为每一作品都是一个"早熟"的婴孩,每每在整篇的思路与布局熟稔、透彻之后,剩下的就是材料的使用与语言问题,而这个问题就有很多种可能性,就像古代一个大家族里的一大堆孩子,就因为有一大堆的姨太太,而"老爷"就只有一个。这个"老爷"就是思路、结构,这才是最为重要的。但是,在这次论文写作中,这种认识多少受到了"打击"乃至"颠覆"。实际上,质料对形式何尝不是"规约",以致决定着论文的"气质"与"品质"。因而,我尽量以一种"中性"的心态来写;但结果还是不能让自己满意。

不足之处在于,或者说自己能够体会到的最大不足,就是语言上的晦涩以及缺少对现实问题的关切。实际上,正如文本研究的主题"伪善"一样,大家看到、听到都会感觉不舒服,但是我们的道德发展与成长就是伴随着伪善而成熟的。当然,关于伪善的传统与现代不同逻辑类型的研究,可能要放到另一个篇章中进行了。另外,文中对英美分析哲学没有涉及,而在道德心理方面的关切也不是在心理科学的层面上,对我国传统哲学资源的利用也不充分,这主要是个人的学识结构问题,算是一个"硬伤"吧。这些,或许就是上面所说到的"巧合"吧,现在也只能用此聊以自慰了。

要说明的是,这本书以博士论文为基础,而后又得以申报国家社科基金青年项目,前前后后,修修改改,经历颇多。这其中要说两件事:

其一,是关于本书的思路问题,说实在的,最初在论文题目确定以及提纲上,颇费了一番周折,我最初的想法是立足德国古典哲学资源,写一个基础性的或对比性的文章,但是这一设计显然不符合实际情况。于是,在导师的指导下基本选定以"伪善"为题,但在提纲、思路的准备上往来反复,不知修改了多少遍。因而,在思路上从立足于传统与现代的对比,到道德认识与道德实践的二元分裂,再到关键词"颠倒""过渡""中断"的发现,思路的发展也显现在论文的写作过程中。但是,令我颇为感慨的是,论文的题目却是最初那个,而且现在看来越发准确了,似乎冥冥之中早有安排。

其二,是在做博士论文前后几年的时间里,我的导师樊和平教授为此煞费苦心,从论文的选题到提纲的审定,他都严格要求;但待转入写作阶段,他又以鼓舞、鼓励为主;最后在修改中又着实"痛苦"了一番;但其中拳拳深意令学生终生难忘。在这一点上,我想说,"吾爱吾师,吾与吾师同爱真理"。而收获最多的还是在先生的课堂上,因为这里不仅仅是知识的讲解,而且更多的是思维方法的指导、思想启迪的传承以及对我们这些后学的殷切希望。在这一点上,我想先生对我的影响可能超过他的想象。另外,有幸列入"东大伦理"系列出版,荣幸之至而又战战兢兢。所以,学生只能在以后的学术道路上坚持不懈,不辜负先生的厚爱!

在论文的写作过程中,田海平、董群、陈爱华、孙慕义、许建良、徐嘉、王珏、马向真诸位老师也给予了指导。云南大学的卢云昆老师以及同窗张瑞臣、赵波也给予很大帮助。工作以来,教研部黄力之、张春美、陈胜云等亦师亦友的帮助,让我顺利度过了工作上的"转折期"。在论文后期工作中许敏老师给予了细心指导,尤其要指出的是,文稿后期做了重大调整与修改,以致返工数遍,在此对有关工作人员一并致谢!

学业上的好友黄杰,提供了大量英文著作的复印件,生活、学习上的相互激励,不知不觉中已近十年;而平日里交流心得、发泄感慨最多的是与身边的同学,他们是庞俊来、陈良斌、赵素锦、乔利丽、宋君修、赵国付等,衷心感谢你们!尤其要说的是,读博期间,东大新校园虽地处偏僻,但给予我更多纯粹思考的时空——"独上高楼"的空暇,我会记住我们的"橘园"!

　　最后,在这三年的工作生活中,对给予关心、理解和精神支撑的家人说声感谢:没有你们的支持,我不能前进一步! 此时此刻,在这个 140 年来最炎热的夏季中,我家那对刚刚呱呱落地的女儿正瞪着无辜的眼睛观察这个世界,未来总给予我们无尽的期待!

**王　强**
二〇一四年五月于沪上杜鹃园